JUSTIÇA TRIBUTÁRIA

CLEUCIO SANTOS NUNES

JUSTIÇA TRIBUTÁRIA

2ª edição

Belo Horizonte

2024

© 2019 Editora Fórum Ltda.
2024 2ª edição

É proibida a reprodução total ou parcial desta obra, por qualquer meio eletrônico, inclusive por processos xerográficos, sem autorização expressa do Editor.

Conselho Editorial

Adilson Abreu Dallari
Alécia Paolucci Nogueira Bicalho
Alexandre Coutinho Pagliarini
André Ramos Tavares
Carlos Ayres Britto
Carlos Mário da Silva Velloso
Cármen Lúcia Antunes Rocha
Cesar Augusto Guimarães Pereira
Clovis Beznos
Cristiana Fortini
Dinorá Adelaide Musetti Grotti
Diogo de Figueiredo Moreira Neto (*in memoriam*)
Egon Bockmann Moreira
Emerson Gabardo
Fabrício Motta
Fernando Rossi
Flávio Henrique Unes Pereira

Floriano de Azevedo Marques Neto
Gustavo Justino de Oliveira
Inês Virgínia Prado Soares
Jorge Ulisses Jacoby Fernandes
Juarez Freitas
Luciano Ferraz
Lúcio Delfino
Marcia Carla Pereira Ribeiro
Márcio Cammarosano
Marcos Ehrhardt Jr.
Maria Sylvia Zanella Di Pietro
Ney José de Freitas
Oswaldo Othon de Pontes Saraiva Filho
Paulo Modesto
Romeu Felipe Bacellar Filho
Sérgio Guerra
Walber de Moura Agra

Luís Cláudio Rodrigues Ferreira
Presidente e Editor

Coordenação editorial: Leonardo Eustáquio Siqueira Araújo
Aline Sobreira de Oliveira

Rua Paulo Ribeiro Bastos, 211 – Jardim Atlântico – CEP 31710-430
Belo Horizonte – Minas Gerais – Tel.: (31) 99412.0131
www.editoraforum.com.br – editoraforum@editoraforum.com.br

Técnica. Empenho. Zelo. Esses foram alguns dos cuidados aplicados na edição desta obra. No entanto, podem ocorrer erros de impressão, digitação ou mesmo restar alguma dúvida conceitual. Caso se constate algo assim, solicitamos a gentileza de nos comunicar através do *e-mail* editorial@editoraforum.com.br para que possamos esclarecer, no que couber. A sua contribuição é muito importante para mantermos a excelência editorial. A Editora Fórum agradece a sua contribuição.

Dados Internacionais de Catalogação na Publicação (CIP) de acordo com ISBD

N972j   Nunes, Cleucio Santos
         Justiça tributária / Cleucio Santos Nunes. -- 2. ed. --. Belo Horizonte: Fórum, 2024.

         522 p. 14,5x21,5cm

         ISBN 978-65-5518-668-0

         1. Justiça e equidade tributárias. 2. Desigualdade econômica e social. 3. Regressividade tributária. I. Título.

                                                                        CDD: 341.39
                                                                        CDU: 341.39

Ficha catalográfica elaborada por Lissandra Ruas Lima – CRB/6 – 2851

Informação bibliográfica deste livro, conforme a NBR 6023:2018 da Associação Brasileira de Normas Técnicas (ABNT):

NUNES, Cleucio Santos. *Justiça tributária*. 2. ed. Belo Horizonte: Fórum, 2024. 522 p. ISBN 978-65-5518-668-0.

Aos meus pais, João de Deus e Tomázia, que me ensinam tanto.

Ao meu irmão (in memoriam*).*

À minha irmã, pelas alegrias, mesmo à distância.

À Margaret e ao Caetano, sempre.

AGRADECIMENTOS

A realização deste livro somente foi possível pela colaboração direta ou indireta de amigos e professores. Valcir Gassen, meu orientador no doutorado da UnB, em quem vi a coragem de defender fundamentos e finalidades da tributação que sempre imaginei, mas não tinha companhia. Hoje somos amigos e a nossa amizade só não é maior do que a admiração que tenho por ele. Os outros componentes da minha banca de doutoramento. Maria Paula Dallari Bucci, minha Professora, que me inspira intelectualmente na construção de uma sociedade justa. Meu amigo Arnaldo Sampaio de Moraes Godoy, por sua generosidade, inteligência e por algumas indicações de autores que não via como essenciais e hoje vejo o quanto foram indispensáveis. José Maurício Conti, em razão de ter me mostrado como a pretensa justiça tributária passa, necessariamente, pela gestão fiscal. Cláudia Rosane Roesler, que me fez pensar sobre argumentação jurídica. Por fim, destaco o auxílio de Alexandre Bernardino Costa, Claudio Ladeira, Cristiano Paixão, José Otávio Nogueira Guimarães e Juliano Zaiden Benvindo, meus professores no doutorado.

Aproveito para agradecer a todos os meus alunos e colegas professores que ajudam a aperfeiçoar esta obra.

SUMÁRIO

INTRODUÇÃO 13

CAPÍTULO 1
SISTEMA TRIBUTÁRIO E MATRIZ TRIBUTÁRIA
BRASILEIRA 31
1.1   Noções de sistema tributário 34
1.2   Matriz tributária 41
1.3   Conceito de capacidade contributiva 53
1.3.1 Capacidade contributiva até a primeira metade do
      século XX 64
1.3.2 Capacidade contributiva após a segunda metade do
      século XX 67
1.3.3 Capacidade contributiva no Brasil 70
1.4   Conceitos de equidade e iniquidade tributárias 75
1.5   Tributos diretos e indiretos 89
1.6   Progressividade, regressividade e proporcionalidade
      tributárias 107
1.6.1 Controvérsias sobre proporcionalidade e progressividade ... 116
1.6.2 Teorias do benefício e do sacrifício comum 119
1.6.3 Teorias da equidade horizontal e vertical 126

CAPÍTULO 2
ESTRUTURA ATUAL DA MATRIZ TRIBUTÁRIA
BRASILEIRA E SUAS ORIGENS 131
2.1   Indicadores tributários históricos 132
2.2   Indicadores tributários contemporâneos 140
2.3   Indicadores comparados 163
2.4   A ênfase da tributação sobre o consumo 170
2.4.1 O modelo vigente de tributação sobre o consumo 176
2.4.2 Efeitos jurídicos da tributação sobre o consumo 185

2.4.3	Efeitos econômicos e sociais dos tributos sobre o consumo	190
2.5	Tributação sobre renda e patrimônio (propriedade e herança)	194
2.5.1	Conceito de renda	197
2.5.2	Efeitos jurídicos e econômicos da tributação da renda	201
2.5.3	Princípios e regras jurídicas da tributação da renda	208
2.5.4	Tributação sobre a propriedade e efeitos	211
2.6	Iniquidade da matriz tributária brasileira	217
2.6.1	Relações entre tributação do consumo e da renda	221
2.6.2	O problema da regressividade	227
2.6.2.1	Regressividade da tributação em razão da renda	231
2.6.2.2	Regressividade da tributação em razão do consumo	236
2.6.2.3	Regressividade da tributação e os levantamentos da POF/IBGE	240

CAPÍTULO 3
POR UMA MATRIZ TRIBUTÁRIA JUSTA 251

3.1	Tributação para financiar a burocracia do Estado	254
3.1.1	Liberdade e propriedade na qualidade de direitos têm seus custos	263
3.1.2	Liberdade é uma visão de justiça no Estado fiscal	268
3.1.3	Os custos da garantia de liberdade para todos	271
3.1.4	Não existem melhores custos entre direitos negativos e positivos	273
3.1.5	A garantia dos direitos sociais e o seu custo tributário	276
3.2	Promoção da equidade e da justiça tributárias	282
3.2.1	Estado Democrático de Direito e igualdade democrática	284
3.2.2	Estruturas endógena e exógena da matriz tributária	292
3.2.3	Diferença entre valor, princípio e regra	304
3.2.3.1	Distinção entre princípios e regras jurídicas	305
3.2.3.2	Distinção entre valores e princípios	309
3.2.4	Equidade e Justiça como valores	323
3.2.5	A opção pela justiça social e a liberdade	326
3.2.6	Noções contemporâneas de justiça social	332
3.3	Capacidade contributiva como critério de equidade tributária	338
3.3.1	Capacidade contributiva como princípio jurídico	340

3.3.2	Instrumentos de efetivação da capacidade contributiva	346
3.3.3	O mito da equidade por meio da progressividade	358
3.3.3.1	Impossibilidade da quota equitativa de cada contribuinte	360
3.3.3.2	Equidade tributária entre capacidades contributivas diferentes	364
3.3.4	O problema das presunções e a iniquidade da matriz tributária	372
3.3.4.1	O problema das deduções do IRPF e as alíquotas fictícia e real	377
3.3.4.2	Iniquidade do regime das deduções e presunções no IRPF	379
3.3.4.3	Isenções, benefícios tributários e o problema da iniquidade	382
3.3.5	Capacidade contributiva: justiça ou equidade?	385
3.4	Identificação da justiça tributária	393
3.4.1	A escolha da justiça social como valor fundante da matriz tributária	395
3.4.2	Sociedade livre, justa e solidária	401
3.4.3	Solidariedade e tributação	407
3.4.4	Princípios da dignidade da pessoa humana e do mínimo existencial	421
3.4.5	Estado Democrático de Direito simbólico e a função da matriz tributária	439
3.4.6	Desigualdade social ou o fracasso da matriz tributária justa	448
3.4.7	Proposta de fundamentos para a matriz tributária justa	462
3.4.7.1	Devolução dos tributos do consumo aos pobres	477
3.4.7.2	Graduação razoável de tributos sobre o consumo de determinados bens e serviços	481
3.4.7.3	Adequação da carga tributária sobre renda e consumo a padrões internacionais	489
3.4.7.4	A *regra de ouro* da tributação e outras medidas	492

CONCLUSÃO 499

REFERÊNCIAS 511

INTRODUÇÃO

No Brasil, formou-se o consenso na opinião pública de que o sistema de tributação é injusto. Isso se deve em grande parte a um discurso recorrente sobre a carga tributária brasileira fundamentado unicamente no Produto Interno Bruto (PIB). Desde meados da década de 1990, a carga tributária brasileira ultrapassou um terço de toda a produção econômica, oscilando, aproximadamente, entre 30% e 33% nos últimos vinte anos, segundo dados oficiais da Receita Federal do Brasil. Além disso, costuma-se alegar que o sistema é injusto em razão de o Estado não restituir a carga tributária com serviços públicos de qualidade, pois as classes alta e média, apesar de pagarem muitos tributos, não são habitualmente atendidas pelos serviços públicos básicos, tais como saúde, educação, previdência etc. No entanto, questiona-se se o conceito de justiça na tributação condiz com estas simples percepções.

Quando aprofundamos esta dúvida, outros dados podem ser pesquisados para a formação de algumas conclusões. Primeiramente, há que se perguntar se no Brasil, o peso dos tributos sobre as rendas pessoais é o mesmo entre ricos e pobres ou uns são mais onerados do que outros. Qual seria a referência para se investigar o que é mais tributado: a renda, a propriedade ou os bens e serviços consumidos pelos contribuintes? Para esta análise, a questão fundamental diz respeito ao critério que deverá ser utilizado, se deve ser a relação dos contribuintes com o sistema legal tributário ou as finalidades sociais que as receitas tributárias poderão propiciar.

Este livro visa a entender estas indagações e apresentar conclusões que possam auxiliar respostas adequadas ou ao menos ampliar o debate sobre um tema tão essencial às relações econômicas e sociais, que é a justiça tributária.

Tanto este tema é importante, atual e urgente que mereceu a atenção da tão esperada Reforma Tributária de 2023, aprovada pela Emenda Constitucional nº 132, que acrescentou ao art. 145 o §3º, que prevê a *justiça tributária* como um dos princípios da tributação.

Esta obra parte de uma hipótese sugerida nos primeiros parágrafos desta introdução, qual seja: se o sistema de tributação brasileiro é justo. Esta suposição não é uma abstração, mas corresponde a um problema real vivido pela sociedade brasileira em sua histórica relação com o pagamento de tributos. Nos últimos tempos, especialmente após a Constituição de 1988, a situação tem se agravado, o que desperta as inquietações motivadoras do trabalho que ora apresentamos. Fazemos referência a levantamentos indicando que, no Brasil, enquanto pessoas que ganham até dois salários mínimos comprometem 53,9% de sua renda com pagamento de tributos, as que ganham mais de trinta salários mínimos são oneradas em apenas 29% de sua renda. Por outro lado, as classes média e alta são as mais beneficiadas com infraestruturas estatais difusas e com os melhores serviços públicos.

Quanto à infraestrutura, nas regiões habitadas pelas classes mais ricas é onde se concentram o atendimento pleno às necessidades de saneamento básico, abastecimento de água potável, coleta domiciliar de lixo, ruas e avenidas asfaltadas, áreas de lazer, proximidade das habitações aos centros de estudo, trabalho e comercial, transporte coletivo etc. Com relação aos serviços públicos, também são as classes média e alta que o Estado atende melhor, como é o caso da segurança pública. A maioria dos postos da Polícia Militar, delegacias e rondas policiais ocorrem nas regiões habitadas pela população economicamente mais favorecida, sob a alegação de que a criminalidade visa a tais regiões para a prática de crimes contra o patrimônio. Em relação à educação, o ensino público de referência, que é o de nível superior, é praticamente todo utilizado pelos mais ricos, que podem oferecer ensino básico de qualidade aos seus filhos e parentes, o que favorece o desempenho dos estudantes nos processos seletivos para as universidades públicas. Serviços como emissão de passaportes e auxílios de consulados em países estrangeiros são uma realidade geralmente não desfrutada pelos mais pobres. Em contrapartida, a falta de infraestrutura estatal e os piores serviços públicos atingem exatamente os que mais necessitam das intervenções do Estado, que é a população de baixa renda. Talvez seja desnecessário lembrar que, geralmente, toda a infraestrutura pública que serve às classes média e alta é o que falta às populações mais carentes, para quem a rotina é a exclusão da presença dos bens sociais básicos. Se para os mais ricos podem existir algumas falhas de infraestrutura ou de determinados serviços, como ruas esburacadas nas temporadas de chuva, falta de aeroportos, má conservação de um ou outro parque de lazer, ruas mal sinalizadas etc., imagine-se viver longos anos sem água potável, sem saneamento básico ou sem coleta de lixo. Ou ainda, pense-se conviver com o desprezo ou a violência da polícia para as demandas da população em situação de maior vulnerabilidade ou com a precariedade da rede pública de saúde. A propósito deste último serviço, lembramos que as classes média e alta contratam, em regra, planos ou serviços privados de saúde, que podem ser descontados do Imposto de Renda. Os mais pobres, além de não contarem com a possibilidade de abatimento (porque não possuem renda suficiente para contratar planos de saúde), têm de se sujeitar a toda sorte de deficiência neste tipo de serviço, quando executado pelo Estado.

Se a dúvida original era saber se a ideia de justiça tributária está fundada na relação da carga tributária total em razão do PIB ou sobre quem recebe as piores atuações do Estado, quando este questionamento é desdobrado em investigação mais profunda, logo se verifica que o conceito de justiça na tributação necessita ser melhor compreendido. Talvez, a pergunta inicial devesse ser readaptada para as seguintes: quem paga mais tributos no Brasil? E ainda: se os resultados desta verificação são justos? Isso leva a outro conceito correlato ao de *justiça*, que é a *equidade*, responsável por entender como se realiza justiça perante situações concretas. Se justiça é um conceito abstrato – e paradoxalmente esta característica leva a argumentações subjetivas sobre o que é ou não justo – a equidade, por sua vez, teria a finalidade de reduzir a margem de subjetividade sobre o que se considera justo, apoiando-se em critérios mais bem definidos, a partir do caso concreto, a fim de se chegar ao resultado de dar a cada um o que lhe cabe.

Os problemas relacionados à justiça na tributação não podem ser reduzidos somente à carga de tributos sobre a renda das pessoas. Note-se que no Estado Democrático de Direito objetiva-se os desenvolvimentos econômico e social com participação da sociedade nas deliberações políticas. Exatamente por isso, a meta é também incluir a população de baixa renda no bem-estar gerado pela espiral de prosperidade econômica. A receita auferida com a tributação é forte aliada na viabilização de políticas públicas geradoras dos meios para que todos, no Estado Democrático de Direito, possam tomar boas decisões sobre sua vida individual e a respeito dos interesses coletivos. Isso passa pela garantia de direitos básicos, especialmente saúde e educação, sem os quais as condições para a realização de boas escolhas são muito mais difíceis e, às vezes, impossíveis.

Em relação à carga tributária sobre o PIB, as estatísticas mundiais e os dados censitários revelam que o Brasil amarga indicadores sociais desonrosos quando comparados com índices de países economicamente similares. No ano de 2013, quando se tem como referência o Índice de Desenvolvimento Humano (IDH) dos trinta países que tributam cerca de 1/3 do PIB, o Brasil ficou em último lugar, com o IDH de 0,744. Em 2021/2022, subiu um pouco em relação ao início da década anterior, registrando 0,754, ocupando a 87ª posição no *ranking* entre 191 países.

Tratando-se de indicadores internos, por exemplo, educação e saúde, o censo de 2010 revelou disparidades que necessitam de políticas públicas emergenciais. No Nordeste, a média de analfabetismo na população com idade igual ou superior a 15 anos era de 28%. Entre os idosos (acima de 60 anos), o percentual médio se elevava para 60%, enquanto, entre jovens de 15 a 24 anos de idade, o número de analfabetos da região Nordeste ultrapassava meio milhão de pessoas. Dados mais atuais da PNAD sobre analfabetismo mostram que, no geral, o analfabetismo recuou de 6,1% em 2019 para 5,6% em 2022. No Nordeste, por exemplo, entre os idosos, houve uma queda ligeira da taxa de analfabetismo, que registrou 54,1% em 2022.

Quando o critério de pesquisa é a raça, os dados censitários são ainda mais cruéis. Conforme a Pesquisa Nacional por Amostra de Domicílios (Pnad – 2017), as pessoas brancas possuíam rendimento médio mensal de R$ 2.660,00. Os rendimentos médios mensais apurados para negros e pardos foram de R$ 1.461,00 aos pretos, enquanto para os pardos foram de R$ 1.480,00. Nota-se que tais cifras ficam muito próximas da metade dos valores pagos aos brancos, denotando má distribuição de renda e iniquidade entre grupos étnicos.

Já em 2021, o rendimento médio dos trabalhadores brancos foi de R$ 3.099, superando muito o de pretos, que ficou em R$ 1.764, e o de pardos, R$ 1.814.

Também se observa que há uma relação intrínseca entre analfabetismo e condições sanitárias inadequadas nos domicílios brasileiros. De acordo com o Censo 2010 do Instituto Brasileiro de Geografia e Estatística (IBGE), o percentual de crianças de 0 a 5 anos, em 2000, que viviam em lar com saneamento inadequado e com pais ou responsáveis analfabetos era de 10,3%. Em 2010, este índice caiu para 4,6%. No geral, é expressiva a melhoria, mas existem disparidades que necessitam de política pública acelerada, na medida em que as classes média e alta são atendidas plenamente em saneamento básico. Além destes dados, o Censo indicou que as regiões Norte e Nordeste são as mais afetadas com a ausência de saneamento, fator que acirra a desigualdade regional.

Não há dúvida de que os recursos fiscais oferecem as principais condições materiais para o desenvolvimento de políticas públicas corretivas das disparidades econômicas e sociais. Assim, torna-se obrigatório se relacionar o tema da tributação ao da justiça social, responsável pelos fundamentos políticos da promoção de políticas públicas inclusivas e distributivas da riqueza nacional, tendo por base a ideia de igualdade.

Estabelecidas as premissas do problema, destacamos o objetivo central deste livro: defender a tese da necessidade de realinhamento dos conceitos de justiça e de equidade na tributação, fixando como alicerce o problema da inversão lógica da carga tributária sobre a renda, em que os pobres são mais onerados com o pagamento de tributos do que os ricos. Além disso, deve ser reafirmado que o destino dos recursos fiscais gerados com a tributação terá de ser priorizado na efetivação dos objetivos do Estado Democrático de Direito.

Se por um lado o senso comum defende que o sistema tributário brasileiro é injusto em função de a carga tributária ser alta (mais de 30% do PIB), por outro lado cabe suspeitar que a iniquidade do sistema reside na elevada carga tributária sobre os mais pobres, especialmente porque esta camada da população é induzida a consumir mercadorias e serviços, bens sobre os quais mais incidem tributos.

Neste livro, argumentamos que o senso comum, inclusive entre economistas e juristas, necessita ser revisto em suas bases epistêmicas sobre os conceitos de equidade e justiça. A injustiça do sistema tributário tendo por critério a relação da carga tributária entre ricos e pobres é um problema a ser analisado na perspectiva da equidade. O outro lado do problema, isto é, a baixa efetividade dos fins do Estado Democrático de Direito com políticas públicas inclusivas, este sim, é uma questão de não realização dos fins da justiça tributária, exatamente quando, a despeito da carga tributária total, o país mantém índices graves de subdesenvolvimento. Assim, este livro realinha os conceitos de equidade e de justiça na tributação, de modo que a equidade será vista como justiça voltada a situações concretas, por exemplo, a relação do contribuinte com a sua renda tributável e a carga fiscal entre ricos e pobres. A justiça tributária estará afeta aos fins abstratos da tributação tanto quanto abstrato é o conceito de justiça. Assim, o regime de tributação será justo na medida em que se dedica a realizar seus fins, que, no caso do Brasil, correspondem aos objetivos da República, constantes do artigo 3º da Constituição Federal, sintetizados nos propósitos de construção de uma sociedade livre, justa e solidária.

Para tornar a abordagem mais consistente, alguns acordos semânticos deverão ser propostos. Primeiramente, será necessário definir se a conhecida locução *sistema tributário nacional* – como referência básica para as análises de carga tributária, de justiça e de equidade na tributação – é suficiente para gerar as conclusões esperadas. Os fundamentos da pesquisa indicam que o entendimento difundido sobre sistema tributário se atém à ideia de conjunto de normas iniciado na Constituição e complementado por outras regras jurídicas, abstratas ou específicas, que dão efetividade às expectativas das normas constitucionais. O sistema tributário não pode se reduzir a um conjunto jurídico normativo, porquanto o Direito Tributário reflete diversas outras áreas de relações, tais como econômicas, políticas e sociais. Talvez seja um equívoco pretender fechar o sistema de tributação à sua linguagem própria e à sua estrutura normativa técnico-jurídica. Por outro lado, propor um novo conceito de sistema tributário nesta altura dos acontecimentos pode significar uma falta de prudência ou uma pregação no deserto.

Daí por que enveredamos para outra abordagem sobre o que a tributação significa e quais são as suas bases fático-materiais. O argumento se assenta no conceito teórico de matriz tributária. Sinteticamente, a matriz tributária aglutina outros sistemas influentes na tributação, tais como as forças políticas que levam a determinadas escolhas sobre o que e como se deve tributar; as condições econômicas, que não deixam de estar imbricadas com as mencionadas opções políticas; os indicadores sociais que podem dar os rumos para aonde se deseja chegar com um sistema de tributação e, por fim; o respeito às normas institucionais que conformam o sistema jurídico. Assim, o conceito de matriz tributária, ao mesmo tempo que se deixa entrelaçar com outros sistemas epistêmicos não rompe com o entendimento tradicional de sistema tributário como instância normativa, que abriga as normas e conceitos jurídicos tributários.

Conforme intuímos, se justiça e equidade tributárias são expressões com significados diferentes, uma questão relevante desponta, consistente em se definir quando uma e outra expressão deve ser adequadamente empregada. Para isso, apresentamos argumentos teóricos que indicam a necessidade de se repartir a matriz tributária em dois segmentos, de sorte que em cada um deles ingressarão os conceitos de justiça e de equidade como valores a orientar interpretações sobre normas tributárias que compõem o conjunto da matriz.

Propomos, portanto, que a matriz tributária seja dividida nas estruturas endógena e exógena, cada qual contendo valores e normas que auxiliam no emprego das expressões equidade e justiça tributárias, de forma metodológica e a mais precisa possível aos seus respectivos significados.

A estrutura endógena é o apanhado de normas jurídicas que se voltam a organizar a matriz tributária por dentro, isto é, o funcionamento coerentemente organizado do sistema de tributação dependente da presença de normas jurídico-tributárias e do tráfego constante de interpretações destas por todos que se depararem com a necessidade de sua incidência. As normas jurídicas que se inserem no interior da matriz tributária (estrutura endógena) não se lançam ao acaso, sem propósitos ou bases que lhes deem fundamentos.

Justifica-se que valores, princípios e regras jurídicas são conceitos diferentes, uma vez que possuem funções distintas no ordenamento jurídico. Tanto a estrutura endógena quanto a exógena são compostas por aqueles institutos, mas cada uma das estruturas terá valores, princípios e regras que guardam pertinência com suas finalidades verificáveis. Em resumo, valores podem ser normas que não necessitam figurar no plano deontológico do Direito. Os valores, além de bastante abstratos, emanam imperativos éticos e morais derivados das conquistas civilizatórias que contornam a história da humanidade. Já os princípios são normas jurídicas operantes no âmbito deontológico do sistema jurídico e, conquanto sejam também abstratos, procuram unir os valores às regras jurídicas de conteúdos específicos. Destas explicações, por ora superficiais, é possível perceber que as regras jurídicas, situadas necessariamente no terreno deontológico do Direito (mundo do dever ser), caracterizam-se por sua disposição de estabelecer condutas lastreadas em fatos hipotéticos, não podendo, obviamente, se divorciar dos princípios e valores defendidos pela Constituição.

Assim, no âmbito da estrutura endógena, o valor que orienta todo o conjunto normativo é exatamente a equidade. A capacidade contributiva será o princípio que unirá a equidade às regras tributárias de conteúdo específico. A estrutura endógena da matriz tributária, portanto, é um conjunto normativo composto pela equidade como valor, a capacidade contributiva como princípio e as diversas regras que definem as hipóteses de incidência tributária e as técnicas de efetivação da capacidade contributiva e da equidade.

A equidade deve figurar no plano da estrutura endógena da tributação, pois, nesta estrutura, a pretensão do Direito Tributário é organizar o sistema e enxergar as relações concretas que envolvem os contribuintes entre si e o poder público tributante. Ao longo dos tempos, a visão tradicional de sistema tributário deixou para trás preocupações com a ideia de equidade tributária em razão da crença – talvez ingênua – de que sociedade e o Estado são apenas inimigos quando o assunto for tributação. Daí por que são inúmeras as regras tributárias que disciplinam o sistema de tributação pretendendo demonstrar força e eficiência arrecadatórias e, do outro lado, um sem número de argumentos dos contribuintes a se contraporem às normas baixadas. O pano de fundo deste embate são as ideias de legalidade, segurança jurídica, limitações constitucionais ao poder de tributar, enfim, a defesa do positivismo jurídico-formal contra as estripulias legais dos governos. O fetiche em torno da legalidade formal esconde o debate prudencial e sereno sobre a justiça do sistema em perspectivas sociais e econômicas mais abrangentes. Veem-se lançadas para escanteio no debate jurídico da atualidade questões relevantes, como a sobrecarga tributária em cima dos mais pobres e a baixa pressão fiscal sobre os contribuintes mais ricos. Nos tribunais, as discussões tributárias se resumem às interpretações de conceitos legais formalizados ou se tal ou qual garantia constitucional do contribuinte (em geral os grandes contribuintes) foi ou não observada. Ressaltamos que este tipo de discussão é necessário, longe de este livro transmitir o entendimento de que o sistema legal-formal deva ser violado em prol de uma contraditória ideia de justiça tributária, que não leve seriamente em consideração o sistema legal a que se submete. O ponto controvertido é que as discussões sobre equidade da tributação não encontram força para virem à tona, quando as preocupações doutrinárias se contentam com os problemas normativos-formais aos quais qualquer sistema positivo de Direito está sujeito. A proposta de se enxergar que a matriz tributária possui uma estrutura endógena orientada pela equidade – como a busca da justiça no caso concreto – e a capacidade contributiva na qualidade de princípio jurídico, serve exatamente para expor, no plano da teoria, um problema tão ou mais crucial para a segurança do sistema normativo de tributação, que é a necessidade do tratamento verticalmente igual a ser dado aos contribuintes.

Um dos problemas que esta pesquisa visa a demonstrar é que a matriz tributária brasileira da atualidade inverte o conceito de equidade, fazendo com que os pobres sejam mais tributados do que os ricos e, o que é pior, a responsabilidade por esta inversão, conforme o texto demonstrará, deve ser atribuída ao próprio sistema de tributação.

Com relação à estrutura exógena, sua função é servir de suporte financeiro ao poder público para o cumprimento dos objetivos da República e do Estado Democrático de Direito. Assim, a estrutura exógena congrega a função de ser suporte financeiro das políticas públicas e, simultaneamente, finalidade principal da matriz tributária, que é alcançar justiça por meio dos sinuosos caminhos que conduzem à ideia de Estado Social e de Estado Democrático de Direito. O valor que instrui a estrutura exógena é a justiça abstrata, enquanto os princípios serão o da dignidade da pessoa combinado com o princípio da proteção ao mínimo existencial. Para a afirmação da justiça abstrata como valor deve-se, primeiramente, ter em conta que tal não se confunde com a equidade, porquanto esta almeja justiça nas relações individuais e concretas. Outro ponto é definir qual teoria de justiça está em voga quando se tem por finalidade cumprir os objetivos da República no Estado Democrático de Direito. Defendemos o argumento de que a teoria de justiça em questão é a justiça social, uma vez que o artigo 3º da Constituição Federal articula pretensões que se alinham com o conceito deste tipo de justiça, que visa a distribuir a riqueza nacional a ponto de garantir oportunidades básicas a todos. Os princípios da dignidade da pessoa humana e da proteção ao mínimo existencial deverão ser efetivados, na medida em que a matriz tributária assegurar a todos direitos básicos, que elegemos como necessários, sem prejuízo de outros constitucionalmente previstos. Trata-se dos direitos à vida e à saúde dignos, assim como à educação de qualidade, à segurança alimentar e à moradia digna. Quando as forças do mercado produtivo não garantem a todos estes direitos é função da matriz tributária propiciar os recursos financeiros para alcançá-los. O exame da estrutura exógena da matriz tributária traz argumentos que comprovam esta função relevante destinada à matriz.

O livro está dividido em três capítulos. O Capítulo 1 realiza a distinção conceitual sobre sistema tributário e matriz tributária, além de propor acordos semânticos indispensáveis para toda a linha argumentativa, quais sejam, os conceitos de justiça e de equidade, de capacidade contributiva, de tributação direta e indireta, de proporcionalidade, de progressividade e de regressividade tributárias. Estabelece também noções sobre conceitos auxiliares, como é o caso das teorias do benefício e do sacrifício comum, equidade horizontal e vertical, entre outros. Propostos os conceitos, o Capítulo 2 se destina a expor os problemas da matriz tributária de antes e do presente. O texto trará dados obtidos da Receita Federal do Brasil e do IBGE, que relatam o comportamento da matriz tributária brasileira e o porquê da possibilidade de se concluir que a situação atual é injusta, especialmente com as camadas mais pobres da população. Os números indicarão que a matriz tributária brasileira enfatiza a incidência dos tributos sobre o consumo de bens e serviços, atenuando a tributação sobre renda e a propriedade. Os indicadores também comparam em termos macros a matriz tributária brasileira com índices de outros países. O resultado é surpreendente, pois se nota que países mais desenvolvidos tributam intensamente a renda e o patrimônio, ao contrário do que ocorre no Brasil. A relação entre os países também demonstra que a tributação nacional é mais rigorosa com o consumo do que a média dos países desenvolvidos.

Ainda com relação ao Capítulo 2, os dados darão conta de que a população pobre compromete uma parte maior de sua renda com o pagamento de tributos do que os ricos. Esse estranho estado de coisas gera o que se chama *efeitos regressivos* da tributação, pois, conforme a renda diminui, aumenta o peso da carga tributária. O mesmo efeito ocorre quando se analisa a tributação sobre a renda no Brasil. Proporcionalmente, os que ganham menos são mais onerados com o imposto de renda do que os ricos, porque, em geral, estes últimos possuem mais despesas para descontar da base de cálculo do mencionado imposto.

Os fundamentos para as conclusões sobre justiça e equidade na tributação estão concentrados no Capítulo 3. Primeiramente, uma abordagem sobre as linhas históricas de verificação da função da tributação no Estado Moderno é feita tanto no Estado fiscal liberal e abstencionista quanto nos Estados social e democrático de Direito. Em seguida, o realinhamento dos conceitos de equidade e de justiça na tributação é proposto, com base nos argumentos epistemológicos sobre as estruturas endógena e exógena da matriz tributária e a definição de seus respectivos valores, princípios e regras. Sobre este ponto, serão expostos argumentos que demonstram que a equidade na tributação não consegue ser efetivada como costumeiramente se almeja, de modo que se trata de um mito que se construiu em torno da plena equidade na tributação, quando, no máximo, o que se consegue é otimizá-la. Ainda sobre justiça e equidade na tributação o livro defende que o conceito de justiça tributária não reside na relação entre contribuintes e Estado nem nas opções políticas que definem as hipóteses de incidência tributária, tampouco nas relações comparativas entre contribuintes ricos e pobres, muito menos nos percentuais de carga tributária sobre o PIB. Nesta pesquisa, o conceito de justiça tributária assume uma responsabilidade politicamente forte e juridicamente abrangente, na medida em que propõe que a tributação justa é a que consegue efetivar os fins do Estado Democrático de Direito, condensados nos objetivos da República, o que, para alguns, se considera como justiça fiscal. Enquanto as deficiências fiscais forem pretexto para a não efetivação das finalidades do Estado Democrático de Direito tem-se o não cumprimento dos fins justos da tributação e, portanto, uma matriz tributária injusta.

A Emenda Constitucional da Reforma Tributária, de nº 132, aprovada em dezembro de 2023, demonstrou a relevância desse tema, na medida em que incorporou em seu texto, conforme dissemos, o princípio da *justiça tributária*. Duas de três medidas fundamentais para realizar o conceito de justiça tributária indicadas desde a primeira edição deste livro foram, de alguma maneira, adotadas com a reforma.

A primeira defendia a ampliação do mínimo existencial aos contribuintes de baixa renda. Para tanto, deveriam ser adotadas medidas que reduzissem os impactos dos tributos sobre o consumo de bens definidos como básicos. Propusemos um programa de restituição periódica de alguns tributos incidentes sobre o consumo de mercadorias e de serviços aos consumidores definidos pela lei como de baixa renda. O modelo de restituição dos tributos sobre o consumo para um público determinado assegura a pessoalidade na tributação, por evitar que todos se beneficiem da medida, em especial consumidores de alta renda. Essa medida foi assimilada pela reforma e está prevista no inciso VIII do §5º do art. 156-A e no §18 do art. 195 da Constituição, ambos introduzidos pela emenda e que tratam, respectivamente, da devolução do Imposto sobre Bens e Serviços (IBS) e da Contribuição sobre Bens e Serviços (CBS) para a população de baixa renda.

O segundo fundamento propunha um aumento racional da carga tributária sobre o consumo de bens e serviços considerados supérfluos ou luxuosos, além da elevação progressiva da tributação sobre a renda e o patrimônio, a fim de adequar a matriz tributária brasileira aos padrões internacionais. A eficiência destas propostas deveria ser acompanhada da elevação da faixa atual de isenção do Imposto sobre a Renda da Pessoa Física (IRPF) e dos aumentos do número e dos percentuais das alíquotas deste imposto, de modo a alcançar as rendas mais altas.

Sobre esse ponto, a Emenda nº 132, indiretamente, seguiu esse fundamento, na medida em que o art. 9º determina que a lei complementar definirá as operações beneficiadas com redução de 60% das alíquotas do IBS e da CBS relativas a diversos bens e serviços listados nos incisos I a XIII do mencionado dispositivo. Para alguns casos, também previstos no referido artigo, a isenção poderá ser total. Quanto ao Imposto sobre Renda de Pessoa Física (IRPF), a faixa de isenção foi aumentada pela Medida Provisória nº 1.171, de 30.4.2023, de R$ 1.903,98 para R$ 2.112,00, e, mais recentemente, a Medida Provisória nº 1.206, de 06.2.2024, elevou a faixa de isenção para R$ 2.259,20. Saliente-se que o art. 18 da Emenda nº 132 determina que o Poder Executivo deverá encaminhar ao Congresso Nacional em 90 dias "projeto de lei que reforme a tributação da renda, acompanhado das correspondentes estimativas e estudos de impactos orçamentários e financeiros". Todas essas alterações, de alguma forma, vão ao encontro do que defendemos na edição anterior, de que a Reforma Tributária deveria enfrentar os problemas da iniquidade e da injustiça da matriz de tributação.

Já o terceiro fundamento sugeria a previsão de uma regra constitucional que impedisse o contingenciamento de recursos orçamentários para a garantia dos direitos sociais, de efetivação da justiça social. Assim como o artigo 166, §3º, "b", e o artigo 9º, §2º, da LC nº 101, de 2000 (Lei de Responsabilidade Fiscal), preveem a impossibilidade de contingenciamento orçamentário para o serviço da dívida (pagamento de juros da dívida pública), dispositivos de igual teor deveriam garantir a alocação de recursos orçamentários aos objetivos fundamentais da República. Este fundamento, no entanto, não foi tratado na reforma.

Nesta segunda edição, trazemos outros pontos importantes nas subseções 3.4.7.1 a 3.4.7.4 e que poderão ser levados em consideração pelo legislador complementar quando da regulamentação da reforma, uma vez que não vieram explícitos na Emenda.

É importante esclarecer que os argumentos sobre justiça e equidade na tributação desenvolvidos neste livro dão ênfase às relações tributárias das pessoas físicas. Discussões sobre justiça fiscal envolvendo pessoas jurídicas seriam adequadas a outro tipo de abordagem, especialmente a análise de como os tributos repercutem no lucro das empresas e nas dificuldades de competição em função da carga tributária. Este não é o objetivo da obra.

Ressaltamos que este livro tem um objeto delimitado metodologicamente, isto é, a discussão central sobre os conceitos de equidade e de justiça na tributação. É certo, no entanto, que a abordagem desenvolvida sobre estes conceitos, especialmente o de justiça tributária, não deve se esquivar de uma questão que se relaciona com as finalidades da tributação nos termos propostos na obra. Fazemos referência à gestão dos recursos fiscais. De um modo ao mesmo tempo intuitivo e imprudente para a ciência, como todo raciocínio fundado unicamente na intuição, poderia se afirmar que os problemas da tributação no Brasil não residem na relação entre os propósitos constitucionais não realizados e as dificuldades orçamentárias fiscais, mas sim na gestão dos recursos financeiros. Este trabalho não investiga este problema especificamente. Este é um livro essencialmente jurídico e que procura empreender argumentos para realinhar os conceitos de equidade e de justiça no âmbito da matriz tributária. De forma alguma se trata de uma investigação especulativa ou até pretensiosamente empírica sobre a gestão de recursos públicos, o que poderia escapar do escopo central de argumentação sobre justiça e equidade na tributação.

Isso não significa que algumas preocupações extrajurídicas não possam vir à tona quando o assunto é a escassez de recursos orçamentários fiscais. O déficit primário das contas públicas federais tem registrado cifras assustadoras. Isso significa que o orçamento fiscal não está conseguindo fazer frente à gama de despesas do Governo Federal, principal responsável pela descentralização de recursos financeiros para execução de políticas públicas, inclusive as de apelo social. De alguma forma – ou talvez diretamente – este livro apresenta argumentos jurídicos destinados a obstar qualquer pretensão de se utilizar o déficit público como empecilho à manutenção de programas sociais que almejam a efetivação do Estado Democrático de Direito, seus valores e princípios.

O livro não tem também a intenção de propor argumentos de ruptura com o sistema de produção capitalista, nem se opõe ao mercado produtivo competitivo ou ao sistema financeiro. Não se trata, nesta mesma linha, de uma proposição sectária, em que pobres e ricos devem figurar em lados antagônicos, cada um fechado nos seus interesses. Uma proposta argumentativa deve enxergar os problemas que dão ensejo às suas hipóteses como uma oportunidade de aprofundar ideias, e não se perder nos desvãos das ideologias políticas. Tanto assim que toda argumentação proposta sugere, nas entrelinhas, ser salutar ao Estado Democrático de Direito que o mercado produza em proporções suficientes às demandas sociais. Os argumentos deste livro convivem bem com o fato de que alguns podem ser muito ricos e a riqueza em si não é um problema. A crítica ora lançada se refere à alta concentração de renda em poder de poucos e o peso desproporcional dos tributos sobre a renda dos mais pobres. Nesse sentido, a riqueza deverá ser obtida em razão do mercado competitivo e não com o auxílio indireto da tributação favorecida a quem tem mais posses. A ideia de igualdade que o trabalho concentra se identifica com o *princípio de diferença* proposto por John Rawls. Assim, a prosperidade econômica de uns é muito bem-vinda, mas somente será justa se for acompanhada de medidas compensatórias que proporcionem o bem-estar de todos. Daí porque, quanto maior for a riqueza, melhores serão as condições de a matriz tributária exigir formas de tributação que visem a tornar a sociedade economicamente mais igualitária, mediante a garantia de bens sociais básicos.

 O trabalho a seguir não pretende – e ainda que pretendesse, jamais conseguiria – oferecer as melhores conclusões ou saídas para o alarmante problema da iniquidade, vazado na forma de regressividade da matriz tributária. Igualmente, não visa a sacramentar o significado de justiça na tributação, como se o que será proposto fosse a única palavra sobre o tema. É bem provável que este livro seja uma simples contribuição para se entender mais claramente onde se identificam equidade e justiça no complexo emaranhado das relações tributárias no Brasil. De quebra, talvez, evidencie os problemas da regressividade da tributação no país e a baixa efetividade dos postulados do Estado Democrático de Direito, permitida silenciosamente pela matriz tributária. Diferente da política, a academia nunca se conformou e nem se conforma com esse estado de coisas, de modo que este livro, antes de tudo, é uma forma de denúncia a respeito de quem efetivamente é vítima da injustiça tributária no país.

CAPÍTULO 1

SISTEMA TRIBUTÁRIO E MATRIZ TRIBUTÁRIA BRASILEIRA

Provavelmente, a arrecadação de tributos é a maior aliada das políticas públicas que visam a promover a igualdade e a justiça social. Se é certo que, em sociedades que sofrem com o flagelo das desigualdades social e econômica, as políticas públicas constituem o conjunto de ações desenvolvidas pelo poder público como uma força rompedora de ciclos históricos de injustiças coletivas, o regime de tributação figura como a "mão invisível" a sustentar a ação social do Estado.

Mas não é só isso. Um simples retrospecto na história ocidental demonstrará que a tributação sustenta a burocracia do Estado fiscal moderno, desde os tempos do liberalismo clássico até hoje. Tanto no Estado Social como no Estado Democrático de Direito a função instrumental da tributação adquire mais força na medida em que nestas duas últimas modalidades estatais as intervenções públicas atuam em maior escala, exigindo, obviamente, um esforço fiscal mais elevado da sociedade.

De modo geral, conforme acentuado na introdução, este trabalho se debruça sobre o tema da justiça tributária, sendo a sua preocupação central desvendar a finalidade precípua do sistema de tributação, que pode estar oculta nas entrelinhas dos objetivos da República. A descoberta desta finalidade será a tarefa dos argumentos que serão desenvolvidos no último capítulo. O que é possível antecipar nesta fase é que a tributação há de ser o suporte financeiro da ideia de justiça social ou de justiça distributiva no Estado Democrático de Direito. Além disso, no contexto do que se considera um regime tributário justo não se pode deixar de lado a relação entre o Estado e os contribuintes, que, ao fim e ao cabo, serão obrigados a alocar recursos da economia privada para o setor público. Esta relação terá de ser orientada por um sistema legal equilibrado, de modo que os contribuintes não sejam vítimas (por pior que esta palavra possa significar no momento) da opressão tributária do Estado e nem privilegiados por um regime tributário desigual. A flacidez da relação jurídica entre o Fisco e o contribuinte poderá trazer resultados desastrosos em vários sentidos, sendo que dois se destacam por ora. O primeiro é a perda de arrecadação ou arrecadação insuficiente, podendo comprometer o funcionamento adequado da burocracia do Estado ou a efetivação das políticas públicas. O segundo efeito é a sensação de injustiça entre os diversos grupos de contribuintes: uns com maior poder econômico, que se sentem exigidos demais; enquanto outros, menos favorecidos pelo mercado, sequer percebem objetivamente como os tributos ajudam a tornar mais baixo seu já precário poder econômico. A tensão entre o poder de tributar e os direitos individuais dos contribuintes abre margem para procurar saber se o que está por trás de tudo é a ideia ampla e vulgar de justiça ou outra forma de se abordar o tema, por exemplo, a equidade.

A tributação em uma sociedade organizada e que vele pela justiça como um valor precisa ser regulada pelo Direito por causa dos diversos riscos de controvérsias que poderá gerar, especialmente quando o que estiver em questão seja a ideia de propriedade.

Se o Direito se encarrega de disciplinar o sistema de tributação, a própria noção do que significa este sistema e os seus elementos integrantes ganham inegável relevo. Será um objetivo indispensável neste livro saber se deve prevalecer um conceito hegemônico de sistema de tributação e quais são os elementos que o integram.

A presente seção visa a preparar o leitor para um percurso de argumentos sobre o sistema de tributação do Brasil e se este atende aos objetivos da República, especialmente no tocante aos ideais de justiça, liberdade e solidariedade. Se, por um lado, o emprego vulgar de determinados conceitos é bom por democratizar o debate em razão de retirar do jurista uma certa exclusividade e protagonismo a respeito das discussões sobre justiça tributária; por outro, gera dificuldades de consensos que fragilizam as expectativas vislumbradas pelo discurso comum sobre estes conceitos. Daí a preocupação inicial de começar a abordagem propondo um acordo semântico ou conceitual sobre determinados termos que serão recorrentes em toda esta investigação. Alguns são amplamente conhecidos, como é o caso da capacidade contributiva e da equidade; outros pertencem à linguagem da tributação, por exemplo, progressividade, regressividade e proporcionalidade tributárias. No mesmo grupo estão os tributos diretos e indiretos; outro é mais específico e demanda um esforço do meio acadêmico de difusão da sua carga semântica, que é o conceito de matriz tributária, que constitui elemento teórico essencial para a compreensão do presente trabalho.

As subseções a seguir, portanto, possuem a função, por assim dizer, propedêutica e, exatamente em razão desta finalidade, buscam oferecer uma visão mais aprofundada de cada termo, o que somente é possível pela dialética dos argumentos e pelo resgate de suas origens ou historicidade. A análise superficial dos institutos oferece o risco de comprometer as explicações necessárias que serão exigidas nas etapas posteriores, além de possibilitar alguma falha de coerência do conjunto argumentativo. Assim, as subseções a seguir tratam de uma estratégia metodológica de preservação da argumentação profunda e coerente sobre vocábulos que não podem ser utilizados de forma desatenta.

1.1 Noções de sistema tributário

O sistema tributário brasileiro atual possui estrutura piramidal se adotarmos como referência a escala de hierarquia das normas e o número de leis e outros atos normativos de sua composição. A ideia de que o sistema se estrutura na forma de pirâmide não é exclusividade do sistema tributário, pois a figura em questão normalmente é designada para demonstrar a relação hierárquica entre as diversas normas que compõem o sistema jurídico. Consoante lembra Roque Carrazza, na pirâmide, "as normas ordenam-se segundo uma relação sintática, pela qual as inferiores recebem *respaldo de validade* daquelas que as encimam, até o patamar máximo, que é o constitucional".[1]

A imagem piramidal do sistema tributário é inspirada na teoria pura do Direito, de Kelsen, embora tenha sido popularizada por Norberto Bobbio.[2] Para Kelsen, a "ordem jurídica [sistema jurídico] não é um sistema de normas jurídicas ordenadas no mesmo plano, situadas umas ao lado das outras, mas é uma construção escalonada de diferentes camadas ou níveis de normas".[3] É verdade que para Kelsen o escalonamento das normas jurídicas busca suporte de validade em norma anterior de hierarquia superior, na medida em que esta (a norma anterior) determina a produção da norma posterior. Este escalonamento permite se chegar à norma fundamental hipotética, que é "o fundamento de validade último que constitui a unidade desta inter-relação criadora".[4]

---

[1] CARRAZZA, Roque Antonio. *Curso de direito constitucional tributário*. 28. ed. São Paulo: Malheiros, 2012.
[2] "Normalmente representa-se a estrutura hierárquica de um ordenamento através de uma *pirâmide*, donde se falar também de construção em pirâmide do ordenamento jurídico" (BOBBIO, Norberto. *Teoria do ordenamento jurídico*. Trad. de Maria Celeste Cordeiro Leite dos Santos. 10. ed. Brasília: Editora Universidade de Brasília, 1999, p. 51.
[3] KELSEN, Hans. *Teoria pura do direito*. Trad. João Batista Machado. São Paulo: Martins Fontes, 1987, p. 240.
[4] *Ibid., loc. cit.*

O ordenamento ou sistema jurídico integra uma estrutura normativa composta de regras que fazem parte do sistema, assim como por outras normas que não precisam compô-lo. Tercio Sampaio Ferraz esclarece que um ordenamento contém um repertório e uma estrutura.[5] O repertório é integrado de elementos normativos ou não normativos, mas que guardam relações entre si. A mencionada hierarquia das normas significa que uma norma tem mais força do que outra, de modo que a desobediência da norma inferior perante a norma superior poderá acarretar a invalidade daquela. A hierarquia entre as normas, portanto, não é uma norma jurídica nem um elemento não normativo, razão pela qual a hierarquia entre as normas não faz parte do reportório de normas (sistema jurídico), mas sim de sua estrutura.[6]

Outro elemento muito importante quando se trata de examinar o ordenamento jurídico é sua unicidade. Como adverte Norberto Bobbio, "não poderíamos falar de ordenamento jurídico se não tivéssemos considerado algo de unitário".[7] A ideia de unidade do ordenamento está relacionada à dinâmica da hierarquia das normas. Na medida em que uma norma de quilate inferior busca sua validade em outra de competência mais elevada chega-se a um último patamar, que constitui a norma fundamental (Kelsen). Esta norma reúne coerentemente todos os elementos axiológicos e normativos que dão margem ao escalonamento das normas. Sem uma norma fundamental capaz de concentrar coerentemente o conteúdo normativo do qual as demais normas partem para suas específicas funções, o ordenamento jurídico não seria tido como tal, mas, talvez, um amontoado de normas.[8]

---

[5] FERRAZ JR., Tercio Sampaio. *Introdução ao estudo do direito*: técnica, decisão, dominação. 2. ed. São Paulo: Atlas, 1994, p. 175.
[6] *Ibid., loc. cit.*
[7] BOBBIO. *Op. cit.* , p. 48.
[8] *Ibid.*, p. 49.

É importante ressaltar que um sistema normativo é uma criação humana que resulta da organização política da sociedade e, como tal, poderá ser alterado conforme as vicissitudes históricas. Considere-se também que um sistema normativo não necessita compor-se de uma Constituição escrita situada no topo das normas. Os sistemas jurídicos poderão manter tradições e costumes que dão ensejo à sua Constituição não escrita, mas nem por isso menos vinculante às instituições e à própria sociedade.

A tradição brasileira é de constituições escritas desde o período colonial, datando a primeira Constituição do Brasil de 1824, denominada Constituição Imperial pela óbvia razão de ter sido outorgada no período do império de D. Pedro I. Embora o Brasil tenha se tornado independente de Portugal dois anos antes da outorga da Constituição Imperial, esta Carta foi redigida por um Conselho nomeado pelo Imperador e manteve a mesma estrutura jurídica existente.[9] Daquela época até 1988, o país sempre se organizou por meio de Constituições escritas.

Observe-se que a Constituição Federal vigente reserva à tributação e ao orçamento público um sistema complexo de normas que se inicia no Título VI, composto de capítulos, sendo que cada capítulo se subdivide em diversas seções. O primeiro capítulo é destinado ao "sistema tributário nacional" e o outro às "finanças públicas". A partir da Constituição se junta uma quantidade importante de leis complementares em matéria tributária e um número extenso de lei ordinárias, sem falar nos decretos, resoluções do Senado, instruções normativas, portarias, decisões administrativas entre outras. Quando se agrega a este cipoal de normas tributárias à competência dos estados e dos municípios, a base da pirâmide forma extremidades muito separadas e também distantes do topo da figura geométrica.

---

[9] BALTHAZAR, Ubaldo Cesar. *História do tributo no Brasil*. Florianópolis: Fundação Boiteux, 2005, p. 80.

A principal virtude de um sistema tributário iniciado na Constituição Federal é assegurar a unidade necessária que permita o escalonamento das normas tributárias em níveis hierárquicos, de modo a dar segurança jurídica às decisões que exigirem tributos, geralmente motivadas por necessidades públicas. No caso do Brasil, o sistema constitucional tributário engendra um conjunto de normas que, simultaneamente, autoriza o exercício do poder de tributar e seus respectivos freios e contrapesos. Na Constituição Federal, o poder de tributar é encontrado nos artigos 145, 153 a 156, 195, 239 e 240; as limitações desse poder (freios) estão concentradas no artigo 150, que elenca as chamadas limitações constitucionais ao poder de tributar.

Humberto Ávila ressalta a importância das citadas limitações que determinam os "limites conteudísticos" dirigidos aos Poderes Legislativo e Executivo, fixados na Constituição Federal.[10] Para o Poder Legislativo, as limitações teriam a função de contornar o que pode ser objeto de obrigação tributária, enquanto ao Poder Executivo o papel das limitações é definir o que pode ser fiscalizado. As limitações contornam a ideia de eficiência tributária oferecendo regras a respeito da arrecadação dos tributos. Ávila insinua, adiante, que o sistema tributário nacional não se resumiria ao conjunto normativo de limitações ao exercício do poder de tributar. Depois de resenhar a doutrina brasileira esclarecedora do sistema tributário, alerta para a questão de que "o Sistema Tributário Nacional, que regula pormenorizadamente a matéria tributária, mantém relação com a Constituição toda [...]".[11] Esta relação – prossegue mais adiante o autor – poderá ocorrer de forma "quantitativa" e "qualitativa". No primeiro caso (a forma quantitativa), trata-se da verificação de que existem outras normas tributárias que vão buscar

---

[10] ÁVILA, Humberto. *Sistema constitucional tributário*. 3. ed. São Paulo: Saraiva, 2008, p. 17.
[11] ÁVILA. *Op. cit.*, p. 21.

sentido no capítulo do sistema tributário nacional. Quanto à forma qualitativa, as próprias normas do sistema tributário nacional somente adquirem significado normativo quando relacionadas por um meio horizontal aos conteúdos materiais dos princípios e direitos fundamentais.[12]

Neste livro, que tem por finalidade comprovar que o sentido de justiça tributária se radica nas consequências que o sistema gera e não somente no cumprimento imediato e restrito de suas normas formais, ganha importância a abertura do sistema tributário para relações com outras normas do ordenamento jurídico. Fazemos referência especialmente aos princípios constitucionais que visam a efetivar o Estado Democrático de Direito, tendo como elemento integrante as noções de justiça social, distributiva, igualitária ou econômica, expressões que são sinônimas e integram também os objetivos da República (Constituição Federal, arts. 1º e 3º), conforme será explicado no Capítulo 3, subseção 3.2.6. Um conceito adequado de sistema tributário – que não se reduz à ideia de ordenamento hierárquico de normas – será problematizado mais adiante e receberá a denominação "matriz tributária".

Por ora, utilizamos a metáfora da pirâmide para literalmente ilustrar o sistema tributário brasileiro, pois a visão corriqueira que se tem dele é sua complexidade, basicamente formada pela quantidade de normas jurídicas que o compõe. A impressão popular não é apenas intuitiva. A julgar somente pelo número de tributos federais, sendo que para cada um tem-se, normalmente, um decreto ou uma instrução normativa regulamentadora, chega-se facilmente a uma centena de normas tributárias. Possuindo a União, aproximadamente, sessenta e cinco tributos entre impostos e contribuições, multiplicando-se estes por, pelo menos, um decreto e uma instrução normativa (geralmente este número é maior), não é difícil ultrapassar uma centena de normas

---

[12] *Ibid.*, p. 23.

tributárias.[13] Em levantamento realizado no ano de 2011, Sérgio Ricardo Ferreira Mota informou que a legislação tributária brasileira tinha mais de dez mil normas quando se somavam às estatísticas o exercício da competência tributária dos estados, Distrito Federal e municípios:

> Até o momento [2011] foram instituídos no Brasil nove impostos federais, três impostos estaduais, seis impostos distritais, três impostos municipais, várias taxas pelos mais de 5.000 municípios brasileiros, 26 Estados, Distrito Federal e União; 13 contribuições sociais gerais; 18 contribuições sociais para a seguridade social; oito contribuições sociais para o custeio do regime previdenciário de servidores federais, estaduais municipais e do distrito federal; 11 contribuições de intervenção no domínio econômico, seis contribuições interesse das categorias profissionais e econômicas; várias contribuições para o custeio dos serviços de iluminação pública por parte dos 5.565 municípios brasileiros e do distrito federal; empréstimos compulsórios e contribuições de melhoria.[14]

É evidente que um sistema tributário no qual se incluem mais de dez mil normas tributárias credencia-se como complexo, para dizer o mínimo. Essa complexidade e o emaranhado de normas é explicável em função da estrutura da federação brasileira que, além dos estados e do Distrito Federal, inclui os municípios na estrutura federada, resultando, portanto, no número de normas que compõem o sistema. Seguramente, de todos os sistemas normativos previstos a partir do texto constitucional, o sistema tributário é o que conta com o maior número de normas infraconstitucionais.

Tal complexidade não é uma característica que se constata de um instante para outro, é resultado de um trajeto de muitas normas que foram se sucedendo ou se acumulando conforme a passagem do tempo. Trata-se de um processo

---

[13] MOTA, Sérgio Ricardo Ferreira. Tributação no Brasil: uma cesta de tributos emaranhados em um cipoal de normas tributárias. In: *Revista CEJ*. Brasília, n. 53, p. 100-107, abr./jun. 2011.
[14] MOTA. *Op. cit.*, p. 107.

histórico no país, iniciado desde a colonização, sendo que na era republicana adquiriu maior organicidade sistêmica e, assim, pesa na interpretação das normas tributárias.

O presente livro tem por objeto identificar se o sistema tributário vigente é capaz de realizar a equidade fiscal, no sentido de exigir de todos, proporcionalmente, o adequado esforço de contribuição, a fim de que o sistema alcance seus fins desejáveis, que é tributar proporcionalmente as pessoas conforme suas capacidades contributivas e realizar justiça social por meio da tributação. É evidente que a complexidade normativa, especialmente com relação à quantidade de normas tributárias, torna um tema intricado qualquer abordagem sobre a equidade ou justiça do referido sistema. Sabe-se que a simplicidade deixaria o sistema menos custoso para todos, aos contribuintes e até para a própria administração tributária. Mas a citada complexidade será uma questão lateral. A hipótese que se persegue neste trabalho é identificar se o sistema é equitativo e justo a partir de conceitos de justiça e de equidade previamente determinados. Se for possível efetivar tais conceitos apesar das dificuldades do sistema tributário, sua complexidade não será o seu principal problema e nem uma prioridade a ser combatida.

Para iniciar a jornada que apresentará argumentos sobre uma teoria de justiça e da equidade tributárias convém ter-se visão de diversos conceitos relevantes para a compreensão adequada dos argumentos centrais da proposta. Alguns conceitos pertencem ao jargão do Direito Tributário, mas o seu uso corrente não permite a análise reflexiva de todas as suas implicações teóricas no plano da aplicabilidade das normas tributárias. É o caso do princípio da capacidade contributiva, considerado essencial ao entendimento de equidade na tributação. Por trás da locução capacidade contributiva existem elementos teóricos que, quando comparados com a legislação tributária brasileira e com as limitações fáticas da tributação, podem demonstrar as finalidades efetivas do princípio, que são diferentes do que vulgarmente se alega fazer parte dele. Normalmente, associa-se o princípio à ideia de justiça tributária, à distribuição de renda e à justiça social. Neste livro será demonstrado que não é bem assim, uma vez que o princípio da capacidade contributiva se destina a realizar valores constitucionais e serve de elo entre estes e as regras jurídicas tributárias que guardam sentido com seu conceito. Na mesma linha, as definições de tributos diretos, indiretos, carga e equidade tributárias são importantes para a compreensão da abordagem a ser desenvolvida nos demais capítulos, até se chegar na distinção precisa entre equidade e justiça na tributação. De todos estes conceitos, um deles não é difundido como deveria, razão pela qual não é utilizado popularmente nos meios tributários. Trata-se do conceito de "matriz tributária", expressão importantíssima para o desenvolvimento da argumentação. É a matriz tributária a base de toda a tributação e de suas finalidades, conforme será visto no Capítulo 3. Existe uma relação conceitual próxima entre matriz tributária e sistema tributário nacional. Esta subseção se encarregou de tecer os elementos teóricos principais que identificam o sistema tributário nacional. Na próxima subseção serão dadas as noções de matriz tributária e sua comparação com o conceito de sistema tributário.

1.2 Matriz tributária

Antes de argumentar se o sistema de tributação brasileiro é ou não iníquo, justo ou injusto, convém realizar-se um acordo semântico que tem a ver com o que está por trás do sistema tributário e que não se conformaria com a afirmação de que o sistema de tributação é composto somente de normas jurídicas. Outros elementos, inclusive de áreas distintas da teoria do Direito podem ajudar a compor o sistema tributário, sem que este perca sua essência normativa. Esta abordagem é importante não para simplesmente se opor a conceitos tradicionais das relações jurídicas, mas para ampliar a investigação sobre o que se enxerga nitidamente no sistema e o que este pode ocultar quando se opta por determinado significado conferido às expressões utilizadas. A realidade que se esconde atrás de institutos do Direito pode ser riquíssima e vibrante, capaz de portar uma força transformadora que os intérpretes e operadores do sistema às vezes combatem. A resistência oferecida pelos aplicadores do sistema jurídico formal às forças transformadoras leva a uma postura de suposta superioridade da forma sobre a materialidade dos acontecimentos. Marcus Faro de Castro produziu uma importante resenha sobre os fatores que levaram o Direito a uma postura metafísica de seus conceitos a partir do século XVIII na Europa.[15] Exemplo disso é o conceito de propriedade. A ordem burguesa soube cooptar como uma janela de oportunidade as fragmentações do conceito de propriedade advindas desde o Direito romano e as enquadrou em suas formas jurídicas que, daquela época até há pouco tempo, ditavam como se deveria interpretar o conceito de propriedade. Sem embargo da força que as formulações jurídicas exerceram e exercem até hoje sobre os fatos sociais, os quais, sobretudo, dão substância e finalidade ao Direito, Faro denuncia a existência de uma constante tensão, até certo ponto ideológica, entre os teóricos que defendiam e os que refutavam a prevalência das formas sobre os fins sociais do Direito.[16]

---

[15] CASTRO, Marcus Faro de. *Formas jurídicas e mudança social*: interações entre o direito, a filosofia, a política e a econômica. São Paulo: Saraiva, 2012, *passim*.

[16] Faro demonstra que o mercado financeiro – surgido no século XVII com a criação do Banco da Inglaterra – deixou-se levar pelas cártulas (formas) que aparelhavam o sistema financeiro, outorgando-lhe um regime fiduciário de garantias essencial para sua expansão. Apesar de nos campos das finanças e até das artes e da cultura ter existido uma aproximação maior entre as formas construídas para respaldarem a dinâmica dos fatos, no segmento do Direito os conceitos e formas tenderam à abstração metafísica e, assim, se impuseram nos séculos seguintes. "Porém, os juristas burgueses não olharam para nada disso [refere-se à tensão entre formas e alterações sociais nos segmentos financeiro e das artes]. Tipicamente, fixaram-se no direito romanístico e suas formalizações realizadas pelos jusnaturalistas. Além disso, puseram no centro do sistema do direito civil de base jusnaturalista o 'direito de propriedade', que se havia fragmentariamente esboçado na *jurisprudentia* romana, mas que, nos séculos XVII e XVIII, foi reformado, tornando-se consolidado e dotado de um fundamento metafísico esmeradamente elaborado. E nisso estava afirmado o 'elemento platônico' do direito burguês [grifos do autor]" (CASTRO. *Op. cit.*, p. 128).

Um conceito construído na doutrina – e às vezes incorporado à legislação – pode adquirir uma forma peremptória e indiscutível de verdade de modo que os fatos sociais não conseguem romper sua cápsula protetora. Demonstrando a constante tensão entre formas jurídicas e fatos, vale o alvitre de Jhering, ainda em 1865, que, conforme escreve Faro, "rejeitando a validade intrínseca de conceitos jurídicos, escreveu ele ainda: 'a vida não é o conceito, mas sim os conceitos é que existem a partir da vida'".[17]

O Direito não deveria ser um instrumento de acomodação, manutenção ou de pequenos ajustes sobre a realidade com a qual não nos conformamos. O Direito terá um papel radical (no sentido de ir à raiz dos problemas) na medida em que é usado para transformar carências humanas, sociais e até filosóficas em busca de satisfações constantes de bem-estar. Daí porque a locução "sistema tributário" pode ser insuficiente para retratar estas exigências. Isso porque pode-se enveredar para verificações que guardam materialidade e concretude com aspectos econômicos, sociais e filosóficos que dão suporte ao próprio sistema tributário e que se rebelam contra o seu conceito convencional, indiferente aos acontecimentos sociais, que clamam por transformações. Faz-se necessária a escolha de outras palavras ou expressões que consigam refletir mais adequadamente o sistema de tributação com suas virtudes, defeitos e complexidades. Assim, a locução "sistema tributário" poderá permanecer com seu significado amplo e tradicionalmente conhecido, enquanto uma nova expressão ficaria encarregada de, unindo o conceito de sistema tributário com sua materialidade fatual,

---

[17] A citação é extraída do livro de Rudolf Von Jhering, intitulado "O espírito do direito romano nas diversas fases de sua evolução", de 1865 (Cf. CASTRO. *Idem*, p. 156). Faro lembra ainda que, no mesmo sentido, mas em outra obra, intitulada "A finalidade do direito", Jhering chega a enunciar no prefácio o seguinte: "A ideia fundamental da presente obra é o entendimento de que a finalidade é a criadora de todo o direito; que não existe regra jurídica que não deva sua origem a uma finalidade, i.e., a um motivo prático" (Cf. CASTRO. *Ibidem*, p. 156-157).

revelar elementos reais que permitirão criticar a iniquidade do sistema de tributação e examinar se ele próprio contém instrumentos de eliminação de injustiças geradas. É evidente que para isso é necessário constatar-se as bases da injustiça do sistema de tributação a partir de uma linha argumentativa escolhida. Procuramos demonstrar tais injustiças por meio de estatísticas a serem descritas no Capítulo 2, além de apresentar argumentos sobre equidade e justiça na tributação como objetos do último capítulo.

No momento, pode-se considerar, em conformidade com a teoria do Direito, que o sistema tributário é a estrutura normativa da tributação, tal qual explicado na subseção 1.1 deste primeiro capítulo. Assim, o sistema tributário espelha a noção que se pode ter a respeito de ordenamento jurídico: um conjunto de normas hierarquicamente organizado, representado na forma de pirâmide em que no topo encontra-se a Constituição Federal e desta decorrem outras normas que buscarão seu sentido jurídico no texto constitucional. A ausência deste sentido ou a contrariedade das demais normas aos comandos emitidos pela Constituição, por meio de processos interpretativos do seu sentido jurídico, pode levar as normas inferiores à Constituição à sua neutralidade normativa, de modo a perder sua força reguladora dos objetos e finalidades que visava disciplinar. A teoria do Direito, especialmente a do Direito Constitucional, foi dotada deste tipo de instrumentalidade, visando, evidentemente, à harmonia de todo o sistema.

O ponto que pretendemos desenvolver nesta quadra, conforme sugerido no início desta subseção, é se a locução "sistema tributário" deverá compreender somente o significado de refletir a ideia de ordenamento jurídico piramidal ou se é possível, em razão de certas verificações empíricas históricas e de reflexões acerca de uma meta de justiça para o próprio sistema, admitir que tal locução guarde outros significados, sem anular, necessariamente, a noção de sistema largamente difundida.

A estrutura de sistema tributário normativo-formal tal qual conhecemos na atualidade inicia-se, no Brasil, basicamente com a Constituição Federal de 1946, e se fortalece com a reforma tributária de 1965, período em que o Direito Tributário adquiriu autonomia didática em relação ao Direito Financeiro e produziu uma norma geral chamada Código Tributário Nacional com o fim de disciplinar seus conceitos básicos. Não se ignora, porém, que antes deste período havia normas constitucionais dispondo sobre tributos. Mas em razão de sua pulverização, falta de sistematização e imprecisão de conceitos não seria adequado afirmar que antes de 1965 existisse um sistema tributário formal com as características vigentes.

A história da tributação no mundo, e especialmente no Brasil, demonstra que a atividade de se exigirem tributos passou por três períodos distintos, muito bem sintetizados por Cristiano Kinchescki, quais sejam: i) a fase absolutista, notadamente patrimonialista, em que o tributo servia para sustentar o Príncipe; ii) a ruptura entre o público e o privado, caracterizado por um "pacto tributário", que definiu juridicamente a propriedade privada, devendo uma parte desta ser destinada ao pagamento de tributos; e iii) um terceiro período em que o tributo passou a ser instrumento de promoção de satisfações coletivas e de distribuição de renda.[18]

Esta última fase é explicável porque, desde o século XIX, com a Revolução Industrial, houve nos países capitalistas o agravamento do desequilíbrio social com as diferenças econômicas entre pobres e ricos, o que, como se sabe, recrudesceu no século posterior. Isto exigiu dos sistemas de tributação uma nova compostura, especialmente a função da realização da justiça social, de modo que o tributo passou a ser utilizado como instrumento para a realização das necessidades

---

[18] KINCHESCKI, Cristiano. A formação histórica da matriz-tributária brasileira. In: GASSEN, Valcir (Org.). *Equidade e eficiência da matriz tributária brasileira*: diálogos sobre estado, Constituição e direito tributário. Brasília: Editora Consulex, 2012, p. 129.

públicas assumidas pelo Estado, além de ser "mecanismo de cerceamento das riquezas individuais e de nivelamento das situações econômicas".[19]

Assim, um dado significativo que marcou mais propriamente o século XX, no tocante à tributação, foi a função dos sistemas tributários de arrecadar receitas para promoção de bens sociais coletivos. No Brasil – embora não devesse ter ficado imune à movimentação histórica – o despertar para essa esperada função da tributação surgiu somente em 1988, com a Constituição vigente. Até a reforma de 1965, e mesmo depois dela, conforme procuraremos demonstrar, o sistema de tributação tendeu mais a tentar resolver os problemas econômicos brasileiros, tais como o déficit público e a inflação elevada, do que exatamente realizar justiça social pela arrecadação fiscal ou tornar equitativo o sistema de tributação entre ricos e pobres.

A previsão de expectativas para o sistema tributário de cumprimento de resultados econômicos e, mais recentemente, de objetivos de justiça social, apontam para o que se cunhou *extrafiscalidade*.[20] Além disso, o Estado Democrático de Direito detém certas exigências que no capitalismo não são atendidas senão pela tributação e alguns outros meios de geração de receita pública.[21] Isso porque o Estado Democrático de Direito

---

[19] *Ibid.*, p.129.
[20] Alfredo Augusto Becker esclarece que a ideia de "revolução social" pela tributação remonta à segunda metade do século XIX. Em sua opinião, toda "reforma social" ocorre fundamentada em duas tarefas, uma de "destruição" e outra de "reconstrução". Exemplifica como método da primeira o "comunismo soviético". A ideia de revolução pela "reconstrução" ocorreria mediante o Direito positivo. Os tributos, na medida em que são obra do Direito positivo, fazem parte do instrumental de reconstrução pelo Direito. Quanto à extrafiscalidade, argumenta que, contemporaneamente, os tributos unirão as duas finalidades, tanto de arrecadação (que é sua função tradicional) quanto a de intervenção estatal no meio social e na economia privada, o que constitui, em linhas gerais, o conceito de extrafiscalidade (BECKER, Alfredo Augusto. *Teoria geral do direito tributário*. 3. ed. São Paulo: Lejus, 1998, p. 596-597).
[21] José Afonso da Silva discorre sobre as três características históricas de desenvolvimento do Estado, quais sejam, o "Estado de Direito", o "Estado Social de Direito" e o "Estado Democrático de Direito". O primeiro, de inclinação liberal, defende a

tem por meta a efetivação da justiça social, sendo que a sua aplicação prática impõe custos elevados, especialmente em localidades onde as desigualdades sociais amargam índices alarmantes. Nas palavras de José Afonso da Silva, "a tarefa fundamental do Estado Democrático de Direito consiste em superar as desigualdades sociais e regionais e instaurar um regime democrático que realize a justiça social".[22] Realmente, ao pretender cumprir a meta da justiça social com participação da população por meio da democracia representativa, o Estado Democrático de Direito se inscreveu na vanguarda das formulações político-filosóficas de protagonismo do papel do Estado na redução das desigualdades sociais. A noção de Estado Democrático de Direito parece querer juntar em um só argumento os postulados de legalidade estrita do liberalismo, a igualdade abstrata diante da lei, de alicerce liberal e a promoção do bem-estar social pregada pelos socialistas. O

---

efetivação das instituições e do poder por meio da ideia de legalidade abstrata. O cumprimento da lei é o que basta à sua formação ideal. Temas como desigualdade material ou participação das minorias no processo decisório não fazem parte do roteiro legalista pregado pelo liberalismo. A ideia de legalidade serve tão somente a manter segurança e estabilidade ao mercado. O "Estado Social", por sua vez, teria sido concebido para responder às lacunas deixadas pelo Estado liberal legalista, de modo a ofertar à sociedade determinados bens que constituiriam o bem-estar possível. Educação, previdência e saúde públicas são os estandartes da política de *welfare state*. A principal crítica ao Estado Social foi dispensar pouca preocupação para com a participação popular sobre as escolhas do que viria a atender à política de *welfare state*. Por tais motivos, a noção de "Estado Democrático de Direito" tornou-se mais completa no rumo da efetivação de direitos sociais, dentro da legalidade e com participação popular. Daí porque, pontua o constitucionalista: "A democracia que o Estado Democrático de Direito realiza há de ser um processo de convivência social numa sociedade livre, justa e solidária (art. 3º, I), em que o poder emana do povo, e deve ser exercido em proveito do povo, diretamente ou por representantes eleitos (art. 1º, parágrafo único); participativa, porque envolve a participação crescente do povo no processo decisório e na formação dos atos de governo; pluralista, porque respeita a pluralidade de ideias, culturas e etnias e pressupõe assim o diálogo entre opiniões e pensamentos divergentes e a possibilidade de convivência de formas de organização e interesse diferentes da sociedade". E arremata: "há de ser um processo de libertação da pessoa humana das formas de opressão que não depende apenas do reconhecimento formal de certos direitos individuais, políticos e sociais, mas especialmente da vigência de condições econômicas suscetíveis de favorecer o seu pleno exercício" (SILVA, José Afonso da. *Curso de direito constitucional positivo*. 25. ed. São Paulo: Malheiros, 2005, p. 119-120).

[22] *Ibid.*, p. 122.

papel de união de doutrinas filosóficas teve a virtude de evitar, conforme lembra Luís Roberto Barroso, "a dualidade cunhada pelo liberalismo, contrapondo Estado e sociedade".[23] Em seguida, insiste o autor na ideia de que a formação do Estado pressupõe a sociedade e aquele segue o destino para onde apontam os valores defendidos por esta mesma sociedade, de modo que "já não há uma linha divisória romântica e irreal separando culpas e virtudes".[24]

É certo, entretanto, que a justiça social pretendida pelo Estado Democrático de Direito é executada diretamente pelas políticas públicas, embora por trás de tais políticas subsista um regime de arrecadação de receitas fiscais disciplinado pelo sistema tributário. Não obstante, o significado de sistema tributário habitualmente difundido não ultrapassa a barreira conceitual de que é formado de normas que procuram explicá-lo por meio da hierarquia e da validade de suas próprias normas, em uma espécie de metalinguagem jurídica.[25]

---

[23] BARROSO, Luís Roberto. *Curso de direito constitucional contemporâneo:* os conceitos fundamentais e a construção do novo modelo. 2. ed. São Paulo: Saraiva, 2010, p. 70.

[24] *Ibid. loc. cit.*

[25] Nesse sentido: "Se é certo mencionarmos a Constituição brasileira, como sistema de proposições normativas, integrante de outro sistema de amplitude global que é o ordenamento jurídico vigente, podemos, é claro, analisar os subconjuntos que nele existem. O que nos interessa agora é a subclasse, o subconjunto ou o subsistema constitucional tributário, formado pelo quadro orgânico das normas que versem matéria tributária, em nível constitucional" (Cf. CARVALHO, Paulo de Barros. *Curso de direito tributário.* 25. ed. São Paulo: Saraiva, 2013, p. 153). Embora discorrendo sobre os princípios tributários, mas seguindo a mesma ideia de sistema, leciona Roque Carrazza: "Como se viu, são os princípios que conferem ao ordenamento jurídico estrutura e coesão. Estes princípios, de seu turno, entremostram-se hierarquizados no mundo do direito. De fato, alguns deles, mais abrangentes, fulcram todo o sistema jurídico – são os princípios jurídicos constitucionais –, irradiando efeitos sobre outros, de conotação mais restrita. Estes, de sua parte, acabam condicionando novos princípios mais particularizados, e, deste modo, escalonada e sucessivamente, até as normas específicas, numa vasta cadeia, cujo enredo só o jurista tem condições de entender" (CARRAZZA, Roque Antonio. *Curso de direito constitucional tributário.* 28. ed. São Paulo: Malheiros, 2012, p. 60). Com algumas diferenças sutis, mas sem fugir da ideia de sistema tributário como conjunto normativo, Hugo Machado sustenta que "o poder constituinte originário definiu os princípios básicos do sistema tributário, um dos quais consiste em que os tributos são somente os que nele estão previstos" (MACHADO, Hugo de Brito. *Curso de direito tributário.* 32. ed. São Paulo: Malheiros, 2011, p. 72). No mesmo sentido, embora aludindo à suposta autonomia do Direito

Valcir Gassen critica a visão restrita do conceito de sistema tributário e reverbera que tal locução, de acordo com o plano semântico tradicional, "não oferece uma resposta suficiente para pensar o fenômeno tributário em um Estado Democrático de direito".[26] Daí porque propõe um novo acordo semântico para expressar as vicissitudes e carências sociais, econômicas e políticas dependentes de respostas do sistema de tributação. Para o autor, a locução "matriz tributária" expressa com mais propriedade os elementos de naturezas social, econômica e política que formam o sistema de arrecadação. A escolha desta expressão não despreza, evidentemente, a noção tradicional de um sistema normativo com a finalidade de regular as

---

Tributário, Luciano Amaro considera "que o ordenamento jurídico é um todo *uno*, não se pode reconhecer vida própria e independente a nenhum de seus setores" (AMARO, Luciano. *Direito tributário brasileiro*. 15. ed. São Paulo: Saraiva, 2009, p. 8). Trilhando a mesma senda, "assim, por sistema tributário nacional entende-se, singelamente, o conjunto de normas constitucionais e infraconstitucionais que disciplinam a atividade tributante. Resulta, essencialmente, da conjugação de *três planos normativos distintos*: o texto constitucional, a lei complementar, veiculadora de normas gerais em matéria tributária (o Código Tributário Nacional), e a lei ordinária, instrumento de instituição de tributos por excelência" – grifo original (COSTA, Regina Helena. *Curso de direito tributário*: Constituição e Código Tributário Nacional. 2. ed. São Paulo: Saraiva, 2012, p. 51). Schoueri, por sua vez, atrela o sistema tributário à discriminação das competências tributárias, mas mantém a tradição de entender o sistema tributário como conjunto normativo inaugurado pela Constituição Federal, "o estudo do sistema tributário brasileiro revela que o constituinte optou por conferir a cada uma das pessoas jurídicas de direito público um campo próprio para instituir seus tributos" (SCHOUERI, Luís Eduardo. *Direito tributário*. 2. ed. São Paulo: Saraiva, 2012, p. 239). Humberto Ávila faz percuciente investigação sobre os desdobramentos de um sistema normativo, em especial o sistema tributário, e relaciona o tema a diversos aspectos teóricos que vão desde os princípios à hierarquia das normas, tendo como centro gravitacional de toda a controvérsia as limitações constitucionais ao poder de tributar. Mas, igualmente às demais abordagens, considera o sistema tributário um esquema lógico-normativo. Uma passagem da obra deixa evidente o ponto referente à hierarquia das normas: "o decisivo para este trabalho, porém, é registrar que a relação hierárquica é normalmente associada à ideia e prevalência e termina por indicar qual norma 'vale mais'. A noção de hierarquia envolve uma *relação linear* entre duas normas separadas semanticamente, de tal sorte que uma delas se *sobrepõe* a outra. E, no caso de conflito, a norma inferior incompatível com a norma superior perde, *ipso facto*, a validade por meio de um *raciocínio de exclusão*" – grifo do autor (Cf. ÁVILA. *Op. cit.*, p. 26).

[26] GASSEN, Valcir. Matriz tributária brasileira: uma perspectiva para pensar o Estado, a Constituição e a tributação no Brasil. In: *Equidade e eficiência da matriz tributária brasileira:* diálogos sobre Estado, Constituição e direito tributário. Brasília: Consulex, 2012, p. 32.

relações entre o poder público e o contribuinte no exercício do poder de tributar do qual o Estado está investido. Integrariam, entretanto, a "matriz tributária", as escolhas políticas dos nichos econômicos sobre os quais os tributos recairiam, tais como: patrimônio, renda e consumo; os conceitos e regras dogmáticas que contornam a obrigação tributária; as opções políticas de atendimento aos direitos fundamentais, balizados, obviamente, pelo potencial de arrecadação tributário; as espécies de tributos e a própria máquina administrativa.[27]

Evidentemente, todos os referidos elementos combinados refletem as necessidades de arrecadação da República. Por outro lado – mas na mesma temática – a distribuição da pressão fiscal sobre os cidadãos é ponto controvertido neste estudo. Isso porque, conforme a carga de tributos é distribuída para o atendimento de todas as demandas públicas, é possível que determinados segmentos da população sejam mais pressionados financeiramente do que outros. A propensão por tributar mais eficientemente alguns setores populacionais não chega a impressionar de forma negativa, desde que a carga maior de tributação por pessoa ou por família considere os maiores níveis de capacidade contributiva. Por outro lado, a locução matriz-tributária desponta como conceito a instrumentalizar os objetivos da República proclamados no artigo 3º da Constituição, com a expectativa de revelar alguns efeitos extrafiscais dos tributos que possam se unir à realização do Estado Democrático de Direito.

A locução "matriz tributária", portanto, é um canal de comunicação entre os diversos elementos empíricos e abstratos (neste último caso, especialmente, as normas e conceitos tributários), com a finalidade de apresentar argumentos que embasem um pacto que pretenda a efetivação da equidade e da justiça tributária, capaz de mobilizar todos, poder público, sociedade e academia em prol desse ajuste.

---

[27] Ibid., p. 32-33.

No dizer de Cristiano Kinchescki, a "matriz tributária" cumpre um perfil de natureza estruturante do sistema tributário, razão pela qual não se confunde com ele, mas serve de fonte e de motivação material desse sistema.[28] Por isso, não poderá o sistema se dirigir à produção de efeitos diversos de suas causas materiais. Igualmente, não poderá o sistema tributário ser composto por normas que não pretendam atender aos objetivos da República e nem realizar o Estado Democrático de Direito, ainda que, neste último caso, a receita fiscal tenha que estar atrelada aos limites da produtividade econômica. O ponto controvertido é conciliar tais limites com as demandas que formam o Estado Democrático de Direito, sabendo-se que tais demandas podem se situar em nível superior aos mencionados limites. Trata-se de compreender que a matriz tributária é a locução que insere o sistema de arrecadação tributário em uma arena dialética, em que vários fatores contrapostos devem ser ponderados. Assim como não se deseja um sistema arrecadatório neutro e indiferente às demandas sociais, não se pode defender que o sistema de arrecadação inviabilize a atividade econômica. Daí porque debater a matriz tributária não é uma via plana, reta e pavimentada, mas um caminho acidentado, que se abre sinuosamente e com diversos atalhos, de modo que, nestes, talvez se descubram as saídas possíveis para uma matriz tributária equitativa.

Daqui em diante, de propósito, será evitada a locução "sistema tributário" e, no seu lugar, utilizaremos a expressão "matriz-tributária", com toda a densidade teórica resumida nesta subseção, sem prejuízo de alguns complementos que serão explorados na abordagem do Capítulo 3, subseção 3.2.2, especialmente a divisão da matriz em estruturas endógena e exógena.

Embora se notabilize por um rol de escolhas políticas sobre quais fatos serão ou não tributados, além de regras que

---

[28] KINCHESCKI. *Op. cit.*, p. 144.

podem gerar acertos ou distorções, a ponto de certas camadas da população serem mais oneradas do que outras, a matriz tributária é uma designação do Direito. Por essa razão, a matriz tributária não pode ser alijada do sistema normativo e nem do plano do dever-ser (deontológico), em que pese permitir várias interações com outros sistemas, como a Economia, a Política, as Finanças Públicas, a Sociologia e a Filosofia. Exatamente em função de a matriz tributária fazer parte do universo do Direito, alguns conceitos jurídicos tributários pertencem a esta disciplina, dando substância ao seu discernimento, razão pela qual não se trata de um conceito desprovido de materialidade jurídica e de realização de finalidades.

Estes conceitos são comumente utilizados na linguagem do Direito Tributário para a compreensão das normas jurídicas que integram sua dogmática, embora não devessem ser reduzidos a um único sentido. Os conceitos que conformam a matriz tributária devem se relacionar com temas mais profundos, tais como os valores e princípios constitucionais. A justiça e a equidade são valores jurídicos de elevada significação, e há alguns séculos têm sido experimentados nas várias sociedades modernas, visando à paz e ao entendimento entre as pessoas, apesar de nem sempre chegarem a um fim exitoso. Os valores em questão, no entanto, não são intuições ou práticas realizadas fortuitamente. O Direito exerce uma função importante ao descrever institutos que darão força para os valores e princípios constitucionais se consolidarem. Tais institutos carregam uma bagagem histórica que, aos poucos, vai conformando convenções em torno do seu objeto, o que poderá sugerir significação aos seus respectivos conteúdos. Nas subseções a seguir, serão examinados alguns dos institutos jurídicos que mais influenciam no sistema de linguagem que canaliza as ideias de justiça e de equidade na tributação. O domínio dos conceitos referentes a tais institutos é extremamente relevante. Por isso, não evitaremos discorrer sobre teorias que visam a explicar tais conceitos, ainda que, em alguns casos, se contraponham. Não se trata de uma supervalorização aos conceitos jurídicos e nem de um arbitramento de definições ao sabor de convicções pessoais. Nossa intenção é fazer com que as opções conceituais se encaixem com os objetivos deste trabalho, que é discutir e dar um alinhamento terminológico coerente aos vocábulos *equidade* e *justiça* na tributação.

1.3 Conceito de capacidade contributiva

Nesta subseção pretendemos fixar um conceito de capacidade contributiva e estabelecer relações entre vocábulos afins, sem deixar de distinguir o conteúdo de cada um deles.

Devemos pontuar, de início, que existem controvérsias sobre o que a capacidade contributiva significa, especialmente sua utilidade para o Direito Tributário. Fernando Aurélio Zilveti chega a elencar autores nacionais e estrangeiros contrários e favoráveis à inserção da capacidade contributiva como um instituto do Direito ou princípio jurídico.[29] Em geral, os autores que refutam a admissão da capacidade contributiva no rol dos conceitos tributários entendem que esta locução é vazia de conteúdo jurídico e depende de elementos de outros sistemas e conceitos para encontrar algum sentido e aplicação no mundo do Direito. Dentre os autores nacionais, é celebre o ataque de Alfredo Augusto Becker à capacidade contributiva, quando desfere a crítica de que, em si mesma, a expressão somente indica a possibilidade de alguém suportar o ônus tributário. E complementa:[30]

> Dizer que as despesas públicas devem ser partilhadas entre os contribuintes conforme as respectivas possibilidades de suportar o peso do tributo, é incorrer numa tautologia: as palavras

---

[29] ZILVETI, Fernando Aurélio. *Princípios de direito tributário e a capacidade contributiva.* São Paulo: Quartier Latin, 2004, p. 136-142.
[30] BECKER. *Op. cit.*, p. 481.

"capacidade contributiva", sem alguma outra especificação, não constituem um conceito científico. Elas nem oferecem um metro [sic] para determinar a prestação do contribuinte e para adequá-la às prestações dos demais; nem dizem se existe e qual seja o limite dos tributos. Esta expressão, por si mesma, é recipiente vazio que pode ser preenchido pelos mais diversos conteúdos; trata-se de locução ambígua que se presta às mais variadas interpretações.

As críticas de Becker se justificam em razão do alinhamento de sua Teoria Geral do Direito Tributário à argumentação positivista do Direito, que rompe asperamente com o Direito natural e guarda severas críticas à juridicidade dos princípios. Aliás, Becker desenvolve dois longos tópicos em sua teoria para alfinetar a Constituição de 1946, que no artigo 202 inseriu o princípio da capacidade contributiva como norma jurídica. Becker ataca a transposição da capacidade contributiva para o campo da normatividade, porque, segundo o seu entendimento, o instituto teria nascido como regra de Direito natural e nesta área deveria ser examinado.[31] Fundamenta sua objeção nas obras de financistas de escol, dentre os quais Emilio Giardina, Emilio Betti, Giannini, Victor Uckmar, Giuliani Fonrouge e muitos outros, embora o primeiro desta lista não tenha necessariamente refutado a capacidade contributiva como instituto útil ao Direito Tributário, conforme será demonstrado na subseção 3.3.1, do Capítulo 3.[32]

Em geral, as críticas ao princípio da capacidade contributiva se explicam por não conseguir romper a fronteira entre a tributação e a Ciência das Finanças. A justiça distributiva, de embriogenia política; e a teoria do benefício, de forte influência financista, ofuscam o sentido jurídico da capacidade contributiva, exatamente no ponto em que sua explicação analítica

---

[31] "As modernas Constituições canonizaram o princípio da capacidade contributiva e, diante da constitucionalização do equívoco, os juristas dividiram-se em duas correntes doutrinárias frontalmente opostas, no tocante à *natureza* desta regra constitucional. A primeira corrente doutrinária considera tal regra de natureza apenas *programática*; a segunda entende que trata-se de genuína regra *jurídica*" – grifos do autor (Cf. BECKER. *Op. cit.*, p. 487).

[32] *Ibid.*, p. 481-500.

não se subsidia de institutos normativos, mas de elementos empíricos captados de outros sistemas do conhecimento. Isso explica a resistência por parte de alguns juristas à admissão da capacidade contributiva ao rol dos princípios jurídicos.

Na atualidade, está em desuso, como considera Zilveti, o argumento de que a capacidade contributiva é um conceito vazio para o Direito e seus conteúdos seriam devidamente encontrados na Economia ou na Ciência das Finanças:

> Essa [refere-se à argumentação contrária ao princípio da capacidade contributiva], não é a opinião dominante da doutrina do direito tributário e da ciência das finanças. Ao contrário, o princípio da capacidade contributiva vem sendo desenvolvido através dos anos, como um corolário do princípio da igualdade. O princípio está presente em boa parte das constituições escritas dos países modernos. É, ainda, estudado como instrumento imprescindível para o legislador fiscal no Estado Social de Direito. Serve, também, para conter o poder de tributar do Estado, cumprindo o pressuposto do Estado de Direito.[33]

O princípio da capacidade contributiva está radicado na teoria da capacidade de pagar (ou teoria do sacrifício, como também é conhecida), a qual, conforme será visto na subseção 1.6.2 deste Capítulo 1, serviu de resposta às dificuldades encontradas com a aplicação da teoria do benefício. O aumento das complexidades da vida social, especialmente atrelado ao crescimento populacional nos grandes centros, foi impulsionado pelo avanço da indústria, que motivou demandas sociais, por exemplo, atendimento à saúde, acesso à educação e seguros sociais. O avanço das demandas sociais provocou, evidentemente, a elevação da despesa pública, exigindo maior esforço fiscal da sociedade. O princípio do benefício, de forte base liberal, não seria mais capaz de justificar o pagamento de tributos fundado na lógica linear de que o contribuinte teria de financiar o Estado na medida do que dele demandasse.

---

[33] ZILVETI. *Op. cit.*, p. 139.

A teoria do sacrifício, que leva ao entendimento de que todos deverão arcar com o financiamento do Estado independentemente dos benefícios obtidos com sua atuação, no fundo, considera o fato de que o poder econômico dos indivíduos não é igual nas sociedades capitalistas, e isso se refletirá nas exigências de custeio das despesas públicas. Se a capacidade econômica das pessoas não é a mesma, as demandas por atividades públicas para cada cidadão também podem variar em número, frequência e intensidade. Também por essa peculiaridade a teoria do benefício não seria mais suficiente para apresentar fundamentos sobre como os tributos deveriam ser exigidos da sociedade.

Assim, o princípio jurídico da capacidade contributiva, visto e chamado na teoria econômica, de forma mais abrangente, "capacidade de pagar" procura desenvolver explicações a justificar o dever de todos em financiar a despesa pública, sem que cada contribuinte espere de volta algum benefício específico.[34] No Brasil, a espécie tributária "imposto" cumpre a função de buscar a efetivação da capacidade de pagar (economia) ou a capacidade contributiva (direito), na medida em que será exigido independentemente de qualquer contraprestação específica em face do contribuinte que realizar o seu respectivo fato gerador, conforme definido no artigo 16 do Código Tributário Nacional (CTN). Nessa linha de entendimento, não é diferente o sentido do artigo 145, §1º da Constituição Federal ao prever que: "sempre que possível os impostos terão caráter pessoal e serão graduados segundo a capacidade econômica do contribuinte [...]".

Não pretendemos nos aprofundar nas interpretações jurídicas da cláusula constitucional ora mencionada, mas tão somente alertar para determinadas discussões que auxiliam

---

[34] Na literatura econômica atribui-se a Adam Smith a racionalização da expressão "ability to pay". Isso significa que a capacidade de pagar seria verificada sobre a renda dos indivíduos nas seguintes variações: a) a renda da terra; b) a renda decorrente do capital; c) a renda derivada do trabalho (Cf. ZILVETI. *Op. cit.*, p. 143).

na hermenêutica da norma. Por exemplo, sua parte inicial prescreve: "sempre que possível os impostos terão caráter pessoal [...]". Isto permite que se sustente que esta frase rege todo o dispositivo. Portanto, a gradação dos impostos "segundo a capacidade econômica do contribuinte" sempre seria possível.[35] Outros, aliás a maioria dos autores, entendem que o período "sempre que possível" aplica-se apenas aos "impostos pessoais", pois existem impostos considerados "reais", em relação aos quais o princípio da capacidade contributiva não seria aplicado, daí porque, "sempre que possível os impostos terão caráter pessoal [...]".[36]

Outra controvérsia é se o princípio se aplica ou não a todas as espécies tributárias. Micaela Dutra, por exemplo, entende que o princípio abrange naturalmente os impostos, mas se aplicaria também às taxas, contribuições de melhoria e contribuições parafiscais.[37] Na mesma linha de entendimento, Fernando Zilveti também entende que o princípio em questão se aplica às demais espécies tributárias

---

[35] Nesse sentido: "Observando-se a colocação das palavras na frase inicial do §4º (sic) do art. 145 de nossa Constituição e a relação lógica das frases entre si deste parágrafo, chegar-se-á à conclusão de que a palavra 'e', na frase 'Sempre que possível, os impostos terão caráter pessoal e serão graduados segundo a capacidade econômica do contribuinte', é uma *conjunção coordenativa aditiva*, agindo, pois, de forma a unir duas *orações coordenadas do mesmo valor sintático*, não existindo uma oração principal nem uma subordinada. O que a conjunção 'e' está a unir, no caso em foco, são *dois elementos iguais*. Assim, a expressão *sempre que possível* abrange tanto 'os impostos terão caráter pessoal', como 'serão graduados segundo a capacidade econômica do contribuinte' [...] Não se pode, à custa de uma melhor interpretação jurídica, sacrificar a gramática, pois qualquer método de interpretação passa, primeiro, pela correta leitura gramatical do texto" – grifos do autor (Cf. OLIVERIA JUNIOR, Dario da Silva. *Análise jurídica dos princípios tributários da legalidade, anterioridade e capacidade contributiva*. Rio de Janeiro: Lúmen Juris, 2000, p. 53).

[36] Micaela Dutra elenca os seguintes autores como defensores do argumento de que a frase "sempre que possível" se aplica somente para o tipo de imposto "pessoal" e não à gradação econômica, que deverá ocorrer sempre para os impostos, com alguma restrição no caso dos impostos indiretos. São eles: José Marcos Domingues de Oliveira, Regina Helena Costa, Fernando Aurélio Zilveti, Alcides Jorge Costa, Ricardo Lobo Torres, Ives Gandra da Silva Martins, Hugo de Brito Machado, José Maurício Conti (DUTRA, Micaela Dominguez. *Capacidade contributiva*: análise dos direitos humanos e fundamentais. São Paulo: Saraiva, 2010, p. 89).

[37] *Ibid.*, p. 120-137.

e não apenas aos impostos, podendo ser utilizado, inclusive, no caso de empréstimos compulsórios.[38] Já Regina Helena Costa refuta a aplicação do princípio para as demais espécies, restringindo a capacidade contributiva aos impostos.[39] Hugo de Brito Machado defende a aplicação para todas as espécies, com incidência restrita para as taxas.[40] Neste último caso, o legislador poderá isentar os contribuintes do pagamento de taxas em razão de sua situação econômica, caso em que enxerga alguma influência do princípio.[41]

De um modo geral, não há como negar que o princípio da capacidade contributiva exerce forte influência no regime jurídico de qualquer tributo. Aliás, o artigo 145, §1º da Constituição Federal, quando assevera que os impostos serão "graduados segundo a capacidade econômica dos contribuintes", concede ao instituto abrangência tal que exclui qualquer possibilidade de os impostos incidirem sobre outro fato que não tenha natureza econômica.[42] Nesse sentido, embora tenha sido um crítico ferrenho da capacidade contributiva como norma jurídica, Becker via alguma utilidade na adoção do princípio, porque se dirigia ao legislador ordinário, estabelecendo a ele determinadas contenções, dentre as quais a de que somente poderia tributar fatos de conteúdo econômico.[43] Caso não existisse a norma da capacidade contributiva indicando que

---

[38] ZILVETI. *Op. cit.*, p. 266-25.
[39] COSTA, Regina Helena. *Princípio da capacidade contributiva*. 4. ed. São Paulo: Malheiros, 2012, p. 56-64.
[40] MACHADO, Hugo de Brito. *Os princípios jurídicos da tributação na Constituição de 1988*. São Paulo: RT, 1989, p. 44.
[41] *Ibid.*, p. 40.
[42] "A aplicação do princípio [refere-se à capacidade contributiva] deve ser direcionada na contenção do poder de tributar, principalmente em Estados sociais, fazendo com que o imposto incida sobre fenômenos de conteúdo econômico e não de cunho abstrato ou fictício" (ZILVETI. *Op. cit.*, p. 140).
[43] "Somente o legislador ordinário está juridicamente obrigado por esta regra constitucional [capacidade contributiva] e sua obrigação consiste no seguinte: ele deverá escolher para a composição da hipótese da regra jurídica criadora do tributo, exclusivamente *fatos que sejam signos presuntivos de renda ou de capital*" – grifos originais (BECKER, 1998, p. 498).

os tributos deveriam incidir sobre esse tipo de capacidade do contribuinte, as exações poderiam recair sobre qualquer outro fato.[44]

Na Constituição vigente, a previsão de que os impostos serão graduados de acordo com a capacidade contributiva de cada contribuinte afasta qualquer dúvida de que o constituinte brasileiro não abraçou o princípio da capacidade contributiva. Nesse sentido, a locução "capacidade econômica" dever ser interpretada como sinônimo de capacidade contributiva, exatamente porque a Constituição visa a deixar claro que os impostos somente podem incidir sobre fatos econômicos e segundo a capacidade de pagar de cada contribuinte, o que pressupõe a fixação de um mínimo existencial.

Fixado o entendimento de que a capacidade contributiva é um instituto do Direito, antes de se chegar à formulação de um conceito para o princípio, faz-se necessário explicar se é relevante distinguir duas locuções que estão interligadas, quais sejam, "capacidade econômica" e "capacidade contributiva". Em geral, tais expressões são equivalentes.[45] Aliomar Baleeiro, em obra atualizada por Misabel Derzi, conceitua a capacidade contributiva utilizando a locução "capacidade econômica", não estabelecendo, pois, qualquer distinção de significado para os institutos.[46] É possível, entretanto, estabelecer algumas diferenças entre as locuções a fim de se precisar o conceito de capacidade contributiva. José Maurício Conti faz interessante resenha sobre as opiniões de diversos autores a respeito do tema.[47] Para Ives Gandra

---

[44] Ibid., loc. cit.
[45] CONTI, José Maurício. Princípios tributários da capacidade contributiva e da progressividade. São Paulo: Dialética, 1996, p. 33.
[46] "A capacidade econômica de contribuir para as despesas do Estado é aquela que se define após a dedução dos gastos necessários à aquisição, produção e manutenção da renda e do patrimônio, assim como do mínimo indispensável a uma existência digna para o contribuinte e sua família" (BALEEIRO, Aliomar. Limitações constitucionais ao poder de tributar. 8. ed. Rio de Janeiro: Forense, 2010, p. 867).
[47] CONTI. Op. cit., p. 33-37.

da Silva Martins, a locução "capacidade contributiva" está vinculada à relação do contribuinte com o poder público quando exige daquele o pagamento de tributos, ao passo que a "capacidade econômica" diz respeito à "exteriorização da potencialidade econômica de alguém, independente de sua vinculação ao referido poder [referindo-se, obviamente, ao poder de tributar]".[48]

De acordo com este entendimento, percebe-se claramente que a expressão "capacidade contributiva" possui conotação jurídica, razão pela qual procura estabelecer relação "obrigacional" (jurídica, portanto) entre o indivíduo e o Estado. A "capacidade econômica", por sua vez, tem natureza sociológica ou econômica, pois se presta tão somente a descrever uma situação fatual, qualificada pela presença de renda ou de riqueza do particular. Para ilustrar, Ives Gandra dá o didático exemplo de alguém que, em visita a um país estrangeiro, possui capacidade econômica na medida em que, potencialmente, teria condições de pagar Imposto de Renda ao país pelo qual transita, mas não terá capacidade contributiva se não auferiu renda no mencionado país, não implicando para ele, portanto, vínculo jurídico a determinar o mencionado tipo de capacidade.[49] Na mesma linha de entendimento e citando exemplo muito semelhante se posiciona Kiyoshi Harada.[50]

Na doutrina estrangeira, Francesco Moschetti inverte a posição tradicional para propor que "a capacidade econômica seja uma condição necessária, mas não suficiente, da capacidade contributiva".[51] Para o autor italiano, a capacidade

---

[48] MARTINS, 1989 apud CONTI. Op. cit., p. 34.
[49] MARTINS, apud CONTI, idem.
[50] HARADA, 1991 apud CONTI. Ibidem, p. 34.
[51] "Possiamo anzi invertire la posizione tradizionale: se la capacità economica costituisce la condizione necessaria, ma non sufficiente, della capacità contributiva (è cioè capacità contributiva solo in quanto sia qualificata a fini sociali) [...]". "Podemos de fato reverter a posição tradicional: se a capacidade econômica é uma condição necessária, mas não suficiente da capacidade cotributiva (é que a capacidade contributiva deve ser qualificada para um fim social)" – tradução livre (MOSCHETTI, Francesco. Il principio della capacità contributiva. Podova: CEDAM, 1973, p. 240).

contributiva deveria ser qualificada para a obtenção de fins sociais. Esclarece, portanto, que a capacidade contributiva é a capacidade econômica qualificada por um dever de solidariedade de todos em custear as despesas públicas, razão pela qual a capacidade econômica é uma pré-condição à capacidade contributiva. Assim, por exemplo, se uma determinada região do país for isenta de tributos para propiciar seu desenvolvimento econômico, segue-se que tal região não possui capacidade contributiva para arcar com os ônus da tributação, pois o dever de solidariedade apenas será verificado nas regiões em que a isenção não for necessária.[52]

Hugo de Brito Machado, após apresentar opiniões da doutrina estrangeira, especialmente a dos italianos Francesco Moschetti e Frederico Maffezzoni, conclui que as diferenças encontradas entre as locuções não são relevantes para o Direito brasileiro, pois a Constituição Federal se reporta textualmente à "capacidade econômica", e não à "capacidade contributiva".[53]

Fernando Zilveti entende que as locuções são sinônimas e acrescenta que a Constituição brasileira se inspirou na Constituição da Espanha, país em que a doutrina não faz distinção entre as referidas locuções.[54] Igualmente, Micaela Dominguez Dutra sustenta que não existem diferenças conceituais entre a capacidade econômica e a contributiva, já que a Constituição brasileira estabelece no §1º do artigo 145 que os impostos serão graduados segundo a "capacidade

---

[52] *Ibid.*, p. 240.
[53] MACHADO. *Op. cit.*, p. 48.
[54] "Vale lembrar, por oportuno, que o dispositivo constitucional teve inspiração, quase literal, na Constituição espanhola, que usa o termo 'capacidade econômica'. Não obstante, na Espanha não se encontra quem faça uma distinção entre capacidade econômica e contributiva. Utilizam, indistintamente, os dois termos, o que deixa clara a sinonímia deduzida por Ferreira Filho, também defendida por outros comentadores da Constituição. Cabe concluir, portanto, que capacidade econômica do contribuinte é o mesmo que capacidade contributiva, envolvendo tanto as condições pessoais do contribuinte quanto a riqueza que possui, a fim de opor a obrigação de respeito a esse princípio" (ZILVETI. *Op. cit.*, p. 251).

econômica" dos contribuintes, não excluindo, assim, a noção jurídica de capacidade contributiva.[55] Aliás, complementa a autora, o constituinte se preocupou nitidamente com a situação do sujeito passivo da obrigação tributária com relação à sua possibilidade de arcar – ou não – com o ônus tributário.[56] O emprego da locução "capacidade econômica" no texto da Constituição não passou despercebido por Carlos Araújo Leonetti, ao esclarecer que o instituto é mais conhecido por "capacidade contributiva".[57]

Além das expressões em questão, consta também a designação da "capacidade financeira", levantada por Agostinho Tofolli Tavolaro.[58] Este tipo de capacidade estaria relacionado à solvência imediata do contribuinte, que poderia possuir ambas as capacidades, mas não ter liquidez, como é o caso do proprietário de imóvel luxuoso, sem renda para o pagamento do IPTU.

Todas as distinções conceituais apresentadas são relevantes para especificar o conceito de capacidade contributiva. Realmente, atribuir uma qualificação à capacidade econômica não parece ser fruto do acaso, mas a necessidade de aproximar uma locução nascida da Economia para o campo do Direito.[59] A "capacidade econômica" é a expressão empírica da teoria da "capacidade de pagar", a qual foi desenvolvida na seara da Economia, conforme será explicado na subseção 1.6.2 deste

---

[55] DUTRA. *Op. cit.*, p. 30.
[56] *Ibid., loc. cit.*
[57] LEONETTI, Carlos Araújo. *O imposto sobre a renda como instrumento de justiça social no Brasil.* Barueri: Manole, 2003, p. 53.
[58] TAVOLARO, Agostinho Toffoli. Capacidade Contributiva. In: *Cadernos de Pesquisas Tributárias n. 14.* São Paulo: Editora Resenha Tributária: Coedição do Centro de Estudos de Extensão Universitária, 1989, p. 196-197.
[59] "Embora as expressões capacidade econômica e capacidade contributiva sejam utilizadas como sinônimas, é correta a distinção de Carrera Raya, segundo a qual a primeira designa a disponibilidade de riqueza, ou seja, de meios econômicos no plano fático, enquanto a última se refere à capacidade econômica eleita pelo legislador como fato gerador do tributo" (RIBEIRO, Ricardo Lodi. O Princípio da Capacidade Contributiva nos Impostos, nas Taxas e nas Contribuições Parafiscais. In: *Revista da Faculdade de Direito da UERJ n. 18.* Rio de Janeiro: UERJ, dez 2010, p. 1-25. *Ibid.*, p. 7.

Capítulo 1. Daí porque seu conceito pode ser acolhido de forma abrangente, independentemente de uma análise jurídica *a priori*. A "capacidade contributiva" é uma lapidação da locução anterior e visa a examinar aspectos da capacidade econômica que levem a uma tributação equitativa. Assim, embora a capacidade econômica seja um pressuposto à capacidade contributiva, nem todos que a possuem serão economicamente reconhecidos pelo Direito como contribuintes, não possuindo capacidade contributiva, portanto. O fato de alguém não poder ser contribuinte não exclui sua condição precedente de ter capacidade econômica, uma vez que ele é um agente ativo na economia, ou seja, poderá ter alguma fonte de renda.

A capacidade contributiva conduz ao entendimento de que para contribuir é necessário que o indivíduo tenha um mínimo indispensável para revelar esta aptidão. A capacidade contributiva, pois, advém depois de identificado o que a doutrina chama de "mínimo vital". De fato, em uma economia de mercado em que se tem por princípio a livre iniciativa e a valorização do trabalho, tais fatores deverão propiciar às pessoas uma vida digna e não poderão os tributos servir de instrumento de exclusão desta possibilidade. Note-se que o tributo é um instituto do Direito cujo valor consensual é permitir o autodesenvolvimento do indivíduo. Consentir que os tributos interfiram no mínimo vital a ponto de reduzi-lo não condiz com a noção jurídica de tributo, por incompatibilidade com os fins do mínimo existencial.

Voltando-se ao ponto de uma possível conceituação do instituto e, depois de definidas as diferenças entre os termos afins, é possível estabelecer uma noção conceitual de capacidade contributiva. Por capacidade contributiva pode-se entender a aptidão do indivíduo em contribuir para o custeio das despesas públicas, mediante vínculo criado por lei, devendo-se buscar a máxima distribuição equitativa da carga tributária entre os contribuintes, respeitado o mínimo existencial, independentemente de qualquer benefício entregue pelo Estado de forma específica e direta ao contribuinte.

1.3.1 Capacidade contributiva até a primeira metade do século XX

O princípio da capacidade contributiva tem uma história muito rica e que está aderente aos fins deste livro que investiga fundamentos teóricos de uma tributação justa, daí a necessidade de algumas considerações sobre as origens do instituto. Modernamente, pode-se sustentar que a capacidade contributiva se origina da Economia e da teoria do sacrifício comum, a qual, como lembra Richard Musgrave – que cunhou o instituto como a "capacidade de pagar" – adveio das lições de John Stuart Mill sobre justiça na qualidade de equidade.[60] Ricardo Lodi Ribeiro afirma que o princípio tem sua gênese na ideia de justiça comutativa e derivou do princípio "custo-benefício", desenvolvido por Adam Smith.[61]

Fernando Zilveti, por sua vez, também confirma a origem comum do princípio relacionado à noção de justiça fiscal, mas alerta que a capacidade contributiva era conhecida pelos egípcios desde a Idade Antiga e os indícios desta afirmação teriam sido encontrados nos escritos de Heródoto. Contudo, sugere que o princípio somente se desenvolveu a ponto de influenciar as teorias da tributação a partir de Adam Smith, com a teoria do benefício, e com Montesquieu, que defendia a tese de que cada cidadão deveria contribuir com parte de sua riqueza para o custeio das despesas do Estado.[62]

José Maurício Conti explica que na Grécia Antiga também teria sido cogitada a ideia de capacidade contributiva na época de Sólon, em Atenas, em que se previu um imposto direto discriminando quatro categorias de contribuintes,

---

[60] MUSGRAVE, Richard. *Teoria das finanças públicas*: um estudo da economia governamental. Trad. Auriphebo Berrance Simões. São Paulo: Atlas, 1976, v. 1, p. 123-124.
[61] RIBEIRO. *Op. cit.*, p. 1-25
[62] ZILVETI. *Op. cit.*, p. 142-144.

conforme suas respectivas fortunas. Em Roma, igualmente, era cobrado "o soberbo", que tinha por base a fortuna de cada contribuinte. Conti também informa que na Idade Média São Tomás de Aquino distinguiu os tributos em "justos" e "injustos", condenando a segunda modalidade, porquanto todos deveriam contribuir *secundum facultatem* ou *secundum proportionis*.[63]

A capacidade contributiva somente foi inserida nos textos constitucionais e, portanto, assumiu seu caráter normativo com a Constituição francesa de 1791, que se seguiu à Revolução de 1789.[64] O artigo 13 daquela Carta declarou "a regra da distribuição do encargo das despesas públicas que deveria ser feita de modo igual entre os cidadãos, respeitando suas faculdades".[65] A partir da Constituição burguesa outros textos constitucionais passaram a incorporar o instituto às suas normas e mesmo os países que não declararam expressamente a capacidade contributiva admitiam que o princípio era um corolário do princípio da igualdade.

Fernando Zilveti informa que a Inglaterra reconheceu a capacidade contributiva como regra ao instituir o pagamento do Imposto de Renda, em 1803. Em seguida, na Prússia, embora este país tenha objetado alguma relação entre renda e capacidade contributiva, o princípio influenciou uma reforma fiscal ocorrida naquele período no país. Por exemplo, no século XIX, a Prússia reconheceu a isenção de Imposto de Renda para pessoas com idade superior a sessenta anos em função de elas não mais possuírem capacidade contributiva. Também no século XIX foram retomadas as discussões sobre a tributação pessoal, fator

---

[63] CONTI. *Op. cit.*, p. 37.
[64] "Outra referência à capacidade contributiva que podemos encontrar ao longo da história está na Declaração dos Direitos do Homem e do Cidadão, de 3 de novembro de 1789. Estabelecia o documento, em seu artigo 13, que 'para manutenção do poder público e para o custeio da administração é absolutamente necessário uma contribuição de todos; esta contribuição deve ser igualmente repartida entre todos os cidadãos do Estado na proporção do seu patrimônio'" (CONTI. *Op. cit.*, p. 37-38.
[65] ZILVETI. *Op. cit.*, p. 144.

atrelado à ideia de gradação dos tributos. Ainda no século XIX, na Alemanha, reconheceu-se que, antes da incidência da tributação sobre a renda seria necessário garantir-se a todos os contribuintes um nível de ganhos que lhes permitisse se alimentar, vestir e cuidar da saúde. Nascia, assim, o embrião do que mais adiante passaria a ser conhecido como mínimo existencial ou vital. O século XIX também marcou o sentido teleológico da capacidade contributiva, pois prevalecia o entendimento de que todos teriam que arcar com o ônus de sustentar a burocracia estatal na proporção de sua renda. A procura de se saber qual seria a quota ideal de cada um para financiar as despesas do Estado conduziu também à conclusão, baseada no princípio da isonomia, de que a cobrança dos tributos poderia ser progressiva conforme o aumento da renda de cada contribuinte.[66]

Mas a progressividade, no final do século XIX, não era um instrumento isolado de efetivação da capacidade contributiva. Sua aplicação era somente recomendada, prevalecendo a ideia de igual repartição do ônus fiscal, o que se traduzia na igualdade na tributação: "a progressão era apenas uma proporção aritmeticamente utilizada para atingir distintas expressões de riqueza, num equilibrado sistema tributário".[67]

A aproximação da capacidade contributiva a uma ideia de justiça e distribuição de renda ocorreu somente no século XX, com o avanço do Estado Social, que alçou o instituto à condição de princípio tributário constitucional.[68] A história narra que, nas décadas de 1920 e 1930, nos EUA e na Europa, as alíquotas do Imposto de Renda atingiram os maiores percentuais possíveis, praticamente caracterizando um confisco. Fernando Zilveti esclarece que os conceitos de renda, despesa, lucro e ganho de capital constituíram uma resposta à forte pressão tributária sobre a renda no começo do século XX.[69] Naquela época,

---

[66] Ibid., p. 145-146.
[67] Ibid., p. 145.
[68] ZILVETI. Op. cit., p. 147.
[69] Ibid., p. 149.

retornou-se à teoria do benefício, sob o argumento de que a prosperidade individual dependia da proteção concedida pelo Estado por meio de suas atuações, razão pela qual as classes mais poderosas economicamente deveriam pagar mais tributos.

1.3.2 Capacidade contributiva após a segunda metade do século XX

As demandas do Estado Social intensificadas no período posterior à II Guerra Mundial necessitavam de receitas fiscais capazes de cobrir custos que, antes deste período, estavam mais centralizados na proteção dos direitos individuais da liberdade e da propriedade, de típica característica liberal.

O enfraquecimento do liberalismo dando margem à intervenção do Estado para suprir as necessidades sociais, concedeu outra abordagem à capacidade contributiva, que passou a cumprir objetivos extrafiscais. A tributação que outrora se limitava a uma base meramente financeira passou a considerar "a capacidade de contribuição de cada um, o que demonstra que o princípio da capacidade contributiva se torna um critério a ser usado com o fim de tornar a tributação mais justa".[70] Ricardo Lodi lembra que a busca da finalidade extrafiscal, de axiologia econômica, influenciou o Código Tributário alemão de 1919, a ponto de gerar a "interpretação econômica do fato gerador", metodologia defendida por estudiosos como Enno Becker e Albert Hensel.[71] Não obstante, a partir de 1955, o Direito Tributário alemão voltou a se inclinar para o método formalista sistemático.[72]

---

[70] DUTRA. *Op. cit.*, p. 67.
[71] RIBEIRO, Ricardo Lodi. A evolução do princípio da capacidade contributiva e sua configuração no panorama constitucional atual. In: QUARESMA, Regina; OLIVEIRA, Maria Lucia de Paula. *Direito constitucional brasileiro:* perspectivas e controvérsias contemporâneas. Rio de Janeiro: Forense, 2006, p. 467.
[72] DUTRA. *Op. cit.*, p. 68

Segundo Lodi, esta visão – inspirada nos ideais do Estado Social – levou à cobrança de tributos independentemente de considerações quanto à forma dos institutos tributários, prevalecendo as causas finalísticas dos tributos, resumidas na pretensão de prover as necessidades sociais a qualquer custo. Esta teoria vingou até os anos 1950.[73]

A chamada "Escola de Pavia" também contribuiu para o fortalecimento da tese de que os fins sociais da tributação justificavam a negligência proposital das formas do Direito Tributário. De acordo com Lodi, os juristas italianos defendiam que "a causa jurídica do imposto se traduziria no fornecimento de serviços e bens capazes de dar satisfação às necessidades públicas".[74] Dino Jarach refutava Griziotti e sustentava que a causa da tributação seria a capacidade contributiva, e não exatamente as finalidades sociais que podem ser alcançadas com os tributos. Assim, a capacidade de as pessoas contribuírem determinaria o montante de despesas públicas, e não o contrário. Griziotti posteriormente reviu seu pensamento e passou a seguir Jarach, embora insistisse no argumento de que a capacidade contributiva poderia ser a causa da tributação, mas de aplicação específica. A causa geral da cobrança dos tributos teria de ser as necessidades estatais.[75] Conforme Micaela Dutra, "o radicalismo da escola de Pavia levou ao afastamento da legalidade".[76] O mencionado afastamento não passou despercebido por Ricardo Lodi Ribeiro, que ressalta a objeção de Ezio Vanoni, para quem, por meio da atividade hermenêutica defendida por tal Escola, a cobrança de qualquer tributo seria viável.[77]

A referida forma de interpretar os fins da tributação (Escola de Pavia) foi duramente criticada por outros notáveis,

---

[73] RIBEIRO. Op. cit., p. 467.
[74] Ibid., p. 467.
[75] Ibid., p. 467-468.
[76] DUTRA. Op. cit., p. 69.
[77] RIBEIRO. Op. cit., p. 468.

como A. D. Giannini, que entendia ser a lei a causa jurídica dos tributos, constituindo a capacidade contributiva mera causa pré-jurídica.[78] De acordo com Ricardo Lodi Ribeiro, eram adeptos da tese de Giannini, Blumenstein, na Suíça, e Giuliani Forouge, na Argentina. No Brasil, destacaram-se Rubens Gomes de Sousa e Alfredo Augusto Becker. A teoria de que a capacidade contributiva seria a causa do tributo era defendida pelos juristas Ottmar Buhler, na Alemanha; Louis Trotabas, na França e Aliomar Baleeiro, no Brasil.[79] Não obstante as discussões teóricas e, até certo ponto ideológicas, sobre as causas e os fins da tributação, no Brasil tais correntes não chegaram a ser aplicadas com a mesma radicalidade como ocorreu na Europa. Ricardo Lodi Ribeiro esclarece o seguinte:

> Entretanto, a aceitação das doutrinas causalistas, baseadas na jurisprudência dos interesses, no Brasil, nunca foi integral. Embora a teoria da consideração econômica do fato gerador tenha tido em Amílcar de Araújo Falcão um seguidor, e a tese causalista da capacidade contributiva tenha encontrado apoio em Aliomar Baleeiro, tais ideias nunca penetraram em nosso país com a radicalidade verificada nos ordenamentos de seus precursores.[80]

Carlos Palao Taboada faz um balanço da história da capacidade contributiva, ao se referir às três fases distintas: a) a primeira – e muito antiga, embora não tenha sido conhecida exatamente como "capacidade contributiva", se relacionava com a noção de justiça, de modo que "os impostos devem guardar alguma relação com a riqueza dos indivíduos"; b) em um segundo momento, o princípio foi concebido "como uma ideia necessária para dotar de conteúdo o princípio de igualdade"; c) por fim, a capacidade contributiva passou a ser um "um princípio dotado de um conteúdo autônomo [...]". E complementa, referindo-se à capacidade contributiva como

---

[78] *Idem*, p. 69.
[79] RIBEIRO. *Op. cit.*, p. 469.
[80] *Ibid., loc. cit.*

um princípio, "que não necessita de nenhuma concreção material; um princípio que tem, em si mesmo, um conteúdo determinado".[81]

1.3.3 Capacidade contributiva no Brasil

No Brasil, havia algumas preocupações, desde o início do século XX, com a capacidade contributiva, mas relacionadas ao mínimo vital, consistente na isenção de uma parte mínima dos ganhos individuais, necessária à subsistência.[82] Entretanto, é curioso o fato de que, desde a Constituição do Império, previa o artigo 179, XV, que "ninguém será exempto [isento] de contribuir para as despezas [...] do Estado em proporção de seus haveres".

Regina Helena Costa lembra que as Constituições de 1891, 1934 e 1937 foram silentes sobre o tema, a despeito de sua discussão efervescente na Europa, conforme relatado.[83] No período que compreendeu as referidas Cartas, o Brasil vivia sob a forte influência política liberal, o que pode explicar o silêncio das Constituições sobre o assunto.

A capacidade contributiva somente reapareceu no Direito brasileiro com o fim do Estado Novo e a retomada da democracia, em 1946. O artigo 202 da Constituição estabeleceu a capacidade contributiva com a seguinte redação: "os tributos terão caráter pessoal, sempre que isso for possível, e serão graduados conforme a capacidade econômica do contribuinte".

Não se pode afirmar que no período do Império o princípio da capacidade contributiva pretendia realizar

---

[81] TABOADA, Carlos Palao. Isonomia e capacidade contributiva. In: *Revista de direito tributário* n. 4. São Paulo: RT, 1980, p. 126-127.
[82] ZILVETI. *Op. cit.*, p. 152.
[83] COSTA. *Op. cit.*, p. 21.

justiça tributária no país, especialmente em função da falta de racionalidade na definição dos fatos geradores tributários e da tributação escorchante desde o período colonial brasileiro.[84] A norma possuía conotação retórica, visando a consagrar o entendimento de que todos os que tivessem renda e patrimônio teriam de despender parte de seus ganhos com o pagamento das despesas do Estado. As previsões de utilização da capacidade contributiva como norma orientadora da tributação poderiam até visar à promoção da justiça tributária entre os contribuintes com maior renda, mas não a distribuição da renda entre a aristocracia e a plebe. Observe-se também, conforme será analisado na subseção 2.7, do Capítulo 2, que, até o final da primeira metade do século XX, a receita do Brasil era baixa em função de a sua matriz arrecadatória estar centralizada no comércio exterior e não na renda ou no consumo.[85]

Como se sabe, o Estado Social no Brasil foi construído depois da ascensão de Getúlio Vargas, em 1930. Até então, a República se resumia a um Estado liberal, com uma nítida divisão em matéria de competências tributárias entre o governo central e as unidades federadas. Esta divisão, evidentemente, dificultava a adoção de políticas nacionais visando à redução das desigualdades sociais e econômicas muito pronunciadas desde o final da escravidão. No início do século XX, a prioridade não era a construção de uma argumentação política em que o sistema de tributação visasse a alcançar a equidade da carga fiscal na relação entre ricos e pobres, nem a efetivação do Estado Democrático de Direito pela tributação.

A guinada da tributação brasileira para a possível promoção de igualdade e justiça social por meio da capacidade

---

[84] OLIVEIRA, Fabrício Augusto de. A evolução da estrutura tributária e do fisco brasileiros. In: *Tributação e equidade no Brasil*: um registro da reflexão do IPEA no biênio 2008-2009. Brasília: IPEA, 2010, p. 158.
[85] *Ibid.*, p. 155-156.

contributiva tornou-se perceptível somente com os debates da constituinte de 1946. De acordo com Maurício Conti:

> Referido artigo [trata-se do artigo 202 da Constituição de 1946] surgiu para nortear o sistema tributário dentro de princípios de justiça social, segundo depreende-se do Relatório da Subcomissão de Discriminação de Rendas da Comissão de Constituição. Houve intenso debate entre os constituintes, tendo sido o texto final aprovado em plenário por 126 votos contra 86.[86]

Regina Helena Costa narra que a inclusão do artigo 202 da Constituição de 1946 não foi aplaudida pela doutrina da época. Houve alguns, como Themístocles Brandão Cavalcanti, que consideraram o princípio uma subordinação dos interesses fazendários aos interesses da justiça social, uma vez que a norma constitucional recomendava a individualização dos impostos. Outros, como Alcino Pinto Falcão, consideraram a regra um "idiotismo".[87] Regina Helena Costa ressalta também que o instituto da capacidade contributiva adquiriu força entre os estudiosos do Direito Tributário no Brasil com a célebre obra de Aliomar Baleeiro, "Limitações constitucionais ao poder de tributar", de 1951, reeditada várias vezes, inclusive depois de sua morte, com a preciosa atualização de Misabel Derzi.[88]

A reforma tributária de 1965, com a edição da EC nº 18, não contemplou o princípio provavelmente por causa das reformas liberais do governo militar encontrarem-se em sua fase inicial.[89] Depois da Constituição de 1946, o princípio

---

[86] CONTI. *Op. cit.*, p. 39.
[87] FALCÃO, *apud*, COSTA. *Op. cit.*, p. 21.
[88] COSTA. *Idem*, p. 21.
[89] Sobre as reformas do Governo Castelo Branco, explica Roberto Campos, em seu livro de memórias, o seguinte: "O saneamento das finanças públicas era tido como condição necessária, ainda que não suficiente, para a estabilização dos preços. E, transcendia do aspecto meramente fiscal. Cogitava-se de um tríptico: reforma fiscal (aumento de receitas e corte de gastos), verdade tarifária (atualização das tarifas e outros preços públicos) e reestruturação da dívida pública, interna e externa" (CAMPOS, Roberto. *A lanterna na popa*: memórias. 2. ed. São Paulo: Topbooks, 1994, p. 641). Vê-se, sem dúvida, o forte viés liberal das reformas, que resultou, do ponto de

da capacidade contributiva somente voltou a constar do texto constitucional com a Carta de 1988, no artigo 145, §1º, mas a omissão legislativa não significou uma ruptura com o princípio. Tanto assim que alguns autores entendiam que a capacidade contributiva estaria subentendida no §35 do artigo 150 da Constituição 1967, emendada em 1969, que prescrevia: "a especificação dos direitos e garantias expressas nesta Constituição não exclui outros direitos e garantias decorrentes do regime e dos princípios que ela adota". Alberto Xavier, por exemplo, adere às doutrinas de Amílcar de Araújo Falcão, de Aliomar Baleeiro e de Paulo de Barros Carvalho ao defender que a capacidade contributiva não é um princípio autônomo, decorrendo simplesmente do princípio da igualdade, razão pela qual não necessitaria figurar expressamente no texto da Constituição.[90] Misabel Derzi, atualizando a obra de Aliomar Baleeiro, expõe que a capacidade contributiva esteve como princípio "implícito" no texto da Constituição de 1967/69, pensamento compartilhado pelo próprio Baleeiro na terceira edição de seu livro "Limitações constitucionais ao poder de tributar".[91] Paulo de Barros Carvalho, em 1974, advertia para o seguinte:

> [...] Em princípio, pode o legislador prever como hipótese qualquer fato lícito. E dissemos 'em princípio' justamente porque a tarefa de eleição dos supostos tributários está visceralmente jungida à existência ou não de princípios retores da atividade impositiva do Estado, no mais das vezes alçados a nível constitucional. É o que acontece no Brasil, onde toda a elaboração legislativa tributária deve ser condicionada ao princípio da igualdade. Se é correto dizer-se que já não existe em nossa Lei Suprema o antigo dispositivo que impõe limites à pretensão tributária, consoante a capacidade contributiva do sujeito passivo, não menos verdade é afirmar que o cânone da igualdade só é viável, em termos de tributação, na exata medida

---

vista fiscal, na EC nº 18, de 1965, que, obviamente, eliminou do texto constitucional a previsão do princípio da capacidade contributiva.

[90] XAVIER, Alberto. *Os princípios da legalidade e da tipicidade da tributação*. São Paulo: RT, 1978, p. 74.
[91] BALEEIRO. *Op. cit.*, p. 865.

em que se considera a capacidade de contribuir de quem vai arcar com o gravame fiscal.[92]

Não era diferente o pensamento de Geraldo Ataliba ao considerar um engano admitir que a EC nº 18/1965 teria revogado o princípio da capacidade contributiva constante do artigo 202 da Constituição de 1946. Para o jurista: "onde houver a afirmação do princípio da igualdade é necessário que a tributação seja progressiva e que atente para a capacidade contributiva das pessoas".[93] Nessa linha de entendimento, Marco Aurélio Greco dá notícia de que a doutrina, no período de 1965 a 1988, reconhecia a existência da capacidade contributiva, ainda que sua norma não estivesse explícita no texto da Constituição de 1967, alterada pela EC nº 1, de 1969.[94]

Maurício Conti ressalta outra importante passagem histórica da capacidade contributiva no período da constituinte e que resultou na redação atual do §1º do artigo 145 da Constituição de 1988. No anteprojeto Afonso Arinos, a redação do artigo 149, que continha o princípio, era mais abrangente do que o texto final, resultante da Assembleia Nacional Constituinte. Isso porque a capacidade contributiva seria aplicável para todos os tributos, uma vez que a proposta não se restringia aos impostos. Além disso, a polêmica passagem "sempre que possível", não gerava qualquer dúvida de que se aplicava aos "tributos" de caráter pessoal, de modo a recomendar um esforço ao legislador de primar pela cobrança de "tributos" pessoais.[95] O texto do anteprojeto era o seguinte: "art. 149. Os tributos terão caráter pessoal, sempre que isso for possível, e serão graduados pela capacidade econômica do contribuinte segundo critérios fixados em lei complementar".

---

[92] CARVALHO, Paulo de Barros. *Teoria da norma tributária*. São Paulo: Edições Lael, 1974, p. 81-82.
[93] ATALIBA, Geraldo. Hermenêutica e sistema constitucional tributário. In: *Revista Jurídica Lemi* – Parte Especial, n. 156. São Paulo: Editora Lemi, nov. 1980, p. 33.
[94] GRECO, Marco Aurélio. *Planejamento tributário*. 2. ed. São Paulo: Dialética, 2008, p. 318.
[95] CONTI. *Op. cit.*, p. 39.

Como se conhece, a redação final do art. 145, §1º se refere somente à espécie tributária "imposto". A partir do citado histórico é importante pontuar que o princípio da capacidade contributiva tem inegável vocação para a realização da ideia de justiça na tributação, por meio de outro princípio essencial para o Direito e também para a justiça, que é a equidade. A pretensão histórica da capacidade contributiva foi afirmar o entendimento de que todos deverão arcar com as despesas do Estado. A questão que atravessa os anos é determinar qual a quota "justa" de cada contribuinte. Neste livro, no Capítulo 3, serão apresentados fundamentos que terão a finalidade de distinguir conceitos importantes sobre a relação da capacidade contributiva com a ideia de justiça. Seria a capacidade contributiva instrumento à realização de justiça na tributação ou fundamento à equidade tributária? Se for considerada justiça, a que teoria de justiça a capacidade contributiva se vincula? Estas questões fazem parte da essência deste trabalho que, para estabelecer fundamentos de um conceito de justiça tributária, terá de optar por uma teoria de justiça que guarde sintonia com questões relevantes sobre isonomia, equidade e a própria capacidade contributiva.

1.4 Conceitos de equidade e iniquidade tributárias

Nas subseções 1.6 e seguintes estabeleceremos alguns desdobramentos do conceito de progressividade. A justificativa desta estratégia é esclarecer o que se compreende por progressividade no Direito atual, especialmente no Brasil, e sua relação com os fins deste trabalho. Demonstraremos que a progressividade é um instrumento útil no Direito Tributário para medir as diferenças de capacidade contributiva entre os contribuintes. A aferição da capacidade contributiva no Direito Tributário contemporâneo é uma "necessidade" da matriz tributária. Isto porque visa-se, na atualidade, à busca da chamada justiça tributária, ou seja, viabilizar o custeio das despesas públicas de modo que todos possam contribuir de acordo com a suas capacidades contributivas. O fundamento para que a procura da justiça tributária não seja uma simples opção ideológica, mas sim uma necessidade ínsita ao sistema de tributação, reside na equidade, que dirige a argumentação sobre justiça fiscal para um plano mais específico e menos abstrato quando comparada às normas legisladas.

Nesta subseção examinaremos a compreensão teórica da equidade e como esta poderá servir a um regime tributário justo.

Elza Boiteaux explica que Aristóteles analisou o tema da equidade e o dividiu em segmentos.[96] O primeiro deles dizia respeito à "anomia", que significava o descasamento entre a lei (Direito legislado pela autoridade) e os costumes. O pensador grego citou o exemplo de Antígona, de Sófocles, que contrariando as ordens de Creonte realizara o enterro do corpo do irmão morto, que fora considerado traidor e condenado a ter seu cadáver insepulto. A decisão de Antígona ilustra a insubordinação do costume – no caso, a cultura ocidental de enterrar os mortos – contra a lei arbitrária, a qual reflete a vontade da autoridade e não o desenrolar da história, que pode levar à mudança dos costumes.

A outra questão sobre equidade é como solucionar um conflito com a devida "prudência". Para Aristóteles, somente o "homem culto" teria esta habilidade. Elza Boiteaux esclarece que o filósofo de Estagira considerava culto "aquele que busca a precisão através de demonstrações rigorosas, mas não se preocupa com a erudição". O "erudito", prossegue a autora, "é o indivíduo que tem um conhecimento meramente superficial ou ornamental, razão pela qual não se preocupa com o conteúdo do saber, mas com a fama e o poder".[97] O

---

[96] BOITEAUX, Elza Antonia Pereira Cunha. Variações sobre o conceito de equidade. In: ADEODATO, João Maurício; BITTAR, Eduardo C. B. (Org.). *Filosofia e teoria geral do direito*: estudos em homenagem a Tércio Sampaio Ferraz Junior por seu septuagésimo aniversário. São Paulo: Quartier Latin, 2011, p. 329.

[97] Ibid., p. 330.

julgador prudente é a pessoa capaz de separar suas ambições pessoais do conhecimento aplicado e consegue decidir com suas experiências e cultura acumuladas, livre de interesses e de influências externas tentadoras.

A terceira questão analisada por Aristóteles a respeito da equidade é saber se o "equitativo" seria a mesma coisa que o "justo". Em *Ética a Nicômaco*, Aristóteles argumenta que a equidade é superior à lei e ao Direito legislado, porque visa a reduzir o plano abstrato em que se encontra a lei ditada pelo Estado. Boiteaux complementa o raciocínio aristotélico esclarecendo que a "equidade é o *procedimento* empregado para corrigir a generalidade da lei, bem como as *lacunas* decorrentes da omissão do legislador. É um procedimento que se aplica em decorrência do erro ou falha da *justiça legal*: por esta razão é superior a ela" (grifos no original).[98]

Uma quarta e última questão suscitada por Aristóteles sobre a equidade é o que significa ser "equitativo". Segundo o mestre, "ser equitativo" é deixar-se conduzir pela equidade e não exatamente pela lei escrita, dando força àquela, sendo, portanto, um árbitro das questões conflitantes e não exatamente um juiz, que aplica a lei em vez de ver a justiça.[99]

Para finalizar a análise aristotélica, Boiteaux conclui que a "equidade é uma forma de julgamento com natureza corretiva; não só por ajustar a lei ao caso concreto, mas também por corrigir a ordem jurídica na falta de norma aplicável".[100]

As questões precedentes sobre a equidade empregam ao vocábulo uma característica pessoalizada, isto é, a equidade dependeria de alguém revestido dos atributos necessários à sua caracterização. É evidente que nos dias atuais e nas sociedades de massa o conceito de equidade não poderá ficar dependente da intervenção de uma pessoa e suas qualidades equitativas intrínsecas.

---

[98] BOITEAUX. *Op. cit.*, p. 332.
[99] *Ibid., loc. cit.*
[100] *Ibid., loc. cit.*

Deixando de lado, por ora, as questões centrais precedentes sobre as quais se apoia a equidade, o pensamento de Aristóteles funda-se no argumento de que a equidade provém da justiça, mas difere desta por ser mais específica e superior, já que a justiça é abstrata exatamente por decorrer da lei editada pela autoridade. Assim, se expressa o estagirita:[101]

> O que faz surgir o problema é que o equitativo é justo, porém não o legalmente justo, e sim uma correção da justiça legal. A razão disto é que toda lei é universal, mas a respeito de certas coisas não é possível fazer uma afirmação universal que seja correta. Nos casos, pois, em que é necessário falar de modo universal, mas não é possível fazê-lo corretamente, a lei considera o caso mais usual, se bem que não ignore a possibilidade de erro. E nem por isso tal modo de proceder deixa de ser correto, pois o erro não está na lei, nem no legislador, mas na natureza da própria coisa, já que os assuntos práticos são dessa espécie por natureza.

Por conseguinte, a equidade, de acordo com Aristóteles, serve para "corrigir" o excesso de simplicidade do legislador em razão da universalidade das disposições legais. Em outras palavras, a equidade se destina a "dizer o que o próprio legislador teria dito se estivesse presente, e que teria incluído na lei se tivesse conhecimento do caso".[102]

Em virtude deste caráter específico assumido pela equidade, o equitativo é "superior" à abrangência e abstração das disposições legais. Aristóteles finaliza suas reflexões sobre equidade aduzindo o seguinte: "essa é a natureza do equitativo: uma correção da lei quando ela é deficiente em razão da sua universalidade".[103]

José de Oliveira Ascensão reforça o conceito de equidade advindo desde Aristóteles.[104] Alude inclusive à metáfora da

---

[101] ARISTÓTELES. Ética à Nicômaco. Trad. Leonel Vallandro e Gerd Bornheim. São Paulo: Nova Cultural, 1987, p. 96.
[102] ARISTÓTELES. Op. cit., p. 96.
[103] Ibid., loc. cit.
[104] ASCENSÃO, José de Oliveira. O direito: introdução e teoria geral. 13. ed. Coimbra: Almedina, 2005, p. 245-253.

"régua lésbica" ou "régua de lesbos" (régua maleável) falada por Aristóteles em *Ética a Nicômaco*. Escreve o autor o seguinte:

> A decisão dos casos pela equidade foi há muito comparada à utilização da régua lésbica. Esta, ao contrário das réguas vulgares, que são rígidas, era maleável, permitindo a adaptação às faces irregulares dos objetos a medir. Também a norma é uma régua rígida, que abstrai das circunstâncias por ela não consideradas relevantes. Já a equidade é uma régua maleável. Ela está em condições de tomar em conta circunstâncias do caso que a regra despreza, como a força ou a fraqueza das partes, as incidências sobre o seu estado de fortuna, etc., para chegar a uma solução que se adapta melhor ao caso concreto – mesmo que se afaste da solução normal, estabelecida por lei.[105]

Depreende-se da doutrina de José Ascensão, fundamentada em Aristóteles, que a equidade é um instrumento de adequação da legalidade formal e abstrata a uma ideia concreta de igualdade e de justiça.

No curso da história do Direito, a autoridade judicial foi perdendo o poder de criar normas equitativas, ainda que inspiradas em princípios de justiça exigidos para a solução do caso concreto. Isso se deveu, especialmente, em razão do positivismo jurídico. Como é de amplo conhecimento, a escola de Montesquieu da separação dos poderes, forçou a figura do juiz a se tornar um executor da norma abstrata. De acordo com Norberto Bobbio:

> [...] com base nos princípios do positivismo jurídico que foram acolhidos pelo ordenamento jurídico dos Estados modernos, o juiz não pode com uma sentença própria ab-rogar a lei, assim como não o pode o costume. O poder judiciário, portanto, não é uma fonte principal (ou fonte de qualificação) do direito.[106]

---

[105] *Ibid.*, 2005, p. 246.
[106] BOBBIO, Norberto. *O positivismo jurídico*: lições de filosofia do direito. Trad. Márcio Pugliese; Edson Bini; Carlos E. Rodrigues. São Paulo: Ícone, 1995, p. 171. Em outro de seus clássicos jurídicos, Bobbio aborda o tema com as seguintes palavras: "chamam-se 'juízos de equidade' aqueles em que o juiz está autorizado a resolver uma controvérsia sem recorrer a uma norma legal preestabelecida. O juízo de equidade pode ser definido como autorização, ao juiz, de produzir direito fora de cada limite material imposto pelas normas superiores" (BOBBIO. *Op. cit.*, p. 56).

Segundo ainda o jusfilósofo italiano, apesar desta limitação (a vinculação do juiz ao comando da lei) não se exclui dos sistemas jurídicos modernos a possibilidade de o juiz ser considerado uma fonte subordinada ou delegada do Direito e isso ocorre quando o magistrado pronuncia um "juízo de equidade".[107]

De acordo com Bobbio, um "juízo de equidade" se caracteriza pelo fato de o juiz não ficar adstrito à aplicação da lei abstrata ou até a um costume específico, podendo decidir o caso concreto conforme sua consciência ou de acordo com o seu sentimento de justiça. Nas palavras do autor:

> Ao prolatar o juízo de equidade, o juiz se configura como fonte de direito, mas não como fonte principal, mas apenas como fonte subordinada, porque ele pode emitir um tal juízo somente se e na medida em que é autorizado pela lei e, de qualquer maneira, nunca em contraste com as disposições da lei.[108]

Note-se que a equidade, no Direito positivo moderno, não significa um salvo-conduto ao Judiciário para legislar no caso concreto, mas tão somente buscar a melhor solução ao conflito quando o caráter abstrato da lei não for capaz de regular a situação concreta.

Bobbio comenta também que a doutrina divide o tema da equidade em três tipos: equidades "substitutiva", "integrativa" e "interpretativa". No primeiro caso, o juiz supriria a falta de uma regra específica mediante uma norma decorrente de seu juízo próprio. Na "equidade integrativa", a norma legislativa existe, porém, é muito abstrata, razão pela qual o juiz poderia completar as partes que lhe faltam. A "equidade interpretativa" é mais complexa, pois o juiz definiria o conteúdo de uma norma legislativa existente e completa por meio de critérios equitativos. O positivismo jurídico tem resistência a este tipo de equidade, por entender

---

[107] Ibid., loc. cit.
[108] Ibid., p. 172.

que isso "pode se tornar um expediente para prolatar uma sentença que derrogue a lei".[109]

Tercio Sampaio Ferraz Jr., também com fundamento em Aristóteles, explica que a equidade atualiza a ideia de igualdade que, por sua vez, é o princípio específico da justiça.[110] Já a justiça universal no sentido de virtude decorre da lei abstrata e necessita ser acabada, o que se dá por meio da igualdade. Mas a igualdade também é abstrata, levando-se à indagação de qual poderia ser o critério apto a dar concretude a ambas. Nas palavras do autor:

> Na verdade, a igualdade e a desigualdade, na teoria aristotélica, são fixadas de uma perspectiva que não pode lograr-se a partir dela mesma (G. Radbruch, Rechtsphilosophie 1952, p. 46). A igualdade não é um dado da experiência, pois a percepção das coisas e dos homens, ao contrário, nos dá conta de sua profunda desigualdade. Inversamente, a igualdade não passa de uma abstração a partir de uma *desigualdade* dada.[111]

A lei abstrata é capaz de prever as situações que podem ser consideradas justas também em um sentido abstrato. Cabe ao juiz e, portanto, à jurisprudência, atualizar as normas abstratas às situações concretas, e isso é somente possível por meio da equidade. Daí a observação de Tércio Ferraz de que: "o juiz, nesse sentido, não é o que tem a posse da justiça, mas o que a faz atuar, ligando-a a uma pessoa".[112] Por esta razão, ainda na compreensão aristotélica, a justiça não é estática, mas um ato e sua atualidade faz com que a tradição jurídica ocidental recomende que se decidam os casos concretos *secundum boni et aequi* (conforme o bom e o equitativo).

Assim, se a justiça e o seu princípio diretor, que é a igualdade, são abstratos, a equidade é o instrumento capaz de

---

[109] BOBBIO. *Op. cit.*, p. 173.
[110] FERRAZ JR., Tércio Sampaio. *Estudos de filosofia do direito*: reflexões sobre o poder, a liberdade, a justiça e o direito. 3. ed. São Paulo: Atlas, 2009, p. 223.
[111] *Idem.*, p. 224.
[112] *Ibidem.*, p. 223.

dar a ambos a solução concreta, realizando, pois, a atualidade plena do justo. Lembra Tercio Ferraz Jr. que "A equidade é, nesse sentido, o preceito básico do direito justo, pois só por meio dela, que é o justo na concretude, a justiça se revela em sua atualidade plena".[113] O caráter abstrato da lei não se deve, entretanto, a uma vontade deliberada do legislador, mas à própria natureza das coisas.[114]

A distinção entre justiça e equidade não passou despercebida por Gustav Radbruch, embora tenha mantido a visão positivista entre Direito e Justiça.[115] A "justiça", discorre o autor, "não é o princípio completo, mas o princípio específico do direito, que nos dá a pauta para sua determinação conceptual: o direito é a realidade cujo sentido é servir à justiça".[116] A equidade, por sua vez, concorreria com a justiça. Radbruch lembra que Aristóteles teria consagrado que: "justiça e equidade não são valores distintos, mas caminhos diferentes para alcançar o valor uno do direito". Assim, prossegue o jurista alemão:

> Enquanto a justiça vê o caso singular do ponto de vista da norma geral; a equidade busca no caso singular a sua própria lei que, por fim mas também, precisa se deixar converter em uma lei geral – pois, tal qual a justiça, a equidade é, em última instância, de natureza generalizada.[117]

O Direito aplicaria justiça a partir de princípios fundamentais universais e a equidade partiria de um conhecimento indutivo do Direito justo, segundo a "natureza das coisas". Assim, a equidade seria a justiça do caso singular.[118]

Na atualidade, a equidade tem uma relação delicada com o ordenamento jurídico, podendo se revelar muito

---

[113] *Ibid.*, p. 224.
[114] *Ibid.*, p. 225.
[115] RADBRUCH, Gustav. *Filosofia do direito*. Trad. Marlene Holzhausen. São Paulo: Martins Fontes, 2004, p. 51.
[116] *Ibid., loc. cit.*
[117] *Ibid., loc. cit.*
[118] *Ibid.*, p. 51-52.

mais como uma forma de integração do Direito diante da ausência de norma jurídica específica, do que uma prática intuitiva de justiça. Aliás, em razão das variações do conceito de equidade e sua tendência à subjetividade é prudente que o Direito exerça influência sobre a equidade e vice-versa. Com efeito, modernamente, conforme Tercio Sampaio Ferraz Jr, "o juízo por equidade, na falta de norma positiva, é o recurso a uma espécie de intuição, no concreto, das exigências da justiça enquanto igualdade proporcional". Mas adverte o professor:[119]

> O intérprete deve, porém, sempre buscar uma racionalização desta intuição, mediante uma análise das considerações práticas dos efeitos presumíveis das soluções encontradas, o que exige juízos empíricos e de valor, os quais aparecem fundidos na expressão *juízo por equidade*.

Isso leva à conclusão de que a equidade aristotélica não pode ser compreendida, no estágio das sociedades contemporâneas, como um retrocesso ao Direito não legislado. É necessário encontrar uma noção para equidade em que o seu conceito se aproxime da ideia de justiça e possa ser absorvido pelo Direito.

Por essa razão, Norberto Bobbio levanta importante questão sobre a equidade a ser considerada como fonte do Direito. O jurista italiano recorre ao debate teórico entre Calamandrei e Carnelutti sobre o tema. O eixo da discussão girou em torno da teoria do processo, mas as conclusões do debate são úteis à devida inserção da equidade em um sentido adequado que procurou-se fixar neste livro. A questão posta consistia em saber se a sentença proferida com base na equidade seria "declaratória" de uma norma legislativa pré-existente ou "constitutiva" de um direito, independentemente, neste último caso, de uma determinada norma legislativa.

---

[119] FERRAZ JR. *Op. cit.*, p. 304.

Para o primeiro jurista, a sentença equitativa seria declaratória de uma norma equitativa já existente. A fonte do Direito não seria o juiz, mas a norma equitativa na qual se baseou para decidir. Carnelutti refutava esta tese, sustentando que, se assim prevalecesse, a equidade seria também fonte do Direito legislado, pois, no processo de elaboração das normas não haveria diferenças substanciais neste ponto entre o juiz que profere a sentença fundada na equidade e o legislador que produz a norma em abstrato. Realmente, a questão é tormentosa. Bobbio esclarece o seguinte:

> Considerar a equidade como fonte de direito nasce de se atribuir à locução 'fonte do direito' não mais o significado técnico-jurídico de fatos ou atos aos quais o ordenamento jurídico atribui a competência ou a capacidade de produzir normas jurídicas (fonte em sentido formal), mas um significado que podemos chamar de filosófico por indicar o *fundamento*, os princípios, portanto, que determinam o *valor* (no sentido em que este termo se contrapõe à validade) da norma" (grifos do autor).[120]

Aprofundando este ponto, qual seja, a equidade também pode servir de fundamento de justiça a ser aproveitado pela lei, Vicente Ráo explica que no Direito romano a equidade equivalia ao Direito natural e era distinguida em *aequitas naturalis* e *aequitas civilis*, de modo que a primeira inspiraria a criação das normas e, na segunda, a equidade apenas participaria do Direito por estar incorporada a ele.[121] Adverte que, modernamente, a equidade não é mais considerada como Direito, mas um atributo jurídico, quer quando utilizada pelo legislador ao elaborar a norma, quer quando aplicada pelo juiz na solução de controvérsias.[122] Acrescenta que existem três regras principais para a equidade:

> 1. Por igual modo devem ser tratadas as coisas iguais e desigualmente as desiguais;

---

[120] BOBBIO. *Op. cit.*, p. 174-175.
[121] RÁO, Vicente. *O direito e a vida dos direitos*. 5. ed. São Paulo: RT, 1999, p. 88.
[122] RÁO. *Op. cit.*, p. 88.

2. Todos os elementos que concorrem para constituir a relação *sub judicie*, coisa, ou pessoa, ou que, no tocante a estas tenham importância, ou sobre elas exerçam influência, devem ser devidamente consideradas;
3. Entre várias soluções possíveis deve-se preferir a mais suave e humana, por ser a que melhor atende ao sentido de piedade, e de benevolência da justiça: *jus bonum et aequum*.[123]

As três regras citadas conduzem ao entendimento de que a equidade prefere sua aplicação ao caso concreto, seguindo, portanto, a tradição aristotélica, mas terá também como princípio básico o respeito às diferenças individuais, evitando-se que somente a igualdade horizontal e abstrata se incorpore à elaboração das normas. Além disso, o princípio da equidade inclina-se à aplicação benigna e humana do Direito.[124]

Ráo argumenta que a equidade poderá influenciar na elaboração das leis de três maneiras.[125] Primeiramente, a equidade é usada para criar exceções a outras normas de caráter geral. O professor dá vários exemplos desta possibilidade, sendo o mais evidente a cláusula *rebus sic standibus*. Neste caso, a fim de lograr justiça no caso concreto determinada regra abstrata terá que ser revista, caso ocorram algumas circunstâncias que exijam o reequilíbrio do contrato com o propósito de evitar injustiças. A outra forma consiste no caso em que o legislador se limita a elaborar princípios ou conceitos amplos, atribuindo ao juiz poderes discricionários para a aplicação equitativa deste tipo de norma. São exemplos a

---

[123] *Ibid.*, p. 89.
[124] "Conforme Vicente Ráo, a equidade deve atender às seguintes funções: a) a adaptação da lei a todos os casos que devem incidir em sua disposição, mesmo aos não previstos expressamente, devendo estes últimos ser tratados em pé de rigorosa igualdade com os contemplados por modo expresso; b) a aplicação da lei a todos esses casos, levando-se em conta todos os elementos de fato, pessoais e reais, que definem e caracterizam os casos concretos; c) o suprimento de erros, lacunas, ou omissões da lei, para os fins acima; d) a realização dessas funções com benignidade e humanidade" (RÁO. *Op. cit.*, p. 92).
[125] Não obstante, Ráo também demonstra que a equidade se aplica para a solução de controvérsias pelo juiz, diante do caso concreto, em que a lei abstrata não é suficiente para resolve-lo (RÁO. *Op. cit.*, p. 92-93).

apreciação das circunstâncias atenuantes em matéria penal e, no âmbito civil, a atuação de boa-fé. Na terceira maneira, a norma explicitamente prevê a aplicação da equidade nos casos em que a lei for omissa. Assim, mesmo quando não houver lei específica o juiz não poderá se eximir de decidir o caso.

Vê-se que na segunda e terceira maneiras a atuação do juiz é um requisito para a aplicação da equidade. Embora a lei faça previsão direta ou indireta à possibilidade de decisões equitativas e justas no caso concreto, cabe à autoridade judicial efetivá-la. Aliás, de uma forma geral e desde Aristóteles, a visão da doutrina a respeito da equidade é a justiça a ser realizada no caso concreto, visando-se a reduzir o caráter abstrato da lei formal. Mas, um conceito de equidade que leve unicamente em consideração a atividade do juiz para dar sentido à igualdade vertical, ou seja, a busca da justiça em que diferenças pessoais são devidamente sopesadas, não é suficiente para os fins da presente argumentação, pois pretende-se encontrar uma definição ao instituto que não se restrinja à atuação do juiz.

No âmbito da tributação, a equidade como fundamento da igualdade e da justiça estará mais bem alojada na lei do que exatamente na atuação da autoridade administrativa ou judicial. Seria aberta uma margem de discricionariedade muito grande a estas autoridades de poder arbitrar, ainda que perante o caso concreto, qual tributação seria mais justa, respeitadas as diferenças pessoais. A tributação ficaria à mercê da autoridade "culta", para usar a expressão cunhada por Aristóteles, com inegáveis riscos ao próprio conceito de igualdade. Note-se que, em matéria fiscal, a aplicação justa da tributação depende de parâmetros de renda (auferida, consumida ou acumulada), que poderão ser predefinidos na legislação. É diferente do Direito Penal ou do Direito Civil, em que a solução justa do conflito depende em grande parte da análise de circunstâncias ou de fatos. Assim, a equidade na tributação é fundamento que orientará o legislador para, no momento de elaboração da lei, verificar se suas regras auxiliam ou garantem a efetividade da isonomia em seu sentido vertical. Isso significa, ainda que de forma paradoxal, que a equidade na tributação possui algo de abstrato na medida em que se incorpora à lei (abstrata). Daí o alvitre de Radbruch: "tal qual a justiça, a equidade é, em última instância, de natureza generalizada".[126]

Feitas essas considerações, adotaremos o conceito de equidade proposto por Vicente Ráo, uma vez que inclui a equidade como elemento precedente à lei e que a ela se incorpora. Nas palavras do autor:

> Designa-se por equidade uma particular aplicação do princípio da igualdade às funções do legislador e do juiz, a fim de que, na elaboração das normas jurídicas e em suas adaptações aos casos concretos, todos os casos iguais, explícitos ou implícitos, sem exclusão, sejam tratados igualmente e com humanidade, ou benignidade, corrigindo-se, para este fim, a rigidez das fórmulas jurídicas, ou seus erros, ou omissões.[127]

Ricardo Lobo Torres argumenta que "a equidade desempenha singular papel na fase de elaboração das normas de Direito Tributário, que devem observar a maior discriminação possível entre as situações individuais".[128] Assim, diferentemente do que ocorre com outros segmentos jurídicos, tal qual o Direito Penal e o Direito Civil, em que a equidade é examinada como possibilidade de realização da justiça no caso concreto, nos "direitos especiais", a equidade é um princípio orientador da produção legislativa. Aludindo à doutrina de Erik Wolf, Ricardo Lobo Torres lembra que aquele autor reconhece que a equidade natural "não é um modelo para a elaboração da lei, mas um conceito de sabedoria judicial, de atuação administrativa ou de compromisso social,

---

[126] RADBRUCH. *Op. cit.*, p. 51.
[127] RÁO. *Op. cit.*, p. 95.
[128] TORRES, Ricardo Lobo. *Tratado de direito constitucional, financeiro e tributário*. Rio de Janeiro: Renovar, 2005, v. II, p. 165.

sob a forma da justiça do caso concreto".[129] Entretanto, isso não exclui – prossegue Torres com a análise do jurista alemão – que, "nos direitos especiais, aquela ideia [refere-se à equidade] atua na fase de criação legislativa, mitigando a tendência niveladora e centralizadora da vida jurídica".[130]

Quando se alega que o sistema tributário brasileiro é iníquo importa que se tenha em mente as consequências jurídicas desta afirmação, especialmente porque significa que a matriz tributária não estaria levando em consideração a equidade como fundamento ou princípio orientador de criação da lei tributária. A referida alegação vem associada geralmente à ideia de regressividade do sistema tributário, uma vez que tributos que poderiam se valer das técnicas de progressividade deixam de adotar este instrumento impositivo. É o que ocorre com a tributação sobre o consumo de bens. Se a maior parte da receita tributária advém da tributação de bens consumíveis e se nos tributos sobre o consumo a progressividade não é utilizada – o que teria o condão de tributar os cidadãos conforme suas diferentes capacidades contributivas –, pode-se concluir, *a priori*, que o modelo tributário brasileiro é iníquo, injusto. Note-se que a tributação sobre renda e patrimônio também deverá cumprir sua função de diminuir as desigualdades entre os contribuintes, primando pela progressividade. Se isso não ocorrer, segue-se que a matriz tributária é também por este motivo iníqua. Ricardo Lobo Torres alerta para a "injustiça sistêmica" em matéria tributária, que dá margem à desigualdade: "a igualdade estará comprometida se o sistema tributário não for justo em sua totalidade, com equilíbrio entre impostos diretos e indiretos, entre princípios e valores".[131]

No Capítulo 3 enfrentaremos com mais detalhes este ponto, se a matriz tributária brasileira é iníqua por não efetivar a equidade como valor orientador da tributação, resultando

---

[129] *Ibid., loc. cit.*
[130] *Ibid., loc. cit.*
[131] TORRES. *Op. cit.*, p. 165.

em uma matriz tributária injusta. Naquele capítulo serão apresentados argumentos a demonstrar que a equidade não é alcançável como normalmente se supõe, especialmente em razão das presunções no Direito Tributário, que facilitam a exigência e eficiência arrecadatórias. Talvez a equidade na tributação seja impossível, quando aplicado seu conceito de realização da justiça no caso concreto.

1.5 Tributos diretos e indiretos

A designação de que os tributos serão diretos ou indiretos é uma maneira de classificá-los, embora a modalidade mais comum de classificação seja aquela que divide os tributos em cinco espécies, quais sejam: i) impostos; ii) taxas (em razão do exercício do poder de polícia, ou pela utilização de serviços públicos específicos e divisíveis); iii) contribuição de melhoria; iv) contribuições especiais; e v) empréstimo compulsório. A propósito, apesar de esta classificação ser comum, não existe consenso. Há os que argumentam existir somente três espécies, a saber: impostos, taxas e contribuição de melhoria, posição defendida por Roque Antonio Carrazza. Para este autor, "os *empréstimos compulsórios* são *tributos restituíveis*; as *contribuições parafiscais*, tributos arrecadados por pessoa diversa daquela que os instituiu" (grifo original).[132] Hugo de Brito Machado, por exemplo, sustenta que os empréstimos compulsórios não constituem espécie de tributo, porquanto, de acordo com o artigo 4º do CTN, "o que importa para a natureza jurídica do tributo e de cada uma de suas espécies é o que está na relação entre o Tesouro e o contribuinte".[133] A partir desta afirmação, pode-se concluir que a obrigação de o poder público restituir

---

[132] CARRAZZA. *Op. cit.*, p. 730.
[133] MACHADO, Hugo de Brito. *Curso de direito tributário*. 32. ed. São Paulo: Malheiros, 2011, p. 64.

o valor exigido a título de empréstimo descaracteriza o instituto como tributo. Isso porque a relação de restituição não seria tributária, uma vez que não exige do contribuinte o pagamento de um determinado valor, mas, ao contrário, reconhece em seu favor um crédito. Assim, o empréstimo compulsório seria uma cobrança autônoma. Já Luciano Amaro junta a contribuição de melhoria ao rol das taxas e do pedágio, esclarecendo que o Estado poderá atuar em favor do contribuinte por várias formas, inclusive valorizando sua "propriedade por decorrência de uma obra pública", o que dá ensejo, em tese, à contribuição de melhoria.[134]

Existem outras formas de se classificar os tributos, como aponta Hugo de Brito Machado, ressaltando três critérios que considera os principais, quais sejam, "quanto a espécie", "quanto à competência impositiva" e "quanto a vinculação com a atividade estatal".[135] Luciano Amaro, igualmente, alude a outras modalidades classificatórias. Além do critério da espécie ora mencionado, os tributos podem ser: "federais, estaduais e municipais"; "fiscal e parafiscal"; "de finalidade arrecadatória (ou fiscal) ou de finalidade regulatória (ou extrafiscal)"; "reais ou pessoais"; "fixos e variáveis (ou proporcional)"; "seletivos e não seletivos"; "monofásicos e plurifásicos"; "cumulativos e não cumulativos"; "diretos e indiretos"; "regressivos e progressivos".[136] Para os fins deste livro e com base nesta ampla classificação, os tipos de tributos que mais interessam e, por conseguinte, serão explorados, são as quatro últimas classificações, isto é, os tributos poderão se apresentar como diretos, indiretos, regressivos e progressivos. Por razões didáticas e de sistematização, estas duas últimas serão examinadas nas subseções a seguir.

De todas as classificações a que enseja o maior número de controvérsias é seguramente a classificação de que os tributos

---

[134] AMARO, Luciano. *Direito tributário brasileiro*. 15. ed. São Paulo: Saraiva, 2009, p. 83.
[135] MACHADO. *Op. cit.*, p. 67.
[136] AMARO. *Op. cit.*, p. 88-92.

podem ser "diretos" ou "indiretos". As contestações, em regra, refutam o argumento da repercussão econômica dos tributos por entender que tal fundamentação não possui respaldo jurídico. Como foi exposto, o conceito de matriz tributária inclui outros sistemas do conhecimento, não sendo a tributação um estudo a ser feito unicamente com os fundamentos da teoria do Direito. Para Valcir Gassen, caso se admita por critério de distinção das espécies tributárias a repercussão econômica, os tributos poderão ser diretos ou indiretos. Em suas palavras:

> Tributo direto ocorre quando o contribuinte, o sujeito passivo da obrigação tributária, não pode, ou não tem como transferir o ônus do pagamento a um terceiro, ou seja, o tributo é devido, tanto de direito quanto de fato, pela mesma pessoa. Tributo indireto, por sua vez, ocorre quando o sujeito passivo, que deve de "direito", pode repassar a um terceiro, que passa a dever de "fato", o encargo do pagamento do tributo. O primeiro é visto como o contribuinte de direito, o segundo como contribuinte de fato. Um recolhe o tributo e repassa o encargo financeiro ao outro.[137]

A relevância de considerar os tributos como sendo diretos ou indiretos reside no fato de os indicadores estatísticos apontarem que a carga tributária bruta do Brasil recai mais intensamente sobre os tributos tidos por indiretos, quais sejam, os tributos que incidem sobre o consumo de bens e serviços, assunto que será explorado nas subseções 2.4, 2.4.1, 2.4.2 e 2.4.3, do Capítulo 2. Os tributos diretos, por sua vez, geram no total menos receita ao Poder Público, razão pela qual exercem pressão menor sobre os contribuintes. Os tributos incidentes sobre o consumo são sabidamente exações que, em geral, não levam em conta a capacidade econômica das pessoas, uma vez que sua tributação se vale de alíquotas proporcionais, isto é, um percentual incidente sobre uma

---

[137] GASSEN, Valcir. *Tributação na origem e destino*: tributos sobre o consumo e processos de integração econômica. 2. ed. São Paulo: Saraiva, 2013, p. 60.

base de cálculo (normalmente o valor da mercadoria ou do serviço). Assim, tanto maior sejam os recebimentos do consumidor, menor será o impacto da tributação sobre sua renda com os bens consumidos. Por outro lado, quanto menor for a renda do adquirente dos bens ou serviços, maior será a parte de seus ganhos comprometida com o pagamento de tributos. A relação entre rendas mais elevadas e mais baixas com a aquisição de bens de consumo é explicada pelo conceito marginal de renda. Em resumo, a partir de um certo ponto a renda passa a ter menor utilidade para a pessoa, se forem levadas em conta as necessidades básicas de sobrevivência. Assim, R$ 100,00 para quem ganha trinta salários tem menor utilidade do que para alguém que receba um salário-mínimo. O argumento da iniquidade da carga tributária sobre os diversos perfis de renda ingressa na verificação da utilidade marginal da renda.

Por aí se vê que a classificação dos tributos como diretos ou indiretos diz muito com a repercussão econômica dos tributos sobre seus respectivos fatos geradores e bases de cálculo. Este tipo de consideração reúne muita controvérsia no ramo do Direito, pois a doutrina tradicional costuma refutar o critério da "repercussão econômica" como um elemento de distinção juridicamente suficiente para diferençar os tributos.

Nos anos 1950, Aliomar Baleeiro ensinava que a distinção dos tributos entre diretos e indiretos remontava aos fisiocratas e mesmo antes destes, economistas e financistas clássicos teriam percebido a repercussão fiscal existente nessa classificação.[138] André Mendes Moreira esclarece que: "os fisiocratas entendiam que a classe agricultora era a verdadeira produtora de riquezas, gravitando a classe urbana (por eles intitulada de classe 'estéril') e a dos proprietários de terras em torno da única

---

[138] BALEEIRO, Aliomar. *Uma introdução à ciência das finanças*. 16. ed. Rio de Janeiro: Forense, 2006, p. 279.

classe produtiva (a dos agricultores)".[139] Deste período em diante, as legislações de diversos países passaram a assimilar o fato de que em alguns tributos o ônus financeiro referente ao seu valor poderá ser transferido para outrem e em outras situações esta possibilidade não é verificável. No primeiro caso figurariam os tributos indiretos e, no último, os tributos diretos.[140] Mas logo se percebeu, esclarece Baleeiro, que a repercussão econômica seria um critério muito "versátil", pois os preços dependem das "leis de formação de preços e de outras condições".[141] Assim, um imposto que poderia ser considerado indireto por sua vocação de incidir sobre o consumo de bens deixaria de sê-lo para se transformar em tributo direto, e vice-versa, caso as circunstâncias de mercado assim determinassem.[142] Apesar destas críticas, a distinção sobreviveu, desenvolvendo o critério "do lançamento", de modo que nos tributos diretos o contribuinte é identificado por registros de que o Fisco dispõe. Na atualidade, seria o caso do IPTU e do IPVA, que respondem pela modalidade do lançamento "de ofício" ou "direto". Tratando-se de tributos indiretos, o Fisco não dispõe de dados previamente, o que daria ensejo ao lançamento por homologação. Outro critério concebido para identificar os tributos diretos e indiretos seria o tipo de fato gerador tributário. O fato gerador dos tributos diretos seria, em geral, a propriedade e a renda, isto é, "o que o contribuinte tem"; os tributos indiretos, por sua vez, teriam fato gerador relacionado a algo "que o contribuinte faz", como vender um bem ou prestar um serviço. Assim, nos tributos indiretos, o fato gerador estaria vinculado à ideia de "um fazer".

---

[139] MOREIRA, André Mendes. *A não cumulatividade dos tributos*. 2. ed. São Paulo: Noeses, 2012, p. 6.
[140] BALEEIRO. *Op. cit.*, p. 279.
[141] *Ibid.*, p. 279-280.
[142] *Ibid.*, p. 280.

Alfredo Augusto Becker, apesar de reconhecer como muito antiga a divisão dos tributos em diretos e indiretos, considerou impraticável e desprovida de fundamentos científicos esta classificação por entender que o critério da repercussão econômica não pertenceria à "ciência jurídica".[143] Becker entendia que a repercussão econômica era uma obviedade porque todo tributo repercute economicamente, razão pela qual não faria sentido distinguir os tributos em diretos e indiretos sob o argumento de que, nesta última espécie, o ônus financeiro seria transladado para terceiros e no outro caso seria suportado pelo contribuinte, que praticara o fato gerador. Mencionou diversos autores, especialmente estrangeiros, dentre os quais Edwin Seligman, que em sua "Teoria da Repercussão e da Incidência do Imposto" teria demonstrado que a repercussão econômica do tributo é uma questão de preço, pois o custo dos tributos nem sempre será suportado pelo comprador da mercadoria. Portanto, tal questão não se resolveria abstratamente, a ponto de ensejar uma classificação para os tributos.[144]

A crítica de Becker foi contundente e apresentou vários argumentos, chegando a propor a extinção de tal diferenciação entre os tributos. De todos os pontos apresentados merece transcrição o seguinte:

> Simplicidade da ignorância: tributo indireto repercute. É inacreditável que ainda hoje proferem-se acórdãos e promulgam-se leis baseadas na 'obviedade científica' desta teoria que [refere-se à teoria da repercussão econômica], já no século passado, a ciência condenou e que a doutrina, há cinquenta anos, vem demonstrando total erronia. Além disso, nos últimos trinta anos, a doutrina demonstrou que a classificação dos tributos em diretos e indiretos, sob qualquer

---

[143] BECKER. Op. cit., p. 536 – 538.
[144] "O problema da repercussão – mostra Seligman – é, antes de tudo, uma questão de *preço*. A solução é descobrir *se* e em que *medida*, a percepção de um tributo provoca modificações nas rendas e nas despesas dos indivíduos. Noutros termos, é determinar qual das duas partes, por ocasião de cada relação econômica, suportará o ônus econômico do tributo" (BECKER. Op. cit., p. 546).

critério, não tem fundamento científico nem praticável e deve ser abolida no tríplice plano: técnico, administrativo e jurídico.[145]

Na mesma linha de entendimento, porém admitindo a possibilidade de ocorrer repercussão jurídica nos tributos, posiciona-se Hugo de Brito Machado, para quem "a natureza jurídica do tributo é o que importa [e não sua repercussão econômica]". "Em outras palavras" – prossegue o professor – "temos de verificar se existe critério jurídico para identificar os tributos que, por sua natureza, comportam a transferência do respectivo encargo financeiro".[146] Assim, o encargo financeiro em si seria insuficiente para distinguir os tributos. Será necessário se fazer presente algum critério legal que permita o entendimento de que determinado tributo poderá ser transferido economicamente a terceiros. Em sentido contrário, sem tal previsão legal, não haverá a dita repercussão. Por esse motivo, considera que, para ocorrer a repercussão jurídica, o fato gerador do tributo deverá pressupor a presença de pelo menos duas pessoas unidas a tal fato, e a norma tributária deve autorizar o contribuinte a transferir o encargo fiscal a outra pessoa. Acrescenta que a repercussão jurídica "é um direito do contribuinte" e "depende da existência de norma que assegure determinado preço, e além deste o valor do encargo tributário, que será suportado pelo comprador do bem ou usuário do serviço".[147]

A repercussão econômica é diferente, pois independe de previsão legal, podendo ocorrer – ou não – conforme as contingências de mercado. Em uma economia concorrencial os preços são fixados pelo mercado, de modo que o tributo passa a fazer parte desse contexto econômico e factual. Assim, o vendedor de produtos ou prestador de serviços não possui

---

[145] Ibid., p. 540.
[146] MACHADO, Hugo de Brito. Comentários ao Código Tributário Nacional: artigos 139 a 218. São Paulo: Atlas, 2005, v. III, p. 395.
[147] Ibid., p. 398.

autonomia plena sobre os preços praticados e, para vender, poderá fixar preços em que não consiga ser compensado financeiramente dos tributos incidentes nas transações. Nesse caso, o ônus financeiro tributário não foi repassado a terceiro, sendo suportado pelo próprio comerciante dos bens ou serviços. Isso significa que a margem de lucro do comerciante provavelmente será afetada quando não for ressarcido de todas as despesas que compõem o custo da mercadoria ou do serviço, incluindo-se no cômputo os tributos.

Uma observação de Sacha Calmon Navarro Coelho reforça as críticas à teoria da repercussão econômica, ressaltando que, no Direito brasileiro, o artigo 166 do CTN não alude exatamente à repercussão econômica dos tributos, mas à repercussão jurídica, nos casos em que o contribuinte quiser pedir a restituição de tributo pago indevidamente.[148] Por este motivo, quando o contribuinte de direito (comerciante) pretender a restituição de tributos indiretos, pagos indevidamente, terá que comprovar que sofreu a repercussão financeira do tributo ou está devidamente autorizado pelo terceiro (consumidor) a pedir a devolução. Tal regra somente se aplica aos tributos em que a lei obrigue ser destacado o tributo em documento fiscal.[149] Considerando que, nessas hipóteses, a lei cria regras para a restituição, a repercussão seria jurídica, exatamente em razão de estar prevista em lei. Isso não significa que determinados tributos em que não haja a obrigação de se destacar o imposto em documentos fiscais não repercutam economicamente. Sacha Calmon dá o exemplo do IPTU, em que o proprietário pode transferir ao inquilino o valor do imposto em cláusula contratual. Embora tal imposto seja concebido para não ser transferido a

---

[148] CTN, art. 166. A restituição de tributos que comportem, por sua natureza, transferência do respectivo encargo financeiro somente será feita a quem prove haver assumido o referido encargo, ou, no caso de tê-lo transferido a terceiro, estar por este expressamente autorizado a recebê-la.

[149] COELHO, Sacha Calmon Navarro. *Curso de direito tributário brasileiro*. 11. ed. Rio de Janeiro: Forense, 2010, p. 724-728.

terceiros, isso pode ocorrer por força de relação contratual. Igual raciocínio se aplica ao IR e a todo e qualquer tributo pago pelas empresas. Independentemente do dever de se destacar o valor dos tributos em documentos fiscais (nota fiscal), o IR faz parte do custo das mercadorias e dos serviços e, portanto, repercute economicamente, mas não para os fins do artigo 166 do CTN. Portanto, não há que se falar em repercussão jurídica nos casos que não se encaixem nas hipóteses do mencionado artigo do CTN.[150]

A despeito das incertezas sobre a conveniência de se tratar os tributos como diretos ou indiretos com base na repercussão econômica, no caso do Direito brasileiro toda a refrega acadêmica parece fazer sentido em função do artigo 166 do CTN. Este dispositivo prevê limitações à postulação da repetição de indébito, evidenciando que pode ser possível o repasse do valor dos tributos a terceiros diante da natureza do fato gerador. O dispositivo tem endereço certo, isto é, destina-se basicamente aos tributos incidentes sobre o consumo. Embora seja possível transferir em alguns casos o IPTU ou o IR para terceiros, tais práticas não deveriam ser comuns. Transferir o valor do IPTU nas despesas de aluguel ao inquilino não seria recomendável do ponto de vista tributário. Tanto é assim que o artigo 123 do CTN estabelece que cláusula contratual nesse sentido não terá validade perante a Fazenda Pública para desobrigar o proprietário do pagamento do imposto, na hipótese de inadimplência do tributo por parte do inquilino. Dito de outro modo, o Fisco não tem relação tributária com o locatário ainda que haja um contrato obrigando este a assumir o ônus do IPTU.

Os argumentos contrários à repercussão econômica dos tributos, portanto, têm por motivação as dificuldades que o legislador impôs contra os "contribuintes de direito" para pedir a restituição do indébito tributário. A doutrina reconhece

---

[150] COELHO. *Op. cit.*, p. 727.

que, de fato, não teria o legislador alternativa neste caso. Na hipótese de ter sido transferido o valor do tributo para terceiro pelo "contribuinte de direito" (comerciante), não poderia este pedir a devolução do indébito perante o Fisco, exatamente porque foi ressarcido do valor do tributo com o pagamento do preço do bem consumido. É importante lembrar que, de acordo com a legislação brasileira sobre tributos incidentes no consumo, o valor dos tributos deve ser embutido no preço das mercadorias e destacado na nota fiscal para efeito de controle tributário do Fisco ou para as operações de não cumulatividade. Assim, para postular a devolução do imposto recolhido, somente estará legitimado o contribuinte de direito (comerciante) se comprovar, realmente, que assumiu o encargo do tributo por algum motivo estabelecido pelas condições de mercado, ou se estiver autorizado por quem efetivamente recebeu o ônus tributário por transferência (o consumidor).

As dificuldades de interpretação do artigo 166 do CTN convergem para duas ordens de ideias: a) prova de que o contribuinte de direito suportou o encargo financeiro do tributo; b) legitimidade para pedir a restituição. José Morschbacher menciona alguns meios de se provar o encargo financeiro de tributos para fins de cumprimento da regra do artigo 166 do CTN, como é o caso do tabelamento de preços e a prática de preços conhecidos do mercado.[151] Por meio do tabelamento de preços seria possível comprovar que o comerciante não teve margem de alteração de lucro, de modo que o tributo incidiu igualmente sobre a mesma base para todos os fornecedores. Eventual pedido de restituição do indébito pelo contribuinte de direito se fundaria no argumento de que os preços praticados são os conhecidos pelo Governo.

Saliente-se que, na atualidade, é raro ocorrer tabelamento de preços e nas economias de mercado não se tolera o seu alinhamento ou monopólios comerciais. Isso dificulta a

---

[151] MORSHBACHER, José. *A restituição dos impostos indiretos*. Porto Alegre: Editora Síntese, 1977, p. 107-115.

comprovação dos requisitos do artigo 166 do CTN, tornando praticamente inviável a restituição na forma do artigo de lei mencionado. No STJ é predominante a jurisprudência em favor da comprovação do não-repasse do encargo financeiro dos tributos ao contribuinte de fato. Diante da dificuldade deste tipo de prova, somado a inviabilidade da autorização do contribuinte de fato, a maioria das causas de restituição fundadas no artigo 166 do CTN tem sido favorável à Fazenda.[152]

André Mendes Moreira realiza ampla resenha da doutrina a favor e contra à classificação dos tributos em diretos e indiretos.[153] Figuram entre os contrários à diferenciação Alfredo Augusto Becker, Geraldo Ataliba, Eduardo Domingos Bottallo e José Eduardo Soares de Melo, Tarcísio Neviani, Gilberto de Ulhôa Canto, Hugo de Brito Machado e Sacha Calmon Navarro Coelho.[154] Já no grupo dos que se posicionam favoráveis à divisão

---

[152] "Recurso especial. Tributário. ICMS. Majoração de alíquota de 17% para 18%. Pedido de devolução de valores recolhidos indevidamente. Imposto indireto. Repercussão. Art. 166 do CTN. Recurso provido. 1. É exigida, nas hipóteses em que se pretende a compensação ou restituição de tributos indiretos, como no caso do ICMS, a comprovação da ausência de repasse do encargo financeiro, nos termos do disposto no art. 166 do CTN e na Súmula 546/STF. Precedentes. 2. No caso dos autos, a empresa ajuizou ação ordinária objetivando a declaração de ilegalidade da majoração da alíquota de ICMS (de 17% para 18%), bem como a repetição de indébito dos respectivos valores. Desse modo, é plenamente aplicável a norma inserta no art. 166 do CTN, que exige, para fins de restituição do indébito, a comprovação pelo contribuinte de direito que não repassou ao contribuinte de fato o encargo financeiro do tributo. 3. Recurso especial provido". (STJ. REsp. nº 832.340/SP, Rel. Min. Denise Arruda, DJ: 10.12.2007). No mesmo sentido são os seguintes precedentes do STJ: REsp. 874.531/SP; AgRg no REsp 807584/RJ; REsp 759893/PR; REsp 874531/SP; EDcl no AgRg no Ag 853712/SP;; REsp 784264/SP; AgRg no Ag 910440/SP; REsp 997244/SP; REsp 968083/SP.

[153] MOREIRA. Op. cit., p. 43-48.

[154] BECKER. Op. cit.; ATALIBA, Geraldo. Hipótese de incidência tributária. 5. ed. São Paulo: Malheiros, 1996, p. 126; BOTALLO, Eduardo Domingos; MELO, José Eduardo Soares. Comentários às súmulas tributárias do STF e do STJ. São Paulo: Quartier Latin, 2007, p. 87; NEVIANI, Tarcísio. Repetição do indébito. In: MARTINS, Ives Gandra da Silva (Coord.). Caderno de pesquisas tributárias n. 8: repetição de indébito. São Paulo: Coedição do Centro de Estudos de Extensão Universitária e Editora Resenha tributária, 1983, p. 308 [312-337]; CANTO, Gilberto de Ulhôa. Repetição do indébito. In: MARTINS, Ives Gandra da Silva (Coord.). Caderno de pesquisas tributárias n. 8: repetição de indébito. São Paulo: Coedição do Centro de Estudos de Extensão Universitária e Editora Resenha tributária, 1983, p. 8-9; MACHADO. Op. cit., p. 394-430; MACHADO, Hugo de Brito. Imposto indireto, repetição do indébito e

de tributos diretos e indiretos constam o próprio André Moreira, Aliomar Baleeiro, José Morschbacher, Zelmo Denari, Leon Frejda Szklarowsky, Vittorio Cassone e Ruy Barbosa Nogueira.[155] Além dos autores citados, Valcir Gassen faz parte dos que endossam a existência de tributos diretos e indiretos, ressaltando que o Direito brasileiro admite esta classificação exatamente em função da previsão contida no artigo 166 do CTN.[156]

Conforme mencionado, André Mendes Moreira se posiciona favoravelmente à distinção entre tributos diretos e indiretos, ressaltando, no entanto, que o critério para tal classificação não reside no aspecto econômico, que não tem relevância para o Direito. Para o autor, na linha do que considera ser o entendimento do Supremo Tribunal Federal sobre o assunto, "tributo indireto é aquele que, *por natureza*, tem seu ônus trasladado para o contribuinte de fato". O vocábulo *natureza*, neste caso, refere-se à natureza jurídica da relação e não à econômica.[157]

Geraldo Ataliba entende que a divisão dos tributos em diretos e indiretos é irrelevante para o Direito brasileiro, embora seja pertinente em outros países, ainda que fundada no critério da repercussão econômica. Exatamente em função desta característica, lembra o autor, tal classificação será útil "para interpretar certas normas de imunidade ou isenção, pela consideração substancial sobre a carga tributária, em relação à pessoa que a suportará".[158]

---

imunidade subjetiva. *Revista dialética de direito tributário* n. 2. São Paulo: Dialética, nov. /1995, p. 32-35; COELHO. *Op. cit.*, p. 724-728.

[155] MOREIRA. *Op. cit.*, p. 5-56; BALEEIRO. *Op. cit.*, p. 279-281; MORSHBACHER. *Op. cit.*, p. 107-115; DENARI, Zelmo. *Curso de direito tributário*. 8. ed. São Paulo: Atlas, 2002, p. 85-88; SZKLAROWSKY, Leon Frejda. Repetição do indébito. In: MARTINS, Ives Gandra da Silva (Coord.). *Caderno de pesquisas tributárias n. 8*: repetição de indébito. São Paulo: Resenha tributária, 983, p. 22; CASSONE, Vittorio. *Direito tributário*. 22. ed. São Paulo: Atlas, 2011, p. 56; NOGUEIRA, Ruy Barbosa. *Curso de direito tributário*. 10. ed. São Paulo: Saraiva, 1990, p. 163.

[156] GASSEN. *Op. cit.*, p. 60.

[157] MOREIRA. *Op. cit.*, p. 37.

[158] ATALIBA, Geraldo. *Hipótese de incidência tributária*. 5. ed. São Paulo: Malheiros, 1996. p. 126.

O ponto suscitado por Ataliba é de suma importância à presente abordagem. Primeiramente, é importante ressaltar que, ao longo dos anos, várias teorias foram se desenvolvendo sobre a classificação dos tributos em diretos e indiretos nas perspectivas econômico-financeira e jurídica, das quais se destaca a "teoria da capacidade contributiva".[159]

Por esta teoria, entende-se que os tributos podem atingir manifestações imediatas da capacidade econômica dos contribuintes, tais como o patrimônio e a renda. Trata-se da vocação natural dos tributos, especialmente os impostos, de incidir sobre os chamados signos presuntivos de riqueza, revelados pelo que se tem e pela capacidade de se acumular renda. A tributação sobre o patrimônio e a renda podem ser enquadradas como ideais, pois tenderiam a ser mais justas, onerando os cidadãos com manifesta capacidade econômica. Diversos instrumentos jurídicos poderão ser adotados para graduar as diferentes capacidades econômicas. Contemporaneamente, são utilizadas com mais frequência a progressividade e a seletividade como critérios diferenciadores de capacidade contributiva. Estes instrumentos serão examinados no Capítulo 3, na subseção 3.3.2. Por ora, basta lembrar que, de um modo geral, a capacidade contributiva visa a realizar a equidade tributária, devendo exigir mais tributos dos contribuintes de maior renda e menos tributos dos demais.

A tributação sobre o patrimônio e a renda não traz, porém, a garantia de que os tributos incidentes sobre tais fatos sejam sempre do tipo direto. Conforme exemplificado, é possível que o IPTU seja repassado para o inquilino.[160] Este e outros casos similares são exceções à classificação geral. Quando não for possível se transferir o valor da tributação para terceiros, o tributo tem sido considerado direto. Os tributos

---

[159] Teorias econômico-financeiras: "fisiocrata da repercussão econômica", "da contabilidade nacional" e "da capacidade contributiva ou do critério financeiro"; teorias jurídicas: "do rol nominativo", "do lançamento", "da natureza do fato tributável" (MOREIRA. *Op. cit.*, p. 11-25).

[160] MOREIRA. *Op. cit.*, p. 15.

indiretos, ao contrário, afetam as relações de consumo de bens e serviços porque no sistema brasileiro estes encargos devem ser embutidos no preço das mercadorias e serviços consumidos. Consideram-se estes casos como tributação indireta, pois a manifestação de capacidade econômica do cidadão tributado (o consumidor) não é imediatamente detectada.[161] É diferente do que ocorre com a tributação do patrimônio e da renda, em que a capacidade contributiva pode ser avaliada por meio de critérios estabelecidos previamente pela lei, embora tais critérios não permitam uma tributação equitativa ideal por valer-se de algumas presunções. Na tributação sobre o consumo, a capacidade contributiva é forçosamente revelada de forma presuntiva, razão pela qual a verdadeira capacidade contributiva de cada contribuinte dependeria de comprovações mais detalhadas, em geral impraticáveis no momento do consumo. A denominação tributação "indireta" deve-se ao fato de os padrões de consumo poderem não guardar relação "direta" com a capacidade econômica do consumidor.

Nos anos quarenta do século XX, Benvenuto Griziotti explicava que os tributos poderão ser *diretos* ou *indiretos* conforme a capacidade contributiva do pagador de tributos.[162] No primeiro caso, as manifestações de capacidade contributiva seriam imediatas, objetivas, por exemplo, a propriedade e a renda. A relação da capacidade contributiva com a renda, esclarecia o financista italiano, reside na constatação de que para apurar-se a renda líquida o pressuposto seria o patrimônio do contribuinte não ser afetado, razão pela qual a renda passaria a servir de base tributável para auxiliar no financiamento do Estado. Quanto à propriedade, Grizziotti entendia que a posse dos bens era sinal objetivo de riqueza, consistente na manifestação imediata de bem-estar ou de poder econômico, em síntese, uma manifestação direta de

---

[161] *Ibid.*, p. 15-16.
[162] GRIZIOTTI, Benvenuto. *Princípios de ciencia de las finanzas*. Trad. Dino Jarach. 2. ed. Buenos Aires: Depalma, 1959, p. 162.

capacidade contributiva. Tratando-se de tributos indiretos, a capacidade contributiva estaria relacionada à riqueza consumida. Para tanto, dava o exemplo de dois contribuintes com a mesma renda de 2.000 liras. Um consome toda sua renda com a aquisição de bens, enquanto o outro, que vive nas mesmas condições familiares e sociais, gasta somente 1.600 liras. De acordo com Grizziotti, o primeiro deverá ser tributado mais intensamente do que o segundo em razão de manifestar maior capacidade econômica.[163]

Para o tratadista, a tributação sobre o consumo exerce uma função importante nas finanças públicas, pois os tributos, neste caso, são dotados de grande elasticidade financeira, porquanto seguem de perto a elevação do consumo, o qual acompanha o aumento da riqueza e da população. Além disso, como sugeriu no exemplo dos dois contribuintes, uma das vantagens da tributação sobre o consumo é revelar as diferentes capacidades contributivas por meio dos padrões de bens consumidos. Os consumidores de bens ou de serviços supérfluos poderão ser tributados mais severamente do que os adquirentes de bens indispensáveis à sobrevivência.[164] Na Espanha, no mesmo sentido, Ferreiro Lapatza explicou que "os impostos indiretos têm por objeto precisamente manifestações indiretas da capacidade econômica, como são a circulação ou consumo de riquezas" (tradução livre).[165]

No Brasil, Ruy Barbosa Nogueira foi um dos poucos autores a atrelar a classificação dos tributos diretos e indiretos à capacidade contributiva. De acordo com o professor da USP:

> O *imposto direto* tem a virtude de poder graduar diretamente a soma devida por um contribuinte, de conformidade com sua capacidade

---

[163] Ibid. loc. cit.
[164] GRIZIOTTI. Op. cit., p. 174.
[165] "Los impuestos gravan, tienen por objeto precisamente manifestaciones indirectas de la capacidad económica, como son la circulatión o consumo de la riqueza". LAPATZA, José Juan Ferreiro. *Curso de derecho financiero español*. 24. ed. Madrid: Marcial Pons, 2004, v. I, p. 200.

contributiva. Exemplo típico de imposto direto é o imposto sobre a renda pessoal. [...] O *imposto indireto*, diferentemente, liga o ônus tributário a um evento jurídico ou material e não dispõe de um parâmetro direto para apurar a capacidade econômica do contribuinte. Somente de modo teórico e genérico poderá graduar a tributação por meio do sistema *ad valorem* e em razão de índices de capacidade econômica" (grifos do original).[166]

Não há dúvida de que a defesa da divisão dos tributos em direto e indireto é feita com base em sua repercussão econômica, isto é, de poder revelar de forma objetiva ou presumida a capacidade das pessoas de pagar tributos. Não se trata de uma diferenciação que reverencie aspectos jurídicos, tais como o fato gerador, base de cálculo e outros elementos normativos do tributo. Nesse sentido, procede a análise de André Moreira, embora não seja totalmente aceitável considerar – como o autor considera – que a teoria da capacidade contributiva "peque" por não ser uma teoria de base "jurídica", mas sim "econômica":

> A nosso sentir, a teoria em análise [refere-se à teoria da capacidade contributiva] peca por não se pautar em regras jurídicas, mas sim em premissas econômicas. Analisa-se apenas a forma de apreensão da riqueza tributável (mediata ou imediata) e nenhum outro elemento que possa trazer juridicidade ao critério. A referência pura e simples à capacidade contributiva, apesar de indicar o critério extrajurídico que pautou a atuação do legislador, nada diz sobre a origem da obrigação tributária, tampouco sobre o seu objeto e a sua natureza. Apenas versa sobre um escopo do legislador, exógeno à norma tributária.[167]

O conceito de matriz tributária explicado na subseção 1.2 deste Capítulo 1 não deixa dúvidas de que o regime de tributação não se atém apenas às cercanias do Direito. A matriz tributária tem a virtude de relacionar as áreas do conhecimento

---

[166] NOGUEIRA, Ruy Barbosa. *Curso de direito tributário*. 10. ed. São Paulo: Saraiva, 1990, p. 163.
[167] MOREIRA. *Op. cit.*, p. 17.

que são formadoras do sistema tributário. Nota-se que os autores que refutam a tese da divisão dos tributos em diretos e indiretos o fazem por entender que a repercussão econômica não pertence às características normativas do tributo. Por outro lado, mas não em desabono deste entendimento, chegam a aceitar a referência aos tributos como diretos e indiretos, mas tão somente para conciliar tais conceitos à regra do artigo 166 do CTN, que versa sobre a legitimidade de se postular a restituição de tributo pago indevidamente quando o seu encargo financeiro tiver sido transferido a terceiros.

Entendemos ser possível considerar os tributos como diretos ou indiretos seguindo-se o conceito tradicionalmente encontrado na doutrina, resumido nas palavras de Valcir Gassen, já citado. É importante frisar, no entanto, que, colocando-se de lado toda a celeuma acadêmica em torno da legitimidade jurídica a que alude o artigo 166 do CTN, resta saber se tal divisão acarreta alguma utilidade, senão à teoria em geral, ao menos à presente investigação.

Cremos que a resposta seja positiva. Realmente, os tributos poderão ser diretos ou indiretos e a utilidade desta distinção permite se entender melhor a função dos tributos no âmbito da capacidade contributiva dos cidadãos. Sem prejuízo destas afirmações, é importante dizer, em consonância com a doutrina majoritária, para dividir os tributos em diretos e indiretos com base no aspecto econômico convém não se esquecer de uma obviedade: todo tributo implica encargo financeiro suportado por quem paga. Assim, ainda que se trate de IR ou de IPTU, tradicionalmente considerados tributos diretos, o encargo de um deles poderá ser transferido para terceiros. Nas relações de consumo não há como negar que todos os tributos pagos pelo vendedor integram os custos dos bens ou serviços postos no comércio.

Estas observações, a nosso ver, não desnaturam a constatação de que os tributos poderão se apresentar como reveladores diretos ou indiretos de capacidade contributiva. Assim, para conciliar as perplexidades abordadas na doutrina jurídica, propomos uma solução funcional: os tributos serão indiretos em razão de seus respectivos fatos geradores ou da influência que poderão acarretar sobre os preços das mercadorias e serviços. Tratando-se dos tributos sobre o consumo, alguns deles incidem diretamente sobre a operação de venda de mercadorias ou de serviços. Isso não se confunde com outros fatos geradores de tributos que independem da operação de venda. Por exemplo, uma empresa poderá ser proprietária de imóveis ou de veículos, mas não será obrigada a embutir no preço das mercadorias que vende o valor dos tributos incidentes sobre as propriedades, embora isso possa repercutir na composição dos custos dos produtos vendidos. Como nestes casos o encargo fiscal existe em função de situação jurídica praticada unicamente pela empresa vendedora das mercadorias, isto é, a propriedade de seus bens, será possível medir sua capacidade contributiva, de forma a exigir o tributo em parâmetros equitativos ao seu poder econômico. Por isso, os tributos sobre propriedade e renda são tipicamente tributos diretos. É diferente do caso dos tributos que somente existem porque a empresa realizou a operação de venda, como é o caso do ICMS e do IPI, ou de contribuições que incidem sobre a comercialização de *commodities* (CIDE-combustíveis, por exemplo), ou incidem diretamente sobre as receitas advindas das vendas e serviços (PIS/Cofins). Nestes casos, o tributo será indireto porque o seu encargo financeiro é transferido para o consumidor, sem que seja possível identificar, precisamente, qual a capacidade econômica de quem adquire a mercadoria. Caso fosse possível tal identificação poderia dosar-se o valor tributário de forma equitativa à renda pessoal do consumidor. Para efeitos estatísticos, especialmente quando se tratar da repercussão dos tributos sobre a renda das pessoas físicas, a separação dos tributos em diretos e indiretos é importante, pois os tributos embutidos nos preços das mercadorias e serviços consumíveis são, necessariamente, repassados ao consumidor. Outros tributos, como os incidentes sobre a renda e patrimônio de pessoas físicas, são suportados "diretamente" pelo próprio contribuinte que tiver realizado o fato gerador, razão pela qual podem ser considerados tributos diretos sem maiores implicações.

1.6 Progressividade, regressividade e proporcionalidade tributárias

Vale lembrar que este livro, entre outros fins, visa a investigar o que chamamos justiça e equidade da matriz tributária. Em linhas gerais, a equidade da matriz pressupõe regras de tributação que imponham ônus econômicos aos contribuintes de modo a não permitir que uns sejam prejudicados e outros beneficiados pelos efeitos destas regras. A justiça tributária, por sua vez, visaria a efetivação do Estado Democrático de Direito por meio da tributação.

Para se chegar a alguma conclusão sobre se a matriz tributária é justa ou injusta, equitativa ou iníqua, com base em evidências noticiadas na imprensa ou mediante a análise de dados, alguns conceitos, próprios da linguagem tributária, devem ser ajustados, em uma espécie de pacto entre o autor e seus leitores.[168] É o que estamos realizando nessas subseções.

---

[168] Nesse sentido: "Estudo analisa impostos sobre renda a partir de dados da Receita e mostra como a estrutura beneficia os muito ricos. 'O sistema tributário brasileiro beneficia os mais ricos – e isso ajuda a perpetuar a desigualdade no país'. A afirmação é do economista Rodrigo Octávio Orair, coautor de um estudo do Centro Internacional de Políticas para o Crescimento Inclusivo (IPC-IG) da ONU (Organização das Nações Unidas) publicado em fevereiro. Com base em dados da declaração de Imposto de Renda disponibilizados pela Receita Federal a partir de 2015, o estudo "Tributação e distribuição da renda no Brasil" chegou a um nível de detalhamento sem precedentes sobre a desigualdade no país. O estudo defende que um dos principais motivos pelos quais a renda é concentrada é a baixa progressividade dos impostos no país. Os autores calculam que a alíquota efetiva média paga pelos 0,05% mais ricos chega a apenas 7%, enquanto a média nos estratos intermediários dos declarantes do imposto de renda chega a 12%. Uma estrutura tributária é dita progressiva quando aqueles que recebem mais renda arcam com mais impostos. Quanto mais progressivo o sistema tributário, maior, relativamente, a cobrança sobre os mais ricos. Quanto mais regressivo, maior a carga sobre os mais pobres. Segundo o estudo, as principais limitações à progressividade dos impostos no Brasil estão ligadas à forma como são

É comum a alegação de que o sistema tributário brasileiro (ou, conforme preferimos, a matriz tributária) é injusto ou iníquo por se mostrar altamente regressivo, quando o ideal seria um sistema tributário mais progressivo. Esta constatação decorre da percepção de que a maior parte da carga tributária bruta do país advém de tributos incidentes sobre o consumo, e não sobre a renda e o patrimônio. Os tributos que gravam o consumo de bens e serviços são sabidamente do tipo indireto, em que o fornecedor dos bens consumíveis embute o valor dos tributos no preço das mercadorias, transferindo o encargo tributário ao consumidor, independentemente de sua capacidade econômica de arcar com o peso da tributação. Tratando-se de tributos indiretos, a técnica tributária empregada é a proporcionalidade das alíquotas.

No caso de tributos diretos, por exemplo, o Imposto sobre a Renda e a propriedade, pode-se adotar a progressividade das alíquotas, ainda que na prática exista alguma controvérsia sobre sua efetividade. Isso porque, no caso do IRPF, existem atualmente quatro alíquotas acima da faixa de isenção: 7,5%; 15%; 22,5%; e 27,5%. A partir de R$ 1.903,98 de recebimentos, o contribuinte já será tributado com a menor alíquota, e acima de R$ 4.664,68 a tributação será à razão da última alíquota. A progressividade do IRPF é criticável, já que existem apenas quatro alíquotas progressivas e um teto de renda para aplicação da última alíquota considerado baixo quando comparado com as diferenças de renda do país. Com relação aos impostos sobre a propriedade, note-se que, apesar de a EC nº 29, de 2000, ter garantido o direito de os municípios aplicarem alíquotas progressivas ao imposto com base no valor venal do imóvel, isso não é frequente entre as edilidades brasileiras.

---

tributadas as rendas do capital. Enquanto a taxação das rendas do trabalho ocorre de forma progressiva, de acordo com tabela de alíquotas crescentes para faixas de renda mais altas, algumas mudanças introduzidas em 1995 reduziram o nível de tributos sobre as rendas do capital" (FABIO, André Cabette. Como o sistema tributário brasileiro colabora para a desigualdade. In: *Nexo jornal*. Disponível em: < https://www.nexojornal.com.br/expresso>. Acesso em: 13 jun. 2016.

Por aí se vê a importância destes vocábulos para as análises que serão feitas a seguir, obrigando-nos a estabelecer algumas noções do que significam "progressividade", "regressividade" e "proporcionalidade" em matéria tributária.[169]

Diz-se que o tributo é "progressivo" quando suas alíquotas se elevam conforme também aumenta a base de cálculo; será "regressivo" nos casos em que o efeito da progressividade seja o contrário, isto é, as alíquotas crescem diante da diminuição da base de cálculo; enquanto o tributo "proporcional" caracteriza-se pela alíquota que se mantenha constante, variando tão somente a base de cálculo.[170]

Os conceitos em questão não são simples como aparentam e, verdade seja dita, as controvérsias sobre tais institutos residem menos no conceito em si, mas sim na sua aplicação, que leva a efeitos econômicos controversos.

De todos os institutos em questão, a proporcionalidade talvez seja o que comporte exame mais singelo. Observa-se que com a proporcionalidade a intenção é tributar os contribuintes independentemente de qualquer preocupação com eventuais desigualdades econômicas. Se a alíquota do tributo se mantiver estável e o montante de tributo a ser pago variar conforme a base de cálculo, segue-se que não são importantes as diferenças de renda ou de capacidade econômica do sujeito pagador de tributos. Conforme explica Misabel Derzi, ao atualizar a obra de Aliomar Baleeiro, "a proporcionalidade é o princípio neutro, que não objetiva atenuar as grandes disparidades econômicas advindas dos fatos".[171] Lembra a autora que isto é assim por força das raízes históricas da proporcionalidade,

---

[169] Edwin Seligman faz um amplo exame da história da tributação e da progressividade, informando que desde a Antiguidade clássica alguma noção de progressividade era conhecida. O relato histórico passa por diversas cidades da Antiguidade até a tributação sobre renda e herança nos Estados Unidos da América (SELIGMAN, Edwin R. A. *Progressive taxation in theory and practice*. 2. ed. American Economic Association, 1908, p. 11-124).

[170] SCHOUERI, Luís Eduardo. 2. ed. *Direito tributário*. São Paulo: Saraiva, 2012, p. 365.

[171] BALEEIRO. *Op. cit.*, p. 869.

que se desenvolveram a partir do liberalismo britânico. A atualizadora menciona a doutrina de Klaus Tipke, em que a proporcionalidade se consagrou com a "regra de Edimburgo: *leave them as you find them*". Esta regra, que recebeu o nome de "teoria da equivalência", parte da ideia de que o Estado deve se comportar de forma neutra em face do indivíduo. Tal neutralidade implica, evidentemente, a situação econômica de cada contribuinte, não devendo o poder público alterá-la por meio da tributação.[172]

No Brasil, estão sujeitos à tributação proporcional os impostos sobre o consumo e outros nichos, em que se inclui o ICMS, IPI, ISS, II, IE e contribuições especiais, tais como PIS/COFINS, INSS (patronal), CSLL, salário-educação, contribuições ao sistema "S", entre outras. No caso dos tributos diretos sobre patrimônio, apesar de se admitirem alíquotas progressivas, na prática, são pouquíssimos os entes federados que o adotam para o IPTU, ITCD e ITBI.

Em um exemplo simples, na maioria dos estados, a alíquota de ICMS sobre a circulação de mercadorias dentro do território estadual é de 17% (dezessete por cento). O montante de tributo a ser pago varia conforme o valor da base de cálculo, isto é, quanto maior for o preço da mercadoria adquirida, tanto maior será o ICMS recolhido. Isso se repete para os demais impostos indiretos mencionados.

Com relação à progressividade, geralmente está associada ao princípio da capacidade contributiva e à ideia de justiça tributária. José Maurício Conti, ao conceituar a progressividade, esclarece que o "percentual do imposto cresce à medida que cresce a capacidade contributiva".[173] Por essa razão, prossegue o autor, ocorrerá um aumento "mais que proporcional do imposto com o aumento da capacidade contributiva".[174] Sacha Calmon Navarro Coelho pontua que "a

---

[172] *Ibid., loc. cit.*
[173] CONTI. *Op. cit.*, p. 75.
[174] *Idem*, p. 75.

progressividade é o instrumento técnico e também princípio, na dicção constitucional, que conduz à elevação das alíquotas à medida que cresce o montante tributável, indicativo da capacidade econômica do contribuinte".[175] Luciano Amaro faz a relação lógica existente entre a progressividade e a regressividade, alegando que, neste último caso, a onerosidade relativa do tributo "cresce na razão inversa do crescimento da renda do contribuinte".[176] Na progressividade, contrariamente, a onerosidade relativa "aumenta na razão direta do crescimento da renda" e exemplifica de forma esclarecedora.

> Suponha-se que o indivíduo "A" pague (como contribuinte de direito ou de fato) 10 de imposto ao adquirir o produto X, e tenha uma renda de 1.000; o imposto representa 1% de sua renda. Se esta subisse para 2.000, aquele imposto passaria a significar 0,5% da renda, e, se a renda caísse para 500, o tributo corresponderia a 2%. Assim, esse imposto é regressivo, pois, quanto menor a renda, maior é o ônus *relativo*. (grifo do original)[177]

Hugo de Brito Machado praticamente reitera o conceito de progressividade apresentado pelos demais autores. Acrescenta, no entanto, o curioso dado de que o Imposto de Renda brasileiro possuía alíquotas que variavam de 3% a 55% antes de a Constituição Federal de 1988 declará-lo necessariamente progressivo.[178] Na atualidade, a variação é de 7,5% a 27,5%, sendo que entre a alíquota mais baixa e a mais alta existem somente outras duas.

Dino Jarach, diferentemente da maioria da doutrina, explica que a progressividade pode ser aplicada não apenas nos tributos diretos e pessoais, como é o caso do Imposto de Renda, pois,[179] para o financista, apesar das dificuldades

---

[175] COELHO. *Op. cit.*, p. 300.
[176] AMARO. *Op. cit.*, p. 90-91.
[177] *Ibid., loc. cit.*
[178] MACHADO. *Op. cit.*, p. 323.
[179] JARACH, Dino. *Finanzas públicas y derecho tributario*. Argentina: Editorial Cangallo, 1993, p. 295.

práticas, não seria impossível utilizar a progressividade sobre a tributação incidente no consumo ou gastos.[180] Este autor não considera adequado, em princípio, a adoção de alíquotas progressivas sobre impostos reais, por exemplo, no caso brasileiro, o IPTU e o ITR, embora admita a progressividade extrafiscal para atingir a função social da propriedade.[181]

Ainda de acordo com Jarach, existem quatro técnicas para aplicação da progressividade, sendo as três primeiras as mais utilizadas, razão pela qual serão resumidas a seguir.[182]

A primeira é a "progressão por categoria de classes", por meio da qual os contribuintes são divididos em classes econômicas de modo que os mais ricos são mais onerados do que os mais pobres. A vantagem deste método é que os contribuintes com a mesma capacidade contributiva, representada pelo total de suas respectivas riquezas, são tributados pelas mesmas alíquotas. A crítica que se faz a este método é que os contribuintes que possuem montantes um pouco acima da mudança de alíquota são mais onerados, sendo muito tênue a diferença econômica entre os contribuintes que se encontram próximos das faixas limítrofes de mudança

---

[180] Ibid., loc. cit.
[181] Sabe-se que no Brasil o STF chegou a decidir conforme a doutrina do jurista argentino em matéria de progressividade fiscal do IPTU. No RE 153.771-0/MG, cujo relator foi o ministro Moreira Alves, entendeu a Suprema Corte não ser cabível a adoção de alíquotas progressivas ao IPTU em situação em que a elevação das alíquotas ocorresse em razão da base de cálculo, o que atualmente se denomina "progressividade fiscal". O colegiado fixou o entendimento de que a progressividade do mencionado imposto somente poderia ocorrer em função do decurso do tempo, nos casos em que o proprietário não atenda à função social da propriedade, o que se chama "progressividade extrafiscal". Mesmo nestes casos, a efetivação do princípio dependeria de regulamentação por lei federal, o que, à época do julgado (janeiro de 1997), não havia ocorrido. Posteriormente, em 2000, foi editada a EC nº 29, que alterou a redação do §1º do artigo 156 da Constituição Federal para prever a possibilidade de alíquotas progressivas em razão do valor do imóvel, afastando a tese que anteriormente prevalecia no STF de que a progressividade não seria aplicável sobre tributos reais, cabendo somente nos tributos pessoais, como é o caso do Imposto de Renda. No julgamento do RE 423.768/SP, de relatoria do ministro Marco Aurélio, prevaleceu o entendimento de que, com a EC nº 29/2000, passou a ser possível a progressividade fiscal do IPTU, desancando de vez a tese da proscrição da progressividade sobre tributos reais.
[182] JARACH. Op. cit., p. 296-298.

de alíquotas. Além disso, a divisão por categorias estimula a sonegação fiscal, pois, os contribuintes, ao se sentirem ameaçados de mudar de faixa de tributação são levados a ocultar rendas e patrimônios a fim de permanecerem na mesma zona tributável.

A segunda técnica chama-se "progressão por graus ou escalas". Trata-se da forma mais utilizada de progressividade e, muitas vezes, serve para explicar o seu conceito. Por meio deste método, as bases de cálculos são divididas em montantes progressivos, aplicando-se alíquotas mais elevadas conforme as bases de cálculo se elevam, reservando-se as alíquotas mais altas para as bases de maior valor. Segundo Jarach, tal técnica possui a desvantagem de igualar contribuintes com capacidades econômicas distintas quando os montantes de base de cálculo forem os mesmos. Considerando que o critério para a aplicação das alíquotas progressivas é a base de cálculo e não a capacidade econômica do contribuinte – o que exigiria outras verificações pessoais – o método contém falha que tende a tornar a tributação injusta neste ponto. Contém a vantagem de não gerar o efeito da técnica anterior, em que a mudança de alíquotas entre contribuintes que se encontram próximos da faixa limítrofe do aumento de alíquotas gera certas distorções. Além disso, a técnica em questão permite ao legislador aplicar diversas alíquotas progressivas para uma base tributável mais ampla.

O terceiro método consiste na "progressão por dedução da base de cálculo". Conforme o título sugere, esta técnica autoriza o contribuinte a deduzir da base de cálculo determinado valor de modo que a alíquota incida sobre o que restar depois da operação. Trata-se do que se conhece no Brasil por "redução de base cálculo", utilizada como incentivo fiscal. Assim, são aplicadas as alíquotas menores sobre as bases de cálculo em que se permitem as deduções maiores. A crítica a este método é que nas maiores faixas de bases de cálculo, em que as deduções são menores, as alíquotas são tão elevadas a ponto de quase não haver diferença entre a alíquota real (isto é, com a base de cálculo reduzida) e a alíquota legal (qual seja, a base de cálculo sem a redução).

Em resumo, a progressividade é um princípio de tributação que, em conjunto com o postulado da capacidade contributiva pretende tornar justa a tributação, observando-se as diferenças econômicas por meio da base de cálculo do tributo. Para tanto, utilizam-se técnicas em que o contribuinte é tributado por mais de uma alíquota sobre o mesmo fato tributado, a fim de resultar no pagamento de mais tributo pelos contribuintes cujas bases de cálculo forem progressivamente maiores.

A regressividade, conforme intuímos acima, ocorre de acordo com o conceito de Jarach, quando as alíquotas dos tributos diminuem na medida em que cresce a base de cálculo. Esta noção de regressividade é verificada na relação entre a base de cálculo do tributo e sua respectiva alíquota definida em percentuais. A regressividade também pode se manifestar, conforme sugere Eugenio Lagemann, na relação entre a renda dos indivíduos e o montante de tributo pago que repercute sobre a mencionada renda. Assim, a tributação apresentará um comportamento regressivo, quando o percentual de comprometimento da renda com o pagamento de tributos aumentar, conforme a renda diminuir.[183] No Brasil, tem-se visto que a regressividade é um efeito da baixa ou até da falta de progressividade de alguns tributos em que esta última técnica seria desejável. Dito de outro modo, a tributação da renda, na medida em que não for capaz de assegurar maior isonomia vertical entre os contribuintes do imposto, gera efeito regressivo. Igualmente, a ênfase da arrecadação sobre o consumo de bens e serviços gera regressividade em função de os tributos incidentes sobre este nicho econômico serem marcadamente proporcionais. A opção pela proporcionalidade

---

[183] LAGEMANN, Eugenio. Tributação: seu universo, condicionantes, objetivos, funções e princípios. In: GASSEN, Valcir. *Equidade e eficiência da matriz tributária brasileira*: diálogos sobre Estado, Constituição e direito tributário. Brasília: Editora Consulex, 2012, p. 51-70.

leva à regressividade da tributação na medida em que a progressividade se mostra mais justa e, portanto, deveria ser adotada no lugar daquela.

Até o momento, o exame da progressividade se ateve aos seus aspectos meramente fiscais, isto é, acerca das alíquotas que se elevam conforme cresce a base de cálculo do tributo. Existe outra modalidade de progressividade que não será explorada neste trabalho por não fazer parte, exatamente, do objetivo desta investigação. Trata-se da progressividade extrafiscal, radicada, evidentemente, no conceito de extrafiscalidade e presente nos artigos 153, §4º, I e 156, §1º da Constituição Federal, que versam sobre a progressividade extrafiscal do ITR e do IPTU, respectivamente.[184] A extrafiscalidade, no dizer de Marcus de Freitas Gouvêa, "impõe a tributação para que o Estado obtenha efeitos não arrecadatórios, mas econômicos, políticos e sociais, na busca dos fins que lhe são impostos pela Constituição".[185]

De acordo com os dispositivos citados, as alíquotas do ITR poderão ser progressivas com o objetivo de desestimular a manutenção de propriedades rurais improdutivas. No caso do IPTU, a fim de assegurar a função social da propriedade urbana, poderão ser impostas alíquotas progressivas em razão do tempo em que a propriedade se mantiver alheia ao atingimento da finalidade desejada.

Em síntese, considera-se progressividade extrafiscal a adoção de alíquotas progressivas sobre determinado tributo, tendo o Poder Público o objetivo de não exatamente realizar justiça tributária ou distribuir a carga tributária por meio da capacidade contributiva, como se pretende com a progressividade fiscal. Na progressividade extrafiscal, a intenção é modificar comportamentos socialmente indesejáveis.

---

[184] BUFFON, Marciano. *O princípio da progressividade tributária na Constituição Federal de 1988*. São Paulo: Memória Jurídica Editora, 2003, p. 85-89.

[185] GOUVÊA, Marcus de Freitas. *A extrafiscalidade no direito tributário*. Belo Horizonte: Del Rey, 2006, p. 46.

1.6.1 Controvérsias sobre proporcionalidade e progressividade

A partir das explicações da subseção anterior, percebe-se, desde logo, que a proporcionalidade não realiza o princípio da capacidade contributiva em seu sentido de justiça ou de equidade tributária. No entanto, conforme explicado na subseção 1.3, o conceito de capacidade contributiva resulta do liame jurídico entre o Estado e os contribuintes. A pessoa que, de acordo com a definição legal, aufere determinada renda possui para o Direito capacidade contributiva. Assim, a adoção da proporcionalidade não conflitaria com o princípio da capacidade contributiva, desde que este seja considerado, de uma forma objetiva, como a aptidão de pagar tributos e fique desatrelado da ideia de justiça ou equidade tributária.

Esta visão sobre a capacidade contributiva não é uniforme, já que muitos autores vinculam a capacidade contributiva à noção de justiça, equidade ou igualdade vertical. Para quem defende este argumento, a proporcionalidade é realmente incompatível com a capacidade contributiva. Nesse sentido, Roque Carrazza comenta que a proporcionalidade "atrita com o princípio da capacidade contributiva, porque faz com que pessoas economicamente fracas e pessoas economicamente fortes paguem impostos com as mesmas alíquotas".[186] É evidente que em valores reais (absolutos) pagará mais tributos o contribuinte que adquirir um bem ou serviço de valor mais elevado, porque a definição da alíquota em percentuais produzirá valores diferentes e que variarão conforme o preço dos bens ou serviços. Mas isso não significa que tal tributação seja justa se nem todos os contribuintes sujeitos a tal regime tributário possuem a mesma capacidade econômica.

---

[186] CARRAZZA. *Op. cit.*, p. 100.

Embora esteja atrelada à noção de igualdade em sentido amplo, a proporcionalidade não se coaduna com refinamentos que podem ser desdobrados a partir da ideia de isonomia. Note-se que em matéria tributária a isonomia poderá ser horizontal ou vertical. A proporcionalidade se assenta na primeira variação da isonomia, porque, neste caso, a tributação leva em consideração contribuintes com capacidades econômicas idênticas. Assim, por exemplo, caso fosse possível conceber a incidência de Imposto de Renda sobre os ganhos de dois ou mais contribuintes que recebessem o mesmo salário, não tivessem dependentes e nem despesas dedutíveis no decorrer do ano base, talvez fosse possível alegar que o imposto, nesta situação, não violaria a isonomia e, portanto, teria sido justo com os contribuintes exemplificados. Neste caso, uma única alíquota proporcional igualaria os contribuintes com as mesmas capacidades econômicas. Sabe-se que isso é improvável, pois em uma mesma empresa, na administração pública ou em atividades liberais, a situação econômica dos trabalhadores pode variar bastante. Se as situações econômicas das pessoas são díspares, o tributo sobre a renda, para ser equitativo, não deverá ser calculado com base em uma única alíquota.

A proporcionalidade, na medida em que não é capaz de promover justiça tributária por envolver somente a faceta da equidade horizontal, abre margem à concepção de progressividade, uma vez que, por meio desta técnica, é possível se tributar os contribuintes conforme suas capacidades econômicas variem para mais ou para menos. No entanto, não há consenso de que a proporcionalidade seja avessa à capacidade contributiva. Leonardo Freitas e Lucas Bevilacqua, citando doutrinas nacionais e estrangeiras, argumentam que a progressividade não demanda necessariamente a capacidade contributiva, meta visada principalmente pela proporcionalidade.[187]

---

[187] FREITAS, Leonardo Buissa; BEVILACQUA, Lucas. Progressividade na tributação sobre a renda com vistas à justiça fiscal e social. In: *Interesse público*. Belo Horizonte: Fórum, 2015, p. 87-106.

Na mesma linha de entendimento, Fernando Aurélio Zilveti lembra que uma coisa deve ser esclarecida: "que progressividade e capacidade contributiva não têm nenhuma relação entre si".[188] Para o autor, a tributação deve se iniciar depois de satisfeitas certas necessidades básicas (como alimentação, vestuário, moradia, saúde, educação e cultura) com a renda obtida pelos esforços próprios. Garantido este mínimo existencial, a tributação sobre a renda deve ser proporcional (com alíquota fixa). A progressão das alíquotas sobre a renda tributável teria somente efeitos monetários ou arrecadatórios, e não de redistribuição da renda.[189] Isso porque um contribuinte com uma renda de 100 pagará 10, caso a alíquota definida para o tributo seja 10%. Mantendo-se esta alíquota, outro contribuinte que ganhar 10 recolherá 1 de tributo. Por outro lado, em se tratando de alíquotas progressivas o contribuinte que receber 100 poderá pagar, por exemplo, até 25% desta base, o que não implicaria necessariamente a certeza de que teria capacidade contributiva mais de vinte vezes superior ao contribuinte que ganhe um.

Não é diferente o argumento de Luís Eduardo Schoueri ao criticar a correlação entre capacidade contributiva e progressividade, acreditando que a aferição correta da capacidade contributiva dependeria da análise da renda dos contribuintes durante o período de toda sua vida econômica.[190] As disparidades de renda, por sua vez, poderão ser temporárias. Schoueri dá os exemplos de um servidor público, um profissional liberal e um jogador de futebol. O primeiro teria uma renda com poucas variações ao longo da vida laboral. O segundo, no início da carreira poderá ter pouca capacidade contributiva, mas tal situação poderá se reverter com o passar do tempo. O terceiro, ainda que inicie sua vida profissional com uma renda elevada, poderá demorar pouco tempo comparando-se aos outros dois

---

[188] ZILVETI. *Op. cit.*, p. 186.
[189] *Ibid.*, p. 186-187.
[190] SCHOUERI. *Op. cit.*, p. 372.

profissionais do exemplo. Se todos tiverem o mesmo tempo de vida, somente o funcionário público poderia ter uma renda estável, enquanto os demais poderiam ser tributados de forma prejudicial em algum momento de suas vidas.

As críticas de que a progressividade não atende ao primado da capacidade contributiva são relevantes, mas não têm o condão de romper com a estreita relação do instituto (progressividade), com o princípio em questão (capacidade contributiva). Por outro lado, a proporcionalidade não induz atendimento à capacidade contributiva, quando este princípio estiver associado à ideia de justiça ou de equidade na tributação. De uma forma objetiva, capacidade contributiva é o vínculo jurídico (criado pelo Direito) que permite presumir que alguém reúne condições econômicas de pagar tributos. Pelo menos nesse sentido, a proporcionalidade não se incompatibiliza com a capacidade contributiva, podendo servir de instrumento de sua efetivação. No entanto, considerando o princípio da capacidade contributiva como expressão da equidade tributária, torna-se incompatível com o compartilhamento dos ônus de sustentar a burocracia estatal permitir que se paguem impostos proporcionalmente à renda porque, neste caso, cada cidadão pagaria tributos sob a mesma alíquota, embora as rendas pessoais sejam diferentes.

Para o devido entendimento desta ponderação é necessário esclarecer duas teorias que servem de substrato à tributação e à noção de capacidade contributiva, quais sejam as teorias do "benefício" e do "sacrifício".

1.6.2 Teorias do benefício e do sacrifício comum

As controvérsias sobre a progressividade e a capacidade contributiva têm em seu âmago uma questão central, que se resume na seguinte indagação: como distribuir de forma equitativa a carga tributária? Esta indagação pressupõe que a carga tributária, isto é, o montante de tributos exigido de uma determinada sociedade, em tese, expressa as diversas necessidades que motivam o poder de tributar do Estado. Eugenio Lagemann, baseado na doutrina de Manfred Rose, explica que são quatro os objetivos que levam à tributação: a) otimizar a oferta de bens públicos; b) otimizar a produção e consumo de bens privados; c) otimizar a distribuição do consumo, da renda e do patrimônio; d) otimizar a segurança de um nível de bem-estar.[191] Das referidas finalidades, as que se vinculam diretamente com os objetivos deste livro são as duas últimas. Nesta subseção, no entanto, será comentada somente a finalidade de "otimização do consumo, da renda e do patrimônio".

Caso se admita que os objetivos da tributação são inevitáveis e que cabe aos destinatários das atividades o dever de propiciar os meios financeiros para que os mencionados objetivos sejam consumados, chega-se à conclusão de que todas as controvérsias sobre progressividade, proporcionalidade e capacidade contributiva têm origem em um ponto comum: a distribuição justa da carga tributária.

Duas teorias econômicas podem ser utilizadas para servir de fundamento a uma argumentação sobre a justa distribuição da carga tributária: o "benefício" e a "capacidade contributiva", esta última também chamada "sacrifício comum".

A abordagem do benefício – que na linguagem de Ferreiro Lapatza é considerada teoria do "consumo" ou da "equivalência" – se explica por uma relação entre o contribuinte e o governo, na qual os tributos são devidos de acordo com os benefícios entregues pelo Estado, semelhantemente ao que ocorre nas relações de mercado, em que o preço pago corresponde ao bem adquirido.[192] Historicamente, a teoria do benefício pode ter demonstrado a virtude de, conforme

---

[191] LAGEMANN. *Op. cit.*, p. 58.
[192] LAPATZA, José Juan Ferreiro. *Direito tributário*: teoria geral do tributo. Barueri: Manole; Marcial Pons, 2007, p. 16.

afirma Musgrave, "vincular a escolha de serviços públicos às preferências dos membros individuais da comunidade".[193]

A ideia de se pagar tributos mediante a escolha de determinados serviços ofertados pelo Estado guarda relação próxima com o ideário econômico liberal ou individualista. Isso porque, em geral, a decisão de pagar determinado preço por um produto depende da utilidade que este pode oferecer ao adquirente. De acordo com a teoria do benefício, o argumento mercadológico seria transposto para a relação entre o poder público e o contribuinte, cabendo a este a definição e a escolha do momento em que estaria disposto a receber serviços públicos e arcar com os custos destes, por via de consequência.[194]

A tese do benefício foi largamente aceita pelos teóricos do século XVII como um resultado natural do contratualismo hobbesiano. Anteriormente, os jusnaturalistas, dentre os quais Hugo Grotius e Samuel Pufendorf, além de filósofos, como John Locke, David Hume e J.J. Rousseau, compreendiam a ideia do benefício não atrelada à prestação de serviços, fossem estes difusos ou específicos.[195] Os teóricos contratualistas e fisiocratas sustentavam que cabia ao Estado garantir proteção aos indivíduos e que a contrapartida desta função era o pagamento de tributos. Conforme esclarece Musgrave, "correspondentemente, os tributos eram considerados como preço a ser pago pela proteção ou como uma taxa de afiliação à sociedade organizada".[196]

De fato, a maioria dos autores clássicos entendia que o princípio do benefício estava atrelado à ideia de proteção que

---

[193] MUSGRAVE. *Op. cit.*, p. 91.
[194] Eugenio Lagemann explica que o "princípio do benefício" consiste na regra em que "cada indivíduo pagará de acordo com o montante de benefícios que recebe". Tal princípio tem raízes "na concepção individualista de Estado", segundo a qual os cidadãos somente seriam obrigados a contribuir por meio de tributos na medida em que recebessem uma contraprestação do Estado por meio de atividades especificamente em seu interesse (LAGEMANN. *Op. cit.*, p. 51-70).
[195] MUSGRAVE. *Op. cit.*, p. 91.
[196] *Ibid.*, p. 92.

pode ser oferecida pelo Estado, razão pela qual a forma mais justa de distribuir o ônus de sua manutenção seria a tributação proporcional. Assim, consideravam que a necessidade de proteção era proporcional à renda ou à riqueza ou aos gastos das pessoas. Musgrave esclarece que Rousseau afirmava "que eram os ricos os que mais se beneficiavam com a proteção".[197] Sismondi, continua exemplificando Musgrave, afirmava que os ricos deveriam "comprar" a aquiescência dos pobres. John Stuart Mill, em que pese refutar a tese do benefício por entender que esta levaria à regressividade da tributação, compreendia que os pobres necessitavam mais de proteção do que os ricos.[198]

Discorre ainda Musgrave que coube a Adam Smith a percepção de que os custos da proteção devem ser arcados por todos na proporção de suas respectivas capacidades, isto é, em quantidade equivalente à receita obtida por cada pessoa, uma vez que todos recebem proteção do Estado, mesmo que indiretamente. Smith conseguiu robustecer a tese do benefício com o argumento de que a renda e a riqueza são propiciadas mediante um sistema de proteção disponível para todos. Por conseguinte, a medida justa da distribuição dos ônus para os custos desta proteção deveria ser proporcional à utilidade da renda usufruída, porque só se obtém renda em razão da proteção estatal. O ponto controverso residia nos casos em que a renda auferida não fosse suficiente para a manutenção das necessidades básicas do indivíduo. Nestes casos, Smith entendia que a renda deveria ser poupada da tributação apesar de todos se beneficiarem da proteção do Estado. O custo da proteção dirigida aos mais pobres deveria ser transmitido aos mais ricos, por meio de uma tributação mais elevada.[199]

No século XIX, o princípio do benefício passou a se confrontar com as discussões em torno do montante da

---
[197] Ibid., p. 94.
[198] Ibid., p. 96.
[199] Ibid., p. 96.

despesa pública. Isso porque se os tributos devem ser pagos conforme o benefício, os serviços públicos deveriam se limitar ao mínimo possível e a quem deles usufruísse.

Não tardou para se perceber que a teoria do benefício estava estreitamente atrelada às necessidades públicas (bens sociais) que podem ser oferecidos pelo Estado, os quais poderão se distinguir entre atividades divisíveis e indivisíveis. De acordo com Ferreiro Lapatza, "uma necessidade pública ou coletiva é aquela que, em um momento histórico determinado, se reputa que deve ser satisfeita pela sociedade considerada como um todo, pela sociedade organizada como grupo político".[200] Este conceito remete à ideia de que, nas democracias representativas, as necessidades públicas decorrem de escolhas políticas feitas por representantes políticos. Isso, a toda evidência, diferencia o princípio do benefício de sua raiz mercadológica, em que as escolhas dos benefícios dependem de processos individuais, diferentemente das opções políticas, que partem do pressuposto da diversidade de interesses. Por outro lado, nas sociedades modernas as necessidades públicas são muitas e complexas, de modo que, enquanto algumas delas podem ser individualizadas, como é o caso do transporte público, a comunicação por telefone, a utilização de energia elétrica e a coleta domiciliar de lixo, outras não podem ser repartidas em unidades específicas de interesses. São os casos do direito ao meio ambiente ecologicamente equilibrado, da segurança pública, dos serviços de consulados e de embaixadas, do exercício do poder de polícia ou até o desempenho das funções típicas de Estado, resumidas nas funções dos Poderes Executivo, Legislativo e Judiciário.

No primeiro caso, o princípio do benefício não desafia a teoria em razão de sua lógica simples: o usuário dos serviços é instado a pagar um valor equivalente à fração de serviço de que usufrui. A dificuldade reside em tentar acomodar a

---

[200] LAPATZA. *Op. cit.*, p. 17.

tese do benefício, em se tratando de atividades indivisíveis das quais não se consegue extrair um valor monetário específico por unidades utilizadas pelos cidadãos. Esta dificuldade, não considerada anteriormente pela tese do benefício, abriu margem para outra teoria disposta a explicar o compartilhamento justo da despesa pública, a qual, vista sob o prisma da tributação, significa a distribuição justa da carga tributária. Cada indivíduo, pois, passaria a ser obrigado a pagar os custos com as atividades indivisíveis de acordo com a sua capacidade econômica.[201]

Assim teve início a argumentação sobre a "capacidade contributiva", ou a "capacidade de pagar", como o princípio é conhecido na Economia.[202] Musgrave esclarece que a noção da capacidade de pagar está entrelaçada com o fundamento de que a tributação deve ser justa, e isso não decorreu necessariamente de uma evolução da teoria do benefício.[203] Afirma o autor que, mesmo antes do desenvolvimento da tese do benefício, um ensaio de Guicciardini, publicado no século XVI, apontava para a necessidade da "faculdade de pagar" tributos, outro nome dado à capacidade de pagar.[204] No final do século seguinte, John Stuart Mill pontificou que a tributação deve se unir à ideia de bem-estar, sendo que a distribuição da carga tributária para sustentar as despesas deveria se fundar na equidade. Esta, por sua vez, seria definida como a necessidade de os contribuintes deverem suportar um "sacrifício igual" para o pagamento de tributos.[205]

Musgrave explica que a locução "sacrifício igual" sugere o axioma de que todos são iguais perante a lei, levando ao

---

[201] *Ibid.*, p. 17-18.
[202] "A justa distribuição da carga tributária pode ser realizada mediante a aplicação de dois princípios: o princípio do benefício (ou da equivalência) e o princípio da capacidade contributiva" – MUSGRAVE; MUSGRAVE, 1980, p. 178-189; e HALLER, 1981, p. 132-4 (LAGEMANN, 2012, p. 60).
[203] MUSGRAVE. *Op. cit.*, p. 123-153.
[204] *Ibid.*, p. 124.
[205] *Ibid., loc. cit.*

entendimento de que em todos os temas governamentais a igualdade é o princípio básico, o que não seria diferente em assuntos de tributação. Aludindo ao pensamento de Mill, Musgrave assevera que igualdade tributária quer dizer "igualdade de sacrifícios". Assim, o princípio da "capacidade de pagar" assumiu características subjetivas no exato ponto em que seria necessário definir a justa distribuição das quotas tributárias de uma forma que todos possam contribuir para o bem comum, incorrendo em igual sacrifício.[206] A tese do igual sacrifício ultrapassou o argumento do financiamento do bem-estar a ponto de se entrelaçar com o problema da distribuição da renda. Além disso, do ponto de vista histórico, a capacidade de pagar esteve sempre atrelada à propriedade. Com o desenvolvimento da indústria, no século XIX, o foco da capacidade contributiva passou a ser a renda e, contemporaneamente, são muitas as indagações sobre o conceito de renda, especialmente sobre o que constitui o mínimo existencial, se este, por exemplo, inclui – ou não – o lazer. A capacidade de pagar seria calculada a partir dos ganhos da pessoa ou pelo que ela consumisse. Igualmente, caso se admita que a renda decorre do acréscimo patrimonial fica sempre a indagação do que pode ou não ser deduzido como despesa para se obter o verdadeiro valor do acréscimo patrimonial. Questões relacionadas à distribuição de lucros das sociedades mercantis, inclusive distribuição de dividendos no exterior, são outras preocupações das doutrinas modernas sobre a renda e, consequentemente, a distribuição equitativa do ônus tributário.

Independentemente de sua linha evolutiva e das questões complexas sobre a renda – eixo para o qual se dirigiu o princípio da capacidade contributiva – vê-se que, no fundo, subsiste uma ligação indissociável entre a capacidade de pagar e a teoria do benefício. Trata-se da relação entre a renda e o

---

[206] MUSGRAVE. *Op. cit.*, p. 125.

benefício obtido com as atividades públicas ou a vantagem advinda com a proteção oferecida pelo Estado. Ferreiro Lapatza explica o seguinte:

> De fato, diante da impossibilidade de determinar a vantagem que cada indivíduo recebe da satisfação, pelo Estado, das necessidades indivisíveis (para, de acordo com a vantagem recebida, fixar o tributo a pagar), os teóricos da equivalência [teoria do benefício] passaram a defender a tese de que seria preciso supor que, em situações normais, cada indivíduo obtém, da satisfação pelo Estado das necessidades públicas indivisíveis, uma vantagem ou utilidade proporcional à renda que recebe ou à riqueza que possui. Diz-se que o rico, por exemplo, utiliza mais os serviços de proteção à propriedade do que aquele que nada possui. Assim, também por meio desta forma de entender a teoria do consumo, defende-se a ideia de que cada qual deve pagar os impostos segundo sua capacidade econômica.[207]

Esta percepção teórica levou à aceitação da capacidade contributiva como solução ao difícil problema da justa distribuição da carga tributária. A diferença entre o princípio do benefício e o do sacrifício igual (capacidade contributiva ou capacidade de pagar) reside na característica inerente ao último, de que os contribuintes são instados a pagar os tributos em razão de suas capacidades econômicas, não obstante a utilidade ou o benefício que obtenham diretamente dos bens ou serviços públicos oferecidos.

1.6.3 Teorias da equidade horizontal e vertical

A igualdade na tributação – berço do princípio da capacidade contributiva, conforme foi visto – é desdobrada em duas modalidades de equidade, as quais são fundamentais à compreensão do mencionado princípio e, por conseguinte, ao entendimento adequado da progressividade, a saber, as

---

[207] LAPATZA. *Op. cit.*, p. 18.

noções de "equidade horizontal" e de "equidade vertical". De acordo com Miguel Delgado Gutierrez, "a equidade horizontal requer que contribuintes em idênticas situações sejam tributados identicamente".[208] E acrescenta que:

> [...] o princípio da equidade horizontal refere-se ao tratamento relativo dos indivíduos. Pessoas com rendas iguais devem ser tratadas igualmente, independentemente de suas fontes de renda. Em suma, os impostos devem ser iguais para pessoas que ocupam posições iguais na escala de renda.[209]

José Maurício Conti explica que a equidade horizontal está atrelada à capacidade contributiva, sendo obtida por meio de impostos proporcionais, isto é, os que são calculados mediante alíquotas constantes para as diversas bases de cálculo possíveis.[210] Presume-se que as pessoas com a mesma capacidade de contribuição sofrem o mesmo sacrifício ou são obrigadas a renunciar a mesma utilidade marginal de renda (acréscimo de renda) quando são tributadas com o montante de impostos semelhante. Dessa forma, Conti conclui:

> Assim, as pessoas com a mesma renda, ao pagarem os mesmos impostos, sofrem o mesmo sacrifício (ou abrem mão da mesma utilidade). É suficiente que se instituam impostos proporcionais à capacidade econômica de cada contribuinte para que se tenha a equidade horizontal.[211]

Já a equidade vertical, quando aplicada ao Direito Tributário, é mais complexa e se aproxima apropriadamente de um ideal de tributação justa. Segundo Miguel Gutierrez, a equidade vertical "requer que um maior ônus fiscal recaia

---

[208] GUTIERREZ, Miguel Delgado. *O imposto de renda e os princípios da generalidade, da universalidade e da progressividade*. Tese. (Doutorado em Direito), Faculdade de Direito da Universidade de São Paulo, 2009, p. 54.
[209] *Ibid., loc. cit.*
[210] CONTI. *Op. cit.*, p. 73.
[211] *Ibid.*, p. 74.

sobre pessoas que estejam mais habilitadas a suportá-lo".[212] Assim, prossegue o autor:

> O ônus tributário deve ser diferente para pessoas em distintas situações, de sorte que um ônus proporcionalmente maior recaia sobre os que estão melhor capacitados a arcar com ele. Em suma, os impostos devem ser desiguais para pessoas com rendas diferentes.[213]

José Maurício Conti esclarece que a equidade vertical poderá se apresentar de três maneiras e, de acordo com cada uma delas, os resultados da tributação poderão ser diferentes do ponto de vista da distribuição da carga fiscal.[214] Exatamente em razão desta peculiaridade, a equidade vertical se presta mais adequadamente aos fins de uma tributação equitativa.

Na modalidade vertical a equidade poderá ser "proporcional", "menos que proporcional" e "mais que proporcional". Na primeira modalidade, um eventual aumento de tributação sobre a renda do contribuinte permanece constante na relação entre o tributo e a capacidade contributiva (divisão proporcional da carga tributária). Quando se tratar de equidade menos que proporcional, conforme a renda diminuir a quantidade de tributo paga pelo contribuinte aumenta (divisão regressiva da carga tributária). No caso da equidade mais que proporcional, a quantidade de tributo aumenta mediante o aumento da renda (divisão progressiva da carga tributária).[215]

A escolha de uma ou de outra modalidade de equidade vertical é uma decisão política que se reflete no ordenamento jurídico. Liam Murphy e Thomas Nagel abordam o tema com uma diferença sutil, pois explicam que a equidade vertical se diferencia da equidade horizontal em razão dos destinatários das "exigências da justiça". A equidade vertical concentra "as exigências da justiça quanto ao tratamento tributário de

---

[212] GUTIERREZ. *Op. cit.*, p. 54-55.
[213] *Ibid.*, p. 55.
[214] CONTI. *Op. cit.*, p. 74.
[215] *Ibid., loc. cit.*

pessoas com níveis diversos de renda (ou de consumo, ou de qualquer que seja a base tributária)".²¹⁶ Na equidade horizontal as mencionadas exigências da justiça se destinam a pessoas com rendas iguais. No Direito Tributário brasileiro a ideia de justiça visando a observar as diferenças de renda individuais consta do próprio texto constitucional. Conforme o artigo 153, §2º, I da Constituição Federal, o Brasil escolheu para o Imposto sobre a Renda o sistema de "equidade mais que proporcional", que fundamenta a técnica da progressividade. Outros tributos diretos poderão também conter alíquotas progressivas revelando-se, pois, equitativos na forma mencionada, como é o caso do IPTU e do ITR. Hercules Boucher informa que o sistema brasileiro do Imposto de Renda é denominado "progressão por partes" ou "por seções",²¹⁷ significando que a lei define os montantes de renda por faixas (seções) para as quais correspondem as alíquotas progressivas.

É importante ressaltar que a escolha entre proporcionalidade e progressividade não é desprovida de respaldo nas relações econômicas que dão suporte à tributação. Note-se que por trás de todas estas considerações pesa o pressuposto de que os tributos são exigidos para atender às finalidades públicas e o montante de tributo arrecadado deve guardar relação com tais prioridades. A escolha de um modelo progressivo de tributação, embora se aproxime de um conceito de justiça idealmente desejado, não poderá se divorciar das exigências de equilíbrio das contas públicas, pois, caso contrário, as consequências poderão ser o desbalanceamento da economia pública no presente e a difícil solução deste problema no futuro. Não é o momento de se apresentar alternativas ou soluções sobre este intricado tema e nem é a nossa pretensão neste trabalho apresentar respostas de natureza econômica

---

²¹⁶ MURPHY, Liam; NAGEL, Thomas. *O mito da propriedade*. São Paulo: Martins Fontes, 2005, p. 18.

²¹⁷ BOUCHER, Hercules. *Conceitos e categorias de direito tributário*: imposto de renda. 2. ed. Rio de Janeiro: Livraria Freitas Bastos S.A, 1955, p. 254.

sobre este ponto. Sabe-se que qualquer discussão em torno da distribuição equitativa dos ônus tributários passa necessariamente por questionamentos, senão de ordem ideológica sobre liberalismo, socialismo ou social-democracia, ao menos acerca de investigações no campo da gestão do gasto público e do tamanho do Estado. Como preconiza Lagemann: "também nos anos recentes aumentaram as medidas de explicitação dos custos de financiamento dos bens e serviços públicos por meio do sistema tributário".[218]

A presente pesquisa pertence à seara do Direito e se preocupará em demonstrar argumentos jurídicos que possam levar ao consenso de uma matriz tributária justa ou pretensamente equitativa. No momento, somente pretende-se demonstrar que as equidades horizontal e vertical servem de substrato teórico aos institutos tributários em análise, quais sejam, a proporcionalidade, a regressividade e a progressividade.

Fixados estes conceitos básicos, entendemos ser possível iniciar a demonstração da matriz tributária atual com fundamento em estatísticas, iniciando a caminhada rumo à conclusão de como devem ser empregados o vocábulo *justiça* e a locução *equidade na tributação*, objetos de análise do Capítulo 3. Antes, entretanto, será necessária a exposição de indicadores da matriz tributária brasileira que revelam diversos pontos discutíveis, especialmente a respeito da ênfase da tributação sobre o consumo e os efeitos econômicos e jurídicos relativos à regressividade. Estes e outros elementos importantes que conformam a matriz tributária atual serão desenvolvidos no próximo capítulo.

---

[218] LAGEMANN, 2012, p. 59.

CAPÍTULO 2

ESTRUTURA ATUAL DA MATRIZ TRIBUTÁRIA BRASILEIRA E SUAS ORIGENS

No primeiro capítulo deste livro distinguimos dois conceitos relevantes ao desenvolvimento da argumentação, quais sejam, o que se deve entender por sistema tributário nacional e matriz tributária brasileira. Alguns institutos largamente mencionados tanto para comentar quanto para criticar a matriz tributária foram igualmente analisados e conceituados. Foram os casos da capacidade contributiva, da equidade, da progressividade, da proporcionalidade, entre outros, ainda que tais conceitos tenham de reaparecer no Capítulo 3, de modo a serem aplicados nas pretensões de justiça e de equidade tributárias.

Neste segundo capítulo necessitamos expor o problema que motiva a construção dos argumentos que dividem os conceitos de justiça e de equidade na tributação, já que diversos indicadores oficiais e trabalhos de pesquisa de referência alegam que o modelo de tributação brasileiro é injusto, iníquo e ineficiente. Conforme esclarecido, esta investigação se dedica ao exame dos vocábulos *justiça* e *equidade* na matriz tributária. Quanto ao termo *eficiência*, em que pese sua importância na linguagem da tributação, sua origem é predominantemente econômica, razão pela qual não será analisado detalhadamente, uma vez que se desvia dos sentidos jurídicos abrangidos pelos termos *justiça* e *equidade*.

Este livro, além de estudar a estrutura e finalidade da matriz tributária, tem igualmente o escopo de definir melhor os conceitos de justiça e de equidade na tributação, pois a imprecisão conceitual das expressões citadas contribui para a sensação coletiva de tolerância com a injustiça tributária e ainda para uma suposta impossibilidade ou imensa dificuldade de solução do problema. Afinal, se a matriz tributária é injusta ou iníqua, a vagueza de significação destas expressões pode levar tanto quem lida profissionalmente com tributação quanto os contribuintes a não separarem de forma adequada onde se situa a injustiça e a iniquidade do sistema. Sem prejuízo dos conceitos demarcados no Capítulo 1, faremos também um esforço de argumentação para explicar o local em que cada um destes termos se encaixa melhor na matriz de tributação.

Para se chegar a uma conclusão é fundamental que se aborde, na sequência dos pactos terminológicos, o problema que provoca a concepção de uma argumentação jurídica voltada analiticamente a enfrentar a temática da justiça e da equidade na tributação. Serão analisados os eixos fiscais da matriz tributária, que são os tributos sobre consumo, renda e patrimônio e algumas implicações econômicas e jurídicas das escolhas tributárias no Brasil. Na sequência, será exposto o problema central do livro, conhecido ampla e vulgarmente como iniquidade do sistema tributário brasileiro, que neste trabalho recebe o nome de iniquidade da matriz tributária brasileira. Trata-se da relação da tributação da renda em relação ao consumo e como impacta tanto nas rendas das famílias mais pobres como nas das mais ricas. As estatísticas e estudos especializados apontam para uma sobrecarga desproporcional de tributos sobre as pessoas com menores rendimentos do que nas mais abastadas.

2.1 Indicadores tributários históricos

Neste subitem adotaremos uma metodologia de abordagem menos descritiva de fatos históricos, porém mais estatística dos indicadores que compõem a matriz tributária a partir de determinado momento da história do país. A retrospectiva tem sua utilidade em função de servir de comparação do comportamento da matriz tributária no passado e no presente, permitindo algumas conclusões sobre o tipo de Estado da atualidade e de outrora, além de averiguar se a matriz tributária recebeu influência dos movimentos políticos anteriores.

Adotou-se como referência temporal para esta parte histórica os dados gerais da matriz tributária brasileira no século XX. O período compreendido entre 1990 e 2022 será considerado como a fase contemporânea da matriz tributária, ainda que este corte temporal seja apenas uma estratégia didática adotada nesta pesquisa. É importante considerar, entretanto, que o balanço de pouco mais de vinte e cinco anos permite dar uma visão mais abrangente do comportamento dos indicadores da carga tributária brasileira, com vistas a enxergar a ocorrência de variações profundas na matriz tributária em um quarto de século. Além disso, a partir de 1990, a economia passou a receber, na carga tributária, os efeitos práticos dos compromissos sociais assumidos pelo país com a Constituição de 1988. Consigne-se também que recuar até 1990 facilita a análise por meio de quinquênios. Isso é o bastante para se considerar o marco do que chamamos fase contemporânea da matriz tributária brasileira. Na etapa histórica, utilizaremos como referência estatística os indicadores levantados pelo IBGE.[219] Na fase contemporânea, os dados da Receita Federal do Brasil – RFB, citados oportunamente, servirão de referência.

De modo geral, de 1901 até 1945 (último ano do Estado Novo), a carga tributária brasileira estava centralizada na arrecadação dos tributos sobre as importações, embora já no final do século XIX, segundo Ricardo Versano, fossem tributadas algumas rendas, tais como vencimentos pagos

---

[219] IBGE. *Estatísticas do século XX*. Rio de Janeiro, 2006. CD-ROM. Disponível em: https://seculoxx.ibge.gov.br/publicacao.html. Acesso em: 11 ago. 2023.

por cofres públicos e sobre benefícios distribuídos por sociedades anônimas.[220]

De acordo com o art. 7º da Constituição de 1891, a competência tributária da União se limitava a: a) imposto de importação de procedência estrangeira; b) cobrança sobre a entrada de navios estrangeiros nos portos nacionais; c) taxas de selos e de correios. A competência tributária mais ampla favorecia os estados, que poderiam exigir os seguintes tributos: a) imposto de exportação; b) imposto sobre imóveis rurais e urbanos; c) imposto sobre a transmissão de propriedade; d) imposto sobre indústria e profissões; e) taxas de selos dos seus próprios atos; f) contribuições sobre seus correios e telégrafos.

Conforme esclarece Antonio Cláudio Sochaczewski, em 1908, o imposto de importação (II) chegou a representar 80% da arrecadação e cerca de 7,7% do PIB.[221] Durante a Primeira Guerra Mundial e logo depois, esse imposto diminuiu sua arrecadação diante da redução do fluxo de importações, especialmente da Europa, chegando a representar 2% e 3% do PIB em 1920 e 1930, mantendo essa tendência de queda até ser definitivamente substituído em importância arrecadatória a partir dos anos 1940, com a criação do imposto sobre o consumo, previsto no art. 20, I, *b*, da Constituição Federal de 1937.

Apesar de o imposto sobre o consumo ter ganhado relevância na década de 1940, Ricardo Versano informa que, já em 1892, foi criado um imposto sobre o fumo e, ainda no final do século XIX, foi estendida a cobrança de um imposto sobre o consumo para outros produtos.[222] Em 1922, foi criado o imposto sobre vendas mercantis, mais tarde chamado de

---

[220] VERSANO, Ricardo. *A evolução do sistema tributário brasileiro ao longo do século*: anotações e reflexões para futuras reformas. Texto para discussão nº 405. Rio de Janeiro: IPEA, 1996. p. 5-6.

[221] SOCHACZEWSKI, Antonio Cláudio. Finanças públicas brasileiras no século XX. *In*: Estatísticas do século XX. Rio de Janeiro: IBGE, 2006. p. 375. Disponível em: https://biblioteca.ibge.gov.br/visualizacao/livros/liv37312.pdf. Acesso em: 20 ago. 2023.

[222] VERSANO, Ricardo. *A evolução do sistema tributário brasileiro ao longo do século*: anotações e reflexões para futuras reformas. Texto para discussão nº 405. Rio de Janeiro: IPEA, 1996. p. 5-6.

imposto sobre vendas e consignações.²²³ No entanto, o imposto sobre consumo irá aparecer nas constituições brasileiras somente a partir de 1934, com o art. 6º, *b*, que atribuiu à União competência para esse tributo, excetuando os combustíveis de motor a explosão, cuja competência ficou com os estados (art. 8º, I, *d*). A doutrina salienta, porém, que somente depois de 1942 é que a tributação sobre o consumo adquiriu importância arrecadatória.²²⁴ Tratando-se ainda da Constituição de 1934, o art. 6º previu também o imposto de renda, o imposto sobre transferência de fundos para o exterior, o imposto sobre atos emanados da União, negócios da sua economia e instrumentos de contratos ou atos regulados por lei federal e manteve os demais tributos já conhecidos desde a Carta de 1891.

Na Constituição de 1934, o art. 8º garantiu a competência dos estados para tributar a propriedade territorial, exceto a urbana, e outorgou a esses entes federados competência para o imposto sobre transmissões *causa mortis* (herança) e transmissões intervivos. Os estados receberam ainda atribuição de tributar as vendas e consignações efetuadas por comerciantes e produtores, inclusive os industriais. A competência para tributar as exportações foi mantida aos estados, porém, limitada a uma alíquota *ad valorem* máxima de 10%. Com a Constituição de 1934, os municípios receberam, no art. 13, competência tributária para impostos sobre a propriedade urbana, licenças, diversões públicas, a renda de imóveis rurais e taxas sobre serviços municipais. A doutrina aponta que, no âmbito estadual, o imposto de exportação era a maior fonte arrecadadora, respondendo por mais de 40% da receita tributária dos estados, considerando-se nessa época exportação tanto a remessa de produtos para o exterior quanto a circulação interna. Com relação aos

---

²²³ *Idem, ibidem*.
²²⁴ SOCHACZEWSKI, Antonio Cláudio. Finanças públicas brasileiras no século XX. *In*: Estatísticas do século XX. Rio de Janeiro: IBGE, 2006. p. 375. Disponível em: https://biblioteca.ibge.gov.br/visualizacao/livros/liv37312.pdf. Acesso em: 20 ago. 2023.

municípios, o principal tributo era o imposto sobre indústrias e profissões.[225]

Com o golpe de 1937 e a instalação do Estado Novo, foi promulgada uma nova constituição, que não alterou muito a competência tributária nem criou novos tributos, apenas esclareceu no art. 23, I, c, que a competência dos estados para tributar as transmissões intervivos recairia sobre a propriedade imobiliária, inclusive sua incorporação ao capital de sociedade.

Em 1946 foi aprovada uma nova Constituição, por Assembleia Nacional Constituinte, tal como ocorreu em 1934. O art. 15 manteve, praticamente, as mesmas competências que a União possuía desde as Cartas anteriores de 1934 e 1937. A única inovação veio com a incidência de imposto sobre produção, comércio, distribuição e consumo, e importação e exportação de lubrificantes e de combustíveis líquidos ou gasosos de qualquer origem ou natureza, estendendo-se esse regime, no que fosse aplicável, aos minerais do País e à energia elétrica. Em relação aos estados, o art. 19 da Constituição de 1946 manteve a estrutura tributária de 1934, apenas reduzindo a alíquota máxima do Imposto de Exportação para 5% e modificando a incidência do imposto para produtos exportados para o estrangeiro. Previu também um imposto estadual incidentes sobre os atos regulados por lei estadual, os do serviço de sua justiça e os negócios de sua economia. O art. 29 retirou a competência dos estados para o ITBI e a transferiu para os municípios, mantendo as demais competências tributárias definidas em 1934 para os entes municipais.

Em 1964, com a Lei nº 4.502, instituiu-se o Imposto de Consumo, de competência da União, que foi posteriormente batizado de Imposto sobre Produtos Industrializados (IPI) pelo Decreto-Lei nº 34, de 1966.

---

[225] VERSANO, Ricardo. *A evolução do sistema tributário brasileiro ao longo do século*: anotações e reflexões para futuras reformas. Texto para discussão nº 405. Rio de Janeiro: IPEA, 1996. p. 6.

Percebe-se que, com o fim da Primeira Guerra, o país passou a planejar a arrecadação tributária, muito mais voltada para o mercado interno do que para o comércio exterior, de modo que a Constituição de 1934 fez uma reforma tributária para dotar os estados de competência privativa para o imposto sobre vendas e consignações. A partir de 1945, o imposto sobre o consumo passou a responder pela maior parte da carga tributária, iniciando uma curva de crescimento presente até os dias de hoje.[226]

No tocante à tributação sobre a renda, observe-se que essa arrecadação se iniciou em 1924 e, de acordo com Antonio Cláudio Sochaczewski, foi aumentando de patamar, quando, em 1952, ultrapassou o imposto sobre o consumo (atualmente IPI) e seguiu a tendência de crescimento de sua receita até meados dos anos 1980, a partir de quando sofreu várias oscilações em razão da espiral inflacionária daquele período. Sua arrecadação somente se estabilizou depois de 1994, com o Plano Real.[227]

Em 1965, foi realizada outra reforma tributária, que teve como foco criar um sistema normativo a partir da Constituição, o que foi chamado de Sistema Tributário Nacional. Esse sistema foi introduzido na Constituição de 1946 pela Emenda Constitucional nº 18, que alterou competências tributárias, reiterou e, em alguns casos, criou regras básicas de proteção dos contribuintes, tais como o princípio da legalidade estrita, irretroatividade da lei tributária, anterioridade e algumas imunidades.

Fixou as espécies tributárias possíveis em impostos, taxas e contribuição de melhoria e definiu também que somente a União, em casos excepcionais definidos em lei complementar, poderia instituir empréstimos compulsórios.

---

[226] SOCHACZEWSKI, Antonio Cláudio. Finanças públicas brasileiras no século XX. *In*: *Estatísticas do século XX*. Rio de Janeiro: IBGE, 2006. p. 375. Disponível em: https://biblioteca.ibge.gov.br/visualizacao/livros/liv37312.pdf. Acesso em: 20 ago. 2023.

[227] SOCHACZEWSKI, Antonio Cláudio. Finanças públicas brasileiras no século XX. *In*: *Estatísticas do século XX*. Rio de Janeiro: IBGE, 2006. p. 367. Disponível em: https://biblioteca.ibge.gov.br/visualizacao/livros/liv37312.pdf. Acesso em: 20 ago. 2023.

Os impostos foram sistematizados pela EC nº 18 em grupos de incidência, da seguinte maneira: a) impostos sobre comércio exterior; b) impostos sobre o patrimônio e a renda; c) impostos sobre a produção e a circulação; d) impostos especiais. Na prática, eram os impostos já conhecidos que tiveram suas competências alteradas em alguns casos, mediante desdobramentos das hipóteses de incidência. A grande novidade foi a previsão do imposto sobre circulação de mercadorias de competência dos estados em substituição ao imposto sobre vendas e consignações de regime não cumulativo, ou seja, previu-se o direito de o contribuinte se creditar do imposto incidente nas operações anteriores. O imposto sobre produtos industrializados, criado no ano anterior, foi mantido na competência da União, prevendo-se também a sistemática da não cumulatividade.

A regulamentação da EC 18, de 1965 foi feita pela Lei nº 5.172, de 1966, batizada no ano seguinte de Código Tributário Nacional (CTN), pelo Ato Complementar nº 36.

Quando se analisa a história da tributação brasileira, ao menos a partir do século XX, nota-se uma preferência da matriz de tributação pelos impostos sobre a produção e consumo internos. Tanto assim que, em 1946, a arrecadação de tributos sobre a atividade industrial praticamente dobrou em relação ao ano anterior, enquanto a cobrança de tributos sobre o comércio exterior cresceu pouco. Já a cobrança de imposto de renda e sobre propriedade até que se elevou, mas não o bastante para superar a tributação sobre o consumo. Conclui-se, preliminarmente, que, ao longo do século XX, a tributação indireta, que, no primeiro terço de século, era composta pelos tributos sobre o comércio exterior e, depois dessa fase, praticamente foi substituída pelos tributos sobre produção e consumo, sempre liderou os índices arrecadatórios brasileiros. A tributação direta, que inclui tributos sobre renda e propriedade, por sua vez, ficou historicamente atrás da tributação indireta. A tabela abaixo demonstra em percentuais sobre o PIB a carga de tributos diretos (renda e propriedade) e indiretos (comércio exterior e consumo) de 1900 a 2000. Para facilitar a análise, recortamos os dados completos em décadas.

CARGA TRIBUTÁRIA POR NÍVEL DE GOVERNO: TRIBUTAÇÃO
DIRETA – INDIRETA (% DO PIB), 1900/2000

ANO	CARGA TRIBUTÁRIA FEDERAL			CARGA TRIBUTÁRIA ESTADUAL			CARGA TRIBUTÁRIA MUNICIPAL			CARGA TRIBUTÁRIA GLOBAL		
	DIRETA	INDIRETA	TOTAL	DIRETA	INDIRETA	TOTAL	DIRETA	INDIRETA	TOTAL	DIRETA	INDIRETA	TOTAL
1900	0,16	6,99	7,15	0,98	2,49	3,47				1,14	9,48	10,62
1920	0,08	4,58	4,65	0,70	1,65	2,35				0,77	6,23	7,00
1930	0,37	4,97	5,34	0,93	2,09	3,02				1,30	7,06	8,36
1940	1,73	6,58	8,31	0,68	2,96	3,64	0,61	0,99	1,60	3,03	10,53	13,55
1950	3,80	4,94	8,74	0,78	3,80	4,58	0,43	0,67	1,10	5,01	9,41	14,42
1960	4,16	6,97	11,14	0,47	5,11	5,58	0,30	0,40	0,70	4,93	12,49	17,42
1970	8,56	8,77	17,33	0,35	7,61	7,95	0,33	0,36	0,70	9,24	16,74	25,98
1980	10,43	7,98	18,42	0,36	4,96	5,32	0,27	0,44	0,71	11,06	13,38	24,45
1990	13,04	4,55	17,59	0,04	7,82	7,86	0,29	2,20	2,48	13,37	14,57	27,94
2000	13,34	9,02	22,36	0,62	7,95	8,57	0,55	1,26	1,81	14,50	18,23	32,74

Fonte: De 1900 a 1945: Centro de Estudos Fiscais do IBRE/FGV -IPEA, Projeto Recuperação de Estatísticas Históricas do Setor Público Brasileiro. De 1947 a 1990: IBGE Sistema de Contas Nacionais. De 1991 a 1994: IBGE Regionalização das Transações do Setor Público. De 1995 a 2000: IBGE Novo Sistema de Contas Nacionais.

Observa-se que a carga tributária indireta se mantém acima dos tributos diretos em todos os níveis até a década de 1980. A partir desse período, a carga tributária indireta federal cai um pouco, sendo superada pela carga direta. Nos estados e municípios, a carga tributária indireta manteve-se mais alta durante todo o período, razão pela qual, em percentuais globais, a carga tributária indireta global sempre esteve acima da carga tributária direta.

As estatísticas apresentadas comprovam o dado histórico de que a matriz tributária brasileira sempre foi mais forte sobre o consumo do que sobre a renda e propriedade, se forem juntados todos os tributos que incidem sobre aquela atividade.

Na atualidade, a relação da tributação entre consumo, renda e propriedade é feita com metodologia diferente, porquanto no rol de cada grupo de tributação ingressam diversos impostos e contribuições, uma vez que a Constituição de 1988 ampliou o número de contribuições sociais, algumas delas pesando sobre a tributação do consumo. Em síntese, nesta subseção intencionou-se demonstrar que a arrecadação tributária cresceu, confirmando ainda que a tributação sobre o consumo, proporcionalmente, aumentou mais, se forem juntados todos os tributos indiretos sobre essa atividade econômica.

2.2 Indicadores tributários contemporâneos

Conforme esclarecido, será considerado como matriz tributária contemporânea o período de 1990 a 2021, com base na metodologia e nos indicadores publicados nos relatórios da Receita Federal do Brasil (RFB). Primeiramente, é importante esclarecer os conceitos de Arrecadação Tributária Bruta (ATB) e Carga Tributária Bruta (CTB). De acordo com a publicação:

> Arrecadação Tributária Bruta (ATB): representa o total de tributos e contribuições arrecadados nas três esferas da administração pública (União, Estados e Municípios), sendo também indicado como percentagem do Produto Interno Bruto do País.
> Carga Tributária Bruta (CTB): difere da ATB, por deduzir do total de tributos e contribuições arrecadados as restituições, retificações de pagamento e incentivos fiscais, relativos à receita administrada pela Secretaria da Receita Federal. Além disso, trabalha-se com o conceito líquido das Contribuições para o Fundo de Garantia do Tempo de Serviço, compensando os valores arrecadados com os saques efetuados pelos beneficiários.[228]

---

[228] Disponível em: <http://idg.receita.fazenda.gov.br/dados/receitadata/estudos-e-tributarios-e-aduaneiros/estudos-e-estatisticas/carga-tributaria-no-brasil>. Acesso em: 15 fev. 2016.

A partir de 1996, a Receita Federal alterou a terminologia a fim de contornar eventuais controvérsias sobre a natureza tributária das contribuições sociais, econômicas e para o Fundo de Garantia por Tempo de Serviço (FGTS), as quais integravam o cálculo da Arrecadação Tributária Bruta (ATB). Assim, a ATB passou a ser chamada Carga Fiscal Bruta (CFB), adequando-se a terminologia à linguagem orçamentária. A denominação Carga Tributária Bruta (CTB) foi alterada para Carga Fiscal Líquida (CFL), ajustando-se à distinção financeira entre valores "brutos" e "líquidos". Posteriormente, o órgão alterou outra vez a terminologia e passou a considerar que a Carga Tributária Bruta (CTB) "compreende os impostos, taxas, contribuições de melhoria, contribuições sociais (inclusive contribuições para o Salário Educação), contribuições econômicas, contribuições de interesse de categorias econômicas e as contribuições para o Fundo de Garantia do Tempo de Serviço (FGTS)".[229] Em resumo, a Carga Tributária Bruta (CTB) considera todos os tributos arrecadados por todas as unidades federadas, independentemente da espécie tributária, nela se incluindo contribuições sociais e econômicas e as destinadas ao Sistema S. Neste último caso, apesar de tais contribuições serem repassadas às entidades que compõem o mencionado sistema, a cobrança tem caráter compulsório e natureza tributária, razão pela qual deve ingressar no cômputo da Carga Tributária Bruta. Também para simplificar a leitura, utilizaremos a sigla CTB para Carga Tributária Bruta.

As duas décadas e meia serão divididas em quinquênios para facilitar a análise e serão demonstrados dados gerais, isto é, a CTB do conjunto de cada cinco anos, em moeda nacional, observando-se as substituições de moeda que ocorreram no período.[230] Será também demonstrado o percentual de

---

[229] Disponível em: <http://idg.receita.fazenda.gov.br/dados/receitadata/estudos-e-tributarios-e-aduaneiros/estudos-e-estatisticas/carga-tributaria-no-brasil/carga-tributaria-2007/view>. Acesso em: 15 fev. 2016.

[230] A Medida Provisória nº 168, de 15.03.1990 (D.O.U. de 16.03.90), convertida na Lei nº 8.024, de 12.04.1990 (D.O.U. de 13.04.90), restabeleceu a denominação Cruzeiro para

participação de cada tributo no Produto Interno Bruto (PIB) do respectivo ano e na CTB. É importante ressaltar na análise os valores relativos à arrecadação de tributos diretos e indiretos, em razão de suas respectivas repercussões nos debates sobre equidade e iniquidade da matriz tributária, capacidade contributiva e justiça tributária. Adotou-se o critério definido pela RFB, o qual está aderente ao conceito de tributações direta e indireta. São considerados "tributos diretos" aqueles em que o seu ônus econômico não seja transferido para terceiros, repercutindo unicamente sobre o contribuinte; nos tributos indiretos, ao contrário, sua repercussão econômica é transferida pelo contribuinte de direito até ser suportada pelo contribuinte de fato. Este tipo de tributação está presente nas relações de consumo de bens e serviços. Não foram considerados nas tabelas referentes a tributos diretos e indiretos, os cálculos dos valores de IPMF (até 1994) e de CPMF (a partir de 1997), em razão da dificuldade em se fazer esta discriminação, levando-se em consideração que tais contribuições incidiam sobre movimentações bancárias de

---

a moeda, correspondendo um cruzeiro a um cruzado novo. Ficou mantido o centavo. A mudança de padrão foi regulamentada pela Resolução nº 1.689, de 18.03.1990, do Conselho Monetário Nacional. Exemplo: NCz$ 1.500,00 (um mil e quinhentos cruzados novos) passou a expressar-se Cr$ 1.500,00 (um mil e quinhentos cruzeiros). A Medida Provisória nº 336, de 28.07.1993 (D.O.U. de 29.07.93), convertida na Lei nº 8.697, de 27.08.1993 (D.O.U. de 28.08.93), instituiu o Cruzeiro Real, a partir de 01.08.1993, em substituição ao Cruzeiro, equivalendo um cruzeiro real a um mil cruzeiros, com a manutenção do centavo. A Resolução nº 2.010, de 28.07.1993, do Conselho Monetário Nacional, disciplinou a mudança na unidade do sistema monetário. Exemplo: Cr$ 1.700.500,00 (um milhão, setecentos mil e quinhentos cruzeiros) passou a expressar-se CR$ 1.700,50 (um mil e setecentos cruzeiros reais e cinquenta centavos). A Medida Provisória nº 542, de 30.06.1994 (D.O.U. de 30.06.94), instituiu o Real como unidade do sistema monetário, a partir de 01.07.1994, com a equivalência de CR$ 2.750,00 (dois mil, setecentos e cinquenta cruzeiros reais), igual à paridade entre a URV e o Cruzeiro Real fixada para o dia 30.06.94. Foi mantido o centavo. Como medida preparatória à implantação do Real, foi criada a URV – Unidade Real de Valor – prevista na Medida Provisória nº 434, publicada no D.O.U. de 28.02.94, reeditada com os números 457 (D.O.U. de 30.03.94) e 482 (D.O.U. de 29.04.94) e convertida na Lei nº 8.880, de 27.05.1994 (D.O.U. de 28.05.94). Exemplo: CR$ 11.000.000,00 (onze milhões de cruzeiros reais) passou a expressar-se R$ 4.000,00 (quatro mil reais). Disponível em: <http://financeone.com.br/moedas/historico-de-moedas-brasileiras/>. Acesso em: 18 fev. 2016.

pessoas físicas ou jurídicas, e, neste último caso, com ou sem finalidade lucrativa.

A partir de 2002, as Contribuições Sociais para o Salário-Educação e para o Sistema S passaram a ter seus valores e percentuais individualizados nos levantamentos da RFB. Antes, tais contribuições eram consideradas "demais contribuições", o que impediu sua inserção separada nos quadros dos quinquênios anteriores. Ambas as contribuições foram classificadas no rol dos tributos indiretos. De 2002 em diante, passou também a compor o cálculo dos tributos indiretos a CIDE-Combustíveis, tributo instituído pela Lei 10.336, de 2001. No caso do salário-educação e sistema S, tais exações são exigidas das empresas, representando custos permanentes da produção e do consumo de bens e de serviços, razões que levam à sua classificação como tributo indireto. Quanto a CIDE– Combustíveis – assim como o ICMS – ambos compõem os custos dos combustíveis e derivados do petróleo e do álcool, tendo seus valores repassados para os consumidores finais. Por esse motivo, foram igualmente considerados tributos indiretos.

Uma observação muito importante fica por conta das contribuições destinadas à seguridade social. Normalmente, este grupo de tributos é classificado sob a rubrica de tributos indiretos, uma vez que são exigidos das pessoas jurídicas, onerando indiretamente a produção. Preferimos incluir no cômputo da arrecadação de tributos indiretos somente as contribuições PIS-PASEP/Cofins, uma vez que estas incidem sobre a receita e o faturamento, onerando diretamente a produção. As contribuições patronais sobre a folha de salários e as contribuições do próprio segurado empregado estão classificadas como tributos diretos. Assim, adotou-se um critério de análise mais conservador sobre a distinção entre tributos diretos e indiretos, de modo que, caso sejam somadas à coluna dos tributos indiretos as contribuições patronais incidentes sobre a folha de salários e a dos trabalhadores, a tendência será de aumento expressivo do total de arrecadação dos tributos indiretos. Apesar desta estratégia mais conservadora, os dados a seguir comprovam que a arrecadação sobre o consumo (tributos indiretos) é sempre maior do que a arrecadação sobre renda e propriedade (tributos diretos).

Assim, os quadros e tabelas abaixo discriminam os principais tributos que influenciam de forma relevante a carga tributária de tributos diretos e indiretos, independentemente da unidade federada titular de sua receita.

QUADRO DE TRIBUTOS

TRIBUTOS DIRETOS	TRIBUTOS INDIRETOS
IR	ICMS
IOF (P. FÍSICA)	IPI
ITR	ISS
INSS	COM. EXTERIOR
CSLL	IOF (P. JURÍDICA)
IPTU	COFINS
ITBI	PIS/PASEP
ITCD	SALÁRIO EDUCAÇÃO
IPVA	SISTEMA S
	CIDE-COMBUSTÍVEIS

Para o período de 1990 a 1995, a RFB distinguiu o Imposto sobre Operações Financeiras (IOF) em diretos e indiretos, utilizando uma metodologia presumida de cálculo, com base em sua incidência sobre operações com pessoas físicas e jurídicas. Assim, considera que 60% da receita do mencionado imposto ingressam no campo da tributação direta e os 40% restantes pertencem ao campo dos tributos indiretos. A partir de 1996, não fica claro se a RFB alterou o critério, uma vez que deixou de informar em tabela própria os montantes de tributos diretos e indiretos. Para manter a trajetória histórica dos dados, considerou-se a divisão das mencionadas proporções nas demais tabelas.

As tabelas referentes aos cinco quinquênios foram elaboradas com base nas informações da Receita Federal do Brasil.[231] Também com base nos estudos e estatísticas deste órgão desenvolvemos comentários sobre os pontos mais salientes dos cenários econômico e fiscal de cada quinquênio.

TABELA 1
CARGA TRIBUTÁRIA BRUTA EM RELAÇÃO AO PIB

ANO	TOTAL ARRECADADO	CARGA TRIBUTÁRIA (% DO PIB)	TRIBUTOS DIRETOS (% DO PIB)	TRIBUTOS INDIRETOS (% DO PIB)
1990	Cr$ 8.917.385	29,75	11,98	15,03
1991	Cr$ 37.692.986	24,00	8,90	12,21
1992	Cr$ 431.877.948	25,39	9,88	12,55
1993	CR$ 9.722.489	25,17	10,76	12,20
1994	R$ 102.977	28,96	10,49	13,63
1995	R$ 187.948	28,56	11,73	13,75

Fonte: RFB
Valores em milhões de moeda corrente
Legenda das moedas: Cr$ = Cruzeiro; CR$ = Cruzeiro Real; R$ = Real
Tabela elaborada pelo autor

A Tabela 1 demonstra o total de tributos arrecadados em todo o país, incluindo estados e municípios, em valores correntes à época. Nota-se que, em 1991, houve um crescimento de mais de 400% do total de tributos arrecadados em relação ao ano anterior e superior a 1000% no ano posterior. Isso se deve à inflação do período, que em 1990 registrou um percentual acumulado de 1.476,56% e, em 1991, ficou na marca de 480,2%. Já no ano seguinte atingiu a marca de 1.158%. A

---

[231] Disponível em: <http://idg.receita.fazenda.gov.br/dados/receitadata/estudos-e-tributarios-e-aduaneiros/estudos-e-estatisticas/carga-tributaria-no-brasil>. Acesso em: 18 fev. 2016.

diferença de valores no ano de 1993 se deve à substituição da moeda Cruzeiro pelo Cruzeiro Real, com o corte de três zeros e inflação acumulada de 2.780,6%. Em julho de 1994, entrou em vigor o Plano Real. Os preços, que desde fevereiro daquele ano estavam fixados em Unidade Real de Valor (URV), foram convertidos para real, mantendo-se a paridade, e isso explica a diferença de valores entre 1994 e o ano anterior. A despeito da implantação do real, no ano de 1994 a inflação registrou o percentual acumulado de 1.093,8%. A partir de 1995, a moeda se estabilizou e a inflação iniciou seu processo de queda, registrando a marca de 14,7% naquele ano.

A tabela traz também o percentual da carga tributária em relação ao PIB, isto é, do total da riqueza produzida no país. No quinquênio, a média de valores arrecadados em tributos foi de 26,97%. A relação da carga tributária com o PIB é um dos cálculos mais frequentes para medir o impacto da tributação sobre a produção de um país.

Em seguida, a tabela demonstra os percentuais de tributos indiretos e diretos também em relação ao PIB, evidenciando que os tributos indiretos pesaram mais sobre a carga tributária relativa ao PIB em todos os anos do período, ficando 24%, em média, acima dos tributos diretos. É importante registrar que os valores indicados acima são aproximados, uma vez que nos anos 1991 e 1994 não há registros do montante arrecadado de IPTU, ISS e ITBI.

Os cálculos acima revelam que já no último quartel de século XX, os tributos indiretos correspondiam à maior parte dos tributos recolhidos no Brasil.

TABELA 2

PARTICIPAÇÃO RELATIVA DOS TRIBUTOS SOBRE A CTB

Em %

TRIBUTOS DIRETOS	1990	1991	1992	1993	1994	1995
IR	15,56	14,52	15,20	15,37	12,82	15,11
INSS	18,10	19,33	18,66	20,71	18,10	18,70
IOF (60%)	2,86	1,55	1,50	1,92	1,40	1,03
CSSL	1,91	1,20	2,89	3,06	3,16	2,99
IPVA	0,64	0,34	0,55	0,52	0,71	1,31
IPTU	0,80			0,84		1,35
ITBI	0,36		0,04	0,20		0,44
ITR		0,01	0,03	0,01	0,05	0,09
ITCD		0,02	0,08	0,07	0,10	0,09
TOTAIS	40,23	36,97	38,95	42,70	36,34	41,11

Em %

TRIBUTOS INDIRETOS	1990	1991	1991	1993	1994	1995
ICMS	28,46	28,64	27,22	24,25	24,98	25,11
IPI	8,57	9,30	9,41	9,69	7,38	7,15
C. EXTER	1,40	1,83	1,61	1,77	1,75	2,60
COFINS	5,42	5,62	3,99	5,31	8,37	7,81
PIS/PASEP	4,04	4,46	4,29	4,52	3,66	3,14
IOF (PJ 40%)	4,76	2,58	2,51	3,21	2,33	1,71
ISS	0,75		1,91	1,65		1,65
TOTAIS	53,40	52,43	50,94	50,40	48,47	49,17

A Tabela 2 tem a finalidade de demonstrar em percentuais a carga de tributos diretos e indiretos sobre o montante total de tributos arrecadados em todo o território nacional, a Carga Tributária Bruta (CTB). Com relação aos tributos IPTU, ITBI e ISS, todos de competência dos municípios, nos anos 1991 e 1994 não se tem registro dos valores arrecadados, razão pela qual o quadro está em branco. Isso, no entanto, não inverte o resultado final, uma vez que os valores históricos para os tributos em questão não são expressivos.

Observa-se na Tabela 2 que o comportamento dos tributos confirma com muito mais ênfase do que os resultados obtidos com a Tabela 1 (relação da CTB contra o PIB) que a arrecadação de tributos indiretos é relevantemente superior à arrecadação dos tributos diretos. No quinquênio, o montante de tributos indiretos arrecadados ficou, em média, 29,33% acima do montante de tributos diretos arrecadados. Dito de outro modo, aproximadamente um terço da CTB corresponde somente à diferença a maior de valores arrecadados de tributos indiretos sobre os diretos.

É importante registrar que o ICMS, de competência dos estados, isoladamente, corresponde, em média, a 26,44% do total de tributos indiretos arrecadados no país. Isso comprova ser o ICMS o tributo de maior onerosidade sobre o consumo de bens, inclusive energia elétrica e serviços específicos (transportes interestadual e intermunicipal, além de comunicação).

Pode-se notar uma pequena diferença na soma dos totais da Tabela 2, de modo que o resultado não atinge cem por cento. A explicação para isso é que foram considerados somente os valores percentuais dos tributos diretos e indiretos constantes do quadro de tributos acima, o qual não relaciona tributos como taxas e outras contribuições, sem impacto relevante no conceito de tributos diretos ou indiretos. Portanto, para não se desvirtuar do foco da presente pesquisa, os valores e percentuais informados em ambas as tabelas se referem aos tributos considerados pelos levantamentos da RFB como diretos e indiretos, o que corresponde ao conceito adotado neste livro para estes tipos de tributos.

Após 1995, a inflação se estabilizou e os montantes arrecadados passaram a manter trajetória muito aproximada.

Para simplificar a análise, nos quinquênios seguintes será apresentada a tabela com os montantes de carga tributária em relação ao PIB ano a ano. Quanto à participação relativa dos tributos diretos e indiretos sobre a CTB, serão apresentados quadros resumidos com os percentuais anuais, sem a sub-discriminação de tributo por tributo.

TABELA 3
CARGA TRIBUTÁRIA BRUTA EM RELAÇÃO AO PIB

ANO	TOTAL ARRECADADO (MILHÕES R$)	CARGA TRIBUTÁRIA (% DO PIB)	TRIBUTOS DIRETOS (% DO PIB)	TRIBUTOS INDIRETOS (% DO PIB)
1996	219.363,03	29,15	12,44	13,74
1997	240.987,13	27,81	11,29	14,53
1998	269.048,30	29,84	12,45	12,67
1999	306.258	31,87	12,69	14,48
2000	361.571	33,18	14,17	15,13
2001	406.865	34,36	13,02	15,83

Fonte: RFB
Tabela elaborada pelo autor

TABELA 4
PARTICIPAÇÃO RELATIVA DOS TRIBUTOS NA CTB

ANO	TRIBUTOS DIRETOS	TRIBUTOS INDIRETOS
1996	47,51	52,49
1997	43,73	56,27
1998	41,75	42,45
1999	39,79	44,44
2000	38,10	45,66
2001	37,89	46,08

Fonte: RFB
Em % anuais
Tabela elaborada pelo autor

As tabelas 3 e 4 demonstram a tendência de aumento da carga tributária geral em relação ao quinquênio anterior, embora no período de 1996 a 2001 tenha havido oscilações. Tomando-se como exemplo o ano de 1997, nota-se que a arrecadação caiu 0,25% em relação ao ano anterior, queda que se repetiu em 1999 e 2000, referente aos exercícios anteriores. A queda se explica pelo fato de o PIB de 1997 ter crescido em 3,68% para um crescimento da arrecadação de 2,73% em relação ao ano anterior. A diferença de crescimento da economia não acompanhada pela arrecadação fiscal fez a carga tributária total medida sobre o PIB descender. Ainda no ano de 1997, um incremento significativo de receita tributária ocorreu com a entrada em vigor da CPMF, aprovada pela Emenda Constitucional nº 12, de 1996, responsável por uma arrecadação de R$ 6,9 bilhões, segundo dados da RFB.[232]

Em 1998, em virtude das crises econômicas no Sudeste asiático e na Rússia, a economia brasileira foi sensivelmente afetada, registrando um crescimento do PIB de apenas 0,15% em relação a 1997. Apesar disso, a arrecadação fiscal teve um crescimento nominal de 7,02% sobre o ano anterior e crescimento real de 3,04% (descontando-se a inflação).

No ano de 1999, o aumento real da CTB foi de 2,20% em relação a 1998, contra uma variação positiva do PIB de 0,82% sobre o ano anterior. Cabe registrar que pela segunda vez na história da arrecadação dos tributos no Brasil a carga tributária ultrapassou a marca de 30% do PIB. A primeira vez foi em 1990, com o Plano Collor, mas sob um contexto econômico muito diferente, especialmente em razão da inflação descontrolada (cerca 1.500% a.a.) e da retração econômica verificadas naquele exercício e nos anos seguintes.

É importante frisar que a carga tributária pode indicar os níveis de atuação do poder público, isto é, quanto maior se presumir a carga, tanto maior deve ser a intervenção estatal.

---

[232] Disponível em: <http://idg.receita.fazenda.gov.br/dados/receitadata/estudos>. Acesso em: 16 fev. 2016.

Dito de outro modo, considerando uma carga tributária de 30%, um terço do PIB é retido pelo Estado para suas atuações destinadas ao atendimento do interesse público. É evidente que este comentário é realizado em tese e não visa a aprofundar o debate sobre o nível de satisfação da população com os serviços públicos, o que demandaria outro tipo de análise empírica e que escapa, em parte, dos fins desta pesquisa.

Em 2000, a CTB manteve-se na marca dos 30% do PIB, com um crescimento real de 9,26%, em face de um aumento real do PIB de 4,46%. O dado interessante diz respeito à indústria, que no ano anterior, por exemplo, apresentou retração, tendo sido o setor agropecuário o responsável pelos números positivos da economia. Portanto, no ano 2000, o crescimento do PIB recebeu forte influência da indústria, que cresceu 5,01%, contra 3,85% para o setor de serviços, e 3,02% no segmento agropecuário.

Em 2001, manteve-se a tendência de carga tributária em 30% do PIB, com aumento real de receitas de 5,88% e crescimento real do PIB de 1,51%, resultado do aquecimento da economia nacional, motivado por macro fatores conhecidos desde 1994, quais sejam, controle da inflação e estímulo às exportações. Com a estabilização da moeda provocada pelo controle da inflação, a economia real pôde entrar em uma rota de crescimento estável, principalmente nos setores da agropecuária e indústria, fortalecendo, neste último caso, o mercado consumidor doméstico.

A Tabela 4 aponta a tendência de aumento da participação dos tributos indiretos sobre a CTB. No quinquênio em questão, a arrecadação de tributos indiretos ficou, em média, 15,12% acima da arrecadação de tributos diretos. Em relação ao quinquênio anterior a diferença foi de 29%. Na média, a participação relativa dos tributos indiretos sobre a CTB entre os dois quinquênios registrou uma diferença de 6,06% a mais para o quinquênio de 1990 a 1995. A diferença a maior em favor do quinquênio anterior pode ser explicada em grande parte pela Lei Complementar nº 87, de 1996 (Lei Kandir). Do início do segundo quinquênio em diante houve algumas desonerações de ICMS que certamente afetaram os resultados do período 1996-2001. Tais desonerações recaíram especialmente sobre a exportação de produtos semielaborados e aproveitamentos de créditos sobre bens de capital e energia elétrica.

TABELA 5

CARGA TRIBUTÁRIA BRUTA EM RELAÇÃO AO PIB

ANO	TOTAL ARRECADADO (MILHÕES DE REAIS)	CARGA TRIBUTÁRIA (% DO PIB)	TRIBUTOS DIRETOS (% DO PIB)	TRIBUTOS INDIRETOS (% DO PIB)
2002	473,84	35,86	14,32	16,52
2003	542.753	34,88	13,98	15,95
2004	634.390	35,91	13,99	16,77
2005	724.113	37,37	15,03	17,11
2006	795.011,09	34,23	13,59	15,61
2007	903.638,93	34,79	14,21	15,47

Fonte: RFB
Tabela elaborada pelo autor

TABELA 6

PARTICIPAÇÃO RELATIVA DOS TRIBUTOS NA CTB

ANO	TRIBUTOS DIRETOS	TRIBUTOS INDIRETOS
2002	39,95	46,13
2003	40,03	45,69
2004	39,00	46,36
2005	40,24	45,39
2006	39,75	45,59
2007	40,82	44,40

Fonte: RFB; em % anuais; tabela elaborada pelo autor

De um modo geral, a Tabela 5 demonstra que no quinquênio 2002 a 2007 a carga tributária manteve a tendência de ficar acima dos 30% em relação ao PIB, revelando, inclusive, expressivo crescimento da tributação sobre o consumo e os serviços. Em média, a pressão fiscal sobre o consumo (tributos indiretos) subiu 14,4% em relação ao quinquênio anterior. Sem prejuízo de outras análises, como o crescimento da economia no período, o aumento dos esforços governamentais na arrecadação fiscal e a unificação das Receitas Federal e Previdenciária, a inclusão das Contribuições ao Salário-Educação, do Sistema S e da CIDE-Combustíveis influenciou numericamente na elevação da carga fiscal da tributação indireta.

No tocante à Tabela 6, que relaciona os percentuais de tributos diretos e indiretos na arrecadação tributária total, diferentemente do que ocorreu com os indicadores relacionados ao PIB (Tabela 5), o percentual médio total no quinquênio 2002 a 2007 foi de 45,59% para os tributos indiretos e 47,89% em relação ao quinquênio anterior, revelando uma ligeira queda entre os períodos.

TABELA 7
CARGA TRIBUTÁRIA BRUTA EM RELAÇÃO AO PIB

ANO	TOTAL ARRECADADO (MILHÕES DE REAIS)	CARGA TRIBUTÁRIA (% DO PIB)	TRIBUTOS DIRETOS (% DO PIB)	TRIBUTOS INDIRETOS (% DO PIB)
2008	1.034.397,27	35,80%	15,50	16,49
2009	1.055.407,07	33,58%	14,79	14,88
2010	1.233.491,32	33,56%	14,42	15,29
2011	1.462.951,95	35,31%	15,28	15,89
2012	1.574.592,92	35,85%	15,35	16,19
2013	1.741.658,31	35,95%*	15,37	16,20

Fonte: RFB; Tabela elaborada pelo autor;* em função da correção dos valores do PIB pelo IBGE, o percentual da CTB foi alterado para 33,74%

TABELA 8
PARTICIPAÇÃO RELATIVA DOS TRIBUTOS NA CTB

ANO	TRIBUTOS DIRETOS	TRIBUTOS INDIRETOS
2008	43,31	46,04
2009	44,05	44,36
2010	42,98	45,51
2011	43,29	44,99
2012	42,79	45,09
2013	42,76	45,07

Fonte: RFB; Em % anuais; tabela elaborada pelo autor

As tabelas 7 e 8 revelam que a carga tributária brasileira se manteve acima dos 30 pontos percentuais em relação ao PIB, tendência iniciada em 1999. Em 2008, houve um aumento real de arrecadação na ordem de 8,5%, apesar de, naquele ano, de acordo com a RFB, ter havido um alívio na pressão fiscal quanto aos tributos federais, especialmente em função da não prorrogação da CPMF. Não obstante a extinção da CPMF, as receitas federais mantiveram o equilíbrio em função do aumento da CSLL e do IOF. A explicação para o crescimento da arrecadação foi o aquecimento da economia nacional, especialmente em função do aumento da renda e do consumo de bens e serviços.[233]

Em 2009, a CTB ficou em 33,58% resultando em ligeira queda de 0,83 pontos percentuais em relação ao ano anterior, que marcou 34,41%. Os segmentos tributários que apresentaram maior variação para menos em relação ao ano anterior foram tributos sobre: "transações financeiras", "renda" e "bens e serviços". Esta queda veio em função da diminuição

---

[233] Disponível em: <http://idg.receita.fazenda.gov.br/dados/receitadata/estudos-e-tributarios-e-aduaneiros/estudos-e-estatisticas/carga-tributaria-no-brasil/carga-tributaria-2008>. Acesso em: 18 fev. 2016.

do PIB motivada pela crise econômica iniciada no último trimestre de 2008, com as incertezas do mercado estadunidense de hipotecas, o que influenciou na diminuição da oferta de crédito no Brasil, em razão da alta dos juros. A retração da economia brasileira – o que reflete na arrecadação – só não foi maior em função do setor de serviços, menos sujeito a tomada de crédito pelos consumidores. Como se sabe, a política tributária foi utilizada para tentar frear os efeitos da crise, diminuindo-se a alíquota do IPI sobre a indústria automobilística, eletrodomésticos e construção civil. Tais desonerações também contribuíram para a diminuição da carga fiscal naquele ano.

Ao contrário de 2009, o ano seguinte apresentou sensível aumento de arrecadação, na ordem de 0,42%, para um crescimento real do PIB e da CTB, de 7,5% e 8,9%, respectivamente. O crescimento da economia se deveu, provavelmente, às medidas anticíclicas tomadas no ano anterior, especialmente as desonerações fiscais em setores com elevados índices de empregabilidade, como as indústrias automobilística, de eletrodomésticos e construção civil. A expansão dos empregos leva a uma melhor arrecadação de IRRF, contribuições sobre a folha de pagamentos e consumo. De acordo com a RFB, o consumo das famílias aumentou 7,5% em 2010.

No ano de 2011, a variação positiva da CTB em relação a 2010 foi de 1,78%, sendo esta elevação decorrente dos crescimentos reais do PIB e da CTB na marca dos 2,7% e 8,15%, respectivamente. O aumento do PIB naquele ano se deveu basicamente ao agronegócio, que cresceu 3,9%, seguido do setor de serviços, 2,7%, e da indústria, 1,6%. O baixo crescimento da indústria refletiu os efeitos negativos da crise internacional, especialmente na Europa.

Os anos de 2012 e 2013 mantiveram a tendência de crescimento da arrecadação, embora em patamares módicos, registrando aumentos de 0,54% e 0,09%, respectivamente, com crescimento do PIB.

Para o ano de 2014, faremos uma análise mais detalhada, com o fito de demonstrar com dados recentes os percentuais de tributos diretos e indiretos, tributo por tributo.

TABELA 9
CARGA TRIBUTÁRIA POR TRIBUTO – PIB/CTB

2014	TRIBUTOS DIRETOS (% DO PIB)	TRIBUTOS DIRETOS (% DA CTB)
IR	5,79	17,29
IOF (P.F)	0,32	0,97
ITR	0,02	0,05
INSS	5,79	17,29
CSLL	1,13	3,37
IPTU	0,51	1,51
ITBI	0,20	0,60
ITCD	0,09	0,25
IPVA	0,59	1,76
TOTAL	14,44	43,09

Fonte: RFB
Tabela elaborada pelo autor

A Tabela 9 relaciona os percentuais de carga tributária de cada um dos tributos diretos com o PIB e a CTB. Observa-se, quanto ao total de arrecadação (CTB), que o IR (o cálculo inclui todas as modalidades do imposto, IRPF, IRPJ, IRRF) empata em pontos percentuais com a tributação incidente sobre a mão de obra (INSS). Isso demonstra que a tributação sobre a mão de obra influencia relevantemente na CTB e causa efeitos no nível de salários.

É importante considerar que, apesar da carga tributária sobre a mão de obra, os índices de desemprego no país até 2015 eram considerados baixos perante a média mundial. Isso se deveu, provavelmente, às medidas anticíclicas adotas pelo Brasil para debelar internamente os efeitos da crise financeira mundial.

Praticamente, o Brasil restringiu o aumento de tributos sobre os setores produtivos e, ao contrário, desonerou segmentos de alto índice de atratividade de mão de obra, ou seja, a indústria automobilística e de eletrodomésticos, bem como o setor da construção civil. Se por um lado tal política econômica conseguiu manter índices aceitáveis de empregabilidade, por outro, impactou nas contas públicas, resultando obviamente em perdas de arrecadação.

Com relação à carga tributária do ano anterior, em 2014 ocorreu ligeira variação negativa de 0,27%. A variação é explicada em função do aumento do PIB de 0,1% contra uma queda de arrecadação de 0,8% sobre a CTB. É importante destacar que no relatório da carga tributária de 2014, publicado em 2015, foi feita correção nos valores do PIB com base em novos dados divulgados pelo IBGE. Na primeira publicação, a CTB teria ficado em 35,95%, mas foi corrigida para 33,74%. A diferença de 0,27% levou em conta as correções.

Do ponto de vista econômico, o ano de 2014 iniciou uma trajetória de decréscimo da economia no setor do comércio e de serviços, com redução de 1,8%, segundo dados da RFB. Apesar disso, o Governo Federal manteve sua política de desonerações fiscais que, em 2013, atingiu o montante de R$ 76 bilhões, e R$ 103 bilhões no ano seguinte, resultando em uma diferença de R$ 28 bilhões em desonerações de 2013 para 2014.

Ao contrário da União, os estados e os municípios aumentaram sua arrecadação nos três anos anteriores. No caso dos estados, a participação da arrecadação destes entes federados na CTB foi a seguinte: 25,11%, em 2012; 25,22%, em 2013; 25,35%, em 2014. Nos municípios, os valores foram: 5,78%, em 2012; 5,82%, em 2013; 6,19%, em 2014.

Quanto à União, nota-se a tendência de queda de arrecadação motivada pelos fatores referidos: 69,11%, em 2012; 68,96%, em 2013; 68,47%, em 2014. Apesar do crescimento conjunto da arrecadação nos âmbitos estadual e municipal, a arrecadação isolada de ICMS caiu em 2014, com redução real de -2,8%, -3,8% e -11,6%, nos setores de indústria, comércio varejista e comunicação, respectivamente.

TABELA 10
CARGA TRIBUTÁRIA POR TRIBUTO – CTB

2014	TRIBUTOS INDIRETOS (% DO PIB)	TRIBUTOS INDIRETOS (% DA CTB)
ICMS	6,96	20,80
IPI	0,89	2,66
ISS	1,00	3,00
COM. EXT	0,67	1,99
COFINS	3,53	10,54
PIS/PASEP	0,93	2,78
IOF (P.J)	0,22	0,64
SAL. EDU	0,33	1,00
SIST. S	0,31	0,91
CIDE	0,00	0,00
TOTAL	14,84	44,32

Fonte: RFB
Tabela elaborada pelo autor

A Tabela 10 mostra a repercussão dos tributos considerados indiretos sobre o PIB e a CTB. Pode-se perceber o peso do ICMS sobre ambos os indicadores, confirmando ser este tributo o que mais gera receita em valores absolutos. A alíquota média de ICMS para a circulação de mercadorias é 17%, para os serviços de transporte 25% e para os serviços de comunicação 30%. O imposto estadual é seguido pela COFINS, contribuição que, embora tenha se tornado a partir de 2003 não cumulativa para a maior parte de sua incidência, manteve-se no topo da arrecadação das contribuições sociais.

Apesar de o ICMS constituir o tributo com capacidade de transferir do setor privado a maior parte da receita tributária, nos últimos dez anos não foi o tributo que mais aumentou em pontos percentuais. De acordo com a RFB, os impostos no segmento propriedade foram os que apresentaram a maior elevação. De 2005 a 2014, excluindo-se os anos de 2010 e 2011, em que a variação deu negativa, os demais anos resultaram em um aumento acumulado de 1% da arrecadação de tributos sobre a propriedade.

A tributação sobre bens e serviços, em que pese algumas oscilações no início e no final da década, apresentou uma evolução positiva, com um aumento acumulado de 2,58%. Os tributos sobre a folha de salários, por sua vez, apresentaram alta a partir de 2007, com um acumulado de 0,79%.

O nicho tributário com maior percentual de decréscimo foi a tributação sobre a renda, que na década caiu 3,66%, com queda acelerada depois de 2012, apresentando resultado positivo em relação ao ano anterior e em 2007, 2008 e 2013.

Os levantamentos da RFB sobre carga tributária para 2015 foram mais resumidos, resultando nas tabelas 11 e 12.

TABELA 11
CARGA TRIBUTÁRIA POR TRIBUTO – PIB

2015	TRIBUTOS DIRETOS (% DO PIB)
IR+CSLL	6,33
IOF	0,59
INSS	5,43
IPTU	0,52
OUTROS TRIB MUNICIPAIS	0,58
OUTROS TRIB. ESTADUAIS	0,95
IPVA	0,61
TOTAL	15,01

Fonte: RFB
Tabela elaborada pelo autor

TABELA 12

2015	TRIBUTOS INDIRETOS (% DO PIB)
ICMS	6,72
IPI	0,81
ISS	0,98
COFINS+ PIS/PASEP	4,28
CIDE/COMBUSTÍVEIS	0,06
OUTROS TRIB. FED	2,80
TOTAL	15,85

Fonte: RFB
Tabela elaborada pelo autor

Com relação à Tabela 11, o ITCMD e ITBI ingressaram no cômputo geral dos "outros tributos estaduais e municipais". Quanto à Tabela 12, o ITR, que é classificado como tributo direto, integrou o cálculo de "outros tributos federais". Considerando que os valores de arrecadação de ITR são historicamente baixos (em 2014 foi 0,02% em relação ao PIB) e, levando-se em conta que inserido no verbete "outros tributos federais" está também calculada a arrecadação de tributos sobre o comércio exterior, IOF, Sistema S e salário-educação, preferimos incluir a rubrica "outros tributos federais" no cômputo geral dos tributos indiretos por terem mais representatividade na participação destes tributos em relação ao PIB.

De modo geral, os percentuais de arrecadação de tributos diretos e indiretos entre 2014 e 2015 mantiveram-se com pouca variação.

Nesta segunda edição, atualizaremos os dados relativos à arrecadação dos tributos de 2016 a 2021, com base nos levantamentos da RFB. Por razões objetivas, alinhadas aos fins deste livro, preferimos agregar os tributos por nichos ao invés da simples repartição dual em tributos diretos e indiretos, como nas análises anteriores. A mudança de metodologia, porém, não alterou substancialmente as análises mostradas desde a primeira edição, ou seja, as tabelas abaixo demonstrarão a predominância dos tributos sobre o consumo em relação aos outros nichos tributários.

TABELA 13

CARGA TRIBUTÁRIA POR BASE DE INCIDÊNCIA (2016-2021)

Incidência	Arrecadação [R$ milhões]	% PIB	% Arrecadação
	2016	2016	2016
Renda	404.817,40	6,47%	19,97%
Folha de salários	533.235,87	8,52%	26,31%
Propriedade	94.602,37	1,51%	4,67%
Consumo (bens e serviços)	960.556,63	15,35%	47,39%
Transações financeiras	33.644,91	0,54%	1,66%
Outros	157,30	0,00%	0,01%
Total	2.027.014,48	32,29%	100,00%

Incidência	Arrecadação [R$ milhões]	% PIB	% Arrecadação
	2017	2017	2017
Renda	408.941,58	6,23%	19,22%
Folha de salários	555.582,33	8,47%	26,12%
Propriedade	97.512,32	1,49%	4,58%
Consumo (bens e serviços)	1.030.411,76	15,71%	48,44%
Transações financeiras	34.683,11	0,53%	1,63%
Outros	238,79	0,00%	0,01%
Total	2.127.369,88	32,43%	100,00%

Incidência	Arrecadação [R$ milhões]	% PIB	% Arrecadação
	2018	2018	2018
Renda	495.355,23	7,19%	21,62%
Folha de salários	627.640,46	9,11%	27,39%
Propriedade	106.362,95	1,54%	4,64%
Consumo (bens e serviços)	1.025.142,39	14,88%	44,74%
Transações financeiras	36.617,97	0,53%	1,60%
Outros	288,09	0,00%	0,01%
Total	2.291.407,08	32,26%	100,00%

Incidência	Arrecadação [R$ milhões]	% PIB	% Arrecadação
	2019	2019	2019
Renda	540.739,55	7,45%	22,45%
Folha de salários	667.907,84	9,20%	27,73%
Propriedade	116.089,14	1,60%	4,82%
Consumo (bens e serviços)	1.042.722,52	14,37%	43,30%
Transações financeiras	40.911,06	0,56%	1,70%
Outros	26,39	0,00%	0,00%
Total	2.408.396,50	33,19%	100,00%

Incidência	Arrecadação [R$ milhões]	% PIB	% Arrecadação
	2020	2020	2020
Renda	528.531,66	7,10%	22,47%
Folha de salários	656.622,71	8,82%	27,91%
Propriedade	116.713,43	1,57%	4,96%
Consumo (bens e serviços)	1.028.499,71	13,81%	43,72%
Transações financeiras	21.948,34	0,29%	0,93%
Outros	16,08	0,00%	0,00%
Total	2.353.331,93	31,58%	100,00%

Incidência	Arrecadação [R$ milhões]	% PIB	% Arrecadação
	2021	2021	2021
Renda	701.183,34	7,88%	23,92%
Folha de salários	748.081,93	8,41%	25,52%
Propriedade	142.732,71	1,60%	4,87%
Consumo (bens e serviços)	1.290.583,66	14,50%	44,02%
Transações financeiras	49.001,00	0,55%	1,67%
Outros	161,95	0,00%	0,01%
Total	**2.931.744,59**	**32,95%**	**100,00%**

Em resumo, as tabelas mostradas acima comprovam que a matriz tributária brasileira realmente está apoiada sobre a tributação do consumo, de modo que os tributos sobre propriedade e renda representam a menor parcela da arrecadação total, a despeito do aumento da tributação sobre propriedade na última década.

Na próxima subseção serão feitas algumas comparações entre a carga tributária nacional e a de outros países.

2.3 Indicadores comparados

As comparações entre as cargas tributárias dos países não podem ser aproveitadas sem que se ponderem alguns fatores críticos, especialmente o fato de que nem todos os países possuem a mesma quantidade de tributos. As bases de cálculo e alíquotas variam, os segmentos específicos de incidência também podem não ser os mesmos. Da mesma forma, a carga tributária de um país deve expressar suas demandas internas de intervenção estatal. Portanto, haverá países com níveis de desigualdade econômica muito variados e a ação do Estado por meio de políticas públicas para corrigi-las poderá ser diferente.

Por tais motivos, as comparações em questão deverão ser criticadas em perspectiva abstrata, apenas para confirmar que não é adequado assumir como o melhor parâmetro a matriz tributária de outro país. Há que se levar em consideração o nível de intervenção estatal na promoção de políticas públicas e o comparativo tributo por tributo sobre os três nichos básicos da tributação: renda, propriedade e consumo. Vale observar também que as comparações serão feitas entre os países que compõem a Organização para a Cooperação e Desenvolvimento Econômico (OCDE), organização da qual o Brasil e outros países em desenvolvimento não fazem parte. Por fim, as fontes dos dados constam da própria página da OCDE na rede mundial de computadores e do Relatório da Carga Tributária do Brasil – 2014, fornecido pela RFB.[234]

Em 2013, por exemplo, a CTB brasileira registrou 33,7% em relação ao PIB, ficando 1,3 pontos percentuais abaixo da média dos países da OCDE. A maior carga tributária foi a da Dinamarca, com 48,6%, enquanto a menor foi a do Chile, de 20,2%. Sabe-se que países como Dinamarca (48,6%), Finlândia (44%), Suécia (42,8%) e Noruega (40,8%) apresentam IDH elevado, fator que pode ter alguma relação com a carga tributária, que nestes países figura acima da média da OCDE.

Comparando-se a carga tributária entre os segmentos tributáveis, isto é, renda (incluindo lucro e ganho de capital), folha de salários (incluindo previdência) e propriedade e consumo (bens e serviços), tem-se que o Brasil aparece no topo de todos os países da OCDE na tributação sobre o consumo, com uma carga tributária de 17,9% em relação ao PIB. A média da OCDE, no ano de 2013, foi de 11,5%. No tocante à tributação

---

[234] Disponível em: <http://idg.receita.fazenda.gov.br/dados/receitadata/estudos-e-tributarios-e-aduaneiros/estudos-e-estatisticas/carga-tributaria-no-brasil/29-10-2015-carga-tributaria-2014/view>. Acesso em: 23 fev. 2016.

sobre a renda e a propriedade, observa-se uma inversão de indicadores entre a média da OCDE e o Brasil. Enquanto os países da OCDE tributaram a propriedade em média 1,9%, nosso país tributou 1,3%, aparecendo como décimo quinto no *ranking* de um total de vinte e cinco países. Reino Unido, França, Canadá e Estados Unidos ultrapassam o Brasil em quase três pontos percentuais na tributação sobre a renda e a propriedade. A diferença entre o Brasil e o Reino Unido, país que aprece no topo da tributação sobre a propriedade, é de 2,8 pontos percentuais.

Quanto ao Imposto de Renda, dos vinte e cinco países do grupo, o Brasil fica na frente somente da Turquia, com o índice de 6,1% contra 5,9% do país euroasiático. Em relação à tributação sobre a renda, a diferença entre o Brasil e a Dinamarca (30,7%), país que mais tributou a renda em 2013, é de 24,6 pontos percentuais de carga tributária sobre o PIB. A média dos países da OCDE foi de 11,7% de tributação da renda em face do PIB.

Com relação à folha de salários, a média da OCDE, em 2013, foi de 9,6%, enquanto o Brasil marcou 8,5% de carga tributária, o que permite concluir que somente com relação a tributação sobre a folha e previdência o país figura próximo à média dos países economicamente influentes.

Na América Latina, os estudos mostram que o Brasil é o que possui a maior carga tributária em relação ao PIB, registrando, em 2013, 33,7% para uma média de 21,6%. O país latino-americano que apresentou a menor carga tributária foi a Venezuela, com 14,2%. O Brasil foi seguido por Argentina (31,2%), Bolívia (27,6%) e Uruguai (27,1%).

Os dados comparados não se alteraram significativamente em quase uma década. Conforme os gráficos a seguir, referentes ao ano de 2020 e importados da página da RFB na internet, vê-se, primeiramente, que a carga tributária brasileira em relação ao PIB segue abaixo da média da OCDE, que é de 33,5% em relação ao PIB.

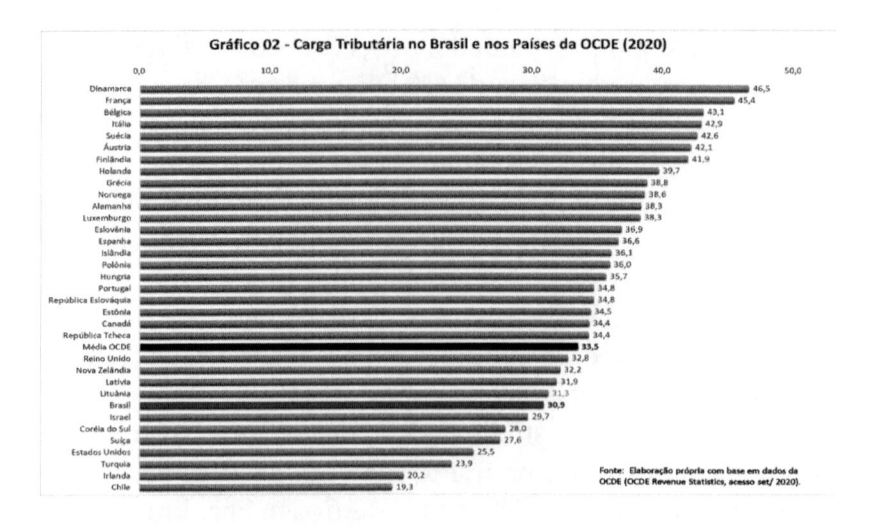

Gráfico 02 - Carga Tributária no Brasil e nos Países da OCDE (2020)

País	%
Dinamarca	46,5
França	45,4
Bélgica	43,1
Itália	42,9
Suécia	42,6
Áustria	42,1
Finlândia	41,9
Holanda	39,7
Grécia	38,8
Noruega	38,6
Alemanha	38,3
Luxemburgo	38,3
Eslovênia	36,9
Espanha	36,6
Islândia	36,1
Polônia	36,0
Hungria	35,7
Portugal	34,8
República Eslováquia	34,8
Estônia	34,5
Canadá	34,4
República Tcheca	34,4
Média OCDE	33,5
Reino Unido	32,8
Nova Zelândia	32,2
Látvia	31,9
Lituânia	31,3
Brasil	30,9
Israel	29,7
Coréia do Sul	28,0
Suíça	27,6
Estados Unidos	25,5
Turquia	23,9
Irlanda	20,2
Chile	19,3

Fonte: Elaboração própria com base em dados da OCDE (OCDE Revenue Statistics, acesso set/ 2020).

Em relação ao lucro e folha de salários, a comparação brasileira com os países da OCDE, demonstra que, quanto à primeira base de incidência, o Brasil aumentou de 6,1% para 6,9%, mas continua muito abaixo da média da OCDE, que é de 10,6%. Outro dado curioso é que, em 2013, somente a Turquia estava abaixo do Brasil em tributação sobre a renda; em 2020, cinco países aparecem abaixo do Brasil. Já em relação à tributação sobre a mão de obra, vê-se que o país não está muito distante da média e caiu um pouco no *ranking* em relação a 2013, passando de 9,2% para 8,6% em 2020.

CAPÍTULO 2
ESTRUTURA ATUAL DA MATRIZ TRIBUTÁRIA BRASILEIRA E SUAS ORIGENS | 167

Gráfico 03 - Carga Tributária sobre a Renda, Lucro e Ganho de Capital - Brasil e Países da OCDE (2020)

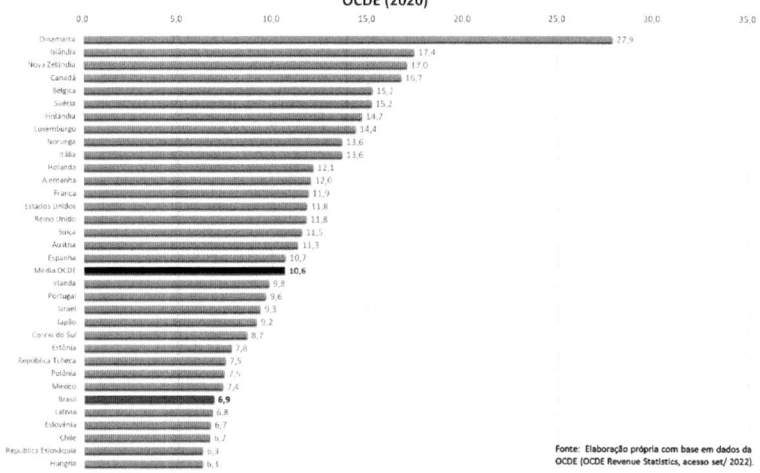

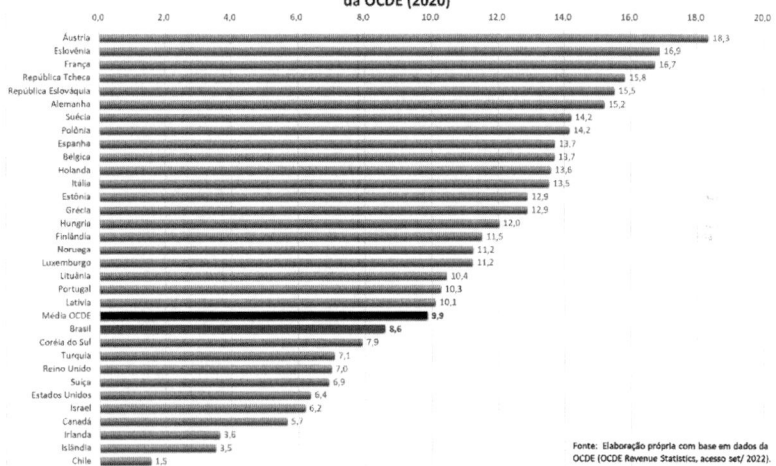

Dinamarca	27,9
Islândia	17,4
Nova Zelândia	17,0
Canadá	16,7
Bélgica	15,2
Suécia	15,2
Finlândia	14,7
Luxemburgo	14,4
Noruega	13,6
Itália	13,6
Holanda	12,1
Alemanha	12,0
França	11,9
Estados Unidos	11,8
Reino Unido	11,8
Suíça	11,5
Áustria	11,3
Espanha	10,7
Média OCDE	10,6
Irlanda	9,8
Portugal	9,6
Israel	9,3
Japão	9,2
Coreia do Sul	8,7
Estônia	7,8
República Tcheca	7,5
Polônia	7,5
México	7,4
Brasil	6,9
Letônia	6,8
Eslovênia	6,7
Chile	6,7
República Eslovaca	6,4
Hungria	6,1

Fonte: Elaboração própria com base em dados da OCDE (OCDE Revenue Statistics, acesso set/ 2022).

Gráfico 04 - Carga Tributária sobre a Folha de Salários (Inclui Previdência) - Brasil e Países da OCDE (2020)

Áustria	18,3
Eslovênia	16,9
França	16,7
República Tcheca	15,8
República Eslováquia	15,5
Alemanha	15,2
Suécia	14,2
Polônia	14,2
Espanha	13,7
Bélgica	13,7
Holanda	13,6
Itália	13,5
Estônia	12,9
Grécia	12,9
Hungria	12,0
Finlândia	11,5
Noruega	11,2
Luxemburgo	11,2
Lituânia	10,4
Portugal	10,3
Letônia	10,1
Média OCDE	9,9
Brasil	8,6
Coréia do Sul	7,9
Turquia	7,1
Reino Unido	7,0
Suíça	6,9
Estados Unidos	6,4
Israel	6,2
Canadá	5,7
Irlanda	3,6
Islândia	3,5
Chile	1,5

Fonte: Elaboração própria com base em dados da OCDE (OCDE Revenue Statistics, acesso set/ 2022).

Tratando-se dos tributos incidentes sobre a propriedade, o índice se manteve praticamente o mesmo para o Brasil, oscilando de 1,4% em 2012 para 1,5% em 2020.

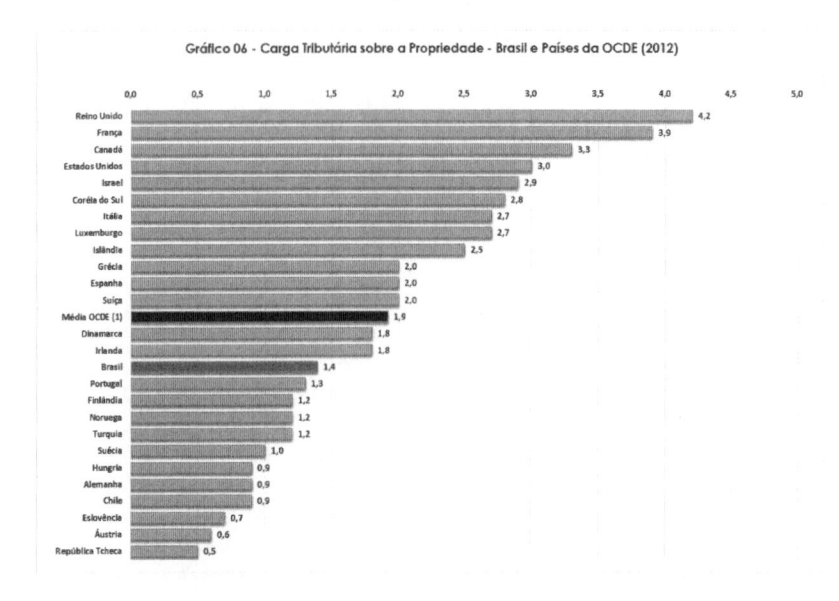

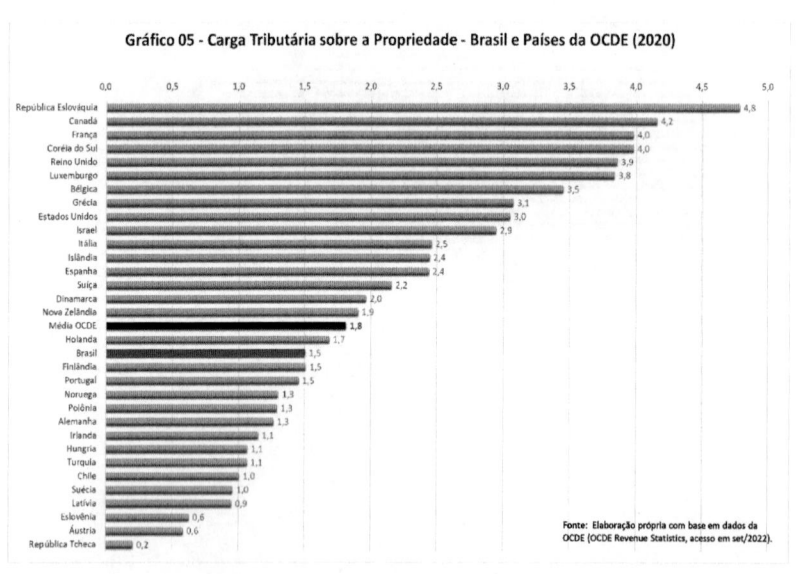

Gráfico 06 - Carga Tributária sobre a Propriedade - Brasil e Países da OCDE (2012)

País	%
Reino Unido	4,2
França	3,9
Canadá	3,3
Estados Unidos	3,0
Israel	2,9
Coréia do Sul	2,8
Itália	2,7
Luxemburgo	2,7
Islândia	2,5
Grécia	2,0
Espanha	2,0
Suíça	2,0
Média OCDE (1)	1,9
Dinamarca	1,8
Irlanda	1,8
Brasil	1,4
Portugal	1,3
Finlândia	1,2
Noruega	1,2
Turquia	1,2
Suécia	1,0
Hungria	0,9
Alemanha	0,9
Chile	0,9
Eslovênia	0,7
Áustria	0,6
República Tcheca	0,5

Gráfico 05 - Carga Tributária sobre a Propriedade - Brasil e Países da OCDE (2020)

País	%
República Eslováquia	4,8
Canadá	4,2
França	4,0
Coréia do Sul	4,0
Reino Unido	3,9
Luxemburgo	3,8
Bélgica	3,5
Grécia	3,1
Estados Unidos	3,0
Israel	2,9
Itália	2,5
Islândia	2,4
Espanha	2,4
Suíça	2,2
Dinamarca	2,0
Nova Zelândia	1,9
Média OCDE	1,8
Holanda	1,7
Brasil	1,5
Finlândia	1,5
Portugal	1,5
Noruega	1,3
Polônia	1,3
Alemanha	1,3
Irlanda	1,1
Hungria	1,1
Turquia	1,1
Chile	1,0
Suécia	1,0
Latvia	0,9
Eslovênia	0,6
Áustria	0,6
República Tcheca	0,2

Fonte: Elaboração própria com base em dados da OCDE (OCDE Revenue Statistics, acesso em set/2022).

No caso da tributação sobre bens e serviços (consumo), houve uma alteração de quadro relevante em 2020, pois o país caiu cerca de 3 p.p. em relação a 2013, deixando de ser o país que mais tributava o consumo.

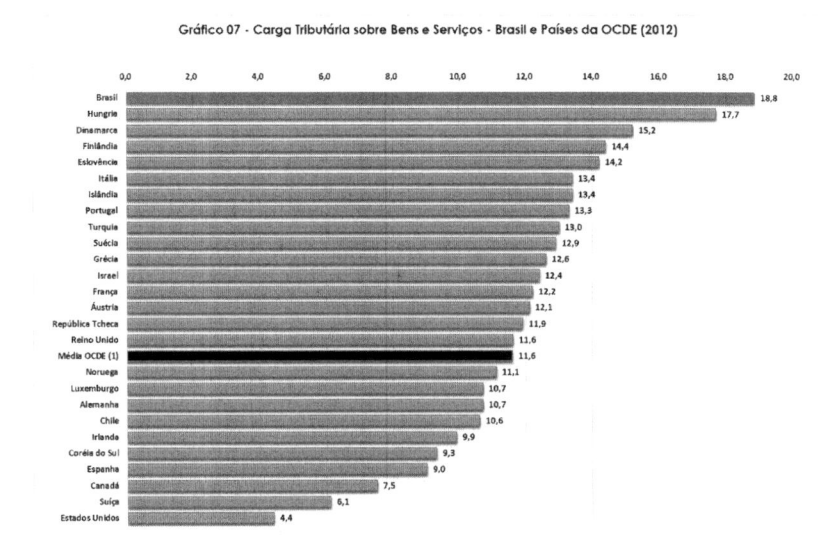

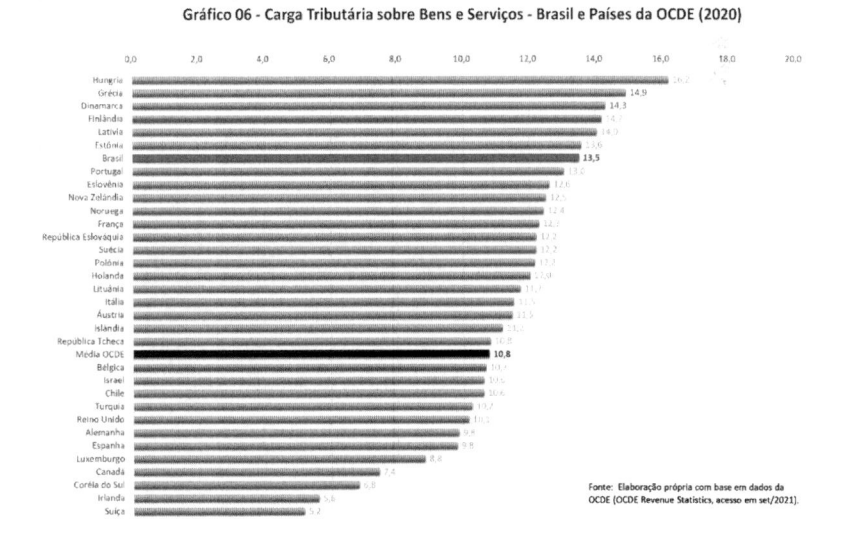

Gráfico 07 - Carga Tributária sobre Bens e Serviços - Brasil e Países da OCDE (2012)

País	%
Brasil	18,8
Hungria	17,7
Dinamarca	15,2
Finlândia	14,4
Eslovênia	14,2
Itália	13,4
Islândia	13,4
Portugal	13,3
Turquia	13,0
Suécia	12,9
Grécia	12,6
Israel	12,4
França	12,2
Áustria	12,1
República Tcheca	11,9
Reino Unido	11,6
Média OCDE (1)	11,6
Noruega	11,1
Luxemburgo	10,7
Alemanha	10,7
Chile	10,6
Irlanda	9,9
Coréia do Sul	9,3
Espanha	9,0
Canadá	7,5
Suíça	6,1
Estados Unidos	4,4

Gráfico 06 - Carga Tributária sobre Bens e Serviços - Brasil e Países da OCDE (2020)

País	%
Hungria	16,2
Grécia	14,9
Dinamarca	14,3
Finlândia	14,7
Latvia	14,0
Estônia	13,6
Brasil	13,5
Portugal	13,0
Eslovênia	12,6
Nova Zelândia	12,5
Noruega	12,4
França	12,2
República Eslováquia	12,2
Suécia	12,2
Polônia	12,0
Holanda	12,0
Lituânia	11,7
Itália	11,5
Áustria	11,5
Islândia	11,1
República Tcheca	10,8
Média OCDE	10,8
Bélgica	10,4
Israel	10,6
Chile	10,6
Turquia	10,7
Reino Unido	10,2
Alemanha	9,9
Espanha	9,8
Luxemburgo	8,4
Canadá	7,4
Coréia do Sul	6,8
Irlanda	5,8
Suíça	5,2

Fonte: Elaboração própria com base em dados da OCDE (OCDE Revenue Statistics, acesso em set/2021).

Como se vê, ainda que seja colocada de lado a necessária ponderação de que a carga tributária dos países pode variar em função de fatores internos, não há como deixar de concluir que a matriz tributária brasileira está significativamente alicerçada sobre o consumo. Apesar da queda quando comparada a 2012, a carga tributária sobre o consumo em 2022, em relação ao PIB, registrou 13,5% para uma média de 10,8% dos países pesquisados. Nota-se que diz muito a respeito o Brasil figurar como um dos países que mais tributam o consumo. Há que se lembrar que a tributação sobre o consumo reúne um grupo de tributos de altos percentuais, como é o caso do ICMS, em média 17% sobre a maioria dos produtos. Sem falar nos setores de prestação de serviços e de consumo de energia elétrica, que também participam de forma relevante na carga tributária.

Finalmente, a tributação sobre o consumo reúne os chamados tributos indiretos, cujo encargo financeiro é repassado aos consumidores. Assim, tanto maior seja a tributação sobre o consumo, maior será o comprometimento da renda com o pagamento de tributos. Esta lógica tem repercussões diferentes quando relacionada aos perfis de renda da população, que no Brasil é conhecida por grandes disparidades. Este ponto será examinado nos subitens a seguir.

2.4 A ênfase da tributação sobre o consumo

Caso se parta do pressuposto de que a tributação incide sobre três tipos de rendas, a saber, a renda auferida, a renda acumulada e a renda consumida, os tributos que gravam o consumo seriam também gravames sobre a renda. Aliás, Alberto Deodato é categórico em afirmar que: "incontestavelmente, o imposto de consumo é um imposto sobre a renda".[235] Mas alerta que, enquanto o Imposto sobre

---

[235] DEODATO, Alberto. *Manual de ciência das finanças*. 12. ed. São Paulo: Saraiva, 1971, p. 184.

a Renda é um tributo teórico, o do consumo é um "imposto prático".[236]

O alerta de Deodato foi feito em 1971, época em que o consumo era onerado por meio do IPI e do antigo ICM. Praticamente, tratava-se de uma tributação única sobre mercadorias. Na atualidade, o comércio de bens e serviços é tributado por várias espécies tributárias, sendo que, neste livro, serão considerados como incidentes sobre o consumo os seguintes tributos: ICMS, IPI, ISS, II, IE (e taxas alfandegárias), IOF (pessoa jurídica), COFINS, PIS/PASEP, Contribuição – Salário-Educação, Contribuição – Sistema S e CIDE-Combustíveis. O critério utilizado foi o conceito de tributo indireto, explicável pela transferência do encargo financeiro do tributo ao consumidor de bens e serviços. Nos tributos elencados, o contribuinte de direito (a indústria, o vendedor ou prestador de serviços) embute no custo das mercadorias ou dos serviços os valores dos mencionados tributos, como custos, os quais serão financeiramente suportados pelos consumidores dos bens.

Comparando-se o quadro atual de tributos sobre o consumo com o conjunto passado, logo se percebe que hoje a onerosidade sobre este segmento é muito maior. Além disso, são inegáveis as facilidades e vantagens do Estado quando este tributa o consumo. Primeiramente, a tributação sobre o comércio de bens e serviços não leva em consideração a capacidade contributiva dos sujeitos passivos da obrigação tributária. Para facilitar a explicação desta alegação específica serão considerados sujeitos passivos tanto os contribuintes de direito quanto os de fato. No caso do contribuinte de direito, tendo em conta que o encargo financeiro dos tributos será transferido como custo das mercadorias e serviços, é irrelevante perquirir se tal contribuinte possui – ou não – capacidade contributiva para o recolhimento dos tributos

---

[236] *Ibid., loc. cit.*

incidentes. Tratando-se do contribuinte de fato, de acordo com a técnica de tributação indireta, cabe a este suportar os ônus dos tributos embutidos nas mercadorias. Em síntese, no capitalismo atual é difícil supor um modelo de tributação que prescinda do consumo, embora não seja impossível se pensar em uma matriz tributária que permita certo equilíbrio das incidências tributárias entre consumo, patrimônio e renda.[237]

A técnica de embutir o valor dos tributos sobre bens e serviços, por si, oferece indiscutível facilidade de arrecadação para o Fisco, simplesmente porque, caso a inclusão dos tributos incidentes não seja realizada pelo contribuinte de direito, este é quem suportará os ônus financeiros dos tributos. Por outro lado, o consumidor final (contribuinte de fato), ao adquirir os produtos com tributos embutidos, não possui meios de se escusar do encargo tributário transferido pelo vendedor das mercadorias. As facilidades de arrecadação, evidentemente, não constituem uma barreira intransponível para a sonegação fiscal, uma vez que o contribuinte de direito,

---

[237] Zygmunt Bauman, depois de fazer referência a Habermas e seu livro traduzido para o português com o título "A crise de legitimação do capitalismo tardio" (1980), critica o pensador alemão, por ter defendido que o papel do Estado no capitalismo moderno seria a "remercadorização" do capital e do trabalho. Em síntese, o referido papel seria o de dotar o trabalho de condições adequadas para ser absorvido pelo mercado, em um tempo em que os custos da qualificação extrapolariam as condições econômicas do próprio mercado. Bauman refuta esta hipótese por entender que, já na época em que Habermas fazia a análise, o capitalismo inicia sua mudança de eixo, deixando de enfatizar uma sociedade "sólida de produtores" para uma sociedade "líquida de consumidores". Assim, qualificar a mão de obra deixava de ser relevante em um sistema de produção em que o importante é a geração de renda para o consumo (BAUMAN, Zygmunt. *Capitalismo parasitário*. Trad. Eliana Aguiar. Rio de Janeiro: Zahar, 2010, p. 28-430). Crítica semelhante é feita por Tim Jackson, embora apresente soluções à dependência do mundo contemporâneo globalizado atreladas à economia de consumo. O autor sugere que as soluções para o problema dependeriam, basicamente, de uma mudança comportamental da própria sociedade, que deveria exigir de si mesma o consumo consciente (isto é, do que efetivamente for necessário para a vida das pessoas) e de produtos sustentáveis. Enquanto a proposta de mudança de postura não for uma realidade, vale ainda a crítica do próprio Jackson: "uma economia baseada na expansão perpétua de consumo materialista guiada pela dívida é ecologicamente insustentável, socialmente problemática e economicamente instável" (JACKSON, Tim. *Prosperidade sem crescimento*: vida boa em um planeta finito. Trad. José Eduardo Mendonça. São Paulo: Planeta Sustentável; Abril, 2013, p. 198).

a fim de aumentar seu capital de giro ou simplesmente ampliar sua competitividade, poderá deixar de pagar um ou outro tributo incidente sobre o consumo. Isso, no entanto, não é capaz de desabonar a afirmação de que os tributos sobre o consumo de bens e serviços são de fácil arrecadação.

Quanto às vantagens, note-se que os tributos sobre o consumo alocam muita receita em prol do Estado, na medida em que, no Brasil, cada uma das fases da produção e do comércio de bens e serviços é tributada pela maioria dos tributos que incidem sobre o consumo. Apesar de haver o instrumento da não cumulatividade, que alivia o peso da tributação em cascata, fato é que tanto as etapas da produção como as do comércio são oneradas com impostos e contribuições sobre os valores dos bens e serviços comercializados. Comparando-se a tributação do consumo com a de tributos diretos, como renda e patrimônio, percebe-se facilmente que, nestes casos, os tributos incidem em uma única fase, fator que reduz o potencial de arrecadação.

Não é por acaso que a tributação sobre o consumo nos últimos anos tem respondido por mais de quarenta por cento da Carga Tributária Bruta e cerca de quinze por cento do PIB. É bem verdade que, no conjunto, a tributação indireta (incidente sobre o consumo) praticamente empata com os montantes gerais da tributação direta. Quando são desmembrados os percentuais observa-se que tributos como ICMS e COFINS, isoladamente, corresponderam, em 2014, a 31,34% da Carga Tributária Bruta e 10,49% sobre o PIB, para um total de 14,84% de tributos indiretos arrecadados também em relação ao PIB, conforme demonstrado na subseção 2.2. No caso dos tributos diretos, no mesmo ano de 2014, o IR e o INSS somaram 34,58% da Carga Tributária Bruta. Ressalte-se, no entanto, que ambos os tributos foram classificados como diretos em razão das dificuldades práticas de se estabelecer os montantes dos encargos de IRPJ e de Contribuição do empregador são repassados para os custos de mercadorias e serviços. É evidente que tais tributos repercutem nos custos e, portanto, o percentual de 34,58% não influi totalmente sobre a classificação dos tributos diretos. Boa parte desse percentual poderia ser alocado para o segmento dos tributos indiretos. Logo, conclui-se que a matriz tributária brasileira está amplamente radicada na tributação sobre o consumo.

Dados mais atualizados, de 2021, confirmam que a situação não mudou em sete anos, pois a tributação sobre bens e serviços, sobre a qual se concentram o ICMS, IPI, ISS e PIS-Cofins, apresentou uma carga tributária de 14,50% em relação ao PIB, ao passo que os tributos sobre renda e propriedade juntos ficaram em 9,48%, também sobre o PIB. Com relação ao total arrecadado naquele ano (carga tributária bruta), renda e propriedade registraram 28,79%, e consumo, 44,02%.

Além disso, a tributação sobre o consumo de bens está sujeita ao lançamento por homologação, remetendo, portanto, os custos de conformidade com a apuração do crédito tributário ao próprio contribuinte, o que também implica facilidades operacionais de arrecadação do tributo.

Somente por estes fatores pode-se observar que a tributação incidente sobre o consumo é cômoda e vantajosa ao Estado, o que ajuda a explicar a dependência do país a esta modalidade de incidência tributária.

Nesta subseção e seus consectários não se visa a esmiuçar os detalhes de cada tributo incidente sobre o consumo. O objetivo principal no momento é examinar a matriz tributária por dentro, comparando os efeitos da tributação do consumo com outros setores, especialmente a renda e a propriedade. Trata-se de se fazer as seguintes indagações: o que mais impacta do ponto de vista específico sobre a renda dos contribuintes, os tributos sobre a renda consumida ou sobre a renda auferida? Na mesma linha de investigação, seria a tributação sobre o patrimônio, quando comparada com a tributação sobre o consumo, capaz de equilibrar a divisão do sacrifício comum que ricos e pobres fazem para sustentar o setor público ou a burocracia estatal? Outra questão é: a tributação sobre o consumo leva em consideração a capacidade contributiva dos consumidores por meio das técnicas adequadas? Por fim, os efeitos econômicos e sociais da tributação sobre o consumo são fatores que merecem a devida ponderação, já que podem atingir toda a sociedade? Estas e outras questões serão respondidas direta ou indiretamente neste livro.

Assim, a maior ou menor oneração do consumo de bens e serviços produz reflexos em setores como o meio ambiente ou pode influenciar na inflação, no endividamento, na poupança e nas opções dos consumidores.

Examinar o comportamento da tributação sobre o consumo e suas relações com os demais nichos tributários inicia uma trilha que serve de orientação para se responder à hipótese central de uma argumentação sobre justiça e equidade tributárias, qual seja, o seguinte questionamento: diminuir a tributação sobre o consumo e aumentar a carga tributária sobre tributos diretos tornaria equitativa a matriz tributária brasileira? A resposta a esta hipótese é o que consideramos como análise da matriz tributária por dentro ou a procura da justiça endógena da matriz tributária. Por outro lado, a matriz tributária está inteiramente associada à realização do Estado Democrático de Direito. Assim, o presente livro investiga também se o juízo acerca de uma matriz tributária equitativa (justa, no caso concreto) prescinde ou não deste objetivo mais amplo: a justiça com base em suas finalidades. Daí porque qualquer renúncia de receita (como a proposta de diminuição da carga tributária sobre o consumo) somente fará sentido se propuser compensações desta perda financeira pela majoração da carga fiscal de outros tributos (no caso, os tributos diretos). Os efeitos econômicos desta proposta dependem de análises cuidadosas, por exemplo: qual seria o percentual de aumento da carga tributária de tributos diretos capaz de compensar a renúncia fiscal dos tributos indiretos? Esta é a razão de o conceito de equidade da matriz tributária não se ater aos seus aspectos intrínsecos, mas também aos extrínsecos, dos quais se destaca a realização do Estado Democrático de Direito. Dito de outro modo, a matriz tributária não será justa caso gere como efeito a retração da economia, refletida em aumentos desproporcionais da carga sobre tributos diretos, ainda que a pretexto de reduzir a pressão fiscal sobre o consumo. Também será injusta a matriz tributária se as perdas com a arrecadação sobre o consumo levarem à ampliação das dificuldades de realização do Estado Democrático de Direito. As tensões dialéticas destes elementos serão analisadas no Capítulo 3. Por ora, foram simplesmente trazidos à luz para revelar a ligação que o tema da tributação sobre o consumo tem com a hipótese central deste trabalho, isto é, um conceito de equidade e de justiça para a matriz tributária brasileira.

2.4.1 O modelo vigente de tributação sobre o consumo

Antes de tratar do atual modelo de tributação sobre o consumo e os seus desdobramentos jurídicos, econômicos e sociais, vale tecer breves considerações sobre o regime de tributação do consumo que está por vir e que foi aprovado pela Emenda Constitucional nº 132, de 2023, daqui em diante grafada pela sigla EC.

Como se sabe, a reforma tributária em questão era aguardada há décadas e, embora não tenha sido a *reforma ideal* do ponto de vista da *equidade* e *justiça* tributárias, como defendido neste livro, alguns avanços são inegáveis, especialmente a previsão de devolução dos tributos do consumo para os pobres.

A EC fez mudanças importantes no sistema tributário de forma geral. Para as finalidades deste livro, faremos menção apenas aos pontos principais dos tributos incidentes sobre o consumo ou que o oneram de forma direta, que são: ICMS, ISS, IPI e COFINS.

Em relação ao ICMS e ISS, a EC previu, no art. 156-A da Constituição Federal, sua substituição por um imposto único sobre o consumo de bens e serviços, chamado de Imposto sobre

Bens e Serviços (IBS). De acordo com o artigo mencionado, o IBS é um imposto de competência compartilhada entre os estados, o Distrito Federal e os municípios. A arrecadação, a regulamentação e o contencioso administrativo que envolver o IBS serão também exercidos de forma integrada entre os entes federativos por meio de um comitê gestor do IBS, cujas competências e composição serão definidas em parte pela própria Constituição ou por lei complementar, na forma do art. 156-B, introduzido pela EC.

O §1º do art. 156-A declara que o IBS será informado pelo *princípio da neutralidade*. Geralmente, esse princípio orienta que os tributos interfiram o mínimo possível nas decisões dos agentes econômicos, primando, dessa forma, por melhor eficiência. No entanto, observa-se que o imposto incidirá sobre qualquer bem ou serviço, prevendo-se, porém, isenções ou reduções de alíquotas sobre bens e serviços de alguns segmentos, como alimentação e saúde (EC nº 132, art. 9º). Semelhantemente ao que ocorria com o ICMS e ISS, o IBS incidirá sobre importações de bens e serviços, inclusive quando importados por pessoa física; as exportações, por sua vez, estarão imunes à incidência do imposto.

Para evitar os problemas experimentados com a *guerra fiscal*, a EC previu nos incisos IV, V e VI do art. 156-A que a legislação do IBS será única em todo o território nacional, mas cada ente federado fixará alíquota própria para o imposto por lei específica, devendo ser única para todos os bens e serviços, ressalvados os casos previstos na própria EC. Além disso, o inciso XII determina que o Senado fixará uma alíquota de referência se o ente federado não houver estabelecido outra alíquota.

Um dos pontos positivos da EC foi eliminar o chamado "cálculo por dentro" dos tributos sobre o consumo, em que o valor do imposto integra sua própria base de cálculo. No entanto, foi mantido o complexo sistema de não cumulatividade (EC nº 132, art. 156-A, VIII e IX).

Um dos aspectos mais relevantes da reforma dos tributos sobre o consumo foi a alteração no regime de titularidade da receita, que deixou de ser o do local de origem, passando a ser o local de destino do bem ou da prestação do serviço nas operações interestaduais. Nas operações interestaduais, o sistema atual do ICMS prevê a repartição da receita entre o estado de origem do bem e o de destino, nos termos do art. 155, §2º, VII, da Constituição. Em relação ao ISS, a Lei Complementar nº 116, de 2003, estabelece no art. 3º um sistema misto para o imposto devido, de modo que, dependendo da hipótese, o ISS será devido ao município do domicílio do prestador ou para o do local da prestação.

No caso do IBS, o inciso IV do §5º do art. 156-A determina que a lei complementar estabelecerá "os critérios para a definição do destino da operação, que poderá ser, inclusive, o local da entrega, da disponibilização ou da localização do bem". No caso de prestação ou disponibilização de serviço, o domicílio ou a localização do adquirente ou destinatário, admitidas diferenciações em razão das características da operação.

No tocante aos propósitos deste livro, a medida mais pertinente é a devolução do IBS e da CBS para a população de baixa renda, conforme preveem o inciso VIII do §5º do art. 156-A e o §18 do art. 195. Esse assunto terá seus fundamentos mais bem examinados na subseção 3.4.7.1.

Merece destaque também o chamado imposto seletivo (IS), que substituirá o IPI, previsto no art. 153, inciso VIII, acrescentado pela EC nº 132. Esse imposto incidirá sobre a "produção, extração, comercialização ou importação de bens e serviços prejudiciais à saúde ou ao meio ambiente" e será regulamentado por lei complementar.

O §6º do referido artigo estabelece as normas constitucionais gerais do IS, as quais deverão ser observadas pelo legislador complementar. A primeira é a imunidade sobre exportações e operações com energia elétrica e com telecomunicações. A Constituição prevê também que o IS será monofásico, ou seja, incidirá uma única vez sobre bens e serviços. Assim como para o IBS, o IS não será calculado por dentro, isto é, incluído o valor do próprio imposto em sua base de cálculo, mas integrará a base de cálculo do ICMS, do ISS, do IBS e da CBS. Com relação aos dois primeiros impostos, apenas enquanto estes vigorarem, ou seja, até 2033, e no caso dos outros dois, considerando que o IS é um imposto que onera a produção, a extração ou a importação de bens e serviços prejudiciais à saúde, a intenção foi manter essa escala de onerosidade, visando desincentivar o consumo desses bens e serviços, na medida em que tendem a ser mais caros.

Para afastar discussões sobre *bis in idem* entre o IS e outros impostos e contribuições, a EC esclareceu que o novo imposto pode ter os mesmos fato gerador e base de cálculo de outros tributos.

Ainda sobre o consumo, a EC criou a CBS, que substituirá totalmente, a partir de 2027, a Contribuição para o Financiamento da Seguridade Social (COFINS), atualmente prevista no art. 195, I, *b*, e no inciso IV, esta última chamada de COFINS-Importação. A CBS contribuição continuará destinada à seguridade social, pois está no rol do art. 195, mais especificamente no inciso V, e, assim como o IBS, tem a vantagem de poder ser devolvida às pessoas de baixa renda.

Estas são, em linhas gerais, as principais alterações no regime de tributação sobre o consumo trazidas pela EC nº 132, de 2023. Vale salientar que a maioria das mudanças no sistema tributário do consumo de bens e serviços e nos outros segmentos alcançados pela reforma depende de leis complementares. Somente depois que essas leis estiverem em vigor é que se poderá observar com mais detalhes os efeitos dessas mudanças, especialmente em relação ao princípio da *justiça tributária* proclamado no §3º do art. 145, acrescentado pela EC.

O atual modelo de tributação sobre o consumo de bens e serviços, em termos gerais, não discrepa do histórico dos tributos no Brasil. Será demonstrado na subseção 2.7 que, desde a Primeira República, a base da arrecadação fiscal brasileira alicerçava-se nos impostos que gravavam a importação. De acordo com Fabrício Augusto de Oliveira, entre 1900 e 1930, os tributos indiretos (incidentes sobre o consumo-importação) representavam a maior parcela arrecadatória em termos percentuais em relação ao PIB.[238] Por exemplo, no quinquênio 1900-1905, em média, a Carga Tributária não chegou a 13% do PIB, e o percentual de tributação indireta sobre o PIB foi de 11,35% para 1,24% de tributos diretos. No último quinquênio da Velha República (1926 a 1930), embora a tributação indireta tenha registrado uma perda sensível, a relação com a arrecadação de tributos diretos foi de 7,68% (tributos indiretos) e 1,21% (tributos diretos) em relação ao PIB.

A gritante diferença entre as tributações direta e indireta no referido período pode ser explicada em função das tensões e resistências políticas em se tributar a renda em países latino-americanos.[239] No Brasil não foi diferente, pois, a despeito de algumas tentativas desde o final do século XIX, a renda somente passou a ser tributada no país a partir de 1923.[240] Apesar de alguma oscilação nos primeiros anos do século XX, o dado relevante é que houve um crescimento importante da Carga Tributária em relação ao PIB, puxada principalmente pela tributação sobre o consumo, seguida pela tendência de alta dos tributos diretos. Por exemplo, em 1945, a Carga Tributária sobre o PIB alcançou 12,71%. Deste valor, 8,9% corresponderam a tributos indiretos e 3,81% a tributos diretos.[241] Curiosamente, na primeira metade do século XX, houve um crescimento proporcionalmente maior da arrecadação de tributos diretos sobre os indiretos (de 1,21% para 3,81%, em média). Este crescimento, no entanto, não foi

---

[238] OLIVEIRA. Op. cit., p. 163.
[239] DEODATO. Op. cit., p. 185.
[240] "Não obstante as tentativas levadas a cabo por Augusto Montenegro, L. Bulhões e Mário Brant, apenas em 1923 se logrou criar um imposto federal sobre a renda. Apesar de estar previsto na Lei nº 4.625, de 31 de dezembro de 1922, que dispunha sobre o orçamento para o exercício seguinte, o imposto somente foi instituído em 31 de dezembro de 1923, pela Lei nº 4.783, igualmente orçamentária" (LEONETTI. Op. cit., p. 16).
[241] OLIVEIRA. Op. cit., p. 174.

capaz de indicar melhora na distribuição da carga tributária entre as famílias mais abastadas e as mais carentes.

As tendências de aumento da carga tributária se confirmaram ao longo do século XX e início do século presente. Conforme foi exposto na subseção 2.2, em 2014, a Carga Tributária registrou 34,74% sobre o PIB. Os tributos diretos e indiretos, apresentaram, respectivamente, 14,44% e 14,84% em relação ao PIB.[242] Note-se que houve, em pouco mais de um século, vertiginoso crescimento de Carga Tributária (mais que dobrou) e os tributos diretos e indiretos tiveram um aumento percentual também expressivo.

Registre-se que, nesse cômputo dos tributos diretos, está a arrecadação de contribuições ao INSS sobre a folha, o que explica a pequena diferença em pontos percentuais para os tributos indiretos. A partir de 2016, conforme a Tabela 13 da subseção 2.2, modificamos a metodologia, segregando as mencionadas contribuições. Assim, para o ano de 2021, por exemplo, bens e serviços (tributação sobre o consumo) arrecadaram 14,50% em relação ao PIB e 44,02% da arrecadação total, enquanto renda e propriedade registraram, respectivamente, 9,48% e 28,79%.

Isso se explica, evidentemente, pelo fato de o Brasil ter passado de um país tipicamente liberal abstencionista da Primeira República para um Estado interventor a partir da assunção de Getúlio Vargas ao poder, em 1930. A trajetória de construção de um Estado Social no Brasil será explicada nas subseções 3.1.6 e 3.1.7 do Capítulo 3, fator que tem importância na análise atual dos números da pressão fiscal sobre o PIB.

Atualmente, os principais tributos que oneram o consumo são alguns impostos de competência dos três entes

---

[242] É importante lembrar que adotamos uma postura conservadora e a contribuição patronal para o INSS foi incluída no rol dos tributos diretos. Caso tal contribuição seja considerada tributo indireto (sobre o consumo) o percentual de 14,84% seria majorado em 5,79 pontos percentuais.

federados e as contribuições especiais exigidas pela União para o custeio da seguridade social. Sobre o consumo, a União arrecada: IPI, II, IE (apesar de que, na atualidade, a União tem isentado de impostos e contribuições as exportações como medida de estímulo à economia, remanescendo somente as taxas alfandegárias), IOF (pessoa jurídica), COFINS, PIS/PASEP, Contribuição – Salário-Educação, Contribuição – Sistema S e CIDE-Combustíveis. Os estados se encarregam do ICMS e aos municípios compete o ISS.

A opção de tributar o consumo possui raízes em sua forte vocação à fiscalidade, uma vez que tende a somar mais recursos financeiros do que visar às finalidades extrafiscais.[243] Note-se que, enquanto a tributação sobre a renda e a propriedade alcança um número limitado de incidências, a exigência de tributos sobre o consumo atinge uma diversidade incalculável de bens consumíveis, o que torna tal nicho econômico muito atraente para a transferência de recursos do setor privado ao setor público.

Os dados demonstrados na subseção 2.2 deflagram esta realidade. Do total da arrecadação tributária no país, aproximadamente 45% se referem aos tributos indiretos e, portanto, incidentes sobre o consumo. O modelo brasileiro de tributação sobre o consumo de bens e serviços é fiscalista por excelência, pois, de um modo geral, não concilia a pretensão arrecadatória com finalidades extrafiscais. Com exceção do IPI, que o inciso I do §3º do artigo 153 da Constituição Federal determina que deverá ser seletivo em razão da essencialidade do produto, os demais tributos incidentes sobre o consumo não necessitam seguir essa diretriz.

De acordo com dados de estudo realizado pelo Instituto de Pesquisa Econômica Aplicada (Ipea), o peso da carga tributária sobre os produtos que compõem a cesta básica, em média, é de 14,1%, incluindo neste cálculo somente o ICMS e o

---

[243] DEODATO. *Op. cit.*, p. 184.

PIS/COFINS.[244] Foram pesquisadas as regiões metropolitanas de Belém, Belo Horizonte, Curitiba, Distrito Federal, Fortaleza, Goiânia, Porto Alegre, Recife, Rio de Janeiro, Salvador e São Paulo. O destaque fica para Fortaleza, que registrou um percentual de 18,2%, seguido por Brasília, com 17,1%. São Paulo, Recife e Porto Alegre, que praticam alíquotas menores de ICMS sobre a cesta básica, ficaram com 11% de valor médio de tributação.[245]

Esta informação é uma pequena amostra de como atua o modelo de tributação sobre o consumo no Brasil. São pouco efetivas as políticas incentivadoras da capacidade contributiva em se tratando de tributação do consumo. A média de alíquotas de ICMS sobre produtos da cesta básica não poderia ficar apenas quatro pontos percentuais abaixo da maior alíquota sobre o mesmo grupo de produtos.

É certo que, em virtude de algumas dificuldades práticas, ou simplesmente em função das pretensões arrecadatórias, não se prioriza as diferenças individuais de renda entre os consumidores. Também é verdade que no ato da compra de um bem consumível é impraticável ao Fisco desenvolver um sistema de informações cruzadas, entre o tipo de mercadoria adquirida e o seu respectivo valor com a declaração de rendimentos do consumidor. O ideal seria que, a partir destas informações, as alíquotas dos produtos consumidos pudessem observar algum critério de progressividade, tributando-se com as alíquotas mais elevadas os consumidores de maior renda. A adoção deste sistema de tributação para o consumo provavelmente resultaria em dificuldades operacionais e eventuais controvérsias, inibindo o consumo de bens e serviços, fator que traria consequências econômicas negativas.

Por outro lado, a adoção de tributação seletiva sobre o consumo é perfeitamente factível, uma vez que é possível diminuir a carga fiscal de determinados bens de consumo

---

[244] MAGALHÃES, Luís Carlos Garcia de. et al. *Tributação, distribuição de renda e pobreza*: uma análise dos impactos da carga tributária sobre alimentação nas grandes regiões urbanas brasileiras. Brasília: IPEA, 2001, p. 11.

[245] *Ibid., loc. cit.*

essenciais à vida humana, como é o caso da cesta básica. Uma tributação média de 14,1% sobre a cesta básica dá margem a alguma crítica quando se observa que a alíquota média de ICMS sobre mercadorias é de 17% na maioria dos estados.

Embora dos pontos de vista social e político a diminuição da carga fiscal sobre a cesta básica possa contar com alguma simpatia inicial, a capacidade contributiva permanece sendo o desafio de uma matriz tributária equitativa. A redução da carga tributária sobre a cesta básica não poderá ser praticada de forma linear, isto é, partindo de um parâmetro de equidade horizontal. Caso isso prevaleça, não beneficiará somente as classes mais pobres, mas também as camadas mais ricas da sociedade. Admitindo uma redução de dez pontos percentuais sobre a média da tributação do consumo, e tendo por parâmetro o percentual de 14% levantado pelo Ipea nas regiões metropolitanas, a tributação média sobre a cesta básica cairia para 4%. Esta redução, se por um lado resultaria no aumento da renda dos mais pobres (habituais consumidores dos itens da cesta básica), traria o mesmo resultado às famílias mais ricas, caso a diminuição dos itens fosse linear. Assim, a seletividade deverá levar em consideração os perfis de consumo das classes econômicas.[246]

Por exemplo, a redução da alíquota de ICMS e de PIS/COFINS sobre queijos não deve ser a mesma para todos os tipos de queijo, mas somente aos laticínios comumente utilizados pelas classes mais pobres. Igualmente, eventual diminuição de carga fiscal de tributos indiretos sobre o peixe não poderá atingir pescados normalmente consumidos pelas classes mais abastadas. Esta lógica teria que se repetir em

---

[246] Os itens da cesta básica considerados nos levantamentos do Ipea são: maionese, salsicha, leite em pó integral, alho, manteiga, biscoitos, massa de tomate, limão, peixe, repolho, laranja, cebola, mandioca, carne de porco, fígado, feijão, pão francês, sal refinado, macarrão, linguiça, farinha de trigo, margarina, mortadela, iogurte, presunto, queijos, açúcar, café, óleos e azeites, arroz, farinha de mandioca, frango, carne bovina, leite de vaca pasteurizado, ovos, batata, banana, couve, tomate (MAGALHÃES, et. al. 2001, p. 13).

cada tipo de produto em que fosse possível distinguir os que são mais utilizados entre ricos e pobres. Dessa forma, a seletividade passaria a fazer sentido na procura de uma matriz tributária equitativa.

Outra solução equitativa seria a restituição de tributos incidentes sobre o consumo de determinados produtos e serviços à população de baixa renda. Neste caso, a lei deveria estabelecer quais contribuintes seriam beneficiados com a medida, levando-se em consideração a renda individual ou familiar. Caberia ao interessado comprovar o respectivo consumo por meio de notas fiscais, com a devida identificação do consumidor. Em determinado momento do ano as notas fiscais seriam processadas em conformidade com os dados sobre a renda dos contribuintes, e os tributos sobre o consumo seriam restituídos às pessoas que, nos termos da lei, fizessem jus à restituição. Isso é perfeitamente factível por meio dos Programas de Estímulo à Cidadania Fiscal (vulgarmente conhecidos pela expressão "CPF na nota"). Observe-se que esta proposta evitaria que os ricos se beneficiassem dos incentivos fiscais lineares que normalmente são concedidos sobre a cesta básica, conferindo-se maior pessoalidade à tributação sobre o consumo e devolvendo-se o tributo para quem realmente necessita. Além de respeitar a ideia de capacidade contributiva na tributação sobre o consumo, a proposta gera restituição de renda aos mais pobres, que provavelmente levarão outra vez os valores restituídos para o consumo, estimulando o crescimento econômico.

As propostas ora alinhavadas tratam da aplicação da teoria da equidade vertical examinada na subseção 1.6.3 do Capítulo 1, que subsidia o princípio da capacidade contributiva.

2.4.2 Efeitos jurídicos da tributação sobre o consumo

Como referido, os tributos sobre o consumo classificam-se no Direito Tributário como "indiretos". Isso significa que os encargos fiscais sobre o consumo são embutidos no custo das mercadorias e serviços consumidos, resultando na transposição da carga tributária aos consumidores finais. Note-se também que na tributação indireta a capacidade contributiva do consumidor não é levada em consideração para diferençar os percentuais de alíquota sobre a grande quantidade de produtos e serviços tributados. Na tributação indireta, portanto, tributa-se um fato econômico, não importando a identidade ou outras circunstâncias pessoais do sujeito passivo, tal como sua renda.

Saliente-se que, para o tipo de análise que se pretende fazer, o conceito de sujeição passiva não poderá seguir o tecnicismo da legislação tributária. O CTN, ao conceituar sujeito passivo, estabelece que contribuinte é quem tem relação pessoal e direta com a situação que constitua o respectivo fato gerador (art. 121, I). Seguindo-se este conceito à risca, o consumidor dos produtos – destinatário final da carga tributária – jamais poderia ser contribuinte. É que no sistema legal brasileiro, em se tratando de IPI e de ICMS, o fato gerador dos tributos que gravam o consumo de bens e serviços é a saída da mercadoria ou a prestação dos serviços, ambos documentados com a emissão da nota fiscal. As contribuições têm por fato imponível a receita auferida com as vendas e prestações de serviços. Quanto ao IOF e impostos incidentes no comércio exterior, embora os fatos geradores sejam, para o primeiro, as operações financeiras, e para os segundos, a importação e taxas alfandegárias, o encargo de tais tributos afeta também o consumo, pois tais exações são custos repassados no preço das mercadorias.

Assim, quando se tratar da tributação sobre o consumo os efeitos jurídicos terão que abstrair a literalidade do conceito de contribuinte para incluir a figura do consumidor, chamado normalmente pela literatura jurídica de "contribuinte de fato". Embora na tributação indireta os tributos incidentes sobre o consumo sejam formalmente pagos por quem vende a mercadoria ou presta o serviço, os ônus fiscais são repassados ao contribuinte de fato, que terá de suportar o encargo tributário incorporado ao custo dos produtos ou dos serviços adquiridos. Portanto, quando se tratar de contribuinte de tributos incidentes no consumo o conceito abrangerá o contribuinte de fato, ou melhor, levará em consideração somente o contribuinte de fato (consumidor), pois o vendedor (contribuinte de direito) não tem atuação relevante na análise do impacto da tributação do consumo sobre a sua receita.

A neutralidade do Estado quando tributa o consumo de bens está fincada em uma noção simples de capacidade contributiva. Conforme detalhado na subseção 1.3 do Capítulo 1 existe uma diferença conceitual entre capacidade econômica e capacidade contributiva. A expressão "capacidade contributiva" possui conotação jurídica, razão pela qual procura estabelecer relação "obrigacional" (jurídica, portanto) entre o indivíduo e o Estado. A "capacidade econômica", por sua vez, tem natureza sociológica ou econômica, pois se presta tão somente para descrever uma situação fatual, qualificada pela presença de renda ou de riqueza do particular. Assim, nem todo aquele que possui alguma renda teria capacidade contributiva para arcar com o custo da tributação. Sob o aspecto jurídico, é papel do Direito enxergar a capacidade contributiva visando vincular ao pagamento de tributos quem pode arcar com o seu ônus de forma equitativa. No Brasil, a tributação sobre o consumo leva em consideração o fato de se consumir bens ou serviços e não quem consome. Nesse sentido, o consumo revela capacidade econômica para alguém ser tributado, mas não capacidade contributiva, pois esta teria que se pautar por critérios de equidade, ignorados pela tributação sobre o consumo.

Uma proposta de tributação equitativa para o consumo fundada na capacidade contributiva não é medida simples. Tradicionalmente, o consumo recebe a incidência de tributos indiretos exatamente em função de nesta modalidade de tributação o foco não ser o contribuinte (seja ele "de fato" ou "de direito"), mas sim o fato tributável, o que afasta a noção de capacidade contributiva e sua decorrência lógica da teoria da equidade vertical (v. subseção 1.6.3, do Capítulo 1). Na tributação sobre o consumo, normalmente se entende que a capacidade contributiva é presumível, devendo os tributos variarem conforme o preço da mercadoria ou do serviço adquirido. Esta é a razão de o Direito Tributário se contentar com a adoção de alíquotas proporcionais para tributar o consumo. Tomando-se como exemplo o ICMS, cuja alíquota para a maior parte dos produtos é 17%, quanto maior o valor do bem adquirido, maior será o valor arrecadado do imposto. Assim, quanto maior for o valor do bem consumido, maior será o valor proporcionalmente arrecadado em razão do preço da mercadoria.

O referido critério de tributação seria equitativo se as rendas auferidas pelos consumidores não discrepassem em montantes muito distintos. Se por um lado é mais fácil e cômodo ao Estado tributar o consumo por meio de alíquotas proporcionais, por outro gera efeitos que podem ser considerados iníquos economicamente. Neste livro, em síntese, adotou-se o fundamento aristotélico da "justiça no caso individual" para propor um conceito de equidade (v. subseção 1.4 do Capítulo 1). Assim, uma tributação equitativa sobre o consumo de bens e de serviços não poderá se fundar, unicamente, em um critério *ad valorem*, isto é, no preço dos bens consumíveis (base de cálculo) à razão de uma alíquota percentual para os produtos consumidos, independentemente da capacidade contributiva dos contribuintes. Isso não realiza a justiça no fato concreto e, portanto, não se trata de uma tributação equitativa.

O instrumento de aferição da equidade tributária no consumo, no entanto, não poderá ser a renda auferida dos consumidores por causa das dificuldades pragmáticas em se detectar a renda pessoal no ato da compra de um bem ou serviço, especialmente no varejo. É certo que de acordo com determinados padrões de consumo, especialmente de bens com alto valor agregado, como veículos de luxo, embarcações, aeronaves e joias, ou outros mais prescindíveis, como viagens, é provável se conseguir aferir a capacidade contributiva dos consumidores em razão da renda. No comércio de varejo ou no informal esta possibilidade se reduz ou praticamente não existe.

Para efetivar a seletividade, os estados costumam conceder benefícios fiscais, tais como isenções ou reduções de base de cálculo, visando ao objetivo de incentivar a produção econômica ou a diminuição de preços de produtos economicamente elásticos, ou da cesta básica. Tomando-se como exemplo o Distrito Federal, as alíquotas de ICMS normalmente adotadas por esta unidade federada são: 25%, 21%, 17% e 12%, dependendo da mercadoria ou do serviço. No caso de diversos gêneros alimentícios é autorizada a carga tributária mínima de 7% de ICMS nas saídas internas de mercadorias que compõem a cesta básica.[247] A despeito de medidas deste tipo significarem um avanço, o abatimento de alíquotas recaindo linearmente sobre determinados gêneros alimentícios beneficia tanto as classes mais pobres quanto as mais abastadas, não sendo capaz de tornar equitativa a tributação caso não exista algum critério que permita individualizar as capacidades contributivas dos consumidores.

A redução de carga tributária de ICMS sobre gêneros alimentícios que compõem a cesta básica repercute de forma diferente conforme a renda dos consumidores. Para as famílias pobres, o comprometimento da renda com tributos sobre o consumo, ainda que beneficiados por redução de alíquota, é proporcionalmente maior do que nas famílias mais ricas. Para a efetividade de uma matriz tributária equitativa é necessário que a tributação sobre o consumo, além de adotar a seletividade como critério de justiça, afete os contribuintes consumidores em outros setores tributáveis, a fim de se buscar um ponto de equilíbrio.

---

[247] Convênio ICMS 128/1994. Cláusula 1ª: Ficam os Estados e o Distrito Federal autorizados a estabelecer carga tributária mínima de 7% (sete por cento) do ICMS nas saídas internas de mercadorias que compõem a cesta básica.

2.4.3 Efeitos econômicos e sociais dos tributos sobre o consumo

Na teoria é possível se distinguir os tributos indiretos incidentes sobre o consumo de duas maneiras: a) incidentes sobre consumos específicos; b) incidentes sobre vendas.[248] Os do primeiro tipo guardam sintonia com as finalidades extrafiscais da tributação, de modo que determinados produtos poderão ser tributados em razão de sua essencialidade ou visando-se a outros efeitos econômicos e sociais. Por exemplo, a fim de se incentivar a proteção ao meio ambiente um equipamento fabricado com material reciclável poderá ser tributado por alíquotas menores do que o seu similar, manufaturado com produtos originais (não reciclados). Os fins, neste caso, são de natureza protetiva do meio ambiente. Na mesma linha, veículos movidos por motores *flex* ou elétricos poderão receber tributação menor do que os motores acionados por combustíveis fósseis. Para ampliar a capacidade de receita, produtos inelásticos na economia poderão ser tributados para angariar recursos para setores afins, como é o caso da CIDE-Combustíveis brasileira. Portanto, na tributação sobre o consumo de bens específicos a finalidade extrafiscal é o que prepondera.

Diferente é o caso da tributação sobre as vendas em que o objetivo é fazer com que os tributos incidam sobre os gastos, independentemente de quem seja o consumidor. Neste caso, a capacidade contributiva se mede em função dos gastos realizados, incidindo os tributos de forma indireta, porque o encargo tributário é repassado ao consumidor. A diferença entre uma modalidade e outra reside exatamente nas finalidades das exações. Na tributação sobre o consumo específico, a finalidade é tributar o tipo de bem consumido,

---

[248] CHAGAS, Carlos et al. *Enciclopédia prática de economia.* São Paulo: Editora Nova Cultural, 1988, p. 234-235.

ao passo que na tributação sobre as vendas o fim é atingir a capacidade contributiva objetiva, representada pelas aquisições de produtos e serviços consumíveis.

A partir das citadas características é possível concluir que o Brasil onera o consumo com as duas modalidades. O IPI se inclina a cumprir as finalidades da tributação sobre o consumo de bens específicos, auxiliado pelo ICMS, na medida em que se adota alguma seletividade, instituto que terá sua aplicação analisada também na subseção 3.3.2 do Capítulo 3. Já o IOF, ISS, impostos sobre o comércio exterior e as contribuições fariam parte do rol dos tributos sobre as vendas, pois repercutem no consumo de bens na medida em que são transpostos para o preço dos produtos, mas não tendem a cumprir objetivos extrafiscais que visem a alterar hábitos específicos de consumo.

A identificação de finalidades fiscais e extrafiscais para os tributos sobre o consumo desperta controvérsias a respeito dos seus efeitos sociais. Alberto Deodato, citando doutrinas estrangeiras, argumenta que ao mesmo tempo que tributar o consumo de bens considerados nocivos à saúde humana é um objetivo socialmente desejável, por outro lado pode comprometer o orçamento de famílias mais pobres, quando o vício do álcool ou do cigarro, por exemplo, corroer fortemente a renda familiar mediante o consumo de tais produtos com muito tributo embutido.[249] O vício poderia sobrepujar o objetivo de inibir o consumo destas mercadorias. Mas pondera que a fome pode vencer o vício e ainda que, entre deixar de tributar severamente tais produtos temendo-se o aumento do empobrecimento de famílias vitimadas pelo vício dos seus genitores, deve-se apostar no controle do consumo dos mencionados bens por meio da tributação.[250]

---

[249] DEOADATO. *Op. cit.*, p. 186.

[250] "Certos artigos nocivos à saúde, à moral, ao desenvolvimento social, poderão ser sobretaxados, tornando-os mais difíceis de aquisição" (DEOADATO. *Op. cit.*, p. 186).

Por outro lado, as pretensões extrafiscais da tributação sobre o consumo de bens supérfluos ou sofisticados pode inibir o aumento da alocação de recursos para setores econômicos com pouca utilidade social. Realmente, a elevação da tributação sobre bens supérfluos pode diminuir o consumo de bens deste setor. Ao mesmo tempo, a "sobretaxação" de tais produtos permite uma transferência maior de recursos do setor privado para o público, com esperados ganhos sociais. Nesse sentido, vale o alvitre de Deodato: "em parte, o imposto de consumo, leve para os gêneros de primeira necessidade, pesado para os supérfluos, procura certo equilíbrio no consumo dos pobres e dos ricos".[251]

A partir dos pontos de vista extrafiscal, social e econômico a tributação sobre o consumo traz virtudes sociais inegáveis em função de ser um desincentivo a determinadas práticas individuais com efeitos coletivos indesejáveis, normalmente considerados externalidades negativas do consumo.

Quanto ao aspecto fiscal, é possível elencar-se vantagens e desvantagens com a tributação sobre o consumo. Para Deodato, os pontos positivos são: a) a comodidade da arrecadação; b) a elasticidade dos bens tributáveis; c) o alcance de objetivos morais (neste caso a vantagem é extrafiscal); d) é instrumento anti-inflacionário. Os aspectos negativos consistem em: a) falta de universalidade na tributação; b) ausência de uniformidade; c) repercussão econômica sobre o consumidor; d) percepção dispendiosa (altos custos administrativos de arrecadação).

Mencionamos na subseção 2.4 que, realmente, a arrecadação dos tributos sobre o consumo é cômoda, porquanto o encargo tributário é embutido no preço das mercadorias e serviços consumidos, atenuando a percepção real do peso dos tributos aderentes ao consumo e o valor real dos bens consumidos. É diferente dos tributos diretos (incidentes sobre renda e propriedade) em que o valor dos tributos é percebido

---

[251] Ibid. loc. cit.

nitidamente com o pagamento destacado dos tributos pelos contribuintes. Trata-se do que Valcir Gassen chama de "tributos anestesiantes", em contraponto aos "tributos irritantes".[252] A elasticidade, por sua vez, abriga a vantagem de alcançar um número inestimável de incidências com resultados arrecadatórios eficientes. Note-se que um aumento na alíquota da COFINS ou do PIS, por exemplo, gera um grande efeito arrecadatório em razão da multiplicidade das receitas obtidas pelas empresas atuantes no setor de consumo de bens e serviços. As vantagens morais, de objetivos extrafiscais, foram explicadas com a distinção dos conceitos de tributação sobre o consumo específico de bens e de vendas. Em relação aos efeitos anti-inflacionários, os tributos sobre o consumo ajudam a frear a chamada inflação de demanda, caracterizada pela explosão consumerista em períodos de aumento da renda.

A respeito dos pontos negativos, as ausências de universalidade e de uniformidade da tributação decorrem das dificuldades de se identificar a totalidade dos consumos individuais, especialmente os que são consumidos no mercado informal ou familiar. Quanto a repercussão econômica sobre o consumidor, observa-se que é tênue a influência dos tributos do consumo sobre o fabricante ou comerciante, uma vez que o sistema tributário naturalmente permite que se incluam tais valores como custos dos bens consumíveis. Em que pese alguma repercussão sobre o capital de giro ou no lucro das empresas comerciantes, boa parte da repercussão econômica dos produtos e serviços comercializados é suportada pelos consumidores, o que resulta também em abalos sistemáticos em toda economia. O sistema de arrecadação dos tributos

---

[252] "Importa também lembrar que, nos sistemas tributários, existem dois tipos de tributos: os 'irritantes' e os 'anestesiantes'. Os primeiros têm como bases de incidência a renda e o patrimônio, e 'irritam' o contribuinte, visto que este percebe o quanto está sendo onerado quando do pagamento do tributo (por exemplo, o imposto de renda e o imposto sobre a propriedade territorial urbana). No segundo caso, dos 'anestesiantes', o ônus tributário é repercutido ao consumidor final (contribuinte de fato), que acaba não percebendo o valor do tributo incluso no preço do bem ou serviço" (GASSEN. *Op. cit.*, apresentação).

sobre o consumo acarreta elevados custos de conformidade em razão das complexidades para o lançamento de tais tributos. Estes custos são absorvidos pelos contribuintes de direito e repassados no custo dos bens consumíveis. Além disso, a fiscalização deste nicho tributário envolve uma máquina fiscal cara, o que, na outra ponta, exige o aumento de arrecadação fiscal, gerando o seguinte círculo vicioso: quanto mais consumo, mais tributos e maior deve ser a capacidade do Estado de fiscalizar o seu recolhimento.

Percebe-se que a tributação sobre o consumo é controvertida, pois coloca em lados antagônicos questões finalísticas da tributação, tais como a eficiência da arrecadação e a capacidade contributiva, especialmente das camadas mais carentes da população. Se por um lado advogar a isenção de gêneros consumíveis tidos como necessários à vida humana seria uma medida compreensível, por outro lado gera efeitos econômicos que exigem certa dose de reflexão e ponderações. Isso porque tal isenção poderia levar ao comprometimento das contas públicas, uma vez que o consumo de gêneros necessários é notoriamente superior ao de bens e serviços luxuosos ou supérfluos. Além disso, tal isenção refletiria sobre todas as classes econômicas em função de que o fator fiscal recairia sobre a venda dos produtos e não sobre consumidores específicos.

2.5 Tributação sobre renda e patrimônio (propriedade e herança)

A advertência feita para análise da tributação sobre o consumo deve se repetir à presente subseção, qual seja, não podemos nos deter às minúcias de tais impostos. Neste livro, o que se visa é verificar se a matriz tributária brasileira pode ser considerada justa ou equitativa e, para tanto, os aspectos normativos de tais tributos não são relevantes quanto o são os seus efeitos jurídicos e econômicos. Por esta razão, nesta fase apenas serão apresentadas informações específicas sobre tais tributos voltadas ao objetivo central da investigação.

É preciso esclarecer também que a presente argumentação é jurídica, embora guarde pontos de interseção com outras áreas do conhecimento, especialmente a Economia e a Ciência Política. A análise da tributação sobre a renda e a propriedade, portanto, será jurídica, o que significa a busca de um sentido de justiça para a tributação sobre ambas as bases. Para se chegar a alguma conclusão sobre se a matriz tributária é ou não justa é necessário definir o que se espera do termo "justiça". Na subseção 1.4 do Capítulo 1, argumentos teóricos foram apresentados sobre o conceito de equidade – modalidade de justiça que visa a se aproximar das situações que demandam a aplicação de justiça da forma mais individualizada possível – respeitando as diferenças entre as pessoas, fim último da justiça. Neste trabalho, investiga-se se uma argumentação sobre equidade e justiça se concilia com as adversidades reais da matriz tributária. Isso passa, obviamente, pelo conhecimento de como os tributos influenciam na realidade econômica das pessoas obrigadas a pagar tributos, quer sobre a renda, propriedade ou consumo.

Nesta subseção, não nos aprofundaremos, como também não nos aprofundamos nos subitens anteriores, sobre a hipótese de a matriz tributária ser ou não ser equitativa em função dos tributos sobre o consumo. Apesar disso, deixamos pistas e insinuações de que a ênfase da tributação sobre o consumo talvez exija alguma crítica em função dos efeitos que gera sobre a renda individual ou familiar dos mais pobres. Não será diferente com esta exposição inicial sobre a tributação da renda e do patrimônio. Queremos tão somente mostrar o quadro atual dos tributos no Brasil e seus efeitos jurídicos e econômicos. No Capítulo 3, subseções 3.3.4, 3.3.4.1 a 3.3.4.3 será apontado como as opções jurídicas de tributação sobre renda e propriedade geram, ainda que imperceptivelmente no cotidiano, efeitos jurídicos e econômicos que merecem reflexões em torno de uma teoria de justiça para a tributação.

Feitas as considerações introdutórias, é importante relembrar que os tributos sobre renda e propriedade foram classificados como pertencentes à classe dos "tributos diretos". No Brasil, os principais tributos que integram esse grupo são: IR (IRPF, IRPJ, IRRF), IOF (pessoa física), ITR, INSS, CSLL, IPTU, ITBI, ITCD e IPVA.

Algumas observações se destacam antes de qualquer abordagem sobre os efeitos jurídicos e econômicos destes tributos com vistas à sua conciliação com o conceito de equidade tributária, embora reflexões mais profundas venham a ser feitas na subseção 3.3.5, do Capítulo 3. O IRPJ e as Contribuições INSS e CSLL estão classificadas como tributos diretos, mas refletem sutilmente sobre o conceito de tributação indireta. É que tais tributos são exigidos das pessoas jurídicas, geralmente empresas atuantes no setor produtivo de bens e serviços. Assim, as despesas com tais tributos, em tese, poderão fazer parte dos custos dos bens consumidos. A medição do impacto demandaria uma pesquisa de natureza microeconômica com o objetivo de investigar metodologias de composição de custo e o isolamento de todos os tributos pagos pelas unidades produtivas. Como a finalidade deste livro é verificar a hipótese de a matriz tributária ser ou não ser justa ou equitativa, necessário se faz utilizar um critério prático de classificação dos tributos de acordo com seus respectivos fatos geradores, além de sua incidência direta sobre o consumo, renda ou propriedade. Por conseguinte, o IRPJ e a CSLL são devidos em função de ganhos que se incorporam ao patrimônio das pessoas jurídicas, ainda que parte destes ganhos possa ser distribuída posteriormente aos seus proprietários na forma de dividendos. A exigência de tais tributos não se deve diretamente à sua atuação no mercado mediante a venda de produtos ou prestação de serviços. Note-se que a empresa poderia não auferir renda ou lucro no período legal de apuração e nem por isso estaria exonerada do pagamento dos tributos indiretos sobre o consumo (IPI, ICMS, PIS/COFINS etc.). Raciocínio semelhante se aplica às contribuições à seguridade social. No caso da contribuição patronal, incidente sobre as remunerações pagas aos empregados da empresa, trata-se de custo que não tem relação direta com o consumo, uma vez que a base de cálculo da contribuição é o montante da despesa com mão de obra, e não o preço dos bens consumíveis. Dito de outro modo, caso a empresa não vendesse um produto sequer, não estaria eximida de pagar tais contribuições se mantivesse empregados.

Os demais tributos da classe dos diretos adequam-se ao conceito sem restrições. Todos têm seus respectivos custos suportados pelo contribuinte, sem autorização legal de destaque do seu repasse aos consumidores ou terceiros, razão pela qual não possuem relação direta com o consumo de bens e de serviços, ainda que, quando for o caso, o patrimônio tributado seja da pessoa jurídica empresária.

2.5.1 Conceito de renda

Embora assumindo certos riscos decorrentes das simplificações, é possível considerar que todo tributo incide sobre a renda, seja ela auferida, acumulada ou consumida. Neste subitem, nos dedicaremos a anotações sobre as duas primeiras modalidades, conhecidas como tributação sobre "renda" e "patrimônio". Não é por acaso que Carlos Araújo Leonetti afirma, sem omitir se tratar da opinião de alguns autores, que a renda é tributada desde os primórdios da humanidade.[253] A verificação explícita deste tipo de tributação, no entanto, data do século XV, na Inglaterra, em 1404, apesar de seus registros históricos terem sido extraviados por ordem do Parlamento.[254]

Depois de diversas variações conceituais daquele século até o século XX, chegou-se a um conceito moderno de renda,

---

[253] LEONETTI. *Op. cit.*, p. 1-2.
[254] *Ibid., loc. cit.*

fundado nas teorias dos economistas Robert Haig e Henry Simons, o que deu origem ao binômio Haig-Simons para se definir renda. Por este critério, renda significa: "o valor monetário do aumento líquido do poder de consumo de um indivíduo durante um determinado período. É igual ao montante efetivamente consumido durante o período somado aos acréscimos patrimoniais líquidos".[255] Desdobrando este entendimento, a renda resultaria da soma de todas as fontes capazes de aumentar o poder de consumo de determinada pessoa, independentemente de como este consumo tenha ocorrido ou se de fato ocorreu. Mas a simples soma das fontes não resultará em acréscimos patrimoniais "líquidos", caso não se deduzam das somas as despesas que concorram para a obtenção da renda, isto é, ao aumento do potencial de consumo. Assim, para o critério Haig-Simons, "todas as eventuais diminuições do potencial de consumo do indivíduo devem ser excluídas de sua renda, como, por exemplo, as despesas que este teve para auferi-las".[256] A despeito de sua popularidade, o conceito de renda Haig-Simons não está totalmente imune de críticas, mormente por considerar como renda qualquer recebimento, independente da origem da fonte, inclusive se esta é lícita ou não. Em síntese, o aumento do potencial líquido de consumo é o que define renda pelo mencionado critério.

Já do ponto de vista da Economia a renda é o resultado líquido do poder de consumo das pessoas, obviamente decorrendo de fontes pagadoras, não importando a origem. Em termos jurídicos, a questão tormentosa é saber se a renda deve se vincular à sua raiz conceitual econômica ou o Direito poderá conceituar renda com base em outros critérios. Alfredo Augusto Becker foi um crítico contumaz da prevalência dos fatos (não qualificados pelo Direito) sobre os fatos jurídicos. Para efeitos de tributação, o jurista gaúcho sustentava que o

---

[255] SIMONS, *apud* LEONETTI. *Op. cit.*, p. 22.
[256] LEONETTI. *Op. cit.*, p. 22.

fato tributável, quando eleito pela regra jurídica tributária, perde suas características originais e passa a ser jurídico.[257] O argumento de Becker, embora no plano formal seja aceitável, não rompe com o inescusável, isto é, os fatos sociais (no caso econômico) dão origem às normas jurídicas. Esta parece ser a razão de a Constituição Federal, no artigo 153, III, atribuir competência à União para tributar a "renda e proventos de qualquer natureza", sem fazer referência explícita ao que juridicamente deve ser considerado renda. Becker de certa forma tem razão, pois, a Constituição Federal, embora posterior à publicação de sua obra outorgou ao legislador complementar no artigo 146, III, "a", a tarefa de definir o fato gerador dos impostos discriminados na Carta e o Imposto de Renda é um deles. Se a Constituição não concedeu à renda e aos proventos conceitos diversos, o legislador não poderá definir como renda qualquer fato econômico, mas somente uma situação que se alinhe à alguma teoria econômica sobre o conceito de renda.

Nesse sentido, Hugo de Brito Machado contesta a tese de que renda poderá ser definida livremente pelo legislador. Lembra que Rubens Gomes de Sousa, a despeito de ter sido um dos maiores financistas de seu tempo – e eu acrescento: da atualidade também –, teria considerado a possibilidade de o legislador definir como renda qualquer fato. Mas não há como o legislador não ser orientado pela Economia ou Teoria das Finanças se a Constituição Federal se referiu à renda ou proventos de qualquer natureza, delimitando, portanto, os limites semânticos desta hipótese de tributação. Nas palavras de Hugo Machado:

> Como qualquer intérprete de normas jurídicas, o legislador, que é um intérprete da Constituição, goza de relativa liberdade ao

---

[257] "Ora, as estruturas jurídicas têm por finalidade – não complicar – mas justamente simplificar os fatos sociais e, coercitivamente, discipliná-los e conduzi-los; isto só é possível mediante a dominação e a deformação do fato social pelo *instrumento* de ação social: a regra jurídica" – grifo original (BECKER. *Op. cit.*, p. 97).

interpretar qualquer de seus dispositivos. Assim, ao interpretar seu art. 153, inciso III, pode o legislador complementar escolher entre as diversas definições de renda fornecidas pelos economistas e financistas, procurando alcançar a capacidade contributiva e tendo em vista considerações de ordem prática. Não pode, todavia, formular, arbitrariamente, uma definição de *renda*, ou de *proventos de qualquer natureza*.[258]

O CTN foi recepcionado como a lei complementar querida pelo inciso III do artigo 146 da Constituição, e o seu artigo 43 conceitua renda da seguinte maneira: "a aquisição da disponibilidade econômica ou jurídica de renda, decorrendo esta do trabalho, do capital ou da combinação de ambos; ou de proventos de qualquer natureza, considerados como acréscimos patrimoniais que não se confundem com os resultantes do trabalho e do capital".[259] Gisele Lemke entende que o CTN adotou a teoria da renda produto ou teoria das fontes excluindo de seu conceito a teoria da "renda-acréscimo patrimonial".[260] Assim, não ingressam no conceito de renda os acréscimos patrimoniais gratuitos ou as mais-valias. Apesar de algumas sutilezas, o conceito de renda adotado pela legislação brasileira corresponde à raiz econômica do binômio Haig-Simons. A alusão a "acréscimos patrimoniais" conduz à conclusão de que renda é o aumento da capacidade de consumo. E se pode decorrer do trabalho, do capital ou da combinação de ambos, bem como de proventos de qualquer natureza, todas as fontes pagadoras são consideradas renda. Embora o conceito se refira também à aquisição da disponibilidade jurídica da renda e dos proventos de qualquer

---

[258] MACHADO, Hugo de Brito. *Comentários ao Código Tributário Nacional*. São Paulo: Atlas, 2007, p. 438-439.
[259] CTN, art. 43: O imposto, de competência da União, sobre a renda e proventos de qualquer natureza tem como fato gerador a aquisição da disponibilidade econômica ou jurídica: I – de renda, assim entendido o produto do capital, do trabalho ou da combinação de ambos; II – de proventos de qualquer natureza, assim entendidos os acréscimos patrimoniais não compreendidos no inciso anterior.
[260] LEMKE, Gisele. *Imposto de renda*: os conceitos de renda e de disponibilidade econômica e jurídica. São Paulo: Dialética, 1998, p. 63.

natureza, a doutrina, conforme aduz Carlos Araújo Leonetti, tem entendido que o conceito jurídico de renda somente se consuma com sua disponibilidade econômica.[261]

Portanto, não há como dissociar o conceito de renda da tributação sobre o consumo e sobre o patrimônio, pois todas estas aquisições derivam da disponibilidade econômica decorrente da renda. A maior ou menor capacidade de consumo ou de aquisição de patrimônio dependerá da intensidade da tributação sobre a renda, e isso é uma escolha do sistema jurídico.

2.5.2 Efeitos jurídicos e econômicos da tributação da renda

A partir do conceito de renda é possível intuir facilmente que o Imposto de Renda poderá ser exigido de pessoas físicas e jurídicas, uma vez que tanto uma quanto outra poderá aumentar sua capacidade líquida de consumo. Neste livro, porém, o foco reside nos efeitos jurídicos e econômicos da tributação incidente sobre a renda das pessoas naturais. Isso porque, no caso das pessoas jurídicas, os efeitos da tributação sobre a renda são indiretos ou reflexos, influindo na capacidade de investimento das empresas ou de distribuição dos dividendos aos acionistas. No ponto, pretendemos examinar, na perspectiva da equidade, os efeitos do modelo atual de tributação sobre a renda relacionados à diminuição da capacidade de consumo e da própria renda entre as famílias pobres e ricas.

O Imposto de Renda é o tributo que mais simboliza a ideia de justiça tributária vista do alto de um plano ideal. Isso

---

[261] "Vê-se, neste rápido giro pela doutrina, que, de modo geral, prevalece o entendimento de que o importante na caracterização da ocorrência do fato gerador do imposto é a aquisição da disponibilidade econômica, ficando a da disponibilidade jurídica em segundo plano" (LEONETTI. *Op. cit.*, p. 64).

porque tal espécie tributária grava a produção econômica humana e, no caso da pessoa física, não tem como ser repassado para terceiros, constituindo tributo direto por excelência. O consumo e o patrimônio decorrem da capacidade dos seres humanos de obterem renda com seus esforços físicos ou intelectual, com base no capital investido, ou a partir do patrimônio adquirido ou herdado. A renda, com efeito, é o ponto de partida de qualquer ideia de tributação.

Exatamente por onerar o indivíduo, o Imposto sobre a Renda produz efeitos jurídicos que se entrelaçam com efeitos econômicos. O IR tem finalidade fiscal, mas colateralmente também exerce influência na distribuição da renda coletiva. Conforme os efeitos econômicos da tributação venham a acirrar as diferenças econômicas, a distribuição da renda coletiva será tanto mais injusta quanto menor for a capacidade do imposto de renda de reduzir a distância entre ricos e pobres. A tributação do IR pode revelar uma luta de classes nem sempre perceptível nos debates jurídicos. Assim, os efeitos econômicos do imposto praticamente se confundem com a ideia de justiça tributária, caso se tenha por parâmetro um nível de distribuição de renda que permita a todos as mesmas oportunidades mínimas e uma vida digna, plena de bem-estar.

Partindo-se de um raciocínio lógico muito simples, tanto maior for a tributação sobre a renda menor será a capacidade de consumo e de acumulação patrimonial dos indivíduos. Isso leva a determinadas reações individuais e coletivas. Argumenta-se que quanto mais é tributada a renda, maior é o desestímulo à produção econômica.[262] Se os mais hábeis na produção econômica sabem que serão menos onerados na geração de renda, estes tenderão a produzir mais e isso poderá carrear mais desenvolvimento econômico. É necessário verificar até que ponto esta afirmação não seria meramente

---

[262] "É preciso se observar que se avoluma o número dos que combatem essa progressividade exagerada, sob a alegação de que desencoraja a iniciativa privada, que é a grande base do progresso capitalista" (DEODATO. *Op. cit.*, p. 193).

retórica. Quando se comparam os percentuais de tributação sobre a renda entre o Brasil e outros países economicamente ativos percebem-se diferenças que podem colocar em dúvida o mencionado argumento. Utilizando como referência os países da OCDE, no ano de 2013, o índice médio de tributação da renda nos vinte e cinco países integrantes do órgão foi de 11,7% em relação ao PIB de cada localidade, enquanto no Brasil o imposto de renda atingiu 6,1% do PIB.

Comparando-se com o chamado G20, o crescimento econômico dos países integrantes nos últimos três anos registrou os seguintes índices: 2015: (sem referência); 2014: 3,3%; 2013: 3,1%. Sobre a economia brasileira tem-se os seguintes dados: 2015: – 3,8%; 2014: 0,1%; 2013: 3,0%.[263] Os países do G20, como se sabe, são países considerados desenvolvidos ou em desenvolvimento, respondendo pela maior parcela do PIB mundial. Assim, não há como se alegar que não sejam países com elevados índices de produção e, em geral, a tributação da renda, lucros e dividendos dos referidos países é superior à carga tributária brasileira sobre os mesmos nichos. Quando se comparam estatísticas tributárias de alguns destes países, logo se verifica que não se confirma a premissa de tanto maior a tributação sobre a renda, menor será a produção econômica.

Por exemplo, o Brasil, tem sido considerado, desde 2016, como a nona economia do planeta, depois de já ter ostentado

---

[263] Disponível em: < http://stats.oecd.org/index.aspx?queryid=33940 >. Acesso em: 9 mar. 2016.

a sétima posição. No comparativo dos dados nacionais com as seis primeiras potências econômicas tem-se os seguintes indicadores:[264]

QUADRO COMPARATIVO DO CRESCIMENTO DO PIB

Em %

PAÍS	2013	2014	2015
EUA	1,5	2,4	2,4
China	7,7	7,3	6.9
Índia	6,3	7,0	7,3
Japão	1,4	0,0	0,5
Alemanha	0,3	1,6	1,7
Rússia	1,3	0,6	...
Brasil	3,0	0,1	– 3,8

Observe-se que, de todos os países, o único que teve crescimento negativo foi o Brasil e, de acordo com as estatísticas mundiais, é considerado um país com baixos níveis de tributação de renda.[265] Em 2014, EUA e Alemanha registraram 12,1% e 11,4%, respectivamente, de carga tributária sobre renda, lucros e ganhos de capital em relação aos seus PIBs. O Brasil, por sua vez, tributou tais nichos econômicos em 6,1%, também em relação ao PIB.[266] Na comparação destes dois países integrantes da OCDE e que compõem o rol das sete maiores economias mundiais, a renda foi tributada em aproximadamente mais da metade do que no Brasil, sendo que o crescimento econômico se manteve

---

[264] Disponível em: < http://stats.oecd.org/index.aspx?queryid=33940 >. Acesso em: 9 mar. 2016.

[265] De 2016 a 2022, o PIB anual brasileiro registrou os seguinte valores: 2016, -2,26%; 2017, 2,58%; 2018, 1,55%; 2019, 1,70%; 2020, 0,36%; 2021, 2,13%; 2022, 1,91%. Fonte: ipeadata.gov.br. Disponível em < http://www.ipeadata.gov.br/exibeserie.aspx?serid=38414>.

[266] Disponível em: <http://idg.receita.fazenda.gov.br/dados/receitadata/estudos-e-tributarios-e-aduaneiros/estudos-e-estatisticas/carga-tributaria-no-brasil/29-10-2015-carga-tributaria-2014/view>. Acesso em: 9 mar. 2016.

positivo nos dois países. No Brasil, ao contrário, além de, na média, o crescimento ter sido inferior aos dos dois países no triênio, no ano de 2015 a economia decresceu. É possível concluir que não existe necessariamente relação lógica entre tributação da renda e retração econômica. A desaceleração da produção, além de outros fatores econômicos, pode estar associada a uma tributação injusta, em que a maior parte da população tem seus ganhos comprometidos com o pagamento de tributos indiretos. Em contrapartida, a minoria mais abastada – e que concentra a maior parte da renda nacional – é proporcionalmente menos onerada com tributos diretos. Com menor potencial de consumo em virtude do peso desproporcional da tributação sobre a renda na maior parcela da população são esperados tanto a queda do consumo de bens como a de serviços, ou maior endividamento das famílias mais carentes, fatores que podem levar à retração econômica.

Por outro lado, a menor tributação da renda pode acarretar aumento de ganhos individuais, os quais poderão ser conduzidos à acumulação de patrimônio e não necessariamente na produção econômica. Note-se, conforme lembra Deodato, que nos últimos tempos (e sua obra data de 1971) o capitalismo mundial está alicerçado no fluxo de capitais e no investimento em títulos públicos ou privados negociados no mercado financeiro. Foi-se o tempo que a produção era o principal foco dos investidores.[267] Evidentemente, o acúmulo patrimonial decorrente dos rendimentos do capital individualiza a riqueza e diminui a alocação de recursos privados que poderia ser dirigida ao setor produtivo.

Este comentário se aplica aos casos de investimentos em títulos mobiliários públicos ou privados negociados no mercado financeiro com finalidade meramente rentista. Obviamente, é desejável a aquisição de patrimônio mobiliário produtivo – como é o caso da negociação de ações e debentures

---

[267] DEODATO. *Op. cit.*, p. 195.

de companhias – que permite a captação de recursos financeiros ao setor produtivo sem o pagamento de juros.

Vê-se, portanto, que a tributação sobre a renda está no centro das discussões de uma matriz tributária equitativa em função dos efeitos econômicos que dela se desdobram, os quais se confundem com os efeitos jurídicos, desde que se adote a finalidade de realização de uma matriz tributária justa.

Ainda sobre as simbioses jurídica e econômica do Imposto de Renda, saliente-se que de todos os tributos é a espécie mais alinhada à noção de capacidade contributiva, já que visa a onerar pessoalmente os indivíduos sobre seus ganhos em vez de gravar os sinais exteriores de capacidade contributiva, como são o consumo e o patrimônio.

A capacidade contributiva conduz ao esclarecimento de que a renda pressupõe um mínimo existencial que estaria infenso à tributação por constituir o meio necessário para que as pessoas possam viver dignamente. Trata-se de uma quantidade mínima de recursos para o consumo obrigatório de bens, sem os quais a existência de uma pessoa com o adequado bem-estar pode ficar comprometida.[268]

Mary Elbe Queiroz defende que o mínimo existencial "não se configura como acréscimo ou riqueza nova". Em seguida, complementa que "ele é, exatamente, a mínima quantia imprescindível à manutenção da vida, e a quantidade ínfima para que o indivíduo e sua família possam atender às suas necessidades vitais e viver com dignidade".[269]

A capacidade contributiva no Imposto de Renda, portanto, despontaria como o vínculo jurídico verificado a partir de um valor mínimo previsto na legislação, em relação ao qual o imposto não poderia incidir.[270] A noção de mínimo

---

[268] MACHADO. *Op. cit.*, p. 445.
[269] QUEIROZ, Mary Elbe. *Imposto sobre a renda e proventos de qualquer natureza.* Barueri: Manole, 2004, p. 58.
[270] Hugo de Brito Machado chega a defender que o mínimo vital estaria imune a qualquer tributação (MACHADO. *Op. cit.*, p. 445).

existencial se associa ao conceito de renda, uma vez que, se a renda decorre da aquisição econômica de acréscimo patrimonial, somente ocorrerá acréscimo se os ganhos superarem este mínimo.

A difícil questão que se observa é saber quanto é o valor econômico do mínimo vital. Note-se, conforme lembra Mary Elbe Queiroz, que o mínimo vital exige a possibilidade de viver uma vida digna, sendo que a dignidade em questão depende de referências encontradas no meio em que se vive.[271]

No Brasil, o artigo 1º, III, da Constituição Federal estabelece como um dos fundamentos do Estado Democrático de Direito "a dignidade da pessoa humana". Esta enunciação é de extrema importância, pois, se a dignidade da pessoa humana for aviltada não se realiza um dos fundamentos da República. A noção de dignidade implicaria a possibilidade de todos terem oportunidades básicas com o que ganham. Defendemos que tais oportunidades se estruturariam nos seguintes direitos: a) à vida e à saúde com dignidade; b) à segurança alimentar; c) à educação de qualidade; d) à intimidade de um lar (direito à moradia). A pessoa desprovida dos mencionados direitos em razão do que ganha não vive de forma digna, e por isso não poderá ser tributada sobre seus ganhos, pois se corre o risco de tributar o mínimo existencial que é justamente o pressuposto para o conceito de renda.

Esta questão é complexa e será mais bem examinada no Capítulo 3, no ponto em que o aumento da margem de isenção do Imposto de Renda para a ampliação do mínimo vital a fim de se permitir a aquisição ou fruição dos direitos mencionados, em contrapartida, diminui o número de contribuintes do imposto, fator capaz de causar impactos nas contas públicas. A questão essencial é encontrar um argumento de justiça que dê sentido à equidade da matriz tributária. Daí a seguinte indagação: uma matriz tributária

---

[271] *Ibid.*, p. 447.

poderá ser injusta com os mais pobres em função do temor de perdas de arrecadação?

2.5.3 Princípios e regras jurídicas da tributação da renda

Como qualquer outro tributo, o Imposto de Renda está sujeito às limitações constitucionais do poder de tributar, as quais estão agrupadas, em sua maior parte, no artigo 150 da Constituição Federal. Tais limitações são conhecidas como princípios tributários em razão da abrangência normativa e ainda da importância axiológica. Igualmente, por se tratar de um tributo, o IR deve cumprir os requisitos constitucionais que caracterizam as cobranças tributárias e o conceito de tributo definido pelo CTN. Assim, sobre o imposto subsiste uma larga legislação estabelecendo diversas regras, que vão desde a incidência até ao cumprimento de obrigações acessórias, passando pela apuração do crédito, identificação dos contribuintes, isenções etc.

O conceito de princípios jurídicos e seus desdobramentos serão explanados na subseção 3.2.3.1 do Capítulo 3, que distinguirá princípios de regras jurídicas. Por ora, pretende-se apenas ressaltar os princípios que orientam as regras sobre o Imposto de Renda no Brasil porque elas têm relação com o tema da justiça e da equidade na tributação. A respeito das regras jurídicas, saliente-se que estas são vazadas por meio de leis como um produto das escolhas políticas realizadas pelo legislador no âmbito das tensões de interesses que moldam o sistema democrático.

Conforme esclarecido, não serão abordadas as análises minuciosas das regras do Imposto de Renda em razão de este livro não versar exatamente sobre um determinado tributo, mas sim ser uma investigação a respeito dos efeitos dos tributos na matriz tributária. O foco neste momento é reafirmar que os princípios do Imposto de Renda devem ser efetivados e o principal instrumento normativo desta efetivação é a regra jurídica, construída principalmente a partir de leis ordinárias ou complementares em matéria tributária. Quanto aos princípios, além da capacidade contributiva – princípio geral de tributação analisado na subseção 1.3 e 3.3.1, dos Capítulos 1 e 3, respectivamente –, outros dois princípios específicos do IR merecem destaque: a generalidade e a universalidade. Nas palavras de Aliomar Baleeiro, tais princípios seriam "simples especializações dos princípios mais amplos da capacidade econômica, pessoalidade, unicidade e da proibição do confisco".[272]

Distinguimos os conceitos de capacidade econômica e de capacidade contributiva na subseção 1.3, do Capítulo 1, embora seja aceitável considerar esta como especialização daquela, os termos não se confundem. A capacidade contributiva é um vínculo jurídico entre o contribuinte e o Estado, pressupondo que aquele reúna condições de arcar com a tributação sem violação de sua dignidade, razão pela qual o mínimo existencial terá sempre que ser preservado pela tributação sobre a renda. A invasão da tributação sobre uma faixa econômica que corresponda ao mínimo existencial será um confisco em função de o tributo perder a sua base estruturante de incidir sobre a capacidade contributiva equitativamente considerada.

Supondo-se que o Imposto de Renda respeite a capacidade contributiva para atingir sua finalidade equitativa, o princípio da progressividade terá atuação indispensável, de modo a graduar a exigência do tributo conforme as diversas capacidades contributivas dos sujeitos passivos deste imposto. Na subseção 1.6 do Capítulo 1 explicamos em linhas gerais que a progressividade é um instrumento de efetivação da capacidade contributiva, consistente na elevação de alíquotas

---

[272] BALEEIRO. *Op. cit.*, p. 292.

conforme o aumento da base de cálculo, que no caso do Imposto de Renda serão as faixas de renda dos contribuintes do imposto, definidas pela lei (regra jurídica).

Os princípios da universalidade e da generalidade do Imposto de Renda complementam a ideia de pessoalidade intrínseca ao mencionado imposto, perseguida pelo princípio da capacidade contributiva. Por "universalidade" entende-se "um imperativo de justiça, princípio por força do qual nenhuma forma de renda, advinda do trabalho, do capital ou da combinação de ambos, pode estar fora do campo de incidência do tributo".[273] A universalidade prevista no artigo 153, §2º, I, da Constituição Federal faz ecoar um dos principais valores que ocasionam a tributação da renda, exatamente, a inclusão de todos os ganhos do indivíduo como fontes que compõem sua capacidade contributiva. Tais ganhos, uma vez somados – e deduzidas, *grosso modo*, as despesas para formação da renda líquida –, é o que permite o aumento da capacidade de consumo dos indivíduos, formando-se, assim, o conceito econômico de renda abraçado pelo Direito.

Quanto à generalidade, a doutrina a conceitua como a incidência do imposto sobre todas as pessoas que auferiram renda, respeitada, evidentemente, a capacidade contributiva, a qual terá de levar em conta o mínimo vital. A generalidade, pois, visa a conferir ao imposto a aplicação de outro princípio geral da tributação, que é a isonomia. Em um primeiro momento, o tipo de isonomia verificado no conceito geral de universalidade é a isonomia formal, isto é, a que se alicerça na noção de igualdade horizontal em que todos são iguais à lei. Considerando, entretanto, que o Imposto de Renda é um tributo pessoal, somente por meio da progressividade é possível aferir-se a capacidade contributiva de cada pessoa de forma equitativa. Conclui-se que o Imposto de Renda guarda em seu núcleo a primazia da progressividade e da

---

[273] *Ibid. loc. cit.*

capacidade contributiva, que orientam a aplicação dos outros dois princípios, caso contrário a tributação da renda poderá tornar-se objetiva e iníqua.

Apesar da previsão constitucional de tais princípios, o importante é verificar se as regras jurídicas (leis) que dispõem sobre a matéria são capazes de efetivar a aplicação dos citados princípios na tributação. O objeto deste livro no ponto referente ao Imposto de Renda é examinar se os efeitos que as regras geram podem resultar na comprovação de que a matriz tributária é – ou não – equitativa, exatamente porque os princípios às vezes são distorcidos pelas regras.

2.5.4 Tributação sobre a propriedade e efeitos

Nesta subseção, a relação da propriedade com a tributação será abordada, não importando se as suas formas de aquisição sejam pela usucapião, pela transferência a título oneroso ou gratuito, ou ainda por herança. Neste último caso, todas as referências feitas sobre a propriedade imobiliária ou mobiliária se estendem a esta forma de aquisição, pois não estará em evidência neste tópico a transmissão de bens pela morte, mas sim o ônus tributário sobre a propriedade, pressupondo, pois, a transferência de domínio. É evidente que o instituto da herança é controvertido, especialmente quando a discussão estiver em torno da acumulação de patrimônio sem lastro na produção direta do herdeiro ou do sucessor adquirente. A transmissão aos herdeiros de bens de alto valor, tais como propriedades imobiliárias, obras de arte valiosas, artigos luxuosos ou títulos, ações e outros valores mobiliários dão ao aquinhoado um acervo que o distingue economicamente de quem não tem a mesma sorte. No campo das disparidades abissais de renda presentes no Brasil, este ponto exige reflexões no âmbito da matriz tributária, porquanto a tributação sobre a herança teria de gerar efeitos jurídico-tributários capazes de tornar mais justa a diferença entre quem tem o que herdar e quem não possui esta fonte de aumento patrimonial.

A partir de um ponto de vista histórico, a tributação sobre a propriedade se restringe a onerar a terra, especialmente a propriedade rural, em um período da história em que a divisão entre zonas rural e urbana não era prevista em lei. Mas já no século XIX, no Brasil, a Coroa portuguesa teria autorizado a tributação da décima parte dos imóveis edificados, o que pode ser considerado o primeiro IPTU brasileiro.[274]

Naturalmente, a incidência de impostos sobre os imóveis rurais existe há séculos e no Direito Positivo atual seu fato gerador praticamente se confunde com o do IPTU, distinguindo-se pela área em que o imóvel estiver localizado. Se o imóvel for rural, a competência para tributar será da União por meio do ITR; se urbano, caberá ao município ou ao Distrito Federal instituir o IPTU. Sobre a propriedade de veículos automotores cabe o IPVA. Estes tributos são considerados "diretos", uma vez que seu fato gerador é periódico, ocorrendo em um lapso temporal de um exercício financeiro, e sendo suportado pelo proprietário. Eventualmente, nos casos de contrato de locação, o valor do IPTU ou do ITR é repassado ao locatário ou arrendatário, o que pode tornar a tributação indireta, mas de uma forma excepcional e muito residual.

Assim como em relação aos tributos sobre o consumo e a renda, o objetivo central desta obra não é analisar o regime jurídico de cada tributo, mas preparar a argumentação referente à hipótese de que a tributação sobre patrimônio tem impactos na matriz tributária capazes de revelar sua iniquidade.

A tributação sobre o patrimônio não possui a mesma potencialidade de geração de receita fiscal que têm as demais modalidades tributárias. Os tributos que gravam o patrimônio

---

[274] BALEEIRO. Op. cit., p. 243.

incidem sobre a renda acumulada, de modo que a pretensão fiscal, neste caso, não poderá recolher parcela significante dos bens tributados, sob pena de demonstrar efeitos confiscatórios. Além disso, a propriedade, inclusive a imobiliária, poderá passar por alterações que podem aumentar ou diminuir os seus valores e estes fatores devem ser considerados.

Comparando-se a tributação sobre consumo, renda e folha de salários, na série histórica, a propriedade é o nicho econômico que sofre a menor carga tributária em relação ao total de arrecadação. Segundo dados da Receita Federal do Brasil, em 2014, a propriedade foi responsável por 4,17% do que se arrecadou, enquanto renda, consumo e folha de salários gravaram, respectivamente, 18,02%, 51,02% e 25,18% da Carga Tributária Bruta. A diferença de impacto da tributação sobre a propriedade na carga tributária é explicada, em grande parte, pelo objeto da tributação em questão. A propriedade, por maior que seja o valor de sua base de cálculo, gera receitas tributárias de periodicidade longa (geralmente um ano), e a tributação é monofásica, isto é, alcança uma incidência por período. Não seria adequado dividir o fato gerador da propriedade em frações curtas de tempo, por exemplo, o mês em função dos custos de arrecadação do tributo nesta hipótese. Além disso, não faria muito sentido porque a propriedade é um estado jurídico e supõe certa perenidade para verificações na alteração deste estado. Daí por que, como ensina a doutrina, o fato gerador dos tributos sobre a propriedade é do tipo "continuado", diferente do "periódico" e do "instantâneo".[275]

---

[275] Entende-se por continuado o fato gerador em que determinada situação prevista em lei se mantenha durante certo período de tempo. O termo final de um período renova a ocorrência desta situação sem que necessariamente tenha ocorrido um fato diferente no plano da realidade. Trata-se de uma definição do sistema jurídico escolher um lapso de tempo para que o fato jurídico tributário se repita. Assim, a lei poderá marcar o dia 1º de janeiro como o momento de ocorrência do fato gerador do IPTU, do ITR ou do IPVA. A pessoa que for proprietária dos respectivos bens na referida data terá praticado o fato gerador dos mencionados impostos, nascendo contra ela a obrigação de pagar tais tributos. No caso do fato gerador periódico, durante certo período de tempo os fatos geradores definidos pela lei como suficientes para gerar a obrigação se repetem, mas por conveniência da arrecadação fiscal é definido um

Isso não significa que, em termos relativos, a propriedade seja tributada equitativamente no Brasil.

O propósito da presente abordagem é também delinear melhor a tributação da propriedade por meio de algumas peculiaridades que evocam suas funções social, econômica e política. Conforme acentua Alberto Deodato, "o imposto territorial perdeu, hoje [sua obra data de 1971], a sua importância como fornecedor do tesouro". Realmente, pelos dados estatísticos, passados mais de quarenta anos desta observação, os tributos sobre a propriedade representam quase nada da arrecadação fiscal, em que pese refletirem um dos aspectos da renda, isto é, a capacidade de acumulação do patrimônio. Ao longo dos anos, o legislador preferiu dosar a capacidade contributiva por meio da tributação pessoal sobre a renda, relegando a um plano menos importante a exação sobre a propriedade.

Os tributos sobre a terra, tanto a situada nos espaços rurais como os urbanos, assumiram a vocação de atender às finalidades extrafiscais, tais como a função social da propriedade, especialmente depois da Constituição Federal de 1988.[276] Evidente que isso é louvável e, ao lado da usucapião como principal forma de aquisição da propriedade

---

período (normalmente um ano) em que serão apurados todos os fatos geradores que ocorreram e, ao término deste período, a lei tem como consumado o fato gerador da obrigação tributária. Exemplo deste tipo de fato gerador é o Imposto de Renda. Quanto aos fatos geradores instantâneos, o fato definido na lei ocorre e se consuma de tal forma que a lei o considera como suficiente para nascer a obrigação tributária, como ocorre com o IRRF, o ICMS, o ISS. Nestes impostos, cada retenção do Imposto sobre a Renda paga ou cada circulação de mercadoria ou prestação de serviço realizadas, gera uma nova obrigação tributária. Admitindo tal classificação, sem reservas, conferir: AMARO, 2009, p. 267-271; com observações, confronte-se: SCHOUERI, 2012, p. 465-467. Divergindo sobre o assunto, por entender que todo fato jurídico tributário é sempre "instantâneo", conferir: CARVALHO. *Op. cit.*, p. 269-273.

[276] O artigo 182, §4º, II, faculta ao Poder Público municipal a adoção de alíquotas progressivas no tempo para assegurar a função da propriedade territorial urbana, nos casos em que o proprietário mantiver imóvel não utilizado ou subutilizado em regiões definidas no plano diretor da cidade como insuscetíveis dessa situação. No caso do ITR, o artigo 153, §4º, I, também da Constituição, estabelece que o imposto terá alíquotas progressivas de forma a desestimular propriedades improdutivas.

improdutiva, vê-se que a Constituição brasileira abraçou o conceito de propriedade propagado desde a Revolução Francesa, em que a propriedade resulta do trabalho do homem sobre a terra. No espaço urbano o direito à habitação foi elevado à condição de direito social, direito fundamental, portanto, contido no artigo 6º da Constituição da República.

Há que se reconhecer que o domínio sobre a propriedade mudou desde os séculos XVIII e XIX, deixando de ser o meio de produção do pequeno agricultor, passando a ser explorada por grandes e complexas corporações. No Brasil não é diferente, a propriedade agrícola é praticamente dominada pelo chamado "agronegócio", despertando talvez mais interesse em se tributar o resultado da produção agrícola do que o chão.[277] Tanto é assim que a pequena gleba rural está imune ao ITR, desde que o proprietário a explore, não possuindo outro imóvel, conforme prevê o artigo 153, §4º, II da Constituição Federal.

Tratando-se da comparação da tributação da propriedade territorial urbana – e em certa medida a rural também – com a tributação sobre a renda, observa-se que ambos poderão decrescer com o passar do tempo. Em geral, a capacidade de uma pessoa de gerar renda é limitada no tempo. A longevidade diminui a capacidade de trabalho, que é uma das principais fontes de renda. O imóvel rural, igualmente, é depreciado com o decurso do tempo devendo este fator ser levado em consideração na base de cálculo do imposto, sob pena de gerar situação desigual com os imóveis novos. O mesmo se diga sobre a localização, pois uma tributação única de IPTU ou de ITR sem levar em consideração a localização

---

[277] "Teoricamente, pode haver cinco espécies de impostos sobre o solo: impostos sobre a renda econômica; imposto uniforme baseado sobre a qualidade do solo; imposto sobre o produto bruto; imposto sobre os proventos agrícolas; imposto sobre a propriedade ou valor venal do solo" (DEODATO. *Op. cit.*, p. 234. Conforme se observa, o Brasil tributa tanto a propriedade a partir do seu valor venal, como é o caso do ITR, quanto a renda obtida com a locação ou arrendamento da propriedade, pelo IR, além do resultado da produção por meio de contribuições à seguridade social.

do imóvel poderá gerar situações iníquas. Por este motivo, a diferenciação das alíquotas dos impostos pela seletividade conforme a localização do imóvel, no caso do IPTU, e pela progressividade, tratando-se de ITR, são altamente recomendáveis. Isso não significa que o IPTU não possa adotar alíquotas progressivas em razão da base de cálculo (progressividade fiscal). Conforme se sabe, com o advento da EC nº 29, de 2000, o artigo 156 da Constituição foi alterado para prever a progressividade de alíquotas ao IPTU em função da base de cálculo.

A tributação sobre a propriedade rural, em tese, terá de levar em conta os investimentos realizados na terra. Alberto Deodato argumenta que existem quatro elementos a serem considerados: a) o capital investido permanentemente na terra, isto é, a renda inerente ao imóvel, consistente na sua boa localização e fertilidade; b) o capital anualmente investido na terra, verificado por meio do que periodicamente se produz na propriedade; c) as despesas com mão de obra para a produção agrícola; d) o trabalho do proprietário da terra, que pode ser braçal ou intelectual (neste último caso trata-se da gestão da propriedade produtiva).[278]

É importante frisar também que tanto a propriedade rural quanto a urbana estão sujeitas a influências externas capazes de atuar na valorização individual da propriedade, devendo este fator ser levado em consideração na tributação imobiliária. Trata-se da verificação da mais-valia obtida por influências externas aos investimentos realizados pelo proprietário. Uma ou um conjunto de obras públicas, por exemplo, poderá resultar em valorização dos imóveis afetados pelas melhorias, ensejando, portanto, a tributação por meio de contribuição de melhoria, de modo a atenuar os efeitos fiscais assimilados pela economia de todos os demais contribuintes, que não tiveram seus bens diretamente valorizados pela obra pública.

---

[278] DEODATO. *Op. cit.*, p. 235-236.

Igualmente, os ganhos de capital com a propriedade devem ser alvos da tributação sobre a renda, uma vez que o particular passa a retirar da propriedade imobiliária outro tipo de proveito que não seria apenas o direito à habitação, podendo o imóvel configurar um típico investimento.

2.6 Iniquidade da matriz tributária brasileira

Na subseção 2.2 pretendeu-se expor a estrutura da matriz tributária vigente como ela é, independentemente de um juízo valorativo sobre o que se espera de um arranjo tributário, especialmente a argumentação jurídica sobre uma matriz justa e se isso é possível. Além disso, do Capítulo 1, foram resgatados conceitos jurídicos que se entrelaçam com estatísticas amplamente divulgadas a respeito de como os tributos afetam a vida econômica das pessoas e, consequentemente, a economia do país. Trouxemos também à baila dados que se encontram nos registros públicos dos impactos da carga tributária sobre o PIB e o montante global de arrecadação histórico e atual. Tais informações são relevantes para se compreender, afinal, como os tributos pesam no sistema econômico e de como a sua repercussão não pode passar despercebida das leituras sobre tributação no país. Neste trabalho, os dados adquirem pujança especial, porquanto, com base neles, é possível unir outras estatísticas relacionadas, e a partir delas se chegar a algum juízo mais específico em torno da hipótese de que a matriz tributária brasileira é injusta.

Para isso, é fundamental relacionar os tributos com informações sobre sua influência na renda e patrimônio das pessoas e os reflexos naturais causados no consumo. Logicamente, quanto mais o consumo de bens é tributado, menor será a capacidade das pessoas de destinarem recursos para esta finalidade. Por outro lado, a diminuição da tributação sobre o consumo (ou até sua desoneração como pregam alguns) pode acarretar efeitos econômicos e sociais incontroláveis, tais como inflação de demanda e desequilíbrio ambiental. A menor alocação de recursos no consumo tenderia a forjar a poupança privada, mas isso é uma variável que depende de diversos fatores, especialmente a diminuição dos estímulos ao consumo, maior atratividade da remuneração da poupança e presença de uma cultura de poupadores. O excesso de poupança, por sua vez, exclui recursos do setor produtivo, podendo gerar efeitos econômicos indesejáveis, especialmente desemprego e baixa produtividade, o que atrasa o giro da economia e afeta seus indicadores internacionais de crescimento. Como se sabe, as economias com viés de crescimento baixo não são atrativas em uma época em que os fundamentos econômicos residem mais no capital volátil ou especulativo do que exatamente na produção.

O acúmulo de renda, por outro lado, pode levar à aquisição de propriedade. Se por um determinado viés adquirir bens de capital é útil à economia, por outro, dirige a renda acumulada para um setor tradicionalmente pouco tributado em função de características intrínsecas. A propriedade é de tributação monofásica, isto é, o tributo incide apenas uma vez em um espaço de tempo razoável (geralmente um ano), enquanto os tributos sobre o consumo são plurifásicos, incidindo toda vez que a mercadoria circular até chegar ao consumidor final. Tudo parece recomendar uma situação de equilíbrio, em que os efeitos da tributação não ultrapassem a barreira que impede os tributos de se tornarem um óbice ao crescimento econômico e à concretização do Estado Democrático de Direito. É sobre a referida barreira que esta subseção e as seguintes irão se dedicar. O argumento é que o crescimento econômico deve se dar com força e oportunidade para todos. Daí porque a matriz tributária necessita ser estudada, para se saber se os que pagam mais tributos no Brasil são os que têm mais capacidade contributiva ou não. Se a hipótese que se confirmar for a de que aqueles com menos capacidade contributiva é que pagam mais tributos proporcionalmente, o crescimento econômico restará comprometido. O ponto é saber em qual nível este comprometimento se dará. Acreditamos que isso contribuirá com o acirramento da divisão de classes no Brasil, mediante maior acúmulo de capital em poder de uma pequena parcela da população e diminuição da renda da maioria dos brasileiros. Não pode existir crescimento econômico sem oportunidades para todos de se colocarem nos devidos postos de trabalho que permitam melhor geração de renda.[279]

Nesse sentido, crescimento econômico de uma forma inclusiva se junta com a afirmação de desenvolvimento do pretendido Estado Democrático de Direito. O vocábulo "democrático" utilizado para qualificar o "Estado de Direito" não é empregado à toa, mas sim para exigir medidas, formuladas inclusive no plano do Direito, que se mostrem capazes de viabilizar a inclusão de todos no sistema produtivo em patamares dignos. Antes das políticas públicas – que ocorrem em uma etapa posterior – a tributação é instrumento eficaz nas democracias para acelerar a promoção da igualdade de oportunidades quando esta inexistir ou se mostrar insuficiente. É com a tributação que se pode lograr melhor distribuição de renda, seja melhorando a carga de tributos entre as faixas diferentes de renda, com o fim de torná-la mais justa, seja arrecadando recursos para programas de transferência de renda.

---

[279] Apenas para ilustrar esse contexto, Zygmunt Bauman faz um levantamento de dados pragmáticos sobre concentração de renda em termos mundiais. De acordo com o autor: "Assim como destacou Zolo, John Galbraith, no prefácio do *Human Development Report* do Programa de Desenvolvimento Humano das Nações Unidas, em 1998, documentou que 20% da população mundial açambarcavam 86% de todos os bens produzidos no mundo, ao passo que os 20% mais pobres consumiam apenas 1,3%. Hoje, por outro lado, após quase quinze anos, estes números vão de mal a pior: os 20% mais ricos da população mundial consomem 90% dos bens produzidos, enquanto os 20% mais pobres consomem 1%. Estimou-se também que as vinte pessoas mais ricas do mundo têm recursos iguais aos do bilhão de pessoas mais pobres" (BAUMAN, Zygmunt. *A riqueza de poucos beneficia todos nós?* Trad. Renato Aguiar. Rio de Janeiro: Zahar, 2015, p. 17).

Nos subitens a seguir serão apresentados dados estatísticos que apontam para um horizonte em que não se encontra delineada de uma forma ideal a distribuição equitativa da carga tributária entre os brasileiros. No Capítulo 3, associados à presente temática, serão expostos dados a respeito da desigualdade social, o que renderá motivos para se propor uma finalidade justa à exigência dos tributos, que é a concretização do Estado Democrático de Direito inclusivo. Estas constatações podem levar à inferência de que a matriz tributária brasileira é injusta. Quanto à equidade, é evidente que a alegação de que a matriz tributária é iníqua exige que se convencione um conceito de equidade capaz de conduzir a esta conclusão. Por outro lado, se a matriz tributária pode ser equitativa, exatamente porque tributa as pessoas de acordo com suas capacidades contributivas e pretende o desenvolvimento econômico inclusivo com promoção do Estado Democrático de Direito, segue-se que será necessário construir uma argumentação jurídica que sirva de fundamento a este encontro de finalidades da tributação.

Nas próximas subseções serão apresentados indicadores associados a argumentos que comprovarão a iniquidade da matriz tributária brasileira, desde que se empregue o conceito de equidade proposto do Capítulo 1, em que a equidade resulta na busca da justiça no caso concreto, fundada na teoria da igualdade vertical (veja-se subseções 1.4 e 1.6.3). Como será confirmado, as relações da carga tributária sobre consumo, renda e propriedade entre os contribuintes brasileiros abre espaços para questionamentos sobre se a matriz tributária nacional cumpre o princípio da capacidade contributiva. A relação entre contribuintes pobres e ricos no Brasil parece inverter até a lógica esperada em qualquer modelo de tributação, isto é, os detentores de maior capacidade contributiva deveriam ser impactados pela tributação, senão proporcionalmente mais do que os pobres, ao menos em uma mediatriz próxima da pressão fiscal sofrida pelos menos favorecidos. A inversão das expectativas de aplicação do princípio da capacidade contributiva é o que se chama regressividade da tributação, conforme explanado no Capítulo1, subseção 1.6. A perturbadora e inquietante relação de desigualdade material que se revela na forma de regressividade da matriz tributária brasileira não pode em nenhuma hipótese passar despercebida. As páginas a seguir são como uma espécie de denúncia contra tal estado de coisas.

2.6.1 Relações entre tributação do consumo e da renda

Em estudo relativamente recente, o Instituto de Pesquisas Econômicas Aplicadas (Ipea) demonstrou que a carga tributária brasileira pesa mais fortemente sobre os tributos incidentes no consumo do que sobre a renda.[280] Aliás, na subseção 2.2 ficou demonstrado com números coletados dos registros da Receita Federal do Brasil que, realmente, a afirmação do Ipea procede. Isso porque não incide somente um tributo único sobre o consumo, mas um conjunto de exações classificadas neste livro como "tributos indiretos", uma vez que o encargo tributário, neste caso, é transferido para terceiro, em última escala o consumidor de bens e serviços. Os tributos que não recaem sobre o consumo e, portanto, oneram a renda e a propriedade, foram considerados "tributos diretos", uma vez que o encargo tributário é suportado unicamente pelo contribuinte, que adquire a renda ou é proprietário (veja-se a subseção 2.2).

Nos últimos anos, por exemplo, adotando-se o PIB como parâmetro, a tributação indireta (incidente no consumo) registrou valores que se situam um pouco acima dos tributos

---

[280] Brasil. Presidência da República. Observatório da equidade. *Indicadores da equidade do sistema tributário nacional.* Brasília: Presidência da República. Observatório da equidade, 2009.

considerados diretos. A mesma tendência se verifica quando são contabilizados os valores percentuais de tributação indireta e direta sobre o total de tributos arrecadados, conforme os quadros abaixo.

Carga tributária em relação ao PIB

Em %

ANO	BENS E SERVIÇOS	RENDA E PROPRIEDADE
2019	14,37	9,05
2020	13,81	8,67
2021	14,50	9,48

Carga Tributária Bruta

Em %

ANO	BENS E SERVIÇOS	RENDA E PROPRIEDADE
2019	43,30	27,27
2020	43,72	27,43
2021	44,02	28,79

Analisando-se os valores totais de tributação sobre bens e serviços (indireta) e renda e propriedade (direta) sobre o PIB e a arrecadação total CTB, nota-se uma forte regressividade da carga tributária, pois os percentuais que demonstram maior poder de arrecadação são os dos tributos sobre o consumo, em que a capacidade contributiva não é efetiva, como com a tributação sobre renda e propriedade. Isso porque a população mais pobre sofre fortemente o impacto da carga tributária sobre o consumo, eis que, neste tipo de tributação, os tributos incidem com os mesmos percentuais de alíquota, independentemente dos níveis de renda dos consumidores.

A respeito do tema distribuição de renda no Brasil, de acordo com a metodologia do IBGE, os níveis de concentração de renda são aferidos por cada quinto da população. Em

2011, o quinto superior (os 20% mais ricos) detinham 57,7% da riqueza nacional e o quinto inferior (os 20% mais pobres) apenas 3,5% desta riqueza.[281]

Em 2021, o primeiro decil da população brasileira, isto é, os 10% mais pobres, teve um rendimento mensal *per capita* de R$ 93,63, equivalendo a R$ 3,12 por dia por pessoa. O segundo decil, de 10% a 20%, recebeu, em média, R$ 281,49, o que equivale a menos de R$ 10,00 por dia. Juntos, esses dois decis configuram a parcela mais pobre da sociedade brasileira. No décimo decil, portanto a parte da população mais rica, ou seja, na classe de 90% ou mais, o rendimento médio *per capita* registrou R$ 5.772,38, equivalendo a R$ 192,41 por dia. Isso significa que essa parte da população recebeu em média, por dia, 62 vezes mais do que as pessoas mais pobres.[282]

Conforme ainda dados do IBGE, em 2021, 14,6% da população, cerca de 31,0 milhões de pessoas, viviam com até ¼ de salário-mínimo (R$ 275,00) por pessoa no mês. Acima dessa faixa, 34,4% da população, aproximadamente 73,1 milhões de pessoas viviam com R$ 550,00, ou seja, metade de um salário mínimo. Comparando-se as regiões do país, mais da metade da população das Regiões Nordeste (54,3%) e Norte (51,2%) vivia, em 2021, com até meio salário mínimo, enquanto na Região Sul, somente 17,8%.

No outro extremo da população, ou seja, 3,3%, cerca de 7,0 milhões de habitantes, tiveram rendimento mensal *per capita* em 2021 de R$ 5.500,00, ou seja, mais de cinco salários mínimos. Ao se compararem as regiões do país, vê-se que, no Distrito Federal, se concentra a maior parte da população com rendimentos nessa faixa, 11,9%, seguido das Regiões Sudeste, com 4,7%, e Sul, com 4,1%.

---

[281] IBGE. *Síntese de indicadores sociais*: uma análise das condições de vida da população brasileira 2012.

[282] IBGE. *Síntese de indicadores sociais*: uma análise das condições de vida da população brasileira 2022.

Como se observa, em uma década, a situação da distribuição de renda no país se manteve inalterada, demonstrando um problema de desigualdade econômica estrutural.

Quando desmembrados e isolados os tributos incidentes sobre o consumo e comparados com os que incidem diretamente sobre renda e propriedade, as diferenças são alarmantes. Utilizando-se como exemplo o ICMS, imposto que incide diretamente sobre o consumo de mercadorias e determinados serviços, e comparando-o com o Imposto de Renda, observam-se diferenças de percentuais. De acordo com dados da Receita Federal do Brasil, no ano de 2014, o ICMS impactou 6,96% sobre o PIB, enquanto o IR registrou 5,79%. Com relação à CTB, o ICMS arrecadou 20,80% para 17,29% de IR. Nota-se que somente um tributo incidente sobre o consumo arrecadou tanto em relação ao PIB quanto à CTB mais do que o Imposto de Renda, principal tributo direto responsável pela efetivação equitativa da capacidade contributiva.

Em 2021, o ICMS sozinho arrecadou 7,33% do PIB, enquanto o IRPJ e a CSLL, tributos incidentes sobre o lucro das empresas, o IRPF, imposto de renda de pessoas físicas, e o IRRF somaram 6,58% do PIB. Quase uma década depois, como seria de se esperar, o ICMS segue liderando em termos arrecadatórios em relação a quatro tributos sobre a renda.[283]

Quando somados os percentuais de arrecadação de todos os impostos incidentes sobre renda e propriedade (excluídas, portanto, as contribuições sociais e para a seguridade social), em relação ao PIB, a diferença de arrecadação de tais tributos com o ICMS é de apenas 0,56 pontos percentuais (7,52% – 6,96%). Portanto, a arrecadação de ICMS ficou somente 0,56 pontos percentuais abaixo do total de arrecadação de todos os impostos sobre renda e propriedade das três esferas de governo.[284]

---

[283] Carga tributária no Brasil, 2021: análises por tributos e bases de incidência. Receita Federal do Brasil, dez. 2022.

[284] Conferir a relação percentual de todos os tributos diretos e indiretos sobre o PIB e CTB na subseção 2.2 deste Capítulo 2.

Para 2021, conforme mencionado, arrecadaram-se de ICMS 7,33% do PIB; somando-se 0,79% de IPI, imposto sobre a produção de competência federal, e o ISS municipal, tem-se 9,12% do PIB. Somando-se todos os tributos sobre renda (IRPJ/IRPF/IRRF/CSLL) e os incidentes sobre a propriedade, por entes federados, vê-se que o ICMS, IPI e ISS, tributos que incidem diretamente sobre o consumo, possuem poder de arrecadação expressivo. Note-se que fizemos um recorte específico ao analisar os dados arrecadatórios somente dos tributos sobre consumo, propriedade e renda, sem considerar as contribuições. Registre-se que a diferença em pontos percentuais entre o total arrecadado sobre renda e propriedade de todos os entes federados ficou somente em 0.30 p.p. (9,42 – 9,12).

União	% PIB	Estados/DF	% PIB	Municípios	% PIB	Total geral
IRPJ	2,36	IPVA	0,58	IPTU	0,63	
IRPF	0,60	ITCD	0,14	ITBI	0,23	
IRRF	3,62					
CSLL	1,26					
ITR	0,02					
Total	7,84	Total	0,72	Total	0,86	9,42

Esses dados demonstram que, realmente, o Brasil prioriza a tributação sobre o consumo em relação aos demais nichos tributários, nos quais existe mais facilidade de aplicação de uma tributação justa, pautada pela equidade vertical. Referimo-nos ao princípio da capacidade contributiva e seu principal instrumento de efetivação, que é a progressividade de alíquotas.

Existem algumas formas de se classificar os tributos incidentes sobre o consumo e os que gravam renda e propriedade. No levantamento realizado pelo Ipea, por exemplo, as contribuições à seguridade social foram excluídas do rol dos tributos diretos, razão pela qual os percentuais de tributação direta caíram. Embora os dados daquele levantamento se refiram a 2004-2005, é possível ter ideia da distribuição da carga tributária entre os tributos sobre consumo, renda e propriedade, excluindo-se as contribuições para a seguridade de um e de outro rol.

Em %

Bens e serviços	46,1
Renda	20,6
Propriedade	3,8
Previdência	25,6
CPMF	4,0

Percentuais sobre a CTB

Caso se acrescente o percentual referente à "previdência" à carga tributária de tributos sobre propriedade e renda, considerados neste livro como tributos diretos, o total da carga tributária de tributos diretos sobe para 50% da CTB. Portanto, o peso dos tributos sobre consumo, renda e propriedade depende do critério de classificação adotado. Nesta pesquisa, as contribuições à seguridade social foram consideradas porque não poderiam ficar isoladas em uma classificação à parte por entender-se que estas pesam como custos diretos das empresas, uma vez que incidem, em geral, sobre a folha de pagamentos e não sobre a receita, faturamento ou o valor da operação de venda, que constituem base de cálculo dos tributos sobre o consumo. A folha de pagamentos é despesa fixa da empresa, sem a qual a receita, o faturamento ou o preço de bens e serviços não têm relevância, pois somente serão obtidos conforme existir mão de obra que dê sustentação aos mencionados ganhos. Assim, a folha de pagamentos está atrelada à renda como uma despesa para sua obtenção, motivo pelo qual preferimos classificar as contribuições à seguridade como tributo direto em vez de discriminar os tributos nos segmentos consumo, renda, propriedade e seguridade social.

Saliente-se, no entanto, que os diversos tributos que oneram o consumo foram neste trabalho classificados como "tributos indiretos", enquanto os demais constituem "tributos diretos". Não se ignora que as contribuições à seguridade social pesam de alguma forma sobre o custo das mercadorias e serviços como também parte de seu ônus é suportado diretamente pela unidade produtora. As dificuldades para se analisar o peso das contribuições sobre folha de pagamentos nos preços dos bens e serviços são tantas que não justificariam um desvio de rota dirigido a esta análise específica. A divisão entre tributos diretos e indiretos com seus percentuais totais é suficiente para comprovar a hipótese de que a matriz tributária brasileira pesa proporcionalmente mais sobre o consumo de bens do que sobre a renda e a propriedade. A questão principal do presente trabalho é examinar se, quando considerados os perfis de renda da população, ricos e pobres estão ou não sendo tributados de forma equitativa. Isso implica a verificação do peso da tributação do consumo sobre a renda da população conforme seus diferentes níveis de concentração.

2.6.2 O problema da regressividade

Na subseção 1.6 do Capítulo 1 foi abordado o conceito de progressividade e sua relação com a regressividade da carga tributária. Se, conceitualmente, progressividade tributária significa um instrumento de efetivação da capacidade contributiva em que as alíquotas aumentam conforme se eleva a base de cálculo, a regressividade pressupõe o oposto, isto é, tanto menor for a base de cálculo maior será a alíquota. O mesmo efeito poderá ser obtido se as alíquotas diminuírem conforme a base de cálculo aumentar. Atrelado aos conceitos de progressividade e regressividade encontra-se a proporcionalidade, explicável pelo tipo de tributação em que a alíquota se mantém constante, variando para mais ou para menos unicamente a base de cálculo.²⁸⁵

Tratando-se de regressividade da carga tributária, a análise não pode se limitar à aplicação do conceito em tela. A regressividade da carga tributária possui critérios que estão diretamente relacionados às rendas adquirida e acumulada, as quais demandam explicações adicionais.

Antes de ingressarmos nestas explicações é necessário demonstrar o comportamento da carga tributária sobre as faixas de renda da população, a fim de se detectar aspectos que possam fazer sentido com as investigações acerca de a matriz tributária ser ou não ser regressiva, considerando a carga de tributos diretos e indiretos ou sobre consumo, renda e propriedade.

De acordo com o Ipea, em 2004, quem ganhava até dois salários-mínimos consumia 48,8% de sua renda com o recolhimento de tributos, enquanto as famílias com rendimentos superiores a trinta salários-mínimos gastavam 26,3% de sua renda com a mencionada despesa.²⁸⁶ Em 2008, estes índices se agravaram. Conforme dados do Ipea, no ano mencionado, a população com rendimentos de até dois salários-mínimos passou a comprometer 53,9% de sua renda com pagamento de tributos, enquanto os que ganharam mais de trinta salários comprometeram somente 29%. Assim, em quatro anos de razoável crescimento econômico no país (2004 a 2008), a carga tributária sobre os mais pobres aumentou 5,1 pontos percentuais, e 2,7 pontos percentuais para os mais ricos.²⁸⁷

Dados mais recentes, analisados com base na POF 2017-2018, seguidos de algumas mudanças de metodologia, apontam para o seguinte: para o primeiro décimo (os 10% mais pobres),

---
²⁸⁵ SCHOUERI. *Op. cit.*, p. 365.
²⁸⁶ Brasil. Presidência da República. Observatório da equidade. *Indicadores da equidade do sistema tributário nacional*. Brasília: Presidência da República. Observatório da equidade, 2009, p. 23.
²⁸⁷ Disponível em: http://ipea.gov.br/>. Acesso em: 14 jun. 2016.

há um comprometimento da renda monetária de 42,66% contra 9,50% do décimo mais rico com o pagamento de tributos. Tratando-se da renda total (isto é, que considera rendimentos não monetários), o décimo mais pobre compromete 23,42% com o pagamento de tributos, e os mais ricos, 8,62%. Vê-se que, nos dois cenários, a diferença permanece, denotando a alta regressividade da carga tributária brasileira sobre as rendas menores, tal como nos anos de 2004 a 2008.[288]

Percebe-se facilmente que as famílias brasileiras com mais necessidades básicas são as que pagam mais tributos quando o peso da tributação está relacionado com a renda. Inegavelmente, é a renda o critério que mais se aproxima da desejável pessoalidade da tributação. Conforme os levantamentos do Ipea, se a renda aumentar também se eleva a capacidade de aquisição de patrimônio, o que pode levar à melhora da arrecadação tanto sobre a renda quanto sobre o patrimônio.[289] Esta elevação, no entanto, não tem sido capaz de compensar a incidência dos tributos sobre o consumo nos orçamentos das famílias mais pobres.[290]

A incapacidade de o sistema tributário conseguir compensar a arrecadação de tributos sobre renda e patrimônio com as exações incidentes no consumo deflagra o que se tem chamado de "regressividade do sistema tributário" ou, como neste livro se tem preferido, "regressividade da matriz tributária".

Por exemplo, ainda no ano de 2004, as famílias com renda de até dois salários-mínimos sofriam a carga de tributos diretos (renda e propriedade) de 3,1% de sua renda, enquanto os que ganhavam acima de trinta salários comprometiam

---

[288] SILVEIRA, Fernando Gaiger; PALOMO, Theo Ribas; CORNELIO, Felipe Moraes; TONON, Marcelo Resende. Tributação indireta: alíquotas efetivas e incidência sobre as famílias. *In*: *Texto para discussão*. Brasília: IPEA, dez. 2022. p. 22. Disponível em: < https://repositorio.ipea.gov.br/bitstream/11058/11624/1/TD_2823_Web.pdf>. Acesso em: 10 set. 2023.

[289] IPEA. Indicadores, p. 23.

[290] ZOCKUN, Maria Helena (Coord.). *Simplificando o Brasil*: propostas de reforma na relação econômica do governo com o setor privado. São Paulo: FIPE, 2007, p. 21.

9,9% de sua renda com o pagamento dos mesmos tributos. Tratando-se de tributos indiretos (sobre o consumo de bens e serviços), o estudo apontou os seguintes dados: famílias com ganhos de até dois salários-mínimos consumiam 45,8% de sua renda com o pagamento de tributos e os com renda superior a trinta salários comprometiam apenas 16,4% de sua renda com tributação sobre bens consumíveis.

Mais recentemente, com base na POF 2017-2018 e considerando-se a renda total das famílias, e não somente a renda monetária, como na pesquisa de 2004, tratando-se do primeiro decil de renda, ou seja, os 10% mais pobres, as pesquisas do IPEA demonstram que os tributos indiretos (consumo) incidem em 23,4% de sua renda, enquanto, para os 10% mais ricos, essa incidência cai para 8,6%. No caso dos tributos diretos, para os 10% mais pobres, o peso dos tributos diretos foi de 3,0% e, para o último decil, os 10% mais ricos, os tributos diretos repercutiram em 10,6% da renda total.[291]

Quando são somados os tributos indiretos (consumo) com os diretos (renda e propriedade), os resultados confirmam que a regressividade da matriz tributária não compensa a baixa progressividade dos tributos diretos, considerando as regras de tributação atuais. Para o primeiro decil, os 10% mais pobres, o total de tributos (diretos e indiretos) ficou em 26,4% (indiretos, 23,4%; diretos, 3,0%). Para o último decil, ou seja, os 10% mais ricos, o total registrou 19,2% (indiretos, 8,6%; diretos, 10,6%)[292]

Note-se, sem pestanejar, que o peso da tributação é muito mais elevado sobre as famílias mais pobres do que sobre as

---

[291] SILVEIRA, Fernando Gaiger; PALOMO, Theo Ribas; CORNELIO, Felipe Moraes; TONON, Marcelo Resende. Tributação indireta: alíquotas efetivas e incidência sobre as famílias. In: *Texto para discussão*. Brasília: IPEA, dez. 2022. p. 24. Disponível em: < https://repositorio.ipea.gov.br/bitstream/11058/11624/1/TD_2823_Web.pdf>. Acesso em: 10 set. 2023.

[292] SILVEIRA, Fernando Gaiger; PALOMO, Theo Ribas; CORNELIO, Felipe Moraes; TONON, Marcelo Resende. Tributação indireta: alíquotas efetivas e incidência sobre as famílias. In: *Texto para discussão*. Brasília: IPEA, dez. 2022. p. 25. Disponível em: < https://repositorio.ipea.gov.br/bitstream/11058/11624/1/TD_2823_Web.pdf>. Acesso em: 10 set. 2023.

abastadas, de modo que a diferença entre as tributações direta e indireta das famílias nos extremos entre ricos e pobres não compensa a força da tributação sobre o consumo. Com base nos dados de 2004, a diferença percentual da carga tributária dos tributos diretos entre os quintos inferior e superior é de 6,8 pontos percentuais, enquanto no caso da tributação indireta sobre o consumo a diferença percentual alcança 29,4 pontos percentuais. Assim, embora na tributação direta as famílias mais ricas paguem monetariamente mais tributos, na relação da tributação indireta com os rendimentos das famílias mais pobres as famílias mais ricas pagam cinco vezes menos tributos.

Em 2017-2018 e levando em conta a mudança de metodologia que considera a renda total, e não apenas a renda monetária, essa diferença ficou em 14,8 pontos percentuais.

Considerando-se que a maior parte dos tributos no Brasil recai sobre consumo, pode-se concluir que a matriz tributária brasileira onera mais as famílias pobres do que as ricas, sugerindo, portanto, distorções do conceito de capacidade contributiva e, consequentemente, desviando-se da ideia de uma tributação equitativa.

2.6.2.1 Regressividade da tributação em razão da renda

Para se avançar no exame da regressividade, a distinção entre as duas formas de sua verificação é fundamental: as regressividades em razão da base de cálculo dos tributos e da renda das pessoas. No fundo, a regressividade é um desdobramento da progressividade e da proporcionalidade. A regressividade associada à renda leva à ideia de uma carga tributária regressiva.

Eugenio Lagemann explica que a alíquota dos tributos pode se comportar de acordo com as três formas conhecidas, isto é, poderão ser proporcionais, progressivas ou regressivas.[293] Este comportamento se define de duas formas: "a) pelo comportamento da alíquota média em relação à base de cálculo; e b) pelo comportamento da alíquota média em relação à alíquota marginal".[294]

Quanto à alíquota medida em relação à base de cálculo, a tributação será proporcional quando a alíquota média se mantiver estável, apesar da variação da base de cálculo. Será progressiva quando a alíquota média aumentar mediante o aumento da base de cálculo e regressiva quando, ao contrário, a alíquota aumentar conforme a base de cálculo diminuir. Lagemann traz alguns exemplos numéricos que facilitam a compreensão:[295]

COMPORTAMENTO PROPORCIONAL DA ALÍQUOTA

Situação 1: Tributo com base de cálculo de R$ 100,00, devendo o contribuinte pagar R$ 40,00 de tributo, a alíquota média [AL] será de 40%. Neste caso, tem-se:

BC = R$ 100
AL = 40%
R$ 40/R$ 100 = 0,40

Situação 2: Tributo com base de cálculo de R$ 200,00, devendo o contribuinte pagar R$ 80,00 de tributo, a alíquota média [AL] será de 40%. Neste caso, tem-se:

BC = R$ 200
AL = 40%
R$ 80/R$ 200 = 0,40

Conclusão: apesar de a base de cálculo ter aumentado de R$ 100,00 para R$ 200,00 a alíquota média se manteve em 0,40%, o que caracteriza o comportamento proporcional da alíquota.

---

[293] LAGEMANN, Tributação: seu universo, condicionantes, objetivos, funções e princípios. In: GASSEN, Valcir. *Equidade e eficiência da matriz tributária brasileira*: diálogos sobre Estado, constituição e direito tributário. Brasília: Consulex, 2012, p. 66.
[294] *Ibid., loc. cit.*
[295] *Ibid.*, p. 66-67.

COMPORTAMENTO PROGRESSIVO DA ALÍQUOTA

Situação 1: Tributo com base de cálculo [BC] de R$ 100,00, devendo o contribuinte pagar R$ 40,00 de tributo, a alíquota média [AL] será de 40%. Neste caso, tem-se:

BC = R$ 100
AL = 40%
R$ 40/R$ 100 = 0,40

Situação 2: Tributo com base de cálculo [BC] de R$ 200,00, devendo o contribuinte pagar R$ 90,00 de tributo, a alíquota média [AL] será de 45%. Neste caso, tem-se:

BC = R$ 200
AL = 45%
R$ 90/R$ 200 = 0,45

Conclusão: conforme a base de cálculo aumenta de R$ 100,00 para R$ 200,00 a alíquota média também se eleva de 0,40% para 0,45%, o que caracteriza o comportamento progressivo da alíquota.

COMPORTAMENTO REGRESSIVO DA ALÍQUOTA

Situação 1: Tributo com base de cálculo [BC] de R$ 100,00, devendo o contribuinte pagar R$ 40,00 de tributo, a alíquota média [AL] será de 40%. Neste caso, tem-se:

BC = R$ 100
AL = 40%
(R$ 40/R$ 100 = 0,40)

Situação 2: Tributo com base de cálculo [BC] de R$ 200,00, devendo o contribuinte pagar R$ 70,00 de tributo, a alíquota média [AL] será de 35%. Neste caso, tem-se:

BC = R$ 200
AL = 35%
R$ 70/R$ 200 = 0,35

Conclusão: conforme a base de cálculo aumenta de R$ 100,00 para R$ 200,00 a alíquota média diminui de 0,40% para 0,35%, o que caracteriza o comportamento regressivo da alíquota.

Tratando-se da regressividade da carga tributária, os cálculos são diferentes em função de ser a renda auferida pela pessoa o que será considerado como base de cálculo. A carga tributária é o resultado da relação entre o tributo pago com a renda adquirida. Assim, a carga tributária será proporcional quando a renda aumentar, mas o percentual de carga tributária se mantiver constante. No caso de progressividade, conforme a renda aumenta, o percentual de carga tributária também se eleva e, na regressividade, ao contrário, com o aumento da renda o percentual de carga tributária diminui. Os exemplos a seguir são de Lagemann:

CARGA TRIBUTÁRIA PROPORCIONAL

Situação 1: indivíduo A com renda [R] de R$ 5.000,00, devendo pagar R$ 1.000,00 em tributos [T], terá uma carga tributária [CT] de 20%.

R = 5.000
T = 1.000
(1.000/5.000 = 0,20)
CT = 20%

Situação 2: indivíduo B com renda [R] de R$ 10.000,00, devendo pagar R$ 2.000,00 em tributos [T], terá também uma carga tributária [CT] de 20%.

R = 10.000
T = 2.000
(2.000/10.000 = 0,20)
CT = 20%

Conclusão: nesse caso, apesar de a renda ter aumentado, a CT se manteve constante em 20%.

CARGA TRIBUTÁRIA PROGRESSIVA

Situação 1: indivíduo A com renda [R] de R$ 5.000,00, devendo pagar R$ 1.000,00 em tributos [T], terá uma carga tributária [CT] de 20%.

R = 5.000
T = 1.000
(1.000/5.000 = 0,20)
CT = 20%

Situação 2: indivíduo B com renda [R] de R$ 10.000,00, devendo pagar R$ 2.500,00 em tributos [T], terá uma carga tributária [CT] de 25%.

R = 10.000
T = 2.500
(2.500/10.000 = 0,25)
CT = 25%

Conclusão: nesse caso, conforme a renda aumenta, de R$ 5.000,00 para R$ 10.000, a CT também progride de 20% para 25%.

CARGA TRIBUTÁRIA REGRESSIVA

Situação 1: indivíduo A com renda [R] de R$ 5.000,00, devendo pagar R$ 1.000,00 em tributos [T], terá uma carga tributária [CT] de 20%.

R = 5.000
T = 1.000
(1.000/5.000 = 0,20)
CT = 20%

Situação 2: indivíduo B com renda [R] de R$ 10.000,00, devendo pagar R$ 1.800,00 em tributos [T], terá uma carga tributária [CT] de 18%.

R = 10.000
T = 1.800
(1.800/10.000 = 0,18)
CT = 18%

Conclusão: nesse caso, conforme a renda aumenta de R$ 5.000,00 para R$ 10.000,00, a CT regride de 20% para 18%.

Os exemplos servem para ilustrar com mais clareza o problema da regressividade. Como é possível observar nas situações 1 e 2 do modelo de Carga Tributária Regressiva, não são os valores absolutos que devem ser levados em consideração para qualquer conclusão a respeito de equidade da tributação. Os indivíduos A e B auferem rendas distintas, B ganha o dobro de A, mas o peso da tributação é mais elevado sobre A, exatamente porque utilizou-se um exemplo em que, na proporção, a Carga Tributária é maior sobre quem tem menor renda. Em valores absolutos, B paga R$ 1.800,00 de tributo e A somente R$ 1.000,00, mas a Carga Tributária, que é a razão de quanto que se paga de tributo sobre a renda, gera um resultado inverso ao que se esperava de uma tributação que respeitasse a capacidade contributiva e se mostrasse equitativa. Quem ganha menos pagará mais se o montante de tributos exigido sobre a renda for proporcionalmente superior.

2.6.2.2 Regressividade da tributação em razão do consumo

No subitem anterior procuramos demonstrar que a renda é a melhor base para se aquilatar o peso da tributação (carga tributária) e se propor um modelo que possa se revelar mais justo. Na teoria, entretanto, é possível se medir a carga tributária, levando-se em consideração o consumo de bens e serviços e a pressão dos tributos indiretos sobre o consumo. Disso se conclui se a carga tributária é ou não regressiva.

Na subseção 1.6.2 explicamos que duas teorias orientam a tributação de um modo geral: o princípio do "benefício" e o princípio do "sacrifício comum". Na Economia, este último é também conhecido como o princípio da "capacidade de pagar", que, para o Direito, convencionou-se chamar de "capacidade contributiva". Ressalte-se que, também para este livro, a "capacidade contributiva" é conceitualmente diferente de "capacidade econômica". Está é a aptidão para a agregação de qualquer tipo de renda ao patrimônio, enquanto aquela é um liame jurídico em que o Direito define um valor que serve de patamar mínimo para a incidência de tributos. Assim, em tese, qualquer pessoa pode ter capacidade econômica, mas nem todo indivíduo com capacidade econômica tem capacidade contributiva. A recíproca não é verdadeira, porque quem tem capacidade contributiva necessariamente possui capacidade econômica.

De acordo com o princípio do benefício, em síntese, os indivíduos somente serão instados a custear as atuações e serviços públicos conforme a demanda.[296] Para cada atuação seria cobrado um valor (tributo); se não houver atividade estatal, a pessoa não estará obrigada a pagar tributos ao Estado. Defendiam este modelo de tributação – lembra Fernando Gaiger Silveira – Hobbes, Locke e Adam Smith.[297] Este modelo de tributação caiu em desuso em razão de as necessidades sociais terem se ampliado difusamente e a desigualdade também, de modo que não é factível propor-se um sistema de manutenção financeira do Poder Público fundado na ideia de benefício, tal qual sucede com o mercado privado.[298] As dificuldades do modelo do benefício ensejaram a construção da teoria do "sacrifício comum", segundo a qual todos terão que custear as despesas de manutenção do Estado e de prestação de serviços públicos.[299] Evidentemente, esta teoria se inclina para um estilo interventor de participação do Poder Público na economia, ao passo que no princípio do "benefício" o modelo é abstencionista.

---

[296] A abordagem do benefício é também chamada de teoria do "consumo" ou da "equivalência" (LAPATZA. *Op. cit.*, p. 16).

[297] SILVEIRA, Fernando Gaiger. Tributação, previdência e assistência sociais: impactos distributivos. *Tributação e equidade no Brasil:* um registro da reflexão do Ipea no biênio 2008-2009. Brasília: IPEA, 2010, p. 77.

[298] MUSGRAVE. *Op. cit.*, p. 92.

[299] *Ibid.*, p. 123-153.

O ponto que ressalta para este subitem é dimensionar qual seria a quota de participação de cada indivíduo no financiamento dos afazeres públicos. Mais do que definir um valor, o desafio que se tem apresentado à teoria econômica e, mais recentemente, ao Direito Tributário, é estabelecer um valor justo para esta quota de participação. Conforme o escólio de Fernando Silveira:

> Quando se debate a progressividade ou a regressividade da tributação, o que está de fato em jogo é o tratamento dado a questões como a equidade e o bem-estar, critérios centrais na construção dos sistemas tributários. O problema, neste contexto, é definir o que é ser equânime em termos de tributação ou, em outras palavras, definir aquela "justa parte" que deve caber a cada um para que a equidade seja alcançada.[300]

A busca da equidade tributária sempre esteve por trás das teorias que explicavam um ou outro sistema de financiamento da burocracia pública, seja o princípio do benefício ou do sacrifício comum. Na atualidade, entretanto, o segredo é escolher qual critério levaria a um regime de tributação mais equitativo, sacado do conceito de capacidade contributiva. Daí a pergunta inevitável: qual critério será o mais justo: a progressividade, a proporcionalidade ou a regressividade? Está é, em resumo, a hipótese deste livro, mas o ponto a ser enfrentado nesta quadra é optar por uma ou outra métrica de identificação da carga tributária sobre os orçamentos familiares e isso implica investigar opiniões se tal métrica seria o consumo de bens ou a renda das pessoas.

De acordo com Fernando Silveira, a teoria entende que tanto o consumo quanto a renda podem ser parâmetros de aferição da capacidade contributiva e a escolha deve ser ponderada entre os segmentos da tributação direta ou indireta. Optar pela métrica do consumo significa que a capacidade contributiva poderia se realizar mediante os

---

[300] SILVEIRA. *Op. cit.*, p. 76.

tributos indiretos. Fernando Silveira explica que os defensores da métrica pelo consumo entendem que os gastos refletem mais o padrão de vida das famílias do que a renda.[301] Isso porque os padrões de consumo tendem a ser mais estáveis ao longo do tempo ou do ciclo de uma vida, já que as pessoas aplicam a poupança privada ou se endividam para manter os padrões de consumo como forma de se defenderem das variações de renda. Consequentemente, os gastos seriam mais adequados para aferir a capacidade econômica (ou capacidade contributiva), porque espelhariam melhor o que os economistas chamam de "renda permanente", que parametriza "as oportunidades de consumo no longo prazo".[302] Assim, a regressividade da tributação residiria nos padrões de consumo em que as alíquotas tributárias dos bens e serviços consumidos seriam tanto maiores quanto menores fossem os gastos com consumo. Uma coisa levaria a outra, a pessoa é levada a consumir menos em razão do peso dos tributos indiretos ser superior à sua capacidade de consumo, conduzindo a uma tributação regressiva.

A métrica do consumo recebe críticas. A primeira delas é que o consumo é incapaz de proporcionar os benefícios da redistribuição da carga tributária. Se uma das finalidades da tributação, conforme se ressaltou na subseção 1.6.2, é a redistribuição da renda, o que levaria a uma matriz tributária mais justa, de modo que cada um contribuiria conforme sua capacidade contributiva se elevasse, isso não seria possível de se aferir na métrica dos gastos com consumo. Isso porque a capacidade contributiva mais se aproxima do real quando estiver escorada não nos padrões de bens consumidos, mas na renda auferida.[303]

Fernando Silveira adverte também dos problemas práticos em se utilizar o consumo como parâmetro à capacidade

---

[301] SILVEIRA. *Op. cit.*, p. 78.
[302] *Ibid., loc. cit.*
[303] *Ibid., loc. cit.*

contributiva, ressaltando as dificuldades de pesquisa em se chegar ao valor líquido que as famílias destinam para seus gastos ao longo do tempo, tais como a aquisição de ativos e a diminuição de passivos, aquisição de bens duráveis, manutenção do lar e outros de menor frequência. Igualmente, a grande maioria dos estudos sobre desigualdade utilizam a renda como medida para estimar a pobreza e a indigência.

Assim, para poder medir o grau de progressividade ou de regressividade da matriz tributária é essencial utilizar-se a renda como base de cálculo. Adotar o consumo de bens com alíquotas proporcionais para tentar obter um resultado tributário equitativo poderá escamotear a regressividade da tributação, exatamente porque as diferenças de renda não pesaram no cálculo direto da tributação sobre o consumo. Quanto menor for a renda da pessoa e maior o consumo, mais fortemente pesarão os tributos sobre as duas bases (consumo e renda). Mas quanto maior for a renda da pessoa, caso consuma a mesma quantidade média de bens e serviços que o consumidor de menor renda consumiu, menor será o peso da tributação sobre sua renda, exatamente porque terá mais renda disponível depois dos custos com a tributação do que o consumidor de menor renda.

2.6.2.3 Regressividade da tributação e os levantamentos da POF/IBGE

Fixado o entendimento de que a progressividade ou regressividade da carga tributária é explicada mais adequadamente com base na renda do que no consumo de bens é possível desdobrar este assunto em outros pontos. A análise a seguir trata do grau de regressividade da tributação sobre a renda das famílias, utilizando como referências trabalhos de pesquisadores publicados em revistas especializadas e nas Pesquisas de Orçamentos Familiares do Brasil (POF), realizadas pelo IBGE. A POF é realizada de seis em seis anos e serão considerados os levantamentos divulgados em 2008/2009, 2002/2003 e 1995/1996.

Com base na POF 2002/2003, Maria Helena Zockun afirma que as pessoas que ganhavam até dois salários-mínimos pagaram 48,8% de sua renda em tributos, enquanto as famílias com renda acima de trinta salários-mínimos tiveram o índice de comprometimento da renda com tributos de 26,3%.[304]

Comparando-se os valores colhidos na POF anterior (1995/1996), observa-se um aumento significativo da carga tributária sobre a renda das famílias mais pobres. Em 1996, a carga tributária pesou em 28,2% sobre a renda das famílias que recebiam até dois salários-mínimos e, conforme informado, 48,8% em 2003. Quando os números são decompostos fica evidente que a pressão da tributação indireta é a principal responsável pela forte carga tributária sobre as populações mais pobres.

Maria Helena Zockun calculou, com base nas POF de 1995/1996 e 2002/2003, o impacto da carga tributária de tributos diretos e indiretos sobre a renda das famílias brasileiras, distribuídas em uma escala de dois salários-mínimos até trinta e acima deste montante. Fernando Gaiger Silveira alerta para o fato de que, desde a POF 1995/1996, "o grau de progressividade da tributação direta se mostra insuficiente para contrabalançar a regressividade da tributação indireta".[305]

Isso porque, conforme os índices da época demonstravam, a carga tributária dos tributos indiretos sobre a renda das famílias metropolitanas, no primeiro décimo, era de 25,7%, 14,3% no quarto décimo, 10,5% no sétimo, chegando a 6,5% no último décimo.[306] Nota-se, portanto, uma regressão significativa da carga tributária conforme os perfis de renda

---

[304] ZOCKUN. *Op. cit.*, p. 19.
[305] SILVEIRA. *Op. cit.*, p. 101.
[306] No estudo, foram considerados tributos indiretos: ICMS, IPI, PIS, COFINS e CIDE (SILVEIRA. *Op. cit.*, p. 71).

aumentam gradativamente, resultando em uma diferença de 19,2 pontos percentuais entre as fatias de menor renda e as camadas mais ricas da população. Quando estes índices foram acrescidos dos tributos diretos, toda a carga tributária ficava em 28% no primeiro décimo, 23% no segundo décimo, 20% no terceiro, quarto e quinto décimos, caindo para 14% e 16% em relação à metade mais rica da população. Assim, mesmo depois de acrescida a carga de tributos diretos, o décimo mais pobre segue comprometendo mais de sua renda com pagamento de tributos do que os décimos mais ricos.[307]

Tratando-se das contribuições à seguridade social, a constatação de que a carga tributária é regressiva sobre a população de baixa renda não ficou diferente dos demais tributos. Fernando Silveira informa que os 10% mais pobres sofrem uma carga tributária de contribuições de 18% de sua renda monetária, reduzindo-se para 9,2% no segundo décimo e 6,8% no quinto décimo. Para os 10% mais ricos da população, as contribuições à seguridade pesaram tão somente 3,3% de sua renda, o que manifesta inegável regressividade do sistema tributário de seguridade social.[308]

Em que pese os cálculos se reportarem há mais de uma década, a trajetória histórica dos números não é capaz de desautorizar a análise. Observe-se que, em 1996, o país iniciava um período de razoável estabilidade econômica advinda dois anos antes com o Plano Real, de junho de 1994. Os resultados positivos da economia puderam ser sentidos nos primeiros dez anos de controle da inflação e de modesto crescimento econômico. Evidentemente, o controle da inflação dirige a economia a uma rota de crescimento e de aumento da renda pelo simples fato de que, com inflação controlada, deixa-se de diminuir a capacidade econômica de todos e especialmente das parcelas da população com menor renda.

---

[307] *Ibid.*, p. 101.
[308] SILVEIRA. *Op. cit.*, p. 104.

As variáveis econômicas tendem a se ajustar mais celeremente se a estabilização econômica puder ser associada ao estímulo da geração de empregos, facilidade de financiamento dos setores produtivos com juros razoáveis e políticas dinamizadoras dos potenciais econômicos que reúnem mais condições de serem explorados. No caso do Brasil, este setor é o agroexportador.

O crescimento econômico com a expansão do mercado consumidor interno reflete no aumento da carga tributária em função do incremento do número de consumidores. Na primeira década do Plano Real, o Brasil experimentou uma onda de crescimento do consumo de bens e serviços motivada pela estabilidade econômica. Na década seguinte, o mercado consumidor se agigantou ainda mais com a retirada de boa parte da população da miséria, que pode se inserir na espiral consumerista. É claro que o crescimento do consumo somente é possível com o aumento da renda nacional, mediante maiores níveis de empregabilidade e de políticas de transferência de renda. O quadro abaixo, elaborado por Maria Helena Zockun, demonstra em números a tendência de aumento da carga tributária a partir da estabilização econômica e os demais fatores correlacionados. O dado mais importante, no entanto, é que o crescimento econômico não trouxe melhoras na distribuição de renda – ao contrário, acirrou a concentração da renda na menor parcela da população – e gerou um panorama espantoso de iniquidade da carga tributária sobre o consumo:[309]

---

[309] *Ibid.*, p. 101.

Cargas tributárias direta e indireta sobre a
renda total das famílias – 1996 e 2004

Renda mensal familiar	EM PERCENTUAL DA RENDA FAMILIAR						Acréscimo de Carga Tributária (%)
	Tributação Direta		Tributação Indireta		Carga Tributária Total		
	1996	2004	1996	2004	1996	2004	
Até 2 SM	1,7	3,1	26,5	45,8	28,2	48,8	20,6
2 a 3	2,6	3,5	20,0	34,5	22,6	38,0	15,4
3 a 5	3,1	3,7	16,3	30,2	19,4	33,9	14,5
5 a 6	4,0	4,1	14,0	27,9	18,0	32,0	14,0
6 a 8	4,2	5,2	13,8	26,5	18,0	31,7	15,6
8 a 10	4,1	5,9	12,0	25,7	16,1	31,7	15,6
10 a 15	4,6	6,8	10,5	23,7	15,1	30,5	15,4
20 a 30	5,7	8,6	9,1	20,1	14,8	28,7	13,9
Mais de 30	10,6	9,9	7,3	16,4	17,9	26,3	8,4

Esclareça-se que foram considerados tributos indiretos nas duas POF: IPI, ICMS, PIS, COFINS. O IR, contribuições trabalhistas, IPVA e IPTU, como tributos diretos. Observa-se, claramente, conforme a renda aumenta, menor é a carga de tributos indiretos sobre o total de renda familiar. Em contrapartida, quando a renda diminui a carga tributária de tributos indiretos se eleva.

Com relação à tributação direta, nota-se que o aumento da renda leva ao incremento de carga tributária. No entanto, esta elevação fica muito aquém da diferença da carga de tributos indiretos, não conseguindo em oito anos diminuir a pressão da carga tributária do consumo sobre as populações mais carentes. Em 1996, a diferença de carga de tributos indiretos sobre as famílias mais pobres (renda de até 2 SM) em relação às mais ricas (renda acima de 30 SM) era de 19,2 pontos percentuais[310]; em 2004, a diferença foi para 29,4 pontos

---

[310] [Resultado da subtração de: 26,5 (–) 7,3 = 19,2]

percentuais.[311] Tratando-se de tributos diretos, a diferença de carga tributária entre as famílias de menor e maior renda registrou, em 1996, 8,9 pontos percentuais;[312] em 2004, a diferença ficou em 6,8 pontos percentuais.[313]

Como se observa, as diferenças em pontos percentuais entre cargas tributárias direta e indireta não compensa a diferença encontrada em relação à carga de tributos indiretos e, o que é pior, no período de oito anos a diferença de carga tributária direta entre os extremos de renda registrou 8,9 e 6,8 pontos percentuais. Isso significa que, em termos proporcionais, no período entre 1996-2004, a carga tributária sobre a renda e patrimônio dos mais pobres aumentou de 1,7% para 3,1%, enquanto a dos mais ricos diminuiu de 10,6% para 9,9%, acirrando mais a distância de um ideal de tributação equitativa entre os brasileiros.

Também no período 1996-2004, constata-se que a carga tributária tanto de tributos diretos quanto indiretos, em geral, aumentou de um período para outro, tendo registrado elevação de 20,6 pontos percentuais para as famílias com rendimentos de até dois salários-mínimos e apenas 8,4 pontos percentuais para os que auferem renda superior a trinta salários. Assim, ao contrário do que se poderia esperar de uma matriz tributária, a maior carga de tributos pesa sobre os brasileiros com menor potencial de renda do que os mais ricos.

De 2004 a 2008, a regressividade da matriz tributária sobre a renda do brasileiro se acentuou. O aumento da carga tributária sobre a renda dos que ganharam até dois salários passou de 48,8% para 53,9%, ou seja, uma elevação de 5,1 pontos percentuais.[314] Já para os contribuintes com renda superior a trinta salários-mínimos os números foram 26,3% para 29% de um período para outro, com aumento de apenas 2,7 pontos percentuais.

---

[311] [Resultado da subtração de: 45,8 (–) 16,4 = 29,4]
[312] [Resultado da subtração de: 1,7 (–) 10,6 = 8,9]
[313] [Resultado da subtração de: 3,1 (–) 9,9 = 6,8]
[314] Disponível em: <http://ipea.gov.br>. Acesso em: 14 jun. 2016.

Em estudo relevante, Fernando Silveira aponta para "uma pouco pronunciada progressividade da tributação direta no país".[315] O autor utilizou dados da POF 2002/2003, e concluiu que as famílias situadas no décimo mais pobre da população gastam 3,7% de sua renda com o pagamento de tributos, enquanto o décimo mais rico compromete 12,0% de sua renda com os recolhimentos tributários. Apesar de, neste último caso, o percentual de comprometimento da renda ser maior, quando relacionados ao valor de renda per capta entre os mais pobres e ricos, as disparidades de renda chamam a atenção. De acordo com o estudo, no primeiro décimo (10% mais pobres), a renda per capta era de R$ 23,80, enquanto no último décimo (10% mais ricos) a mesma renda por indivíduo era de R$ 2.126,53.

Isso significa que, cada pessoa do décimo mais pobre gasta R$ 0,88 de sua renda com o recolhimento de tributos, enquanto cada indivíduo mais rico compromete R$ 255,18 com despesas tributárias. Para a pessoa pertencente ao segmento mais pobre, restam R$ 22,92 de renda per capta. Já aos integrantes das camadas mais ricas da população, depois de descontada a carga tributária, a renda líquida fica em R$ 1.871,35. Assim, a distância entre a menor e a maior renda per capta permanece alta mesmo após a incidência dos tributos. Nos países que recebem o rótulo de "desenvolvidos", o impacto da tributação direta sobre a renda é da ordem de 30%, podendo chegar até 45%, enquanto no Brasil este índice é de aproximadamente 10%, segundo Fernando Silveira.[316]

Como é sabido, nos países desenvolvidos – e isso talvez justifique o rótulo de desenvolvimento que recebem – há índices de desigualdade menores do que o Brasil, o que agrava a situação brasileira, forjando, portanto, a adoção de medidas

---

[315] SILVEIRA. *Op. cit.*, p. 99.
[316] Os países desenvolvidos citados no estudo são Alemanha, Austrália, Bélgica, Canadá, Dinamarca, Estados Unidos, Noruega, Países Baixos, Reino Unido e Suécia (SILVEIRA. *Op. cit.*, p. 115).

estruturais para correção deste problema, inclusive no âmbito da tributação.

As demonstrações acima confirmam a suspeita de que o sistema tributário brasileiro (matriz tributária, como se cunhou neste livro) é regressivo, pois permite efeito contrário do que se espera com a afirmação do princípio da capacidade contributiva, isto é, a progressividade da carga tributária, de modo que, conforme a renda familiar se eleve, aumente proporcionalmente a carga tributária sobre a população de maior renda.

Foi possível observar que o principal problema reside na relação entre os blocos de tributação: consumo *versus* renda e propriedade. Se do lado da economia o crescimento do consumo promove melhora dos índices de produtividade, por outro causa maior diminuição de renda das parcelas mais pobres da população. Se frear o consumo pode não ser uma solução adequada para o problema da regressividade ou da iniquidade da matriz tributária, também não é aceitável que se observe inerte um quadro sistemático e crescente de injustiça com as pessoas que, talvez sem ter a exata consciência do problema, são estimuladas a consumir em prejuízo de sua renda.

Os índices mais recentes do impacto da tributação direta e indireta sobre a renda total por faixa de renda familiar *per capita* mostram ainda um sistema regressivo. Com base na POF 2017-2018, o IPEA demonstra que as famílias com menor renda sofrem um impacto mais agressivo dos tributos indiretos sobre sua renda.[317] No gráfico abaixo, a renda *per capita* familiar é medida em reais, e os tributos indiretos e diretos, em percentuais da renda *per capita*.

Tomando-se os dois extremos como exemplos, as famílias com renda *per capita* de R$ 212,05 sofrem uma carga tributária de tributos indiretos de 21,2%, enquanto, para

---

[317] OLIVEIRA, João Maria. Propostas de reforma tributária e seus impactos: uma avaliação comparativa. *In*: *Carta de conjuntura* n. 60. Brasília: IPEA, nota de conjuntura 1, 3º Trimestre, 2023, p. 06.

as famílias que recebem *per capita* R$ 7.717,58, os tributos indiretos pesam apenas 7,8%.

Nesse caso, observe-se que os tributos indiretos somam quase três vezes mais sobre a renda dos mais pobres em relação à dos mais ricos. Quando se analisa o peso da tributação direta, embora nos extremos se verifique que a carga dessa modalidade tributária sobre a renda dos mais pobres é de 3,1% e, para os mais ricos, 10,9%, a desproporção segue revelando uma carga tributária regressiva, uma vez que a tributação direta pesa em pontos percentuais sobre a renda *per capita* dos mais ricos em menos da metade do que os tributos indiretos pesam sobre os mais pobres (10,9% para 21,2%).

Isso mostra que a relação tributos indiretos e diretos no Brasil, apesar da incidência dos tributos sobre renda e propriedade sobre os mais ricos, não consegue compensar a forte carga tributária dos tributos do consumo sobre a renda dos mais pobres, denotando forte carga tributária regressiva.

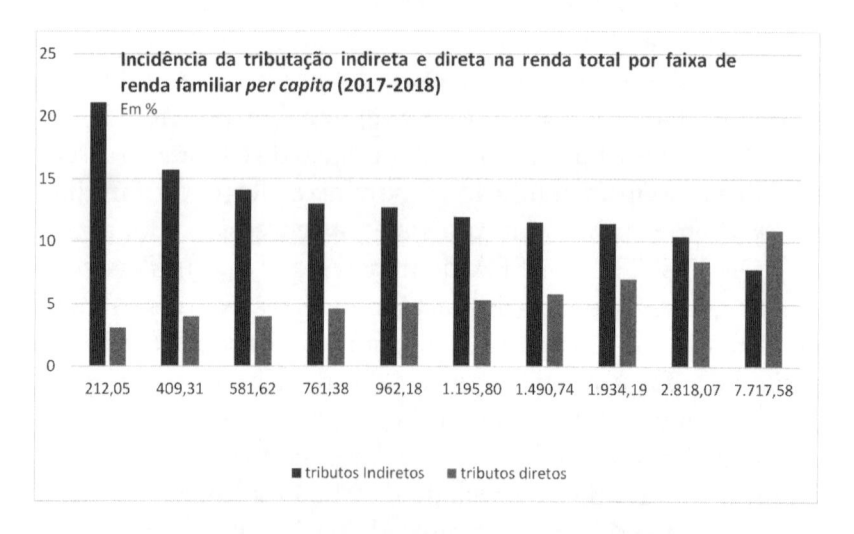

Incidência da tributação indireta e direta na renda total por faixa de renda familiar *per capita* (2017-2018)
Em %

Neste capítulo, observou-se que, na última década, o problema da regressividade tributária não se resolveu. Embora tenha havido uma leve diminuição da carga tributária indireta e um discreto aumento da tributação da renda quando comparado com outros países, internamente, o quadro permanece praticamente inalterado.

Isso se deve à ampla incidência de tributos sobre o consumo, que, como se sabe, não distingue capacidades contributivas. Considerando a extrema desigualdade de renda do país, conclui-se que, para os mais ricos, a carga tributária sobre o consumo é quase inexpressiva, pois, em razão da alta renda, sobram mais recursos financeiros quando comparados com a renda dos mais pobres.

No próximo capítulo, veremos os fundamentos para uma matriz tributária justa e algumas medidas que poderão ser adotadas visando à diminuição da regressividade e alcance de uma possível justiça tributária, conforme os conceitos de equidade e de justiça propostos neste livro.

CAPÍTULO 3

POR UMA MATRIZ TRIBUTÁRIA JUSTA

Neste Capítulo 3 chega-se ao ponto nevrálgico dos argumentos sobre equidade e justiça da tributação no Brasil. O Capítulo 1 cuidou dos conceitos fundamentais para o desenvolvimento da argumentação que embasa a pesquisa, destacando-se o próprio conceito de matriz tributária, ponto de partida para toda esta investigação. O Capítulo 2 destinou-se a expor o problema central, consistente nas discrepâncias da matriz tributária brasileira, especialmente a inversão da carga tributária do ponto de vista da capacidade contributiva, em que as famílias pobres comprometem proporcionalmente mais de suas rendas com pagamento de tributos do que os ricos. Com todos os temas precedentes devidamente articulados, o próximo desafio é propor uma abordagem sobre justiça tributária que sirva de resposta ao problema e, consequentemente, resolva a hipótese, que é a proposta de uma matriz tributária justa.

Para tanto, será necessário um alinhamento sobre o vocábulo *justiça* para efeito deste trabalho e os desdobramentos de sua conceituação em perspectiva jurídica. O objetivo nuclear é demonstrar que a matriz tributária é suporte das realizações estatais e visa a atingir finalidades que não estão lançadas por acaso, mas sim vinculam-se à formação histórica da sociedade brasileira como um processo de desenvolvimento de expectativas que espelham um projeto arrojado de civilização. Por esta razão faremos considerações sobre os modelos de financiamento do Estado fiscal moderno, a fim de demonstrar que, se na atualidade os esforços fiscais da sociedade brasileira estão em torno de 35% do PIB, isto se explica em função de exigências normativas contidas no texto constitucional que procuram atender a demandas históricas do povo brasileiro, reconhecidas, em alguma medida, pela Assembleia Nacional Constituinte de 1988.

A Constituição declara, no artigo 1º, que o Brasil se constitui em um Estado Democrático de Direito. Tal declaração diz muito a respeito dos fundamentos e propósitos deste livro, pois a ideia de justiça tributária terá de se vincular coerentemente às noções conceituais que fundamentam esta modalidade de estado. O Estado Democrático de Direito é o ponto de partida e a morada de valores e princípios normativos que autorizam uma argumentação teórica orientada à ideia de justiça social (ou distributiva), tendo por suporte financeiro a matriz tributária, com todo seu conjunto normativo e um rol de escolhas políticas que configuram os fatos geradores e demais regras jurídicas tributárias.

Serão desenvolvidos e devidamente fundamentados dois conceitos inéditos nas análises teóricas sobre justiça tributária, a saber, as estruturas "endógena" e "exógena" da matriz tributária, as quais contêm, conforme suas características peculiares, valores e princípios constitucionais que orientam as regras jurídicas, conferindo efetividade aos postulados axiológicos e abstratos contidos nas normas da Constituição.

Evidentemente, ao tratar de valores e princípios, discorreremos acerca das teorias que fundamentam os citados institutos com base nos argumentos dos principais teóricos sobre o tema, entre eles Alexy, Habermas e Dworkin. Ao lado destes autores mais familiarizados com os assuntos da Filosofia Política ou da Teoria Geral do Direito, serão expostas as doutrinas de juristas nacionais, com destaque ao influente trabalho exposto por Ricardo Lobo Torres sobre a estrutura dos valores e princípios constitucionais tributários. O foco deste Capítulo 3 não é propriamente desenvolver argumentos sobre a teoria dos valores ou dos princípios constitucionais, mas sim a respeito dos conceitos decorrentes destes institutos, os quais servem de apoio à novidade trazida à baila: os fundamentos teóricos para as estruturas endógena e exógena da matriz tributária. Sem pretender adiantar a argumentação, pois esta deve ocorrer em um nível gradual de abordagens, a matriz tributária se subdivide em estruturas endógena e exógena com a finalidade de possibilitar sua conciliação com as noções de justiça, no sentido de equidade, além do próprio entendimento sobre justiça em um plano mais abstrato. Realmente, na matéria tributária convém se distinguir os conceitos de equidade e de justiça, uma vez que os valores e princípios que regem uma e outra são diferentes. Não se trata de uma diferenciação arbitrária, mas da identificação dos limites da equidade na tributação e das finalidades da matriz, condensadas na meta de realizar justiça social, que pode ser efetivada pelas políticas públicas. Os conceitos de estruturas endógena e exógena da matriz auxiliam no trabalho de realinhar as ideias desenvolvidas no senso comum – e, às vezes, na doutrina – do que vêm a ser a equidade e a justiça tributárias.

No final deste capítulo serão trazidos indicadores referentes às desigualdades sociais e econômicas no país, o que justifica a construção teórica de uma argumentação sobre tributação e seu entrelaçamento com o árido tema da justiça social. A existência de vergonhosas disparidades de renda, aliadas, não por acaso, com índices sociais de subdesenvolvimento, deflagram não apenas um problema de injustiça social como também o argumento de um Estado Democrático de Direito simbólico, conforme será explicado. A frustação das expectativas traçadas pela Constituição com o Estado Democrático de Direito e todo o rol de objetivos fundamentais de construção de uma sociedade livre, justa e solidária é o que deve animar a academia a apresentar fundamentos teóricos de reação a tal estado de coisas não conformável. Daí porque um conceito do que significa justiça tributária passa a ser um objetivo inevitável e prioritário. Neste capítulo, portanto, demonstraremos que a ideia de equidade na tributação é atributo da estrutura endógena da matriz tributária, enquanto a justiça tributária está alojada nas pretensões da estrutura exógena. O processo de argumentação de conteúdo da equidade e da justiça tributárias, centradas nas percepções das estruturas endógena e exógena da matriz tributária, deve ser construído passo a passo, conforme os subitens a seguir.

3.1 Tributação para financiar a burocracia do Estado

A análise leiga, superficial ou até intuitiva da arrecadação de tributos no Estado não deixa dúvidas de que a principal função dos tributos é a de manter a burocracia estatal. A verificação de que os tributos servem à sustentação da máquina burocrática é algo que subsiste antes mesmo do chamado "Estado Moderno". Este, por sua vez, foi cunhado por esta locução depois que os países reconheceram o conceito de soberania, por ocasião dos acordos internacionais que resultaram no Tratado de Paz de Westfália, em 1648.[318]

---

[318] "Os senhores feudais, por seu lado, já não toleravam as exigências de monarcas aventureiros e de circunstância, que impunham uma tributação indiscriminada e mantinham um estado de guerra constante, que só causavam prejuízo à vida econômica e social. Isso tudo foi despertando a consciência para a busca da unidade, que afinal se concretizaria com a afirmação de um poder soberano, no sentido de supremo, reconhecido como o mais alto de todos dentro de uma precisa delimitação territorial. Os tratados de paz de Westfália tiveram o caráter de documentação da existência de um novo tipo de Estado, com característica básica de unidade territorial dotada de um poder soberano. Era já o *Estado Moderno*, cujas marcas fundamentais, desenvolvidas espontaneamente, foram-se tornando mais nítidas com o passar do tempo e à medida que, claramente apontadas pelos teóricos, tiveram sua definição e preservação convertidas em objetivos do próprio Estado" (DALLARI, Dalmo de Abreu. *Elementos de teoria geral do estado*. 24. ed. São Paulo: Saraiva, 2003, p. 70-71).

Para o ponto que se pretende explorar é possível fazer um recorte temporal para investigar a função do tributo no bojo do Estado Moderno e a estrutura burocrática erguida para o funcionamento desta modalidade estatal. A máquina burocrática do Estado Moderno se agiganta na medida em que as atuações e manifestações estatais são efetivadas por meio de atos que se desenvolvem sob a ideia de segurança, garantia ou de oficialidade, dando margem ao que Max Weber chamou de "racionalidade do Estado". O "Estado racional", portador da burocracia oficial, obviamente demandará mais despesas de manutenção de sua estrutura. Consoante o registro de Max Weber, o Estado racional é "o único em que pode florescer o capitalismo moderno. Este descansa sobre um funcionalismo especializado e um direito racional".[319]

O Estado racional, que se estabeleceu no Ocidente, a partir do século XI, permitiu a consolidação do capitalismo como sistema de produção e, assim, trouxe a necessidade de o Poder Público criar instrumentos de defesa deste sistema. Naquele século, no Oriente, mais exatamente na China, o Estado não conseguiu racionalizar-se, apesar da criação de um funcionalismo público especializado, o qual, ao contrário do que ocorreu no Ocidente, sustentava-se na figura do mandarim, espécie de literato que tendia a resolver questões administrativas de Estado com o conhecimento profundo de literatura e poesia.[320]

O Estado racional buscou oferecer respostas às demandas do capitalismo moderno, que necessitava de regras claras para se firmar. A burocracia estatal, dividida em funções (legislativa, de execução e de julgamento das leis), confunde-se com a necessidade de se estabelecer instrumentos jurídicos de proteção à liberdade e à propriedade, justamente em uma época em que a noção de direitos fundamentais estatuídos não era evidente como na atualidade.

---

[319] WEBER, Max. *Economia e sociedade*. Trad. Regis Barbosa e Karen Elsabe Barbosa. Brasília: Editora UNB, 2004, v. II, p. 518.
[320] *Ibid.*, p. 517.

Com a consolidação do capitalismo verificou-se a necessária elaboração de normas claras que pudessem assegurar a viabilidade do sistema de produção. É evidente que a aplicação das regras haveria de passar pela administração burocrática de sua efetividade, o que teria que se dar pela atuação dos Poderes Executivo e Judiciário. A estrutura burocrática que se ergueu no Estado, aliada às exigências do sistema produtivo, deu margem à formação da processualização do poder sob o enfoque do interesse público, e não apenas da solução da controvérsia privada. Por conseguinte, o exercício do poder passou a se estabelecer por intermédio de procedimentos burocráticos que vão desde a elaboração das leis até a sua aplicação.[321]

Embora o estudo do financiamento da burocracia estatal pertença mais exatamente à Ciência das Finanças, não se pode deixar de evidenciar em um livro que tem por fim investigar a equidade e a justiça da matriz tributária o peso forte exercido pela arrecadação dos tributos no funcionamento da burocracia estatal. Não é por outro motivo que Alberto Deodato argumenta que "a Ciência das Finanças trata, portanto, da vida do grupo público, da atividade do grupo público para prover às necessidades coletivas, não providas pelo grupo privado".[322] A explicação desta assertiva vem do fato de que os tributos serão exigidos em montante que guarde relação com as despesas geradas por tal burocracia.[323]

Outro ponto relevante é que o desenvolvimento do Estado Moderno passou por fases em que tal burocracia

---

[321] "Também historicamente o 'progresso' em direção ao Estado burocrático, que sentencia e administra na base de um direito racionalmente estatuído e de regulamentos racionalmente concebidos, encontra-se em conexão muito íntima com o desenvolvimento capitalista moderno" (WEBER. *Op. cit.*, p. 530).
[322] DEODATO, Alberto. *Manual de ciência das finanças*. 12. ed. São Paulo: Saraiva, 1971, p. 7.
[323] Nesse sentido, aludindo a Silvio Santos de Faria, Deodato pontua que as finanças públicas se encarregam de estudar e normatizar a repartição dos encargos públicos, a redistribuição da renda nacional e a compulsoriedade de arrecadação de receitas (DEODATO. *Op. cit.*, p. 4).

exerce uma função abstencionista em alguns momentos e, ao contrário, em outros mostrou-se interventora. Conhece-se, portanto, o "Estado de Direito", o "Estado Social" e o "Estado Democrático de Direito", que tiveram como elemento de identificação central a intervenção ou abstenção do Estado na oferta de bens sociais. Tanto o Estado Social quanto o Estado Democrático de Direito se comprometem a outorgar benefícios à sociedade que demandam custos financeiros. Por tais razões, é importante não se abortar da análise contextual da matriz tributária que o sistema de arrecadação está atrelado à estrutura da burocracia estatal, assim como estão as injunções estatais que marcam o Estado Social e o Estado Democrático de Direito.[324]

Continuando sob o aspecto da Ciência das Finanças, o Estado Moderno pode ser nominado como "Estado Financeiro", notadamente em função do financiamento da burocracia estatal por intermédio de receitas exigidas da sociedade. Conforme o alvitre de Ricardo Lobo Torres, o Estado Fiscal pode ser distinguido pelas locuções "Estado Patrimonial", "Estado Fiscal" e "Estado Socialista".[325] Em síntese, a primeira modalidade é marcada pela confusão conceitual da propriedade pública com o domínio dos bens privados. Na época da história ocidental compreendida entre os séculos XVI e XVIII, não havia como separar facilmente a riqueza pública do patrimônio privado, de modo que os tributos exerciam uma função supérflua no financiamento das despesas do Estado. Posteriormente, teve início a fase do "Estado Fiscal", marcado pela distinção entre a coisa pública

---

[324] "O objetivo do tributo sempre foi o de carrear recursos financeiros para o Estado. No mundo moderno, todavia, o tributo é largamente utilizado com o objetivo de interferir na economia privada, estimulando atividades, setores econômicos ou regiões, desestimulando o consumo de certos bens e produzindo, finalmente, os efeitos mais diversos na economia" (MACHADO, Hugo de Brito. *Curso de direito tributário*. 32. ed. São Paulo: Malheiros, 2011, p. 68).

[325] TORRES, Ricardo Lobo. *Curso de direito financeiro e tributário*. 6. ed. Rio de Janeiro: Renovar, 1999, p. 6-8.

e a particular, abrindo margens ao sistema de cobrança de tributos. Em seguida, adveio o "Estado Social Fiscal", o qual deteve a marca da extrafiscalidade. A receita tributária era utilizada para a intervenção no domínio econômico, quer para atender às demandas sociais, tais como saúde, educação, previdência entre outras, quer com o objetivo de se tornar apta aos financiamentos públicos para os empreendimentos privados, com a finalidade de alavancar a economia de determinados setores. Por fim, tem-se os Estados socialistas que dominavam os meios de produção e, portanto, dispensavam a exigência de tributos para o seu financiamento.[326]

Saliente-se que, conforme José Casalta Nabais afirma, o Estado moderno não necessitou – e nem necessita – ser financiado unicamente pela receita derivada dos tributos, mas, ao menos na atualidade, estes casos não são comuns. Trata-se, primeiramente, do Estado Patrimonial da Idade Média ou dos Estados socialistas do século XX. Os outros exemplos são os Estados que se mantêm em virtude de riquezas naturais abundantes, tais como petróleo, gás natural, ouro etc., ou os países que obtêm receitas da concessão de jogos, como são os casos de Macau e Mônaco.[327]

---

[326] "O Estado Patrimonial, que surge com a necessidade de uma organização estatal para fazer a guerra, agasalha diferentes realidades sociais – políticas, econômicas, religiosas etc. Mas a sua dimensão principal – que lhe marca o próprio nome – consiste em se basear no patrimonialismo financeiro, ou seja, em viver fundamentalmente das rendas patrimoniais ou dominiais do príncipe, só secundariamente se apoiando na receita extrapatrimonial de tributos [...] O que caracteriza o surgimento do Estado Fiscal, como específica figuração do Estado de Direito, é o novo perfil da receita pública, que passou a se fundar nos empréstimos, autorizados e garantidos pelo legislativo, e principalmente nos tributos – ingressos derivados do trabalho e do patrimônio do contribuinte – ao revés de se apoiar nos ingressos originários do patrimônio do príncipe [...] O Estado Social Fiscal corresponde ao aspecto financeiro do Estado Social de Direito, que floresce no Ocidente na segunda metade do sec. XX. Deixa o Estado de ser mero garantidor das liberdades individuais e passa à intervenção moderada na ordem econômica e social [...] O Estado Socialista é o neopatrimonialista. Vive precipuamente do rendimento das empresas estatais, representando o imposto papel subalterno e desimportante" (TORRES. *Op. cit.*, p. 7).
[327] NABAIS, José Casalta. *O dever fundamental de pagar impostos*: contributo para a compreensão constitucional do estado fiscal contemporâneo. Coimbra: Almedina, 2012, p. 193.

Feita esta ponderação, no que diz respeito ao financiamento da burocracia estatal pelos tributos o ponto deve ser analisado à luz de fundamentos da teoria econômica. Isso porque a intervenção do Estado no mercado necessita da arrecadação de tributos para a manutenção das funções burocráticas estatais, ainda que tal atuação não signifique propriamente a prestação direta de serviços ou políticas públicas, mas, antes disso, a simples proteção ao mercado.

Na teoria econômica, a situação de equilíbrio pleno pressuporia que os agentes do mercado solucionassem eventuais diferenças por meio dos instrumentos existentes no próprio mercado privado. Conforme Richard Musgrave, "o mecanismo de preço do mercado assegura uma alocação ótima de recursos, desde que sejam satisfeitas certas condições".[328] Evidentemente, em setores específicos estes ajustes são mais facilmente obtidos pois determinadas variáveis como o capital existente e a oferta de bens podem ser equivalentes. Assim, a vontade do consumidor (entendido como o agente de mercado interessado na aquisição de alguns bens) pode ser satisfeita, pois o tipo de bem a ser adquirido depende tão somente de se pagar o preço estipulado. O agente que oferece o bem aceita a proposta do consumidor e vice-versa. Como se disse, em determinados setores econômicos as trocas são mais facilmente obtidas em razão das características do mercado. Observe-se, como exemplo, o mercado financeiro, em que a compra de títulos financeiros por agentes consumidores ocorre em um cenário praticamente livre de intervenção estatal, já que as forças inerentes a este mercado normalmente encontram-se em situação de equilíbrio e os bens negociados não fazem parte de um rol de prioridades vitais, como são os alimentos, a saúde, a habitação.

Em certos mercados, as forças que os compõem não conseguem garantir resultados ótimos, exigindo do Estado, na

---

[328] MUSGRAVE. *Op. cit.*, p. 27.

qualidade de organização representativa de toda a sociedade, atuações com o objetivo de assegurar certo nível de equilíbrio nas relações econômicas. Musgrave aponta várias situações que podem contribuir para a perda de eficiência econômica, o que gera desajustes no mercado.[329] A formação de um monopólio, por exemplo, impede que outros agentes ingressem no setor produtivo, propiciando a exclusão da concorrência como uma das forças mais importantes do livre mercado. A queda da produção econômica por fatores externos, como tabelamentos e inflação alta, podem influir no resultado das empresas de modo que a receita não faça frente às despesas, ainda que se tenham realizados os cortes de despesa necessários. Na mesma linha, uma atividade produtiva poderá acarretar custos sociais que não foram dimensionados pelo mercado. É o caso da poluição do ar, do solo ou das águas por agentes privados, também chamadas de "externalidades negativas". Tais fatores desequilibram o mercado, porquanto todos os que são prejudicados pela poluição não têm instrumentos diretos de ação que impeçam a fábrica de privatizar seus ganhos e socializar as perdas. Na maioria dos casos, o próprio mercado deveria suprir suas falhas por intermédio de instrumentos próprios. Isso significaria que as correções não dependeriam exatamente de recursos oriundos do orçamento público.

Existem casos, todavia, em que os instrumentos do mercado falham de modo relevante ou totalmente, gerando margem às "necessidades públicas".[330] De acordo com Musgrave, "as necessidades sociais são aquelas que devem ser satisfeitas através de serviços que precisam ser consumidos por todos em quantidades iguais".[331] Isso implica, em conclusão preliminar, que todos têm necessidades dos mesmos serviços, mas nem todos têm como pagar por eles, fator que explica a existência de necessidades sociais, pois, se tais serviços pudessem ser

---

[329] MUSGRAVE. *Idem*.
[330] *Ibid.*, p. 28.
[331] *Ibid.*, p. 29.

pagos individualmente por cada um em processos específicos de escolhas, tais necessidades seriam supridas pelo próprio mercado. Quando a satisfação de necessidades pelo mercado não é possível, segue-se que elas deverão ser satisfeitas pelo orçamento público. Pertencem ao conjunto destas necessidades os bens e serviços que não podem ser custeados individualmente por alguém em razão de se destinarem a todos. Nesse sentido, seus custos são elevados e qualquer pagamento individual que se faça não paga a totalidade dos bens e serviços exigidos.[332] Obras públicas de relevante abrangência como de saneamento básico, ruas, estradas, pontes e viadutos beneficiam uma gama indeterminada de pessoas, sendo presumível que os custos para a execução de tais intervenções não podem ser suportados por alguém especificamente. Do mesmo modo, a prestação jurisdicional, a produção legislativa e a aplicação das funções executivas de atendimento ao interesse público – resumidas na locução "burocracia estatal", tratada acima – não podem ser supridas pelos meios de troca do mercado, em que o consumidor paga o preço pelo bem adquirido. Tais atuações são de valor financeiro altíssimo e em geral superam o montante de recursos privados acumulados, exatamente por se destinarem ao atendimento de todos. A questão essencial sobre necessidades públicas, entretanto, não parece residir nos custos financeiros para aquisição destas necessidades, conforme deixa entrever Musgrave.[333] O ponto-chave que insere certos bens e serviços no âmbito das necessidades sociais parece pertencer à impossibilidade de alguém se apropriar de tais bens e excluir os demais da fruição de seu benefício em virtude do preço pago pelo bem. Em um exemplo nada factível – mas apenas para aprofundar o argumento – não seria próprio admitir que uma solução de mercado indicasse que

---

[332] "O fim do grupo público é prover necessidades fundamentais. Essas são satisfeitas sem reciprocidade. Insignificantes são as reciprocidades nos casos em que o Estado, fora sua missão, empreende e satisfaz, em troca, esta ou aquela necessidade individual ou particular do indivíduo" (ADEODATO. *Op. cit.*, p. 6).

[333] MUSGRAVE. *Op. cit.*, p. 29.

alguém especificamente pudesse pagar determinado preço por uma obra pública (por maior que fosse o valor) para se apropriar de tal bem e excluir outros de sua fruição.

    Do ponto de vista econômico, as necessidades sociais são explicadas pelas regras de mercado, mas sob o aspecto jurídico tem-se que determinados bens devem ser usufruídos por todos, não havendo espaço para sua apropriação individual. São estes bens que compõem o conjunto de necessidades sociais executadas pela burocracia estatal. Por tais razões, lembra Musgrave, as necessidades sociais "não podem ser satisfeitas pelo mecanismo de mercado, porque sua fruição não pode sujeitar-se a pagamentos de preço".[334] No campo das necessidades sociais não se pode ignorar que sua fruição não será igual para todos. Uns podem exigir mais do Estado do que outros, mas há que se criar instrumentos por meio dos quais esta questão se torne menos relevante, uma vez que todos contribuirão financeiramente para a satisfação das necessidades. A indagação que deve ser feita neste ponto é: qual o montante de recursos que deve ser arrecadado para o suprimento das necessidades e como seus custos serão partilhados? Se tal questão se resolvesse pelas regras de mercado, a resposta seria rápida: o sistema de preços se encarregaria de dimensionar o valor das preferências pessoais. Tratando-se de necessidades coletivas, supridas pela burocracia estatal, o valor de contribuição de cada beneficiário efetivo ou potencial desta burocracia passa por outras avaliações. Os tributos correspondem, primeiramente, ao montante de valores arrecadados ao atendimento de tais necessidades, sendo a divisão do seu custo entre os integrantes da sociedade uma das questões mais tormentosas da tributação, seja pelo viés econômico, seja pelo enfoque jurídico.[335] Este livro expõe

---

[334] *Ibid.*, p. 30.
[335] Richard Musgrave aborda o tema da alocação de recursos públicos para o atendimento das necessidades sociais, dividindo-o em três finalidades alocativas. A primeira, chamada "divisão de alocação", pretende "assegurar ajustamentos na alocação de recursos"; a segunda, "divisão de distribuição" visa a "conseguir ajustamentos na

argumentos críticos sobre a distribuição do ônus tributário em perspectiva jurídica, procurando respostas à seguinte hipótese: seria a matriz tributária brasileira equitativa quando se leva em consideração a renda da população em cálculos proporcionais? Como desdobramento desta primeira hipótese, também será investigado se a matriz tributária é justa quando as receitas fiscais não conseguem efetivar justiça social no Estado Democrático de Direito.

3.1.1 Liberdade e propriedade na qualidade de direitos têm seus custos

No subitem anterior foi demonstrado que a burocracia do Estado Moderno é responsável pela exigência de tributos como contrapartida às atuações estatais em diversas ordens. Isso não significa, evidentemente, que os tributos sejam uma criação do Estado Moderno, uma vez que a origem dos tributos remonta à Antiguidade. A ênfase que pretendemos calcar neste subitem, quase como uma consequência espontânea do liberalismo, reside nas exigências da burocracia estatal à instituição de um sistema de tributos, estes últimos considerados instrumentos de garantia dos direitos fundamentais conexos às noções de liberdade e de propriedade. Para manter o funcionamento do Estado, a alternativa que se tem mostrado mais factível é um sistema de arrecadação de receitas apto a custear, em síntese, a proteção à liberdade, à propriedade e à segurança dos contratos privados. Nos clássicos da literatura política do Ocidente encontram-se passagens às vezes um pouco cifradas, de reverência ou de limites à liberdade e à propriedade.

---

distribuição da renda e da riqueza"; a terceira, "divisão de estabilização", objetiva "garantir a estabilização econômica" (MUSGRAVE. *Op. cit.*, p. 25). No tocante à função da tributação, Musgrave é peremptório ao afirmar que "[...] a necessidade de garantir uma distribuição de custo, independente da transferência de um certo recurso, é a função e a *raison d'être* da tributação" (MUSGRAVE. *Op. cit.*, p. 38).

Realmente, para ficar com os mais conhecidos nomes da Filosofia Política moderna, desde Hobbes, passando-se por Locke e Rousseau, chegando até Kant, os postulados da liberdade e da propriedade exigiram desta ciência a construção de argumentos justificativos à sua proteção.

Na obra *Leviatã*, de 1651, Hobbes reverencia, no Capítulo XXI, da Parte II, referente ao Estado, impressões sobre a liberdade e a necessidade de sua proteção pela autoridade estatal. Nas palavras do jusnaturalista britânico:

> Considerando a liberdade, em seu verdadeiro sentido, como liberdade corporal, isto é, como liberdade das cadeias e prisões, seria absurdo que os homens clamassem, como o fazem, por uma liberdade de que tão manifestamente desfrutam. Mas se considerarmos a liberdade como isenção das leis, não é menos absurdo que os homens exijam, como o fazem, aquela liberdade mediante a qual todos os outros homens podem tornar-se senhores de suas vidas. Por absurdo que pareça, é isso o que pedem, ignorando que as leis não têm qualquer poder para protege-los, se não houver uma espada nas mãos de um homem ou homens encarregados de fazê-las cumprir. Portanto, a liberdade dos súditos está, somente, naquelas coisas permitidas pelo soberano ao regular suas ações, como a liberdade de comprar e vender ou realizar contratos mútuos, de cada um escolher a sua residência, sua alimentação, sua profissão, e instruir seus filhos conforme achar melhor.[336]

Locke foi um defensor da propriedade. No *Segundo tratado sobre o governo*, de 1689, concedeu ao mencionado instituto uma conotação menos restrita do que a noção de propriedade advinda desde o Direito natural tomista. São Tomás de Aquino considerava a propriedade privada não apenas legítima, mas também necessária à vida humana. A preocupação tomista em torno da propriedade visava a refutar o entendimento de que a propriedade de bens pudesse impedir a comunhão com Cristo. Deus teria concedido aos homens na Terra um domínio natural sobre as coisas e a maneira

---

[336] HOBBES, Thomas. *Leviatã*: ou matéria, forma e poder de um estado eclesiástico e civil. Trad. Rosina D'Angina. São Paulo: Martins Claret, 2012, p. 172.

pacífica de se consagrar tal domínio seria pela legitimação do direito individual à propriedade. São Tomás repelia a crença herética de cristãos primitivos, de que o domínio individual dos bens juntamente com o casamento impediria o caminho para a salvação. Como dominicano que era, objurgava o voto de pobreza defendido pelos franciscanos, ordem religiosa rival à sua.[337]

Locke defendeu que os trabalhadores teriam direito ao fruto do seu trabalho. Assim, a propriedade de bens materiais deixava de ser um privilégio dos mais ricos, podendo se estender aos comuns. As razões que levaram Locke a fazer a defesa do direito de propriedade dos menos ricos não residia, porém, no argumento de um possível direito dos trabalhadores, mas na sua convicção política de que a cobrança de tributos pelos reis deveria ser precedida da consulta ao Parlamento, uma vez que os frutos do próprio trabalho se situam em um estágio pré-político, não sendo legítimo, com efeito, o tributo restringir estes frutos sem o consentimento do povo.

Da obra *Segundo tratado sobre o governo* colhe-se a seguinte passagem sobre os direitos de liberdade e propriedade:

> [...] apesar de a natureza se oferecer a nós em comum, por ser o homem senhor de si próprio e dono de si mesmo, das suas ações e do trabalho que executa, tem ainda em si mesmo os fundamentos da propriedade; e tudo aquilo que aplica ao próprio sustento ou conforto, quando as invenções e as artes aperfeiçoam as conveniências da vida, é totalmente propriedade sua, não pertencendo a mais ninguém.[338]

Rousseau, por sua vez, foi um dos primeiros filósofos políticos a se preocupar com a falta de igualdade entre os

---

[337] Nesse sentido, e com bons argumentos interpretativos, ver FLEISCHACKER, Samuel. *Uma breve história da justiça distributiva*. Trad. Álvaro de Vita. São Paulo: Martins Fontes, 2006.

[338] LOCKE, John. *Segundo tratado sobre o governo*. Trad. Alex Marins São Paulo: Martins Claret, 2002, p. 39.

homens ser considerada um dos fatores que levava à pobreza e à marginalização. Entendia, no entanto, que a liberdade, aliada à igualdade, eram os bens supremos a serem protegidos. De sua obra mais influente, *Do contrato social*, de 1762, é possível transcrever a seguinte passagem a resumir as ideias ora mencionadas: "se se pesquisar em que consiste precisamente o maior bem de todos que deve ser a finalidade de todo sistema de legislação, verificar-se-á que ele se reduz a dois objetos principais a liberdade, e a igualdade".[339]

Já Kant abordou o tema da liberdade de forma mais singular. Não enfatizou o filósofo prussiano a defesa institucional da liberdade por parte do Estado. Seu pensamento acerca da liberdade partia da argumentação de que tal atributo pertence à moral e reside nas convicções da pessoa e não exatamente na legislação. Em uma de suas obras principais, *Metafísica dos costumes*, de 1797, Kant evidencia esta argumentação em vários momentos, retratada nas diversas traduções da referida obra e no livro *Princípios metafísicos da doutrina do direito*, publicado pela editora Martins Fontes, em 2014. A liberdade, de acordo com Kant, reúne complexidades a começar pelo entendimento de que se trata de um conceito *transcendente para a filosofia teórica*. Isso implica saber que, para Kant, a liberdade não oferece "um exemplo adequado em nenhuma experiência possível", razão pela qual não constitui objeto de um conhecimento teórico possível e, exatamente por este motivo, não pode ser "um princípio constitutivo da razão especulativa".[340]

Michel Sandel esclarece que, de acordo com Kant, para alguém agir livremente é necessário atuar com autonomia, esta, por sua vez, decorre de uma "lei" que o sujeito impõe a si mesmo e não em virtude da natureza ou de convenções

---

[339] ROUSSEAU, J. J. *Do contrato social*. Trad. Marcio Pugliesi e Norberto de Paula Lima. São Paulo: Hemus, [1762], 1981, p. 61.
[340] KANT, Immanuel. *Princípios metafísicos da doutrina do direito*. Trad. Joãosinho Bechenkamp São Paulo: Martins Fontes, 2014, p. 23.

sociais.[341] A liberdade é um princípio insondável para Kant, pois dificilmente a "ação" (ou "o arbítrio" para a filosofia kantiana) é verificável com a autonomia que brota da própria razão prática. Agimos por influência de representações naturais externas ou por força de convenções sociais e isso não significa liberdade para o pensamento de Kant. Somente a ação motivada por imperativos internos da consciência é capaz de isolar as representações externas a ponto de influir no arbítrio, na ação livre do ser racional. Estes argumentos, no entanto, não desnaturam a necessidade de um amplo regime jurídico de defesa da liberdade.

A questão essencial neste item é desmistificar a ideia defendida pelo liberalismo de que a garantia da liberdade exige um comportamento estatal abstencionista. Ao contrário desta suposição, assegurar a liberdade envolve recursos e custos financeiros ao Estado tão significativos quanto as despesas com serviços públicos. No entanto, o ponto curioso é o conceito que se pode atribuir à liberdade. Existe uma fronteira tênue entre direitos negativos e positivos a configurar a suposta separação entre um Estado liberal fiscal e o Estado social fiscal. Portanto, seria possível indagar se uma pessoa é livre, no sentido do alcance de suas mobilidades social e econômica plenas, sem acesso aos serviços de saúde adequados? Há liberdade para todos quando muitos são privados do acesso à educação por razões arbitrárias, tais como pertencer a uma família pobre e que não possa garantir educação privada de qualidade aos seus dependentes? Pode-se cogitar de liberdade se alguém é flagelado pela fome e não possui meios próprios para usufruir ou resgatar sua dignidade? Em princípio, não é possível enxergar a garantia de liberdade sem ações estatais positivas que assegurem também igualdade material para todos. Daí porque a liberdade tem seus custos financeiros e tais não permitem separar o Estado liberal abstencionista do Estado social interventor.

---

[341] SANDEL, Michael. *Justiça*: o que é fazer a coisa certa. Trad. Heloisa Matias e Maria Alice Máximo 12, ed. Rio de Janeiro, 2013, p. 138.

3.1.2 Liberdade é uma visão de justiça no Estado fiscal

O Estado Moderno, visto como Estado fiscal, passou pelas fases "patrimonial", "fiscal", "social", "de polícia" e "socialista", tendo sido marcado pela forte influência dos tributos como instrumento de custeio de sua burocracia.[342] Destas fases do Estado fiscal, sobressaem para a presente abordagem as etapas do Estado fiscal em sentido estrito, isto é, o Estado liberal burguês, com a marca do *laissez fare*, e o Estado social interventor (ou Estado providência), calcado na noção de *welfare state*. A primeira modalidade defende o argumento de que a função do Estado se resumiria à proteção dos direitos individuais, dos quais pinçamos a liberdade e a propriedade como exemplos. Para o desempenho desta relevante função, o Estado liberal dependeria de uma máquina administrativa que preferimos cunhar de "burocracia estatal", com a atribuição de intervir – e quando fosse o caso mediante o uso da força – para a proteção destes valores. Como se viu, sem uma atuação relevante do Estado dificilmente o capitalismo teria condições de se expandir. O outro modelo de atividade estatal, além de manter o sistema de proteção dos valores e direitos individuais conquistados durante pelas civilizações precedentes, especialmente depois da Revolução Francesa, de 1789, procuraria, já na primeira metade do século XX, corrigir desajustes verificados na sociedade, os quais, normalmente, teriam sido gerados por falhas do mercado econômico. Assim, determinados bens seriam concedidos à sociedade com o fim de torná-la mais igual, possuindo a saúde, a educação, a previdência pública e o direito a um trabalho digno o papel de instrumentalizar a efetivação de uma sociedade solidária, fraterna ou, simplesmente, justa.

Os referidos modelos de Estado colocam em um certo patamar de rivalidades algumas teorias de justiça relevantes,

---

[342] TORRES. *Op. cit.*, p.6-8.

tendo como pano de fundo as duas ideologias políticas predominantes no mundo moderno, quais sejam, o liberalismo e o socialismo. No tocante as teorias de justiça, em que pese não ser o foco, no momento, aprofundar sua abordagem, necessitamos apenas definir alguns acordos semânticos. Tais acordos servem de alerta para os momentos em que alguns termos são utilizados e sua devida relação com os comportamentos do Estado, que ora são abordados. Com isso é possível relacionar a liberdade como relevante valor moral do liberalismo com o tema da justiça, de igual conteúdo axiológico.

Nesse sentido, no âmbito da teoria política normativa, podem ser escolhidas três linhas de argumentação que distinguem as teorias de justiça para os fins da presente abordagem, quais sejam, o "igualitarismo econômico", o "libertarismo" e o "utilitarismo".[343] Por "igualitarismo econômico" considera-se a adesão à doutrina do "liberalismo igualitário", que se explica pela defesa da garantia da estrutura básica da sociedade, em que determinados bens sociais indispensáveis deverão ser garantidos como realização do conceito de uma sociedade justa. A garantia de bens sociais como educação, saúde e previdência revelaria a justiça da estrutura básica de uma sociedade, pois quem não puder pagar pela aquisição destes bens no mercado não ficaria desassistido. Nessa linha de argumentação encontram-se, entre os autores estrangeiros, John Rawls, Michel Sandel, Ronald Dworkin e, no Brasil, por exemplo, Álvaro de Vita. A palavra "libertário", por sua vez, alude à escola política liberal, fundada não somente na noção de justiça em razão do mérito, mas também na ideia de individualismo. Assim, as pessoas são livres para fazer

---

[343] Álvaro de Vita explica que a Teoria Política Normativa da contemporaneidade reúne diversas abordagens sobre justiça, ao menos no âmbito da tradição anglo-saxã. As mencionadas no texto são as mais proeminentes (VITA, Álvaro de. *A justiça igualitária e seus críticos*. 2. ed. São Paulo: Martins Fontes, 2007, p. 1).

as escolhas que entenderem mais convenientes para suas vidas, sem interferência do Estado ou mediante a mínima intervenção. Defendem estes fundamentos Friedrich Hayek, Robert Nozick e Milton Friedman. Por fim, o termo "utilitarismo" indica outra corrente teórica que sustenta a realização da justiça como sinônimo de felicidade nos planos individual e coletivo. A justiça se satisfaria mediante o maior número possível de pessoas que se sintam felizes, não importando se a minoria não possa desfrutar da mesma satisfação. Atribui-se a criação desta corrente filosófica a Jeremy Benthan e John Stuart Mill.

Esta última linha de pensamento não guarda relação direta com a presente abordagem a não ser que se atribua ao Estado a obrigação de promover os instrumentos de alcance da felicidade coletiva, que pode ser traduzida na noção de bem-estar coletivo. O utilitarismo, visto exclusivamente sob o olhar da Filosofia Política, serviria tanto ao libertarismo quanto ao liberalismo igualitário, pois parte de uma argumentação consequencialista, de modo que a soma dos esforços coletivos da sociedade visaria à efetivação da felicidade geral. Portanto, não importa, *a priori*, para o utilitarismo, se o alcance da felicidade de todos se daria por meio de um comportamento estatal liberal libertário ou liberal igualitário. Para o utilitarismo prepondera a ideia de que as escolhas do que viria a significar felicidade dependeria do maior número de pessoas que fizessem as respectivas opções.

Tratando-se, portanto, das duas escolas que restam, quais sejam, o "libertarismo" e o "liberalismo igualitário", verifica-se que tais abordagens estão relacionadas aos comportamentos estatais abstencionista ou intervencionista, sendo que tais modos de ser do Estado implicam custos financeiros. A questão central é definir liberdade a partir de um ponto em que, dependendo da referência de partida, a defesa dos custos financeiros à garantia de sua efetivação poderá levar a uma ou outra escola filosófica de justiça. Isso implica considerar que ninguém é libertário ou liberal igualitário por convicções subjetivas, mas sim de acordo com a defesa que faz da ideia de liberdade, a qual leva inevitavelmente à compreensão de justiça. As explicações para esta afirmação serão desdobradas nas subseções a seguir.

3.1.3 Os custos da garantia de liberdade para todos

Nas duas subseções anteriores procurou-se demonstrar que a liberdade está atrelada à ideia de igualdade de condições básicas do seu exercício para todos e que esta premissa se vincula a alguma teoria de justiça no plano da Política. Agora, é necessário argumentar se os direitos fundamentais decorrem do livre exercício de escolhas individuais que prescindem de intervenção estatal. Por exemplo, um jovem que tenha completado o ensino básico em uma escola privada de qualidade e se candidata a uma vaga em alguma universidade pública brasileira terá maior probabilidade de conquistar este bem (a oportunidade da vaga) do que outro jovem (da mesma idade e com o mesmo período de escolaridade) que tenha cursado o ensino básico na escola pública. Sabendo-se que o nível do ensino básico da escola pública, por diversos fatores amplamente conhecidos, não acompanha as exigências de conhecimento e de qualificação para se ingressar nas universidades públicas, desponta do exemplo uma questão relevante sobre direitos e liberdade. É comum que o jovem da escola pública, em função da baixa renda familiar, tenha que ser lançado ao mercado de trabalho na concomitância com os estudos e, naturalmente, seu desempenho escolar será prejudicado, fator que agrava suas condições de competitividade com o estudante da rede privada de quem não foi exigido ter que trabalhar para "ajudar em casa". O jovem que cursou o ensino básico na escola privada terá mais liberdade de realizar uma escolha adequada para o desenvolvimento de uma vida futura mais segura do que o jovem do ensino público. Neste caso, o jovem oriundo do ensino privado é livre para tal escolha, enquanto o outro não é. Em uma sociedade em que preponderaria a ideia de Estado abstencionista, caberia ao mercado corrigir as falhas de oportunidades, isto é, o ensino privado deveria ser garantido a todos a preços acessíveis, de modo que as condições básicas para a oportunidade de uma vaga na universidade pudessem ser as mesmas para qualquer jovem. Existindo falha no mercado em que tais oportunidades não sejam as mesmas, a função do Estado passa a ser a de corrigi-la, dotando o ensino básico da rede pública das mesmas qualidades constantes do ensino básico da rede privada ou, isso não ocorrendo, oportunizar meios de financiamento do ensino superior privado aos que não possam pagar as mensalidades da universidade privada. Isso demonstra que é falaciosa a ideia de prevalência do Estado abstencionista nas sociedades em que os indivíduos têm condições econômicas muito desiguais e o mercado é incapaz de corrigir as falhas que propiciam tais desigualdades. Seguindo o exemplo dado, se competisse ao Estado se abster de qualquer intervenção, sob o argumento de que sua função é somente assegurar os direitos negativos, caberia ao Estado somente garantir a liberdade de escolhas entre os jovens. Por conseguinte, o Estado apenas interviria na hipótese de ocorrer algum tipo de perturbação sobre o direito de liberdade dos jovens de se submeterem às provas para ingressar na universidade. No Estado Social ou no Estado Democrático de Direito, se a liberdade de se fazer escolhas adequadas não for assegurada a todos a intervenção do Estado será inevitável caso o mercado apresente falhas que levem parte dos indivíduos a não usufruírem das mesmas oportunidades de escolha para uma vida segura. De acordo com uma teoria de justiça que leve em consideração a igualdade como valor pleno, os custos para manutenção da burocracia estatal, destinada a garantir a liberdade individual, teria o mesmo peso moral que os custos financeiros das intervenções estatais que pretendam tornar a sociedade mais justa.

3.1.4 Não existem melhores custos entre direitos negativos e positivos

No dizer de Stephen Holmes e Cass Sunstein, os filósofos souberam sempre distinguir entre "liberdade" (como um direito) e o "valor da liberdade". Assim, "a liberdade terá pouco valor se quem ostensivamente a possui não dispõe de recursos para efetivar seus direitos".[344]

As despesas com a manutenção da burocracia estatal, ainda que se façam presentes para proteger a liberdade de escolha, exigem, igualmente, custos a fim de que o Estado atue na criação das condições básicas para que todos possam usufruir das escolhas livres em igualdade de oportunidades.

Não por outro motivo, ambos os autores sustentam que "governos liberais, devem, também, prevenir que a disparidade entre a riqueza e a miséria cresça tão evidentemente que os ódios entre as classes comecem a ameaçar a estabilidade social e o regime da própria propriedade privada".[345] Exemplificam que uma maneira de evitar tais problemas é por meio de educação financiada com recursos públicos, política concebida para prover os meios de desenvolvimento próprio das pessoas. O governo pode também responder à ameaça de tensões entre quem tem onde morar e quem não tem por meio de vários programas contra a pobreza e de treinamento profissional. Além disso, o governo pode financiar um sistema de hipotecas com receitas tributárias e criar barreiras para que os bancos privados não retomem facilmente a propriedade dos mutuários inadimplentes ou os eliminem do programa. Um sistema de hipotecas bem organizado, por sua vez, pode

---

[344] "Liberty has litlle value if those who ostensibly possess it lack the resources to make their rights effective" – tradução livre – (HOLMES, Stephen; SUNSTEIN, Cass. *The cost of rights*: why liberty depends on taxes. New York: Norton, 2000, p. 20).

[345] "Liberal governments must also prevent the disparity between luxury and misery from growing so glaring that class hatreds begin to threaten social stability and the regime of private property itself" – tradução livre – (HOLMES; SUNSTEIN. *Op. cit.*, p. 206).

estimular a construção civil e permitir que mais e mais famílias de renda moderada tornem-se proprietárias. Dessa forma, inserem-se na classe média e na espiral de consumo.[346]

A jurisprudência do Direito estadunidense absorveu a distinção entre os direitos a partir da percepção de que alguns deles se destinam a proteger os indivíduos contra injunções estatais, enquanto outros demandam ações prioritárias do Poder Público. Assim, existiriam outros direitos promovidos pelo Estado capazes de proteger o indivíduo das vulnerabilidades do meio social e auxiliá-lo no modo como se insere no mercado produtivo. No âmbito da primeira distinção estariam os "direitos negativos" e na outra, logicamente, residiriam os chamados "direitos positivos".[347]

Stephen Holmes e Cass Sunstein analisaram a suposta dualidade entre direitos negativos e positivos e revelaram ser inadequada a conclusão de que o Estado não seria necessário caso se optasse pela tese de direitos negativos, em que os direitos serviriam para defender o indivíduo da atuação estatal.[348] Os autores procuram evidenciar que não existem diferenças entre direitos negativos e positivos para fins orçamentários, tanto que, antes da política de New Deal, de Franklin Delano Roosevelt, os direitos de liberdade e propriedade demandavam custos públicos suportados por todos.[349] Como se sabe, o New Deal consistiu em um plano de intervenção do Estado para socorrer a economia de países europeus dizimados pela II Guerra Mundial. O reconhecimento de liberdades e a proteção à propriedade

---

[346] "A well-organized mortgage system, in turn, can spur construction and allow more and more moderate-income families to become owner-occupants and thereby to join the politically reliable middle class, widely defined" – tradução livre – (HOLMES; SUNSTEIN, ibid., loc. cit.

[347] TAMANAHA, Rodolfo Tsunetaka. Percepção de que os direitos têm custos e a jurisprudência do STF. In: GASSEN, Valcir (Org.). *Equidade e eficiência da matriz tributária brasileira*: diálogos sobre Estado, Constituição e Direito Tributário, Brasília: Consulex, 2012, p. 317.

[348] HOLMES; SUNSTEIN, 2000, p. 14.

[349] Ibid., p. 15.

como direitos fundamentais geram deveres ao Estado, os quais, para serem efetivados, dependem de recursos públicos. Daí a conclusão de Holmes e Sunstein de que somente existem direitos se e quando implicarem custos orçamentários.[350]

Sob o viés da Ciência Política normativa, há uma forte tendência ideológica neste tipo de abordagem, uma vez que os direitos negativos estariam relacionados à visão libertária da ação estatal. Os direitos positivos, ao contrário, estariam vinculados aos argumentos dos liberais igualitários, ou, como se diz entre nós, ficariam mais bem alojados no rol dos ideais socialistas.

De acordo com esta análise, não existem diferenças entre direitos positivos e negativos quando o que está em evidência são os custos do Estado para efetivar direitos. Rodolfo Tamanaha reforça os argumentos da citada obra de Holmes e Sunstein, de que tal distinção é estéril do ponto de vista dos custos orçamentários para tornar o Estado apto a efetivar tanto uma quanto outra gama de direitos.[351] Garantir as liberdades individuais arduamente defendidas pelos libertários custa para a sociedade, assim como são dispendiosas as ações estatais para promover direitos sociais. Manter a máquina estatal com uma estrutura legislativa, de execução e fiscalização da legalidade, ou da solução judicial dos conflitos, ou das controvérsias sobre contratos e a interpretação dos direitos formalmente legislados impõe aos governados o dever de pagar por tais benefícios direta ou indiretamente usufruídos.

Quanto aos ditos direitos positivos, a percepção das despesas com tais medidas é ostensiva, o que talvez ajude explicar certa repulsa à sua manutenção financeira. Enquanto a estrutura estatal garantidora das liberdades é potencialmente desfrutada por todos, os direitos sociais, em sua maioria, destinam-se a proteger os grupos mais vulneráveis. Isso resulta na conclusão apressada de que os custos com tais

---

[350] *Ibid., loc. cit.*
[351] TAMANAHA. *Op. cit.*, p. 317.

direitos são mais intensamente suportados pelos segmentos econômicos favorecidos, que seriam instados a financiar o rol de direitos sociais, não se beneficiando diretamente deles. Os direitos positivos, em razão do protagonismo naturalmente assumido no pós-guerra, evidenciam mais seus custos do que os direitos negativos. Além desta percepção, entendemos que os direitos positivos são enxergados como custosos por força de suas características intrínsecas. Os direitos negativos, por sua vez, confundem-se com a presença da burocracia estatal e com a própria ideia de direito.

Neste livro, pretende-se investigar se a mencionada percepção se confirma ou se o financiamento dos direitos sociais não seria suportado igualmente por todos, já que o sistema de tributação não distingue ricos e pobres sob o prisma de uma argumentação de justiça. Os efeitos jurídicos da matriz tributária, portanto, serão iníquos nos casos em que os mais pobres forem os que mais paguem tributos, exatamente porque comprometem em proporções maiores, em relação aos mais ricos, parte de sua renda com tal despesa, o que foi demonstrado no Capítulo 2, na subseção 2.5.2. Por ora, objetivamos tratar esta questão de uma forma mais abstrata e menos crítica, apenas para demonstrar que os direitos, quaisquer que sejam, possuem custos e que estes serão arcados pela sociedade. O contratualismo, a democracia, o Estado de Direito e o Estado Democrático de Direito são instituições que convergem na noção de liberdade, e, por mais que a frase a seguir pareça um clichê, o preço da liberdade continua sendo os tributos pagos para sua realização.

3.1.5 A garantia dos direitos sociais e o seu custo tributário

Neste subitem pretendemos discorrer sobre a "fase social" do Estado, a qual ensejará os fundamentos à noção de Estado Democrático de Direito, especialmente no Brasil. Paulo Bonavides alerta que o "Estado Social" no Brasil tem por lastro a Constituição de Weimar, estabelecida na República que recebeu o mesmo nome em 1919, após a I Guerra Mundial, e durou até 1933, com o surgimento do movimento nazifascista. Também teria influenciado na formação do Estado Social brasileiro a Carta Política de Bonn, a partir de 1949, com o fim da II Guerra Mundial, e que dividiu a Alemanha em dois regimes políticos e econômicos. A Alemanha do lado oriental, de regime socialista fechado, cuja capital era Berlim, e a ala ocidental democrática e capitalista, sendo Bonn sua capital. Ambas as Constituições alemãs, sustenta Bonavides, influíram na previsão de direitos sociais nas Constituições brasileiras de 1934 e 1946, uma vez que estabeleceram direitos sociais de posição privilegiada, fazendo do homem o destinatário das normas constitucionais e não propriamente o Estado.[352] Assim, são reflexos da Constituição de Weimar, por exemplo, o direito de propriedade subordinado ao interesse social ou coletivo, a previsão de uma "ordem econômica" atrelada à "social", a criação da Justiça do Trabalho, a instituição do salário-mínimo, férias anuais para o trabalhador com remuneração obrigatória, dispensa imotivada do emprego mediante indenização, proteção à maternidade e à infância, assistência às famílias de prole numerosa, proteção do Poder Público à família e a promoção, por parte do Estado, à educação e à cultura.[353]

Evidentemente, a formação do Estado Social no Brasil e no mundo visou a conceder resposta eficiente ao Estado liberal de fundo unicamente capitalista. Com a ascensão do capitalismo industrial, a desigualdade econômica e as diferenças sociais se ampliaram em toda parte do mundo economicamente ativo. No caso brasileiro, o liberalismo encontrou condições à sua implantação com a Constituição

---

[352] BONAVIDES, Paulo. *Curso de direito constitucional*. 9. ed. São Paulo: Malheiros, 2000, p. 334.
[353] *Ibid.*, p. 334-335.

republicana de 1891. A Carta Imperial de 1824, embora pudesse se arvorar dos postulados liberais, em razão de sua forte inclinação absolutista ao concentrar os poderes Executivo e Moderador na pessoa do Imperador, não pode ser caracterizada como uma Constituição liberal.[354] Assim, com exceção dos períodos de 1824 a 1891, em que vigoraram Constituições de caráter absolutista; e de 1891 a 1934, época que prevaleceu uma Carta Política de viés liberal, as demais Constituições brasileiras propugnaram sempre a promoção e defesa de direitos sociais.

Por outro lado, não se pode ignorar que não foram unicamente as influências da Constituição de Weimar e a Lei Fundamental de Bonn que teriam levado à adoção do Estado Social no Brasil, visando à promoção do bem-estar coletivo, ou seja, a guinada do Estado de *laissez faire*, marca do Estado fiscal, liberal, burguês e abstencionista, para o Estado intervencionista de *welfare state*. Este ponto é relevante para os objetivos deste livro, pois toca nos comandos centrais de sua hipótese. A defesa de um Estado liberal, como se faz hoje, (Estado mínimo ou abstencionista) à semelhança do Brasil da Primeira República (1891 a 1934) reflete no regime tributário que se pretende. Em princípio, no Estado liberal fiscal o custo da burocracia estatal tende a ser menor, já que o Estado não se comportará como um promotor de políticas públicas e de outras intervenções estatais, limitando-se – muito sumariamente – à defesa da liberdade e da propriedade. Obviamente, mesmo no Estado fiscal liberal alguns serviços mínimos serão prestados pelo Estado, mas normalmente sujeitos à remuneração específica por sua utilização individual. No Estado social, diferentemente, as despesas de manutenção da burocracia do

---

[354] Paulo Bonavides confirma o entendimento de que a Constituição Imperial não se caracterizou como uma Carta liberal e esclarece que o Brasil, seguindo a doutrina de Benjamin Constant, foi o único país de que se tem notícia que explicitamente afastara o modelo tradicional de tripartição dos poderes (Montesquieu) e previu em sua Constituição do Império a tetrapartição, com os Três Poderes conhecidos e o Poder Moderador (BONAVIDES. *Op. cit.*, p. 329-330).

Estado serão, por óbvio, mais elevadas, justamente porque as intervenções estatais são maiores em número e frequência. Trata-se, pois, de um aumento de custeio motivado por atuações mais amplas dos pontos de vista quantitativo e qualitativo. Isso implica, obviamente, maior esforço fiscal da sociedade. Casalta Nabais, embora defenda a aplicação da extrafiscalidade como instrumento de mudanças de comportamento social, como é o caso de tributos de viés ambiental, admite que no mundo atual não há como se prescindir de um Estado fiscal para socorrer às despesas sociais do Estado.[355] O ponto difícil é calibrar tais pretensões sociais do "Estado social fiscal" com o desenvolvimento econômico adequado. Evidentemente, essas pretensões poderão variar conforme as realidades de cada país, fator que poderá exigir esforços fiscais diferenciados. Conforme sustenta o professor Casalta Nabais: "todavia, quando hoje em dia se apela para a ideia de estado fiscal, questionando sua dimensão ou constatando nele uma crise, são preocupações relativas ao seu limite máximo que estão presentes".[356] Cuida-se de saber, continua o jurista português, "até onde pode ir o 'despotismo mascarado' ou o 'leviatão fiscal'".[357] Significa dizer, ainda na companhia do autor, o crescimento contínuo das despesas do Estado com direitos sociais tem exigido da sociedade em toda parte do mundo desenvolvido mais de 30% do PIB com o pagamento de tributos e, em alguns casos, mais de 50% da mesma base.[358]

---

[355] No sentido do texto: "Pois bem, em todos esses casos, que podemos considerar de 'bens públicos', por imposição constitucional [refere-se aos diversos direitos sociais assegurados pela Constituição portuguesa], nos deparamos com tarefas estaduais que hão-de ser financeiramente suportadas por impostos. Daí que, sem mais desenvolvimentos e investigações, seja fácil concluir que a grande maioria das tarefas do estado dos nossos dias tem de ser coberta por impostos. O que significa, nomeadamente, que a crise do actual estado fiscal, que, nas mais diversas formulações, agita a doutrina, não pode ser debelada através da suplantação do estado fiscal e da instauração de um estado tributário no sentido que vimos de referir" (NABAIS. *Op. cit.*, p. 200-201).

[356] *Ibid.*, p. 217.

[357] *Ibid., loc. cit.*

[358] Nesse sentido: "É necessário, em primeiro lugar, destacar as importantes diferenças que existem mesmo nos países ricos: os países da Europa Ocidental parecem ter

Não é simples defender um modelo estatal de Estado Democrático de Direito sem ponderar os interesses das forças econômicas responsáveis pela geração de recursos financeiros, destinados às despesas públicas, inclusive as que se referem diretamente ao custo dos objetivos republicanos e aos direitos sociais. Esta obra não se esquivará deste enfrentamento, embora tenha fixado as premissas de debater as estruturas internas da matriz tributária e o cumprimento de finalidades extrafiscais dos tributos, mormente a efetivação do Estado Democrático de Direito. No fundo, refletir sobre tais premissas e relacioná-las à determinada ideia de justiça expõe os dois lados da tensão. Se a matriz tributária onera desproporcionalmente os mais pobres, por outro lado beneficia os mais ricos, e isso reflete no desenvolvimento econômico por qualquer ângulo que se examine a questão. Uma matriz tributária equitativa e justa visa a conciliar os dois segmentos de forma natural, pois a tributação justa sobre os mais pobres deve ser igualmente justa com os mais ricos. Os efeitos positivos da matriz tributária justa podem gerar o desenvolvimento da economia nacional por fundamentos mais consistentes, com disponibilidade de renda para o consumo em valores mais elevados aos mais pobres, caso se reduza a tributação sobre o consumo, por exemplo. Por outro lado, mas no mesmo viés, não se deve, por meio da tributação e a pretexto de tributar proporcionalmente menos os mais pobres, oprimir ou excluir a capacidade de consumo dos mais favorecidos economicamente. De igual forma, dotar a sociedade de direitos sociais com o fim de se alcançarem os objetivos da República, na obstinada construção do Estado Democrático de Direito, exige esforços fiscais relevantes, sendo a tributação o meio mais rápido e eficiente de dotar a

---

se estabilizado em torno de uma taxa de arrecadação pública da ordem de 45-50% da renda nacional, enquanto os Estados Unidos e o Japão parecem solidamente instalados em valores que giram entre 30% e 35%. Isso mostra que diferentes escolhas são possíveis para um mesmo nível de desenvolvimento" (PIKETTY, Thomas. *O capital no século XXI*. Trad. Monica Baumgarten de Bolle. Rio de Janeiro: Intrínseca, 2014, p. 478).

sociedade dos recursos necessários à execução desta função constitucional. Em suma, a justiça da matriz tributária não se descobre somente nas suas estruturas normativas internas, mas também nos efeitos extrafiscais que é capaz de gerar. Estas questões não muito simples no plano da teoria e da prática serão objeto das reflexões das próximas subseções.

Neste livro, pretende-se investigar – conforme foi dito – se a matriz tributária é equitativa por dentro, isto é, se os tributos são exigidos de modo a respeitar as capacidades econômicas dos contribuintes de forma proporcionalmente justa. Isso implica considerar que todos, na medida de suas capacidades econômicas, contribuirão para um "fundo comum" administrado pelo Estado, que será responsável por diversas intervenções visando à promoção da igualdade material ou a efetivação do Estado Democrático de Direito. Exatamente em função desta última consideração, pretende-se abordar o tema da destinação da receita tributária na promoção da justiça social, colocando em evidência o princípio da igualdade tributária e as pretensões extrafiscais do Estado na efetivação do Estado Democrático de Direito.

A Constituição de 1988 aperfeiçoou o modelo de Estado Social vigorante no Brasil desde os anos 1930, proclamando, logo no seu artigo 1º, tratar-se o Brasil de um "Estado Democrático de Direito".[359] A exortação de que no Brasil vige um Estado Democrático de Direito é resultado de um processo

---

[359] Nesse sentido, José Afonso da Silva desfere críticas ao "Estado de Direito", anterior à fase do "Estado Social", uma vez que, naquele, o postulado da igualdade se restringiu a um aspecto meramente formal e abstrato, de sorte que se contentou com o aforisma de que "todos são iguais perante a lei", quando se sabe, desde Aristóteles, que todos são iguais na medida de suas desigualdades. Prossegue o professor afirmando que: "A tentativa de corrigir isso [refere-se ao Estado de Direito], como vimos, foi a construção do Estado Social de Direito, que, no entanto, não foi capaz de assegurar a justiça social nem a autêntica participação democrática do povo no processo político. Aonde a concepção mais recente do Estado Democrático de Direito, como Estado de legitimidade justa (ou Estado de Justiça material), fundante de uma sociedade democrática, qual seja a que instaure um processo de efetiva *incorporação* de todo o povo nos mecanismos do *controle das decisões*, e de sua *real participação nos rendimentos da produção*" – grifos originais – (SILVA. *Op. cit.*, p. 118).

histórico lento, que tem por finalidade a erradicação ou a redução das desigualdades sociais e econômicas. É claro que a efetivação dos objetivos republicanos plasmados no artigo 3º e os direitos sociais, boa parte deles previstos na sequência do artigo 193, também da Constituição Federal, é algo a depender da produção econômica – fonte geradora dos tributos – e da boa gestão da coisa pública, esta última como instrumento de eficiência administrativa. Há que se relembrar que este livro não defende a opressão da tributação sobre o mercado e nem o crescimento da despesa pública inconsequentemente. O argumento central é a equidade e a justiça da matriz tributária, o que implica o debate intercontextualizado do Direito, da Economia e da Política sobre a defesa do Estado Democrático de Direito pretendido pela Constituição. A discussão serve de medida protetiva contra o discurso conservador de que os objetivos da República e os direitos sociais são normas de efetividade baixa e estão a depender de opções ideológicas governamentais. O tema não se reduz à vinculação a determinada ideologia política, se liberal, socialdemocrata, socialista ou qualquer outra. A Constituição da República definiu os destinos para os quais a sociedade brasileira pretende levar suas aspirações, mediante um contrato social bem definido. Tais destinos constam do rol do artigo 3º da Carta republicana. O sistema de tributação, ao lado de políticas públicas racionais e eficientes, é a principal força motriz para se alcançarem as metas elencadas na Constituição Federal.

3.2 Promoção da equidade e da justiça tributárias

A equidade e a justiça tributárias são pretensões do Estado Democrático de Direito.[360] Propor um modelo de

---

[360] Nessa linha: "a democracia pressupõe justiça social, distribuição proporcional dos bens da vida, e uma tributação que seja justa, cujo reflexo dessa imposição resulte na superação das diferenças sociais, sendo que, através dos tributos, o Estado pode atender as

tributação que considere seriamente a equidade das regras tributárias entre os contribuintes, a promoção da justiça social por meio da matriz tributária, a dignidade da pessoa humana e a proteção do mínimo existencial como valores e princípios democráticos identificados no seio da tributação exige considerações sobre os sentidos político e jurídico do Estado Democrático de Direito.

De um ponto de vista formal, o Estado Democrático de Direito se revela nitidamente como um dos tipos de Estado verificados no decorrer do Estado Moderno. Até se chegar a um conceito de Estado Democrático de Direito, o mundo passou pelas experiências dos modelos liberal e social de Estado. Não se trata de uma linha evolutiva porque não significa um alinhamento histórico entre os países do mundo para uma ou outra forma de Estado em determinado momento da história. Basta lembrar que na atualidade nem todos os países inseriram em suas Constituições uma orientação de que são governados sob os arranjos institucionais de um Estado Democrático de Direito. Aliás, até esta terminologia não é uniforme. Há países que se declaram como Estado de Direito Democrático (Constituição de Portugal, art. 2º) ou Estado Social e Democrático de Direito (Constituição da Espanha, art. 10).

Por considerar que os valores, princípios e regras da tributação se desenvolvem sob a inspiração do conteúdo, história e significado do Estado Democrático de Direito, acreditamos ser relevante convencionar primeiramente o que este tipo de Estado significa para, em seguida, expor como se estrutura a matriz tributária brasileira em seus planos endógeno e exógeno. Ambos os planos reúnem valores e princípios que obviamente guardam coerência com o conceito

---

necessidades da sociedade, atingido a uniformidade do tecido social e a consolidação da civilização e da cidadania" (BASTOS, José Umberto Bracciani. Tributação como instrumento de concretização do estado democrático de direito. In: GRUPENMACHER, Betina Treiger (Coord.). *Tributação*: democracia e liberdade em homenagem à Ministra Denise Arruda Martins. São Paulo: Editora Noeses, 2014, p. 733).

de Estado Democrático de Direito. Antes de apresentarmos conceitos às estruturas endógena e exógena da matriz tributária e os valores, princípios e regras jurídicas que formam seus respectivos conteúdos, por imposição metodológica, convém dedicar algumas explicações sobre o próprio Estado Democrático de Direito. Em um certo sentido, a tributação consiste em efetivar o Estado Democrático de Direito, daí sua posição precedente às demais considerações.

3.2.1 Estado Democrático de Direito e igualdade democrática

O Estado Democrático de Direito é um aperfeiçoamento do Estado de Direito. Sobre o tema, Douglas Yamashita enfatiza que o Estado de Direito deu origem ao Estado Democrático de Direito, embora se reconheçam diferenças de ordem material:

> Assim, sendo certo que o *Estado Democrático de Direito* deriva da expressão "Estado de Direito" (Rechtsstaat) cunhada pelo constitucionalismo alemão, o conceito de Estado *Democrático* de Direito consiste numa explicitação de que o Estado de Direito, como verdadeiro princípio constitucional, tem, além de seu aspecto formal, seu aspecto material, para empregar a concepção do consagrado constitucionalista germânico Klaus Stern. (grifo original)[361]

Para José Afonso da Silva, a Constituição brasileira, diferente da Carta portuguesa, se alinhou à melhor doutrina ao qualificar o "Estado" como "democrático" do que o fizeram os lusitanos, ao adjetivarem o "Direito" como "democrático".[362] Embora isso seja uma questão meramente formal, possui forte simbologia. O Brasil quer que o Estado não seja apenas de

---

[361] YAMASHITA, Douglas. Princípio da solidariedade em direito tributário. In: GRECO, Marco Aurélio; GODOI, Marciano Seabra de. *Solidariedade social e tributação*. São Paulo: Dialética, 2005, p. 54.
[362] SILVA. *Op. cit.*, p. 119.

Direito, como se conhece, tradicionalmente, o Estado que se pauta pela legalidade. Quer-se mais do que esta obviedade no estágio civilizatório em que nos encontramos. A ambição do Estado Democrático de Direito é garantir igualdade de participação nos processos de decisão política e de promoção de justiça social, na linha das conquistas do Estado Social, ou *welfare state*. Existem diferenças conceituais claras entre os Estados "de direito", "social de direito" e "democrático de direito" e isso é ponto relevante, pois a diferença está exatamente na consideração a respeito da igualdade existente em uma e outra forma de Estado.[363] No Estado de Direito a igualdade dá-se por meio de um elemento classicamente formal, ou seja: "todos são iguais perante a lei". Sabe-se que isso é insuficiente para a construção de uma sociedade justa, simplesmente porque o capitalismo não assegura o desenvolvimento econômico sem desigualdades no campo social exatamente em razão das disparidades econômicas. Pode-se afirmar que o Estado Social de Direito europeu, do início do século XX, pretendeu a implantação da igualdade social a qualquer custo e sem a participação plena da sociedade nos processos deliberativos, tanto que desaguou nas formas de dirigismo estatal centralizador e nos colossais déficits públicos diante dos diversos compromissos estatais com a área social. Essa afirmação não é irrefutável. Conforme argumenta Piketty, a formulação do Estado Social de Direito teve a virtude de reduzir os alarmantes níveis de concentração de renda entre os períodos das duas grandes Guerras e de uma forma geral

---

[363] Paulo Bonavides, no entanto, entende que a Constituição de 1988 é uma Constituição do Estado Social, o que não é capaz de desconstruir a ideia de Estado Democrático de Direito, que também se funda na outorga de direitos sociais. "A Constituição de 1988 é basicamente em muitas de suas dimensões essenciais uma Constituição do Estado social. Portanto, os problemas constitucionais referentes a relações de poderes e exercício de direitos subjetivos têm que ser examinados e resolvidos à luz dos conceitos derivados daquela modalidade de ordenamento. Uma coisa é a Constituição do Estado liberal, outra a Constituição do Estado social. A primeira é uma Constituição antigoverno e antiEstado; a segunda uma Constituição de valores refratários ao individualismo no Direito e ao absolutismo no Poder" (BONAVIDES. *Op. cit.*, p. 336).

durante todo o século XX. Esta redução, segundo o autor, decorreu da política fiscal de tributação dos rendimentos e do capital, implantada na maioria dos países industrialmente desenvolvidos.[364] O Estado Democrático de Direito, de historicidade mais contemporânea, conforme esclarece José Afonso da Silva, é um Estado de "legitimidade justa (ou de justiça material) ", ou seja, uma modalidade de Estado "que instaure um processo de efetiva *incorporação* de todo o povo nos mecanismos *do controle das decisões e de sua participação nos rendimentos da produção*" (grifos originais).[365]

Na mesma linha de entendimento e vinculando o Estado Democrático de Direito à ideia de solidariedade, Douglas Yamashita ressalta que a qualificação do Estado como "democrático" exclui a conveniência de se interpretar o Estado de Direito por uma perspectiva unicamente formal, mas de se buscar seu sentido material, "a explicitar em si o princípio do Estado Social, verdadeira norma de Direito Constitucional em prol da solidariedade".[366]

Assim, no Estado Democrático de Direito, conforme lembra Marcelo Rohenkohl, "a igualdade e a liberdade assumem caráter de direitos materiais, que devem ser concretizados no plano social".[367] E prossegue o mesmo autor, afirmando que "ao Estado é imposta a obrigação de uma atuação positiva na efetivação de tais valores, na realização do bem-estar social e redução das desigualdades".[368] Por essa razão, compete aos governos mobilizar políticas que executem os desideratos sociais. Isso não significa, entretanto, que os valores sociais pretendidos no Estado Democrático de Direito devam ser instrumentos de governos. Consoante sugere Eros

---

[364] PIKETTY. *Op. cit.*, p. 364.
[365] SILVA. *Op. cit.*, p. 118.
[366] YAMASHITA. *Op. cit.*, p. 55.
[367] ROHENKOHL, Marcelo Saldanha. *O princípio da capacidade contributiva no estado democrático de direito*: dignidade, igualdade e progressividade na tributação. São Paulo: Quartier Latin, 2007, p. 69.
[368] *Ibid., loc. cit.*

Roberto Grau, na esteira das lições de Canotilho, a Carta de 1988 é uma Constituição do tipo "diretiva" ou "programática", pois "determina tarefas, estabelece programas e define fins". Por esse motivo, "não compreendem tão somente um estatuto jurídico do político, mas sim um 'plano global normativo' do Estado e da sociedade" (grifos originais).[369]

Não resta dúvida de que o Estado Democrático de Direito se reserva a uma "tarefa fundamental", como alude José Afonso da Silva, que consiste em "superar as desigualdades sociais e regionais e instaurar um regime democrático que realize a justiça social".[370]

Se por um lado o Estado Democrático de Direito reclama participação popular nos processos de controle – e isso inclui, evidentemente, a deliberação política de escolha dos representantes deste mesmo povo – por outro viés, as condições para esta deliberação devem ser garantidas a todos em um nível de igualdade em que uns não possam sobrepujar outros em razão de melhores condições de partida (condições básicas de saúde, educação, segurança etc.). Esta é a principal garantia que o Estado Democrático de Direito procura assegurar. Chega a ser um acinte garantir a todos o direito ao voto (para cada um, um voto) se não são garantidas a todos as mesmas condições básicas de saúde e educação, para ficar com um mínimo de direitos sociais atinentes ao processo deliberativo. É claro que não se propõe com isso uma argumentação de tudo ou nada, isto é: uma vez que não se pode garantir a todos as mesmas condições materiais, nada importa o aforismo "para cada um, um voto". O essencial é assegurar igualdade material em um mínimo de modo que os processos deliberativo e de controle social não sejam prejudicados pela desigualdade de condições materiais mínimas de uns em relação a outros.

---

[369] GRAU, Eros Roberto. *A ordem econômica na constituição de 1988.* 12. ed. São Paulo: Malheiros, 2007, p. 78.
[370] SILVA. *Op. cit.*, p. 122.

No fundo, a exigência de igualdade de condições mínimas entre os eleitores e os eleitos é um tema que não pode ser excluído do âmbito da democracia representativa na modernidade. Haverá sempre um fosso a divorciar a comunhão de interesses entre representados e representantes que nenhuma teoria sobre representação democrática consegue resolver. Neste ponto, a questão da igualdade de condições básicas adquire prioridade, pois não tem sido possível, na prática, fechar-se o fosso que separa representados de seus representantes na comunhão de interesses. Apesar disso, pode ser um pressuposto da democracia representativa no Estado Democrático de direito não tolerar desigualdades de condições básicas que impeçam que sejam feitas boas escolhas morais tanto de eleitores ao eleger seus representantes, quanto destes ao deliberarem equilibradamente sobre valores essenciais de uma sociedade que se paute pela justiça.

Jeremy Waldron chama a atenção para um ponto relevante no processo de deliberação que leva à elaboração das leis no sistema de democracia representativa. Os eleitos para representar a sociedade exigem que sua participação no processo deliberativo seja exercida em igualdade de condições. Isso significa que o representante exige que sua voz seja ouvida e considerada nas decisões públicas da mesma forma que os demais.[371]

---

[371] "What becomes of the sharing connoted by 'participation in this second more radical demand?' Sharing refers now to the fact that each individual claims the right to play his part along with the equal part played by all other individuals, in the government of the society. As a right-bearer he demands that his voice be heard and that it count in public decision-making. But the form in which his demand is made – a right to participation – acknowledges on its face that his is not the only voice in the society and that his voice should count for no more in the political process than the voice of any other right-bearer". Tradução livre: "O que ocorre com o compartilhamento na 'participação nesta segunda acepção mais radical'? Compartilhar refere-se agora ao fato de que cada indivíduo reivindica o direito de desempenhar o seu papel em iguladade de condições com todos os outros indivíduos, no governo de uma sociedade. Como um portador de direitos, ele exige que sua voz seja ouvida e que suas opiniões contem na tomada de decisões públicas. Mas a forma como sua demanda é formulada – o direito de participação – permite se reconhecer de plano que a sua opiniao não é a única voz na sociedade e que sua voz deve valer não mais do que a voz de qualquer outro portador de direitos no processo político" (WALDRON,

Este ponto pode ser desdobrado em considerações mais profundas. Przeworski demonstra, por exemplo, que o processo democrático pressupõe o direito de participação nas deliberações que se dirigem a todos, independentemente de condições econômicas favoráveis ou não a determinados grupos. O ponto controvertido é que a garantia do direito de participação não presume resultados que possam fornecer igualdade de oportunidades para o exercício de direitos indispensáveis à emancipação de minorias ou de maiorias, oprimidas pela escassez de recursos materiais, e nem aproxima as diferenças entre os grupos mais ou menos favorecidos.[372]

É perceptível uma tensão constante na democracia entre a igualdade como garantia formal do direito de participar do processo decisório e a igualdade em seu sentido de justiça distributiva. Isso porque a primeira forma de igualdade assegura a escolha de representantes que, por sua vez, definirão as prioridades sociais, conforme interesses em relação aos quais estão vinculados, mas a distribuição de bens sociais escassos nem sempre é atendida pela maioria dos representantes eleitos.[373] Somente é possível considerar que

---

Jeremy. Participation: the right of rights. In: *Proceedings of the Aristotelian Society*, New Series, v. 98, 1998, p. 312).

[372] "We should not expect democracy to do what no system of political institutions conceivably could. Obviously, this does not imply that inequalities could not be reduced in many democracies in which they are flagrant and intolerable. Moreover, because economic inequalities perfidiously infiltrate themselves back into politics, political equality is feasible only to the extent to which access of money to politics is barred by regulation or by political organization of the poorer segments of the population". Tradução livre: "Não devemos esperar que a democracia fará o que nenhum sistema de instituições políticas concebivelmente poderia fazer. Obviamente, isso não implica que as desigualdades não possam ser reduzidas em muitas democracias em que aquelas são flagrantes e intoleráveis. Além disso, como as desigualdades econômicas maliciosamente infiltram-se por tras da política, a igualdade política só é possível na medida em que o acesso ao dinheiro [que financia a política] para a política seja barrado por normas ou por meio da organização política dos segmentos mais pobres da população" (PRZEWORSKI, Adam. *Democracy and the Limits of Self-Government*. New York: Cambridge University Press, 2010, p. 13-14).

[373] "The widespread distrust of the raw will of the people led to restrictions of political rights and to institutional checks against people's will. The question that remains is whether political participation can be made more effective in any system of representative institutions in which self-government is exercised through elections.

eleitores são efetivamente "iguais" no processo de participação das deliberações se condições materiais adequadas forem também asseguradas para todos. Realmente, é desigual a participação no processo eleitoral quando determinados grupos possuem acesso à educação formal de qualidade e outros não. O mesmo raciocínio vale para o acesso à melhor participação na renda per capta, o que leva à obtenção de meios de sobrevivência mais adequados para a adoção de boas escolhas. A adequação da renda também propicia que se elejam candidatos capazes de decidir sobre valores morais imbuídos de paradigmas que levem à conquista de uma sociedade mais justa.[374]

Fatores externos como financiamento de campanhas políticas e políticas de distribuição de renda podem influenciar nos resultados das eleições. No primeiro caso, a falta de controle sobre as doações para campanhas pode obviamente comprometer os candidatos a doadores de diversas origens. Quanto a transferência de renda, este tipo de política pode servir como instrumento emergencial a viabilizar igualdade entre eleitores. Tais políticas devem vir acompanhadas de compromissos sociais, sobretudo de oferecimento de educação para a formação de eleitores mais bem esclarecidos e, portanto, emancipados de sua condição excludente.[375]

Já Dworkin insere nos argumentos apresentados a premissa majoritária como um aspecto relevante, fator que poderá gerar um efeito prático sobre o processo de deliberação

---

Even if the electoral competitors present clear policy proposals, the choices facing voters are only those that are proposed by someone". Tradução livre: "A desconfiança generalizada da vontade crua das pessoas levou a restrições de direitos políticos e aos controles institucionais contra a vontade das pessoas. A questão que permanece é se a participação política pode ser mais eficaz em qualquer sistema de instituições representativas em que o auto-governo é exercido através de eleições. Mesmo que os candidatos apresentem propostas políticas claras, as escolhas que enfrentam os eleitores são apenas aquelas que são propostas por alguém [e não propriamente as suas escolhas]" (PRZEWORSKI. *Op. cit.*, p. 13-14).

[374] *Ibid.*, p. 14.
[375] *Ibid.*, p. 15.

nos sistemas democráticos da atualidade.[376] Um processo político justo deriva de opiniões que se sobrepõem e se somam de modo a prevalecer o maior número de opiniões possível em determinado sentido. Dworkin enxerga na premissa majoritária um aspecto relevante e prático para as deliberações democráticas, mas não necessariamente a premissa majoritária estará sempre alinhada a princípios ou valores justos, como os defendidos por Rawls, por exemplo. Daí porque as decisões majoritárias poderão atentar contra a igualdade como um dos valores previamente albergados em estatutos normativos. A questão suscitada por Dworkin remete a dificuldades de entendimento sobre um sentido autêntico da palavra *democracia* e, em seu questionamento, revela uma contradição: o que prevalece quando a opinião majoritária é contrária a princípios justos decididos previamente e, portanto, igualmente democráticos?

A solução apresentada por Dworkin é a "concepção constitucional de democracia". A democracia se realiza quando são oferecidas as mesmas condições de *status* a todos os cidadãos. Por conseguinte, as decisões democráticas serão tomadas por instituições que deverão deliberar de modo a garantir a todos as mesmas considerações e respeito.

É importante lembrar que as diversas opiniões ocorridas no grupo social convergem para os princípios democráticos ou de justiça, conforme os diversos níveis de qualificação de linguagem e de entendimento dos integrantes do grupo.[377] Quanto mais homogêneo for o nível de informação dos

---

[376] DWORKIN, Ronald. *O direito da liberdade:* a leitura moral da Constituição norte-americana. Trad. Marcelo Brandão Cipola. São Paulo: Martins Fontes, 2006, p. 26.

[377] "A teoria do discurso conta com a *intersubjetividade* de processos de entendimento, situada num *nível superior*, os quais se realizam através de procedimentos democráticos ou na rede comunicacional de esferas públicas políticas. Essas comunicações destituídas de sujeito – que acontece dentro e fora do complexo parlamentar e de suas corporações – formam arenas nas quais pode acontecer uma formação mais ou menos racional da opinião e da vontade acerca de matérias relevantes para toda a sociedade e necessitadas de regulamentação" (HABERMAS, Jürgen. *Direito e democracia*: entre facticidade e validade. Trad. Flávio Beno Siebeneichler. Rio de Janeiro: Tempo Brasileiro, 2003, v. II, p. 21-22).

integrantes do grupo, mais fácil poderá se chegar ao ponto de entendimento para a tomada de decisões justas e igualitárias.

3.2.2 Estruturas endógena e exógena da matriz tributária

Conforme alertamos, este livro visa a responder à hipótese de se é possível considerar justa a matriz tributária brasileira. Intuitivamente, pode-se responder que a tributação no Brasil é injusta, pois a carga tributária é muito alta, especialmente quando proporcionalizada ao PIB e comparada com a carga de outros países – leia-se os que integram a OCDE, embora os países desta organização guardem várias diferenças econômicas, históricas e culturais com o Brasil.

Este livro também pretende realizar um alinhamento conceitual para o vocábulo *justiça* aplicado à tributação. Daí porque é necessário estabelecer relações entre algumas teorias sobre justiça e outros conceitos correlatos, máxime o da igualdade, e aplicá-los à realidade da matriz tributária brasileira.

No Capítulo 2, dedicado a demonstrar o problema que motiva esta obra, a intenção foi expor dados e argumentos descritivos que apontam para algo, no mínimo, intrigante.

Primeiro, a carga tributária brasileira em face do PIB não é uma das mais altas do planeta e se mantém próxima da média em relação aos países da OCDE. Isso refuta a alegação de que os problemas da tributação no Brasil seriam apenas de gestão dos recursos. Sustenta-se, intuitivamente, que, caso o orçamento fiscal brasileiro fosse bem gerido, sem desperdícios e sem corrupção na execução das despesas públicas, daria conta de atender a todas as carências sociais. Este livro, como foi mencionado outras vezes, não se dedica à análise da gestão dos recursos públicos no Brasil e, certamente, nesta seara, são notórias as ineficiências e distorções de finalidade. Mas seria especulação confirmar a hipótese intuitiva, isto é, resolvidos os problemas do desperdício de recursos públicos e da corrupção, a desigualdade social seria resolvida com o orçamento fiscal e boas políticas públicas. O fato é que no Brasil a desigualdade social persiste e o orçamento fiscal não tem sido capaz de debelá-la a contento. Mesmo que se pudesse supor um cenário ideal, em que não houvesse incompetência na gestão dos recursos fiscais e nem corrupção sistemática, a arrecadação fiscal brasileira continuaria abaixo da média dos países desenvolvidos em que os índices de desigualdade social são menos alarmantes. Portanto, a carga tributária brasileira em relação ao PIB não dá sinais de que esteja em um nível de saturação passível de prescindir de ajustes necessários para torná-la equitativa. O ponto importante é saber de quem se deve elevar a carga tributária, obviamente levando-se em consideração que o aumento de tributação não poderá recair sobre as parcelas mais pobres da população. É conveniente lembrar, também, que o objeto deste trabalho não é propor soluções que passem necessariamente pelo aumento de carga tributária, uma vez que isso é um assunto colateral. O objetivo é realinhar os conceitos de equidade e justiça da tributação no âmbito da matriz tributária, de modo que o aumento ou eventuais ajustes do montante de arrecadação fiscal são assuntos muito mais afetos à economia pública e não propriamente a uma argumentação jurídica.

Em segundo lugar, a tributação sobre renda e propriedade no Brasil está abaixo da média dos países desenvolvidos que constam do rol da OCDE, mas, no que tange à tributação sobre o consumo, o país é o recordista, figurando no topo da lista.

Conforme foi explicado na subseção 2.4, a tributação do consumo é perversa em relação aos mais pobres em função de incidir indistintamente sobre a capacidade contributiva dos indivíduos. Assim, por exemplo, dois consumidores, um rico e um pobre, quando compram um pacote de arroz pelo mesmo preço (bem de primeira necessidade) pagam a mesma carga tributária, não importando se suas rendas individuais são altas ou baixas. Por outro lado, tributos incidentes sobre a renda auferida ou sobre a propriedade podem ser individualizados, buscando-se aproximar melhor a tributação a alguma ideia de justiça, igualdade ou equidade. No Brasil não se prioriza este último tipo de matriz tributária, como ficou evidente com os indicadores demonstrados nas subseções 2.2 e 2.6.2.2.

Na subseção 1.4 cuidou-se do conceito de equidade e demonstrou-se na teoria que, desde a concepção aristotélica, a equidade é uma aplicação da justiça, mas esta aplicação se dá em sentido concreto, isto é, a equidade dependeria de um juiz ou árbitro que a considerasse diante da controvérsia específica. A justiça como equidade, neste caso, seria sacada a partir da interpretação que o julgador fizesse das circunstâncias do caso concreto. Vários instrumentos poderiam ser utilizados para tanto, tais como ponderações de direitos, regras, princípios e valores.

Em matéria tributária, ainda que se trate da capacidade contributiva e dos instrumentos de sua efetivação que serão analisados na subseção 3.3.2, é difícil se sustentar a tese de que a autoridade administrativa ou o juiz devesse ser o pretor ou o arconte, detentor de uma solução exatamente precisa do quanto viria a ser justo cobrar de cada contribuinte. Aliás, conforme mencionado na subseção 1.3, que trata do conceito e das origens da capacidade contributiva, a quota justa que cada contribuinte deve arcar para sustentar a burocracia estatal é assunto que atravessa os tempos sem uma solução ideal. Isso fica mais evidente depois do século XVII, período em que se consolidaram os princípios econômicos do benefício e do sacrifício comum. Quanto cada qual deve pagar de tributo pelos benefícios diretos e indiretos que recebe do Estado é pergunta sem resposta, embora se saiba que a prosperidade individual, inclusive a do mercado, deve muito à intervenção estatal. Daí a necessidade das subseções 3.1.1 a 3.1.5, que trataram, em síntese, dos custos dos Estados liberal, social e do Estado Democrático de Direito.

Para tentar alinhar um conceito de justiça à tributação, entendemos ser necessário dividir a matriz tributária em dois segmentos estrategicamente pensados para os fins da presente argumentação. O primeiro trata da "estrutura endógena da matriz tributária", na qual se inserem diversos elementos normativos, tratados amplamente no Capítulo 1 desta pesquisa, nas subseções 1.3 a 1.6, que abordaram o sistema tributário nacional. Trata-se da própria estrutura normativa da matriz tributária voltada para o seu interior com um conjunto de princípios e de regras de Direito Tributário constantes da Constituição e que vão até os atos normativos concretos. No sistema normativo tributário são comuns portarias, instruções normativas, decisões administrativas tributárias e, inclusive, sentenças judiciais, todos tendo por objeto assuntos tributários. Esta estrutura contempla, por óbvio, as leis, medidas provisórias, resoluções do Senado, todas em matéria tributária. As normas, por sua vez, podem apresentar incoerências entre propósitos e ambições maiores que uma matriz tributária é capaz de cultivar e idealmente pretender. Eis o entroncamento clássico entre o Direito posto e a justiça. O conjunto normativo ou regras jurídicas específicas podem gerar efeitos injustos de acordo com a teoria de justiça que se adote. Neste livro, optou-se pela teoria da justiça distributiva ou social como fundamento de uma matriz tributária justa, ponto específico que será aprofundado na subseção 3.4 e seguintes.

Conforme demonstrado no Capítulo 1, a matriz tributária brasileira, embora legalmente estruturada, produz o efeito deletério da regressividade na medida em que a carga tributária brasileira pesa draconianamente sobre os mais pobres (veja-se a subseção 2.6.2.3). Nunca é demais lembrar que, no Brasil, conforme os dados estatísticos (POF 2002/2003), as pessoas com ganhos mensais de até dois salários-mínimos comprometeram 48,8% de seus ganhos com o pagamento de tributos (a maior parte de tributos indiretos sobre o consumo), enquanto os que tiveram recebimentos superiores a trinta salários pagaram somente 26,3% de impostos. Em 2008, conforme levantamento do Ipea, os citados índices subiram respectivamente para 53,9% e 29%. Este dado, intuitivamente impactante, é um efeito injusto da matriz tributária produzido por suas próprias normas, dotadas de toda a legitimidade e regularidade procedimental possíveis. A inversão da carga tributária, em que os menos favorecidos economicamente são mais onerados do que os mais favorecidos, revela a regressividade da matriz tributária, tema abordado nas subseções 1.6 e 2.6.2 a 2.6.2.3, dos Capítulos 1 e 2, respectivamente. O efeito regressivo da matriz tributária está localizado endogenamente em sua estrutura, fazendo parte dela. Se as normas injetadas no sistema causam a regressividade da matriz, segue-se que, internamente, a matriz pode conter problemas de justiça ou de equidade, devendo-se argumentar se tais vocábulos têm o mesmo significado quando confrontados com as questões reais que causam a inversão da carga tributária.

A questão relevante, neste ponto, é identificar quais institutos jurídicos seriam capazes de excluir ou de neutralizar a regressividade da estrutura endógena da matriz tributária e corrigir os seus rumos, caso isso seja jurídica e politicamente possível. De antemão, anunciamos que a aplicação do instituto da capacidade contributiva, especialmente os seus instrumentos de efetivação (progressividade, proporcionalidade, pessoalidade e seletividade) se encarregariam desta difícil tarefa. Resta saber se na matriz tributária brasileira tais instrumentos são aplicados para o atendimento dos valores e princípios constitucionais tributários pertinentes. Na subseção 3.3.5 será analisada a aplicação da capacidade contributiva sobre a matriz tributária, a fim de se resolver a dúvida: se o problema da injustiça da estrutura endógena da matriz é realmente uma questão de justiça ou de equidade. Sem pretender adiantar conclusões que dependem de reflexões mais alentadas e parcimoniosas, o ponto é que a equidade é aplicação concreta de justiça e, para ser atingida, necessita de elementos concretos e fatuais buscados em cada relação que se apresente. Em matéria tributária é impossível aplicar-se equidade em todos os casos em que questões como renda e capacidade contributiva estejam no âmago do problema. Tudo porque a questão central é: qual a quota justa para cada contribuinte? Diante de tantas variáveis fáticas que se relacionam com a renda e a capacidade contributiva, o Direto Tributário tem que se valer de presunções previstas na própria norma de incidência tributária, as quais poderão ter suas complexidades reduzidas na oportunidade do lançamento, mas isso não faz das presunções uma realidade correspondente à parcela justa que cada contribuinte deve pagar. Basta se preverem presunções para que o tema da equidade se torne embaraçoso. Como se faria justiça no caso concreto (isto é, definir a quota justa de cada contribuinte) com base em presunções? Portanto, mesmo que se considere a equidade como forma de justiça aplicável à estrutura endógena da matriz tributária, esta não será necessariamente justa porque a quota exatamente justa não deveria resultar nunca de presunções. Assim, os instrumentos de efetivação da capacidade contributiva servem para otimizar a equidade, o que, sem dúvida, é algo importante.

No entanto, a estrutura endógena da matriz é orientada por algum valor normativo. Conforme será justificado com argumentos adiante, na subseção 3.3, o valor que conduz a estrutura endógena é a equidade. Por conseguinte, o princípio que conecta o valor da equidade às regras jurídicas tributárias que buscam a sua "otimização" é o princípio da capacidade contributiva.

Fixadas as premissas da estrutura endógena da matriz tributária, devemos tratar, a partir deste ponto, de sua estrutura exógena. Partiremos do argumento de que o Brasil é uma República e se constitui como Estado Democrático de Direito, razão pela qual a matriz tributária é elaborada com base em princípios e regras constitucionais que lhe dão validade. Além disso, constata-se que o país alicerça suas bases produtivas no trabalho e na livre iniciativa de uma economia de mercado, isto é, concorrencial, que não deve ser monopolizada por agentes econômicos privados e nem ficar sujeita à intervenção desmedida do Estado, a ponto de inibir ou neutralizar o mercado competitivo.[378]

---

[378] Os fundamentos constitucionais da econômica de mercado encontram-se basicamente na Constituição Federal: Art. 170. A ordem econômica, fundada na valorização do trabalho humano e na livre iniciativa, tem por fim assegurar a todos existência digna, conforme

Uma matriz tributária, por sua vez, é um suporte institucional-financeiro para o Estado ter condições de atingir seus objetivos primaciais. Como exorta Ricardo Lobo Torres, "o Direito Tributário, sendo parte do Direito Financeiro, é meramente instrumental ou processual".[379] Isto significa que o Direito Tributário não é um fim em si – a propósito, nem o Direito é um fim em si próprio, é sempre um instrumento para efetivação de valores muito mais amplos. No caso da tributação, tais valores encontram-se fora do próprio sistema ou da matriz tributária, dispostos na Constituição Federal nos artigos 1º e 3º, que consagram, respectivamente, o tipo de Estado brasileiro, que é o Estado Democrático de Direito; e os valores (objetivos) desejados pela República, que são: liberdade, justiça, solidariedade, erradicação da pobreza e das desigualdades sociais e regionais.

No caso do Brasil, a matriz se instaura no espaço político-democrático em que se reconhece a economia de mercado como fundamento da produção. Daí as considerações desenvolvidas nas subseções 3.1 e seguintes a respeito do financiamento da burocracia estatal por meio dos tributos. Para cumprir seus objetivos, um Estado se cerca de elementos relevantes oriundos do mercado, tais como a intervenção direta do Estado no domínio econômico por meio das empresas estatais, a concessão de créditos públicos, as desonerações fiscais, a regulação de certos setores entre outros. Mas, de todas as medidas interventivas a que mais se destaca como suporte institucional-financeiro é

---

os ditames da justiça social, observados os seguintes princípios: I – soberania nacional; II – propriedade privada; III – função social da propriedade; IV – livre concorrência; V – defesa do consumidor; VI – defesa do meio ambiente, inclusive mediante tratamento diferenciado conforme o impacto ambiental dos produtos e serviços e de seus processos de elaboração e prestação; (Redação dada pela Emenda Constitucional nº 42, de 19.12.2003) VII – redução das desigualdades regionais e sociais; VIII – busca do pleno emprego; IX – tratamento favorecido para as empresas de pequeno porte constituídas sob as leis brasileiras e que tenham sua sede e administração no País. (Redação dada pela Emenda Constitucional nº 6, de 1995) Parágrafo único. É assegurado a todos o livre exercício de qualquer atividade econômica, independentemente de autorização de órgãos públicos, salvo nos casos previstos em lei.

[379] TORRES, Ricardo Lobo. *Tratado de direito constitucional, financeiro e tributário*. Rio de Janeiro: Renovar, 2005, v. II, p. 42.

a matriz tributária em razão de ter a capacidade de alocar recursos do setor produtivo para o setor público por meio de lei. É inegável a função de suporte da matriz tributária a gerar as condições necessárias ao cumprimento dos objetivos estatais. A questão relevante, neste particular, é saber quais objetivos deverão ser perseguidos pelo Poder Público e que dependem do suporte institucional da matriz tributária.

A resposta não é arbitrária no sentido de se realizar uma escolha que seja excludente de outras com base em uma opção ideológica ou meramente argumentativa. Trata-se de uma escolha alicerçada em fundamentos constitucionais normativos que não oferece alternativas. Defendemos que os objetivos que a matriz tributária visa a dar suporte são os constantes do artigo 3º da Constituição Federal, designados como objetivos fundamentais da República. Tais objetivos, que não são fundamentais por acaso, têm o escopo de transmitir a mensagem de que a sociedade brasileira está irmanada sob a influência de princípios de forte inclinação para a solidariedade. Prevê o artigo:

> Art. 3º Constituem objetivos fundamentais da República Federativa do Brasil:
> I – Construir uma sociedade livre, justa e solidária;
> II – Garantir o desenvolvimento nacional;
> III – Erradicar a pobreza e a marginalização e reduzir as desigualdades sociais e regionais;
> IV – Promover o bem de todos, sem preconceitos de origem, raça, sexo, cor, idade e quaisquer outras formas de discriminação.

Objetivos são metas que dão sentido a alguma ação. Toda a ação do Estado, portanto, busca realizar os referidos objetivos e, dentre as diversas ações estatais que se voltam a efetivar tais objetivos, paira, em patamar superior, a matriz tributária, sem prejuízo das políticas públicas, da elaboração das leis, dos planos de governo, das decisões da justiça e outras tantas injunções públicas. Portanto, é possível identificar a matriz tributária como instrumento ou suporte para um conjunto de ações públicas que pretendem alcançar os objetivos colimados pelo artigo 3º da Constituição. A matriz tributária, com efeito, possui finalidades que, além de aplicar justiça na tributação – que seria um fim de ordem ampla e abstrata – visa também a assegurar as condições materiais-financeiras ao cumprimento dos objetivos da República, sem descuidar do desenvolvimento econômico. Evidentemente, o sistema de tributação não pode e não deve gerar o efeito de frear a economia, mas não pode ficar alheio ou indiferente aos problemas ocasionados pela desigualdade social tal como pode, às vezes, se portar o mercado.[380] Esta finalidade pretendida pela matriz, atrelada aos objetivos republicanos, é o que designamos estrutura exógena da matriz tributária.

Percebe-se que esta estrutura se volta para pretensões externas, diferentemente da estrutura endógena, em que os fins são a promoção da equidade da própria matriz tributária. Na estrutura exógena, a matriz visa à meta mais ambiciosa, que é a de financiar o alcance dos objetivos da República.

Nas subseções 3.1.5 e 3.2.1 demonstrou-se a importância do Estado Democrático de Direito como decorrência histórica do Estado Social. Aquela modalidade de Estado exige a presença constante da ideia de justiça social (ou distributiva) como fundamento de suas ações. A justiça social, pois, seria um valor sobranceiro a inspirar o constituinte na elaboração de objetivos, por exemplo, a construção de uma sociedade "livre", "justa" e "solidária"; a erradicação da pobreza, da marginalização e das desigualdades regionais. Estes objetivos mencionados, constantes dos incisos I e III, do artigo 3º da Constituição, são metas de justiça social (ou distributiva) que necessitam de normatividade forte para serem implantadas. Assim, entendemos que o Estado Democrático de Direito é a base que dá sustentação ao valor da justiça distributiva e aos

---

[380] Nesse sentido: "enfim, no tocante às implicações da tributação com o desenvolvimento econômico, é patente que a questão essencial não reside, somente, na menor ou na maior carga tributária, mas no modo pelo qual a carga tributária é distribuída (RIBEIRO, Maria de Fátima. Tributação, políticas públicas e justiça social. In: GRUPENMACHER, Betina Treiger (coord). *Tributação*: democracia e liberdade em homenagem à Ministra Denise Arruda Martins. São Paulo: Editora Noeses, 2014, p. 785).

demais objetivos do artigo 3º da Constituição. Por conseguinte, a ideia de matriz tributária adquire um outro sentido no âmbito da estrutura exógena, que é a promoção do Estado Democrático de Direito. A matriz tributária justa é aquela que se empenha em realizar o aludido modelo de Estado, valendo-se de princípios que, além de propor a outorga de alguns direitos, aglutina os objetivos da República consagradores da justiça distributiva. Não é demais lembrar, como ressalta Augusto Carvalho Leal, que o primeiro objetivo da tributação talvez seja "o desaparecimento das grandes desigualdades de poder econômico produzidas pela economia de mercado".[381] Não obstante, continua o mesmo autor: "os sistemas tributários atuais fazem muito pouco para reduzir tais disparidades".[382] Este livro denuncia tal estado de coisas e visa a propor a intensificação do debate sobre os fins da tributação e o seu encontro com uma teoria de justiça que guarde vinculação com os objetivos da República.

A proposta de se chamar de "estrutura exógena da matriz tributária" a finalidade de se efetivar os valores da justiça social e o princípio da dignidade da pessoa humana por meio da tributação no Estado Democrático de Direito não pode ser confundida com as finalidades extrafiscais da tributação. Esta terminologia é normalmente utilizada para diferençar a pretensão meramente arrecadatória de outros fins do poder de tributar. É claro que, de um modo geral, não haveria graves problemas em se comparar a estrutura exógena da matriz tributária com o vocábulo *extrafiscalidade*, largamente conhecido no vocabulário da tributação. Mas deste ponto em diante, depois de explicado o sentido da estrutura exógena da matriz e sua pretensão de ser suporte financeiro e finalidade do sistema tributário, convém se fazer uma distinção conceitual entre as expressões.

---

[381] LEAL, Augusto Cesar de Carvalho. (In)justiça social por meio dos tributos: a finalidade redistributiva da tributação e a regressividade da matriz tributária brasileira. In: GASSEN, Valcir. *Equidade e eficiência da matriz tributária brasileira*: diálogos sobre Estado, Constituição e Direito Tributário. Brasília: Consulex, 2012, p. 165.

[382] Ibid., loc. cit.

A extrafiscalidade pode ser cunhada – é verdade – como a "revolução social por meio do Direito Tributário", porquanto a intenção é obrigar ao pagamento de tributos para mudar comportamentos sociais, de modo que se encontre na somatória final mais igualdade.

Tal "revolução social", que começou na segunda metade do século XIX, somente no século XX ganhou o impulso suficiente para figurar nos ordenamentos jurídicos de modo eficiente. Nos dias de hoje, já não se concebe o direito de cobrar tributos como antes, isto é, o de simples apanhado de normas reguladoras da atividade financeira do Estado ou das limitações de tributar. Conforme sustenta Alfredo Augusto Becker, a finalidade dos tributos, a partir desse período:

> Não será a de um instrumento de *arrecadação* de recursos para o custeio das despesas públicas, mas a de um instrumento de *intervenção* estatal no meio social e na economia privada. Na construção de cada tributo não mais será ignorado o finalismo extrafiscal, nem será esquecido o fiscal. Ambos coexistirão, agora de um modo consciente e desejado; apenas haverá maior ou menor prevalência deste ou daquele finalismo (grifos do autor).[383]

A política extrafiscal do Estado – que assume foros de realidade, inicialmente em razão da I Guerra Mundial e da depressão da economia norte-americana de 1929 e 1930, a qual se espalhou por boa parte do mundo economicamente ativo da ocasião, inclusive no Brasil – demonstra que o modelo de Estado liberal não correspondia mais aos anseios de uma sociedade não só ávida por desenvolvimento, mas também carente de necessidades materiais básicas.

A política econômica do *New Deal* do governo Roosevelt, nos EUA, marcou a intervenção do Estado no setor econômico daquele país e um certo afastamento do liberalismo econômico (*laissez faire*), ao menos em sua forma original.[384] É notório

---

[383] BECKER. *Op. cit.*, p. 588.
[384] FURTADO. *Op. cit.*, p. 141.

que a partir do século XX a tributação teve suas finalidades alteradas em função de ter sido necessário acompanhar as exigências do Estado Social.[385]

Como é possível perceber, a palavra *extrafiscalidade* não se ajusta adequadamente ao conteúdo do que ora considera-se a estrutura exógena da matriz tributária. A estrutura exógena é um suporte institucional-financeiro para a promoção da justiça tributária com finalidades sociais. Por ser um suporte institucional-financeiro, sua pretensão é arrecadatória, e não a de alterar comportamentos por meio da exigência de tributos, como ocorre com o conceito de extrafiscalidade.

As estruturas endógena e exógena da matriz tributária e os valores e princípios nelas contidos podem ser representados na forma a seguir:

MATRIZ TRIBUTÁRIA

estrutura exógena da matriz tributária
valor: justiça (justiça social)
princípios: dignidade da pessoa humana e proteção ao mínimo existencial

estrutura endógena da matriz tributária
valor: equidade
princípio: capacidade contributiva

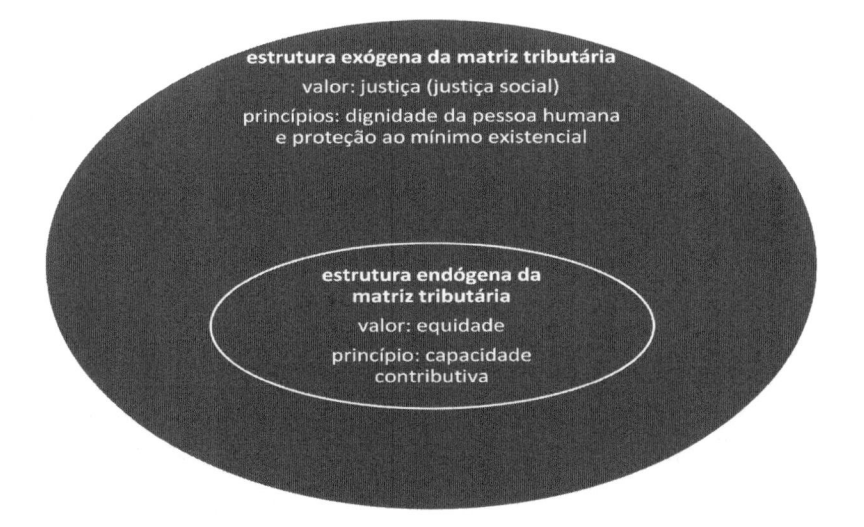

[385] Conforme R. W. Lindholm, citado por Becker: "la tradicional actitud de que gobierno debe solamente ejecutar el oficio di vigilante, está completamente abandonada". "A tradicional atitude de que o governo deve somente executar o ofício de vigilante, está completamente ultrapassada" – tradução libre (LINDHOLM. R. W. *apud* BECKER. *Op. cit.*, p 588).

Os subitens a seguir desenvolverão os argumentos centrais deste livro. Voltam-se a responder a seguinte questão: "a matriz tributária brasileira é justa e, caso não seja, conforme sugere o Capítulo 2, quais os instrumentos argumentativos e normativos que poderão transformá-la na matriz tributária desejada pelo Estado Democrático de Direito?".

Para responder a esta pergunta central alguns argumentos teóricos necessitam ser bem expostos, uma vez que embasarão a abordagem. Primeiramente, porque consideramos a justiça social um "valor" e a dignidade da pessoa humana e proteção ao mínimo existencial como "princípios", todos pertencentes e alinhados com os fins do Estado Democrático de Direito. Por outro lado – mas em sintonia com a ideia de justiça social – exporemos os motivos para considerar progressividade, seletividade, proporcionalidade e pessoalidade como "regras" de efetivação do princípio da capacidade contributiva. Logo, convém distinguir tais conceitos para sua aplicação adequada.

3.2.3 Diferença entre valor, princípio e regra

A importância de se distinguir nesta quadra dos argumentos a diferença entre valor, princípio e regra não se reduz a uma questão terminológica, mas sim a um problema de eficácia normativa. A Constituição Federal possui diversos enunciados que vagam em uma margem de imprecisão conceitual que corre o risco de perder sua força normativa, caso não sejam devidamente conceituados. Algo que é abstrato demais pode ser ignorado não propositadamente, mas em função das dificuldades em torno do seu entendimento ou do seu significado. É papel da teoria entender os conceitos dos vocábulos abstratos enunciados nos textos normativos visando a sua melhor aplicação. Isso não deve implicar uma atitude arbitrária do estudioso. Conceituar é uma atividade intelectual que se realiza em contato com a experiência, e não com base na vontade de como se deseja que as coisas sejam.

No caso dos conceitos jurídicos, trata-se de encontrar sentido aos vocábulos de modo que possam ter uma função útil no conjunto do texto legal, sempre visando a evitar sua completa neutralidade ou indiferença aos fatos que a norma tem por finalidade alcançar.

Trazemos o exemplo do citado artigo 3º da Constituição brasileira, cujo teor a própria Carta chama de "objetivos da República". Mas qual seria o nível de efetividade da expressão "sociedade livre, justa e solidária", contida no dispositivo? Por que se propõe como objetivo do país a "erradicação ou redução da pobreza e das desigualdades sociais e regionais"? Provavelmente, em função de um ponto de vista axiológico, as experiências da injustiça, da opressão, do egoísmo, da miséria, da pobreza e da desigualdade não serem boas de ser vividas. O esforço neste momento é encontrar argumentos que justifiquem a necessidade de distinguir a natureza de algumas normas enunciadas na Constituição que podem servir de alegações convincentes e que guardem funções instrumentais diferentes dentro do sistema normativo. A Constituição é guardiã de valores da mesma forma como estabelece princípios para a efetivação deles, o que exige a necessidade de diferenciação dos termos, porque, se valores e princípios fossem a mesma coisa, ambos teriam de ser efetivados no mundo do dever-ser (deontológico) ou fora dele (ontológico). Mas sabemos que "justiça", "liberdade" e "solidariedade" são palavras altamente abstratas e cabem em qualquer situação da vida quando se tem por norte a escolha de uma vida digna e boa.

3.2.3.1 Distinção entre princípios e regras jurídicas

Iniciaremos distinguindo princípios de regras por entendermos que a diferença entre os dois conceitos se entrelaça com a origem do vocábulo "princípio" e é um pressuposto didático para separar os conceitos de "valor" e de "princípio".

A origem da palavra "princípio" recua a tempos antigos, mas do ponto de vista político o vocábulo assumiu conotação de busca de alguma finalidade.[386] Na democracia, o princípio era a virtude, já que neste regime de governo o valor que se sublima é o bem comum.[387]

Para executar o bem comum é necessário que o governante entregue mais de si para todos do que querer muito de todos para si. Em relação à monarquia, o princípio perseguido, segundo Montesquieu, é a honra. Se por um lado a democracia é alimentada pela virtude, a monarquia se assenta nas ideias de preferências e distinções, dando margem a um governo de regalias aos que, no juízo do Imperador, são dignos de honra. Nos regimes despóticos, o temor é o que dirige os fins do governo, eis que o princípio é a força.[388]

Em resumo, conforme observa Fabio Konder Comparato, a partir de Montesquieu "se encontra em germe a distinção entre princípios e regras, estas como dedução daqueles".[389] O argumento de que princípio pode ser norma superior da

---

[386] O vocábulo *princípio* vem do latim *principium, principii*, que transmite a ideia de começo, origem, base. A Filosofia tomou a expressão como fundamento de um raciocínio. Para Aristóteles, o que se entende atualmente a respeito de princípio era nomeado de *arkhê*. Dois sentidos são comuns nas diversas acepções da *arkhê*. Trata-se do princípio como gênese de algo e como origem do conhecimento. Daí as locuções *princpium essendi* e *principium cognoscendi* difundidas na Escolástica. Aristóteles remeteu a noção de princípio como parte do todo, sendo que o princípio seria algo que em si não necessita seguir outra coisa, e que, pelo contrário, algo está a decorrer do princípio (Aristóteles. *A metafísica*. Livro V. Trad. Marcelo Perine. São Paulo: Edições Loyola, 2002, p. 199-200).

[387] Na Idade Moderna o termo deixou as demais acepções de lado, preponderando a noção de que princípio é fundamento do conhecimento (*principium cognoscendi*). No campo da Política, Montesquieu, na conhecida obra *O Espírito das Leis* (1747), separou as noções de princípio na qualidade de essência das coisas do sentido de origem do conhecimento. Conforme suas reflexões iniciais sobre política, destacou que a natureza de um governo não se confunde com os princípios por aquele seguidos. A natureza está relacionada ao modo de ser do governo (visão estática daquilo que é). Os princípios, contrariamente, prendem-se à vontade dos agentes que fazem o governo agir (visão dinâmica do que é) (MONTESQUIEU, Charles de Secondat. *O Espírito das Leis*. Trad. Cristina Murachco. 2. ed. São Paulo: Martins Fontes, 2000, p. 31).

[388] MONTESQUIEU. *Op. cit.*, p. 38.

[389] COMPARATO, Fábio Konder. *Ética*: direito, moral, e religião no mundo moderno. São Paulo: Companhia das Letras, 2006, p. 485.

qual decorrem leis particulares, tornou-se explícito a partir do pensamento de Leibniz e Wolff.[390] Mas foi com Kant, em sua *Crítica da razão pura*, que os princípios assumiram características de norma deontológica, como proposições gerais de dever ser.[391] Assim, as normas que compõem os princípios expressam determinada vontade, da qual decorrem regras específicas.

Desde a fase positivista do Direito os princípios assumiram a característica de norma jurídica.[392] Como lembra Luís Roberto Barroso, "há consenso na dogmática jurídica contemporânea de que princípios e regras desfrutam igualmente do *status* de norma jurídica, distinguindo-se um dos outros por critérios variados".[393]

---

[390] *Ibid.*, p. 485

[391] KANT, Immanuel. *Crítica da razão pura*. Trad. Lucimar A. Coghi Anselmi; Fúlvio Lubisco. São Paulo: Martin Claret, 2009, p. 117-119; 506-515.

[392] Paulo Bonavides informa que historicamente houve três fases bem distintas da juridicidade dos princípios do Direito, quais sejam, a jusnaturalista, a positivista e a pós-positivista. A primeira caracterizou-se pela ausência de normatividade dos princípios jurídicos, os quais eram singelas abstrações, pois não ingressavam no rol do Direito posto, servindo muito mais como inspiração ético-valorativa aos postulados de justiça. A referida fase vingou até por volta de 1880, ocasião em que se passou para o positivismo radical. A fase positivista dos princípios jurídicos, que se iniciou no século XIX, estendeu-se até a primeira metade do século XX, e teve a virtude de compreender os princípios como norma jurídica. Na qualidade de normas jurídicas os princípios foram inseridos nos Códigos, fazendo, em conjunto com o advento da escola histórica positivista do Direito, a derrocada do jusnaturalismo clássico. A despeito de ter elevado os princípios à condição de norma jurídica, a escola positivista utilizava-os para somente reafirmar a importância da lei na regulação específica de toda a conduta humana, servindo os princípios – ainda muito amplos e abstratos – de instrumentos de integração do Direito diante de lacunas na lei. A terceira fase foi a pós-positivista, em que o norte-americano Ronald Dworkin figura como principal artífice. Esta fase pôs abaixo as doutrinas positivistas, tomando como um dos fundamentos de sua crítica o desprezo do positivismo à juridicidade dos princípios. Assim, os princípios deixaram de ser simples normas de preenchimento do vazio legislativo e passaram a figurar nas próprias Constituições, alcançando destacado papel de fundamentos dos mais diversos sistemas jurídicos. Além de se caracterizarem como normas jurídicas dotadas de todos os caracteres que distinguem as normas do Direito, os princípios passaram a ter a função de impor obrigações legais (BONAVIDES. *Op. cit.*, p. 232-238).

[393] BARROSO, Luís Roberto. *Curso de direito constitucional contemporâneo*: os conceitos fundamentais e a construção do novo modelo. 2. ed. São Paulo: Saraiva, 2010, p. 318.

Os princípios são normas jurídicas que prescindem de um enunciado explícito e descritivo de determinados fatos. As regras, por sua vez, descrevem situações hipotéticas ou se referem a conceitos, instituições ou competências, visando, neste último caso, não exatamente a regular condutas, mas sim a definir formas de linguagem para permitir a aplicação sistêmica do Direito.

Por não descreverem fatos, mas veicularem ideais ou valores, os princípios são normas dotadas de densa carga de finalidade. Toda norma, em geral, pretende alcançar um fim. Aliás, o Direito não se larga ao acaso nem surge do nada. Há, no mínimo, por trás de toda norma – e nisso se incluem os princípios – alguma causa e finalidade. Sem estes elementos a norma é vazia e desnecessária.

No caso dos princípios, determinada finalidade que visa a atingir é o conteúdo da norma que mais sobressai. Humberto Ávila ressalta que, embora as regras também se centrem na finalidade que lhes dá suporte, seu conteúdo imediato é a descrição normativa que deverá corresponder a um fato. A materialidade do princípio, diferentemente, é a referência imediata a uma finalidade. Esta tem a ver com um estado de coisas a ser promovido.[394] Este estado de coisas – aproximando-se este argumento aos fins desta obra – pode ser um conjunto de situações ideais, tais como a garantia da dignidade da pessoa humana, o respeito à capacidade contributiva dos indivíduos, a proteção do mínimo existencial, entre outras. Este estado de coisas obriga o exercício do poder a se dirigir ao alcance das referidas finalidades. Para isso, regras jurídicas deverão ser estabelecidas como meios para o alcance dos fins contidos nos princípios. A regra que se opõe a tais finalidades desrespeita o princípio e pode ficar sujeita a medidas de contenção de sua validade e efeitos.

---

[394] ÁVILA, Humberto. *Teoria dos princípios*: da definição à aplicação dos princípios jurídicos. 2. ed. São Paulo: Malheiros, 2003, p. 70.

Observa-se que o princípio não se ocupa de descrever fatos na expectativa de que tais se realizem para a efetivação de suas normas. Esta característica é inerente às regras. Os princípios revelam ideais que, para serem atingidos, dependem de meios que deverão ser cumpridos pelos seus destinatários (em geral o Poder Público). A necessidade de cumprimento dos meios de alcance dos princípios revela sua normatividade jurídica, sem que tenham que descrever fatos que devam ser realizados ou omitidos para a efetivação de sua norma.

3.2.3.2 Distinção entre valores e princípios

Como um sistema normativo, o Direito se vale de princípios e de regras para sua efetivação. Tanto estas quanto aqueles possuem conteúdos éticos hauridos da convivência social. Conviver é de alguma forma compartilhar interesses, mesmo que estes em determinados momentos se entrecruzem ou até se oponham, abrindo margem para controvérsias e conflitos. Se conviver fosse uma experiência pautada sempre pelo consenso seria possível especular que o Direito não exerceria uma função pacificadora e teria, talvez, uma estrutura diferente. Mas não é assim. Como se sabe, conviver é difícil em qualquer lugar da atualidade, seja no microcosmo familiar, no trabalho e na vizinhança ou nos macros espaços de interação social. A constatação de que conviver não é fácil no presente não significa que tenha sido menos difícil no passado. A história do mundo narra como a trajetória do homem até o nosso século drenou não só o suor dos povos, mas o sangue de tantas gerações. O grau de dificuldade para o consenso varia conforme as diversidades de interesses e de ideais. É natural que na família ou no trabalho os níveis de tensão que levam a controvérsias sejam menos variados e a chance do acordo – mesmo que seja por falta de disposição em divergir – seja maior do que em uma pequena comunidade ou país.

De algum modo exortou Ihering que o Direito é vocacionado à paz entre as pessoas, o que não exclui a possibilidade de dissenso, mesmo após a edição de seus princípios e regras.[395] A ideia de Direito pressupõe o seu oposto, que poderia ser o "caos", no sentido do conflito de causas pessoais e coletivas, constantes ou temporárias, inclusive contra o Direito válido e vigente. Portanto, Direito e caos são a mesma coisa, dependendo do ponto de onde se enxerga. Para os contribuintes com renda superior a trinta salários, propor-se um aumento de tributos que compensasse a diferença de carga tributária com os contribuintes que recebem até dois salários-mínimos pode resultar na oposição dos mais ricos, que possuem razões para entender que são muito exigidos.[396] Ainda que regras jurídicas sejam estabelecidas com o fim de aumentar os tributos de um grupo economicamente mais favorecido a divergência poderá existir, a despeito dos instrumentos legais e legítimos aplicáveis. A presença de normas jurídicas não significa o consenso de todos, e a tensão entre contribuintes e o Estado, no exemplo, pode permanecer. As controvérsias e as tensões são o caos (ou a "luta", para Ihering) a que nos referimos, e tal pode existir independentemente de normas jurídicas válidas e vigentes.

Este tipo de caos não é exatamente o problema. O problema é a falta de ética que guarde a força necessária para inspirar os princípios e as regras do Direito. Pior que a ausência de ética nesse sentido é a ética que rompa com valores que visem à paz e ao bom viver. Assim, as normas jurídicas devem resultar de uma ética do bem, do querer o bem de todos, ainda que, no plano dos fatos, o caos a que nos

---

[395] "O objetivo do direito é a paz, a luta é o meio de consegui-la. Enquanto o direito tiver de rechaçar o ataque causado pela injustiça – e isso durará enquanto o mundo estiver de pé – ele não será poupado". (IHERING, Rudolf Von. *A luta pelo direito*. Trad. J. Cretella Jr. e Agnes Cretella. 2. ed. São Paulo: RT, 2001, p. 27).

[396] Conforme exposto na subseção 2.6.2.3, a parcela da população brasileira que ganha até dois salários-mínimos sofre uma carga tributária de 53,9% sobre sua renda, enquanto os que recebem mais de trinta salários-mínimos somente 29%.

referimos exista e o Direito sirva exatamente para abrandá-lo, já que prevê consequências contra os interesses de quem descumprir suas normas.

Esta preleção serve para introduzir um tema caríssimo neste livro, que é o reconhecimento por parte da comunidade jurídica atual de que o conteúdo de algumas normas jurídicas tem inspiração em valores pautados por alguma ética, de preferência a ética do bem. Mas as finalidades que os valores visam a atingir são amplas e vagas, como será explicado, e a extração das ideias que emanam pode variar de intérprete para intérprete, podendo a presença dos valores gerar mais agonia do que tranquilidade. Daí os princípios, dotados de força deontológica, como normas jurídicas em sentido estrito, a intermediar os valores e a aplicação das regras. Na sequência, conforme foi exposto, despontam as próprias regras jurídicas, voltadas para a regulação dos fatos, mas ambos, princípios e regras, de uma forma direta ou indireta, resultam do reconhecimento dos valores e princípios que dão conteúdo ao sistema normativo.

Ricardo Lobo Torres lembra que "liberdade, segurança, justiça e solidariedade são os valores ou ideias básicas do Direito".[397] Ninguém ignora o significado destas palavras, mas a aplicação de seus conteúdos semânticos sobre os casos da vida não é objetiva e nem precisa, pois quase sempre dependem de algum princípio que afunile em normas a mensagem fluida dos valores. Além disso, os valores precisam de uma regra que imprima segurança e afaste subjetivismos, os quais se resumem na dúvida se tal ou qual valor caberia ou não em determinado caso concreto. O mesmo autor explica que os valores apresentariam algumas características básicas, embora considere que os valores não são necessariamente acometidos da mácula da subjetividade.[398] De tais características

---
[397] TORRES. *Op. cit.*, p. 41.
[398] No sentido do texto, os valores: "a) compõem um sistema aberto; b) são objetivos, pois independem de apreciação subjetiva; c) são parciais, compartilhados com a ética;

destacam-se a generalidade e a abstração. Os princípios teriam basicamente as mesmas características, diferençando-se, porém, por seu caráter deontológico, enquanto os valores estariam do lado ontológico em que os seres abstratos podem se localizar. As regras, por sua vez, seriam concretas, dotadas de objetividade e segurança para regular os fatos concretos. Assim é que os princípios teriam uma posição intercalar entre os valores e as regras, mas guardariam um grau de abstração e de generalidade menor do que os valores, assumindo a função de iniciar o primeiro estágio da concretização dos mencionados valores.[399] Daí a explicação de Ricardo Lobo Torres ao dizer que "os valores são destituídos de eficácia jurídica direta. Não pode o juiz sacar diretamente da ideia de justiça ou de segurança jurídica o fundamento de sua decisão".[400] E complementa: "só com a intermediação dos princípios podem se concretizar [os valores] na ordem jurídica".[401]

Luís Roberto Barroso chama a atenção para a cronologia em que valores e princípios passam a influenciar no mundo do Direito, o que teria início na era pós-positivista em que o Direito e a ética se reaproximam. Com efeito, "os princípios constitucionais se transformam na porta de entrada dos valores dentro do universo jurídico".[402] Aliás, lembra Ricardo Lobo Torres que o reconhecimento de valores como justiça, dignidade da pessoa humana, igualdade e equidade decorrem da propensão do Direito a um imperativo do bem, de inspiração nitidamente em Kant, o que teria dado ensejo ao que se vulgarizou chamar de "virada kantiana".[403]

---

d) estão em permanente interação e em incessante busca do equilíbrio, sem qualquer hierarquia; e) exibem a tendência à polaridade, no sentido de que caminham sempre para a sua própria contrariedade; f) são analógicos, pois deles se deduzem os princípios e as regras; g) existem no grau máximo de generalidade e abstração e não se deixam traduzir em linguagem constitucional" (TORRES. *Op. cit.*, p. 42).

[399] *Ibid.*, p. 195.
[400] *Ibid.*, p. 196.
[401] TORRES. *Op. cit.*, p. 196.
[402] BARROSO. *Op. cit.*, p. 318.
[403] TORRES. *Op. cit.*, p. 41.

Autores nacionais como Eros Roberto Grau, Humberto Ávila, Diogo de Figueiredo Moreira Neto, Fábio Corrêa Souza de Oliveira, Daniel Sarmento, Ana Paula de Barcelos entre outros, dedicam obras importantes sobre a teoria dos princípios jurídicos.[404] Isso demonstra a relevância do assunto na interpretação contemporânea do Direito.

Na doutrina estrangeira, adquiriu destaque a obra de Robert Alexy sobre a distinção entre valores e princípios. Em síntese, esclarece o jurista germânico que os princípios se situam no campo deontológico, constituindo "mandamentos" (ordens, portanto) de otimização dos valores. Estes, por sua vez, se situariam em um nível axiológico, portanto, destituídos do sentido do dever-ser.[405] Desdobrando-se estas noções, o ponto se torna mais interessante ao buscar uma adequada diferenciação entre os vocábulos. Isso porque – e voltando à temática da introdução desta subseção – o entendimento do que seja "valor" é muito variado na Filosofia prática, na linguagem coloquial, nas ciências de um modo generalizado e até no Direito. Se é mais fácil aprisionar o conceito de princípio na ideia de que são deontológicos, isto é, guardam a força normativa do "dever-ser", por que os valores não podem se situar no mesmo patamar e atuarem segundo esta força normativa?

Alexy explica que para se chegar a uma distinção adequada entre um e outro conceito é necessário investigar

---

[404] "O sistema que o direito é compõem-se de: (i) *princípios explícitos*, recolhidos no texto da Constituição ou da lei; (ii) *princípios implícitos,* inferidos como resultado da análise de um ou mais preceitos constitucionais ou de uma lei ou conjunto de textos normativos da legislação infraconstitucional [...]". (GRAU, Eros Roberto. *A ordem econômica na Constituição de 1988*. 12. ed. São Paulo: Malheiros, p. 157); ÁVILA, Humberto. *Teoria dos princípios*: da definição à aplicação dos princípios jurídicos. 2. ed. São Paulo: Malheiros, 2003, *passim*; MOREIRA NETO, Diogo de Figueiredo. *Ordem econômica e desenvolvimento na Constituição de 1988*. São Paulo: Malheiros, 1997, p. 73; OLIVEIRA, Fábio Corrêa Souza de. *Por uma teoria dos princípios*: o princípio constitucional da razoabilidade. Rio de Janeiro: Lumen Juris, 2003, *passim*; SARMAENTO, Daniel. *A ponderação de interesses na Constituição*. Rio de Janeiro: Lumen Juris, 2000, *passim*; BARCELOS, Ana Paula de. *A eficácia jurídica dos princípios constitucionais*: o princípio da dignidade da pessoa humana. Rio de Janeiro: Renovar, 2002, *passim*.

[405] ALEXY, Robert. *Teoria dos direitos fundamentais*. Trad. Virgílio Afonso da Silva. São Paulo: Malheiros, 2008, p. 146.

algumas características verificadas no âmbito dos valores, devendo-se separar duas ideias fundamentais entre saber se "algo tem um valor" ou se "algo é um valor".[406] E prossegue na explicação dizendo que se algo possui um valor é preciso se estabelecer "um juízo de valor", uma valoração. Para se valorar algo é necessário que se utilizem "conceitos valorativos", que podem ser ordenados como "classificatórios", "comparativos" e "métricos". No primeiro caso, o critério se limita a julgar se algo é bom ou ruim e, dependendo dos critérios utilizados, o objeto valorado poderá ser neutro. Assim, o observador poderá valorar se uma Constituição é boa, ruim ou tanto faz. O critério comparativo serve para discernir se algo tem mais valor do que outro ou possui o mesmo valor. Por conseguinte, comparando-se duas Constituições, é possível se concluir que uma é melhor que a outra ou igual. Por fim, o conceito valorativo métrico utiliza-se de números como critério indicativo de valor. Assim, um bem que custe mais poderá ser mais valioso do que outro.[407] Por meio destes conceitos valorativos é possível se concluir que algo tem valor porque o intérprete assume uma posição em que os conceitos em questão servem de instrumento para valorar determinado objeto. Alexy considera, pois, que as coisas podem ter valor, mas não são um valor em si.

A partir da teoria de Alexy para afirmar que a matriz tributária brasileira é justa ou injusta – e "justiça" é algo que tem valor – utilizaremos conceitos classificatórios, comparativos ou métricos para chegar a esta conclusão. Caso afirmássemos que justiça é algo que possui valor, tal afirmação seria destituída de critérios capazes de comprovar esta conclusão de um modo mais objetivo. Daí porque, afirma Alexy, "não são os objetos, mas os *critérios da valoração* que devem ser designados como 'valor'" (grifos originais).[408]

---

[406] ALEXY. *Op. cit.*, p. 147.
[407] *Idem*, p. 148.
[408] *Ibid.*, p. 150.

Interpretando os conceitos empregados por Alexy poderíamos considerar como justa uma matriz tributária que, em vez de tributar mais o consumo, tributasse em maior intensidade a renda ou o patrimônio. Tributar mais a renda e o patrimônio passam a ser o critério do que é uma matriz justa. Mas este critério isolado não traria a visão global de justiça desejada da matriz tributária por carregar uma dose alta de arbitrariedade da opinião de quem afirma que a matriz é boa por tal critério. O ideal é que diversos conceitos valorativos sejam analisados para a conclusão de que algo possui um valor como é o caso do valor que tem a "justiça".[409] Assim, seria desejável comparar a maior ou menor tributação do consumo e da renda com outros fatores, tais como se o mínimo vital é respeitado, o que seria um critério comparativo com a tributação do consumo e renda; se a progressividade de alíquotas é observada quando possível, no caso dos tributos sobre renda e propriedade, e, em escalas compatíveis, que permitam diminuir a concentração de renda, significando neste último caso um critério métrico de justiça. Se todos os referidos critérios, uma vez analisados e combinados, resultarem em um menor nível de arbitrariedade por parte da opinião do intérprete, o valor *justiça* da matriz tributária poderá ser verificado de uma forma mais embasada. A relação entre os valores e os princípios, de acordo com Alexy, residiria em se sopesar os critérios de valoração. Assim, no exemplo, a função dos princípios é sopesar os diversos critérios que podem levar à conclusão de que a matriz tributária é justa.[410] Portanto, a aplicação adequada de princípios como capacidade contributiva e imunidade do mínimo vital, ao lado de critérios de efetivação da capacidade contributiva, por exemplo, a progressividade e a seletividade, são fundamentais para se concluir se a matriz tributária é ou não justa.

---

[409] "A decisão acerca da situação definitivamente melhor é obtida somente após uma valoração global, na qual todos os critérios válidos de valoração sejam levados em consideração" (ALEXY. *Op. cit.*, p. 153).

[410] "A aplicação de critérios de valoração entre os quais é necessário sopesar corresponde à aplicação de *princípios*" (ALEXY, *Idem*, p. 150).

De acordo com a teoria de Alexy, praticamente não existem diferenças ontológicas ou de raiz entre valores e princípios.[411] A diferença é meramente funcional. Por isso, o autor conclui que: "princípios e valores diferenciam-se, portanto, somente em virtude de seu caráter deontológico, no primeiro caso, e axiológico, no segundo".[412]

Para finalizar, entre um modelo constitucional fundado em valores ou em princípios, Alexy prefere este último por entender que no Direito "o que importa é o que deve ser".[413] Um modelo jurídico fundado unicamente em valores teria que permitir a transmissão de tais valores por meio de princípios, sem falar que os valores são mais propensos a equívocos interpretativos do que o modelo de princípios.

Apesar das reflexões de Alexy, entendemos não haver óbice ou dificuldade alguma em um texto constitucional combinar valores e princípios de uma forma clara o bastante. O importante é saber distinguir uns dos outros. Esta parece ser a opinião prevalecente, muito bem sintetizada nas explicações de Ricardo Lobo Torres:

> Enquanto os valores são ideias absolutamente abstratas, supraconstitucionais e insuscetíveis de se traduzirem em linguagem constitucional, os princípios se situam no espaço compreendido entre os valores e as regras, exibindo em parte a generalidade e abstração daqueles e a concretude das regras.[414]

Não é diferente o entendimento de Jürgen Habermas, para quem os princípios são normas mais elevadas, por meio das quais outras normas se justificam. Mas diferentemente dos valores, que guardam um sentido teleológico, os princípios são normas deontológicas.[415] Habermas explica que no sistema do Direito as

---

[411] *Ibid.*, p. 153
[412] *Ibid., loc. cit.*
[413] *Ibid., loc. cit.*
[414] TORRES. *Op. cit.*, p. 195.
[415] HABERMAS, Jürgen. *Direito e democracia: entre facticidade e validade.* Trad. Flávio Beno Siebeneichler. Rio de Janeiro: Tempo brasileiro, 2010, p. 316.

normas não podem se contradizer caso pretendam dar validade no mesmo círculo de destinatários, pois guardam coerência entre si e, por este motivo, constituem um sistema. Diferente é a situação dos valores em que seus destinatários buscam o seu reconhecimento no âmbito "de uma cultura ou forma de vida", razão pela qual são flexíveis e sujeitos a tensões.[416]

Esta diferença concede aos princípios força normativa de modo que o agir referente aos princípios tem caráter obrigatório, ao passo que com relação aos valores o agir é teleológico. Habermas considera também que os princípios se submetem a uma codificação binária de validade, isto é, são ou não válidos no sistema, enquanto nos valores a pretensão de validade é gradual, podendo ter mais influência em um ou outro caso concreto. No campo da obrigatoriedade, nos princípios esta é absoluta, porque são normas; e no caso dos valores poderá ser relativa.[417] Para Habermas, um tribunal que se deixar levar pela ideia de realização de valores "transforma-se em uma instância autoritária".[418] Os valores são particularizados, enquanto os princípios, por serem normas deontológicas, tendem a universalização de sua validade. Portanto, conclui o filósofo:

> Normas [regras jurídicas] e princípios possuem uma força de justificação maior do que a de valores, uma vez que podem pretender, além de uma *especial dignidade de preferência*, uma *obrigatoriedade geral*, devido ao seu sentido deontológico de validade; valores têm que ser inseridos, caso a caso, numa ordem transitiva de valores. E, uma vez que não há medidas racionais para isso, a avaliação realiza-se de modo arbitrário ou irrefletido, seguindo ordens de precedência e padrões consuetudinários. (grifos originais)[419]

Ronald Dworkin também aborda o tema da distinção entre valores e princípios, embora estabeleça outra terminologia para os valores. A ideia de valores tratada pelos demais autores

---
[416] HABERMAS. *Op. cit.*, p. 317.
[417] *Ibid., loc. cit.*
[418] *Ibid.*, p. 320.
[419] *Ibid.*, p. 321.

se aproxima do que Dworkin considera "políticas" vertidas em proposições que descrevem objetivos.[420] Semelhantemente à abordagem de Habermas, o filósofo norte-americano reverencia a ideia de finalidade que os valores contêm, enquanto os princípios são argumentos destinados a estabelecer um direito individual e as políticas seriam destinadas à coletividade. No fundo, Dworkin não se preocupa em estabelecer uma divisão estanque entre valores e princípios a ponto de estes se situarem no universo deontológico e os valores em outro plano, por exemplo, o ontológico. Para Dworkin, a diferença entre princípios e políticas é de natureza metodológica, já que os princípios verteriam direitos individuais e as políticas pretendem construir metas de aplicação coletiva. A diferença entre princípios e objetivos (metas), para Dworkin, não ocorre no plano normativo formal, mas no esforço a ser feito pela teoria política de quais direitos individuais e coletivos as pessoas realmente possuem. Os objetivos, prossegue Dworkin, visam a proteger um estado de coisas de decisões que possam retardar sua aplicação ou colocá-lo em perigo. A tese de Dworkin não visa, *a priori*, a injetar no conceito dos objetivos políticos uma carga moral ou ética pré-determinada, tal como se algo é bom ou ruim para ser considerado como uma política. Inicialmente, o argumento dworkinano se centra na distributividade dos direitos, de modo que os princípios se encarregariam dos direitos individualizados, enquanto as políticas dos direitos coletivizados. Em outro momento, suas explicações passam a exigir dos direitos coletivos distribuídos pelas políticas a ideia de benefícios para todos.[421]

O argumento de Dworkin sobre políticas tem raízes utilitaristas, pois, na essência, trata da relação entre benefícios individualizados contra benefícios coletivizados. O próprio autor dá o exemplo da política econômica em que se visa

---

[420] DWORKIN, Ronald. *Levando os direitos a sério*. Trad. Nelson Boeira. São Paulo: Martins Fontes, 2011, p. 141.
[421] DWORKIN. *Op. cit.* 2011, p. 141-143.

à eficiência da economia. Em suas palavras: "a eficiência econômica é uma meta coletiva: exige a distribuição de oportunidades e responsabilidades que possam produzir o maior benefício econômico agregado, definido de um determinado modo".[422] Em seguida, complementa a ideia de benefícios sustentando que "uma oferta menor de algum benefício a um homem possa ser justificada simplesmente mostrando que isso levará a um maior benefício geral".[423]

A tese de Dworkin não se aplica à ideia de valores e de princípios coerentemente ao argumento de justiça tributária que pretendemos desenvolver. O utilitarismo evidente no conceito de política em Dworkin fundamenta a exclusão de direitos contra alguém ou grupos de pessoas por razões vinculadas a alguma meta de eficiência. Transportando-se esta crítica aos fins da tributação, de acordo com a tese de Dworkin, seria fácil argumentar que, para se atingir determinadas metas econômicas – como a política de superávit primário – a carga tributária deve ser majorada para alcançar tais metas, ainda que tal majoração não se destine ao atendimento de políticas públicas sociais que visem a reduzir desigualdades. No mesmo sentido, em prol da eficiência econômica poder-se-ia alegar que a carga tributária não deve ser majorada, mesmo que a demanda social por igualdade esteja a clamar por majoração.

Como se vê, o utilitarismo não oferece soluções que se alinhem com um determinado valor moral que vise forçosamente ao bem das pessoas como um fundamento ou ponto de partida das opções políticas. No utilitarismo, o maior número de satisfações possíveis determina a escolha política, ainda que isso deixe alguém ou alguns de fora do alcance de tais benefícios.

De um modo geral, a diferença entre valores e princípios consiste no reconhecimento de que, no primeiro caso, o conteúdo das normas é genérico e pretende o alcance

---
[422] *Ibid.*, p. 143.
[423] *Ibid.*, loc. cit.

de finalidades éticas incapazes de serem objetivamente aprisionadas em normas ou regras mais específicas. Os princípios, diferentemente, são normas jurídicas com um grau menor de generalidade, embora guardem a característica da universalidade, isto é, se dirigem a todos, mas operam no campo deontológico, ou seja, do dever-ser.

Com base nos fundamentos apresentados e na diferença entre valores e princípios, entendemos, na linha dos autores nacionais citados, especialmente Ricardo Lobo Torres e nas doutrinas estrangeiras, máxime a de Alexy e de Habermas, que os valores adotados por determinada sociedade podem figurar no texto de suas Constituições sem necessariamente se confundirem com os princípios. Realmente, há que se reconhecer que os princípios se situam em um campo de atuação em que suas normas devem ser observadas como garantias de que os valores constitucionais serão protegidos e efetivados. Humberto Ávila estabelece uma divisão entre os conceitos de valores e de princípios, destacando que aqueles estão sujeitos a preferências pessoais, enquanto os princípios estabelecem o dever de se adotarem comportamentos "necessários à realização de um estado de coisas ou, inversamente, instituem o dever de efetivação de um estado de coisas pela adoção de comportamentos a ele necessários".[424]

Nesse sentido, Ricardo Lobo Torres alerta que "o direito tributário vai buscar fora de si o seu objetivo, eis que visa a permitir a implementação de políticas públicas e a atualização dos programas e do planejamento governamental".[425] Esta frase é inspiradora. Os objetivos de "construir uma sociedade livre, justa e solidária", unidos com os propósitos de "erradicar a pobreza e a marginalização e reduzir as desigualdades sociais e regionais", são valores que o Direito Tributário sai à procura de realizar. O ponto difícil é estabelecer uma linha de argumentação que dê supedâneo a esta afirmação. Dito

---

[424] ÁVILA. *Op. cit.*, p. 72.
[425] TORRES. *Op. cit.*, p. 42.

de outro modo, por que tais valores devem ser os objetivos do Direito Tributário e não outros? A resposta para esta pergunta tem a ver com a distinção entre valores e princípios. Os objetivos colimados pelo artigo 3º da Constituição mencionados acima (para a teoria do Direito seriam os valores) são genéricos, vagos, abstratos e podem levar a uma margem de subjetividade suscetível de contradições por parte de quem os interpreta. A função de todos os princípios constitucionais é a de realizar os citados objetivos, estabelecendo uma linha de coerência entre o conteúdo de suas normas e os valores.

No campo da tributação, o princípio da capacidade contributiva visaria tais objetivos no âmbito da estrutura endógena da matriz tributária. O valor a inspirar especificamente o princípio da capacidade contributiva seria a justiça como equidade, conforme será melhor explicado no próximo subitem.

De acordo com Dworkin, "as metas coletivas [objetivos ou valores] podem, mas não precisam, ser absolutas".[426] Assim, prossegue o jusfilósofo, "a comunidade pode perseguir diferentes metas ao mesmo tempo, e pode fazer ajustes em uma meta em favor de outra".[427] Os princípios, conforme sustenta toda a doutrina citada, são diferentes dos valores não exatamente em relação ao seu conteúdo normativo, que permanece axiológico e finalístico. A diferença se dá no campo deontológico em que se situam os princípios, ficando os valores na seara ontológica. Mas quanto aos objetivos, metas ou finalidades, ambos, valores e normas jurídicas, podem convergir – aliás devem convergir – uma vez que os princípios se constituem em instrumento normativo de efetivação dos valores abstratos, conforme sustentam Ricardo Lobo Torres e Humberto Ávila. Daí porque, para se transformarem em normas aplicáveis, os objetivos constantes do artigo 3º da Constituição necessitam de diversos princípios que terão de

---

[426] DWORKIN. *Op. cit.*, 2011, p. 144.
[427] *Ibid.*, p. 144.

ser identificados e vazados por meio de normas abstratas ou concretas.[428] Assim, o artigo 1º, III, da Constituição carrega importante postulado a conferir efetividade aos valores do artigo 3º, que é o princípio da "dignidade da pessoa humana" como fundamento do Estado Democrático de Direito, que será explicado na subseção 3.4.4. Tal princípio exerce uma função sobressalente na intepretação da Constituição Federal e será efetivado por meio de outros princípios, isolados ou em combinação. O princípio da dignidade da pessoa humana pode ser combinado com outros princípios de diversos assuntos previstos na Constituição. No caso da matéria tributária, o princípio em questão está combinado com o princípio do "mínimo existencial". Para que a dignidade da pessoa humana possa ser efetivada em termos tributários é imprescindível que se constitua um mínimo existencial de direitos fundamentais. Tais direitos, a nosso ver, são: a) os direitos à vida e à saúde em condições dignas; b) à segurança alimentar; c) à educação; d) à intimidade de um lar (direito à moradia). O mínimo existencial deve engendrar medidas tributárias que permitam a aplicação do seu princípio. O campo de efetividade do princípio da dignidade da pessoa humana é vasto e abarca a dualidade entre mercado e Estado. A matriz tributária é instrumento de efetivação destes princípios, quando se define, como um conjunto de normas voltadas à captação justa de receitas tributárias, que deverão ser aplicadas de um modo igualmente justo.

A visão de justiça na aplicação dos recursos tributários que conduz a alguma noção de eficiência da matriz tributária depende da argumentação do conceito de justiça que se venha a optar. Conforme será demonstrado nas subseções 3.4 e seguintes, enveredaremos para os argumentos da justiça distributiva ou social (justiça distributiva é um "valor") como

---

[428] No primeiro caso temos as leis, resoluções do Senado, decretos do Poder Executivo, medidas provisórias, instruções normativas, portarias etc. Sobre as normas concretas, têm-se as decisões administrativas, sentenças judiciais, entre outras.

escopo de realização do Estado Democrático de Direito, do qual a tributação é instrumento ou suporte para sua efetivação.

3.2.4 Equidade e Justiça como valores

O quanto foi dito sobre valores e princípios serviu para embasar a argumentação de que equidade e justiça são valores enraizados na tessitura do texto constitucional de 1988. A Constituição, em seu contexto, está vocacionada à busca da justiça, a começar pela exortação do artigo 1º à exigência de construção de um Estado Democrático de Direito; em segundo lugar, pelo artigo 5º, que ao lado de direitos, deveres e garantias individuais de cunho historicamente liberal, dá ênfase aos direitos coletivos; em seguida, o artigo 6º a explicitar direitos sociais; e apenas para finalizar, por ora, os exemplos, tem-se os artigos 193 e seguintes, que cuidam de diversos direitos sociais, como seguridade social (saúde, previdência e assistência social), educação, cultura, desporto, meio ambiente ecologicamente equilibrado e outros.

É necessário dar destaque sobretudo ao artigo 3º, que estabelece os objetivos a serem alcançados pelos brasileiros. A norma deste dispositivo evoca que estamos em sociedade, irmanados, para efetivar os objetivos constantes do mencionado artigo constitucional, dentre os quais, destaca-se o de construir uma sociedade justa. Portanto, é inegável a inclinação da Constituição de corrigir as injustiças históricas que levaram o país a ostentar o desonroso título de uma das nações mais injustas do mundo em razão das desigualdades sociais, regionais, e a alta concentração de renda na titularidade de poucos.

Na subseção 1.4 conceituou-se equidade e foi feito um breve resgate histórico do instituto. Evidenciou-se que a noção sobre equidade, que remonta à Filosofia aristotélica, não está divorciada do entendimento que se faz a respeito da justiça. A equidade seria o esforço de se fazer a justiça no caso concreto, tentando-se identificar diferenças entre as partes que são sujeitos de uma controvérsia e dar a cada qual o que lhe cabe. A visão tradicional de equidade no Ocidente sustenta que para arbitrar a solução equitativa ao caso concreto depende-se de procedimentos e de um árbitro, este último investido dos poderes institucionais, ou eleito pelas partes. Em matéria tributária isto não é factível. Seria difícil delegar-se à Administração pública ou ao juiz a incumbência de sacar, ainda que por critérios definidos em regras jurídicas, a quota de tributação justa do contribuinte. As presunções no Direito Tributário são inevitáveis, mesmo nos casos em que se visa a tributar alguém da forma mais individualizada possível, conforme será explicado na subseção 3.3.4. Daí porque a equidade é um valor que necessita de princípios para sua efetivação dentro do possível. Exemplo disso é o princípio tributário da capacidade contributiva e os instrumentos responsáveis por sua efetivação. A progressividade, a seletividade, a proporcionalidade e individualidade dos tributos, conforme será esmiuçado na subseção 3.3.2, servem para efetivar a equidade na matriz tributária. Note-se que se está a falar de princípios e regras a efetivarem valores, tal como explicado na subseção anterior. A questão remanescente indaga se é possível propor-se um modelo de tributação equitativo, ainda que se utilize o princípio da capacidade contributiva nos tributos sobre renda, propriedade e consumo. Demonstraremos na subseção 3.3.5 que não. O conceito de equidade na tributação não é plenamente aplicável. A equidade pode ser otimizada por meio das regras de progressividade, seletividade etc., mas não efetivada, como pode ocorrer em outras áreas do Direito em que a equidade está a depender do exame do caso concreto pelo juiz. Na tributação, as regras que dispõem sobre progressividade, seletividade e outros instrumentos podem se aproximar da ideia de justiça no caso concreto, mas não conseguem definir a quota justa de cada contribuinte em função de inevitavelmente ter de se valer de presunções. Isso não exclui, evidentemente, a força normativa da equidade como valor a inspirar a adoção de princípios, como é o caso da capacidade contributiva.

Pelos argumentos apresentados observa-se facilmente que a equidade é um valor aplicável ao que se considera a estrutura endógena da matriz tributária (veja-se a subseção 3.2.2). Se a equidade é inaplicável sobre os tributos em espécie porque não é compatível com as presunções legais previstas geralmente na própria hipótese de incidência tributária, com mais razão não há como se pensar na aplicação do conceito de equidade sobre a estrutura exógena da matriz tributária. Isso porque a estrutura exógena cumpre outro desafio da tributação, extraível do artigo 3º da Constituição, que é alcançar o valor da justiça social (que é abstrata, diferente da equidade, que é concreta).

Por conseguinte, a estrutura exógena carrega uma diretriz finalística. Dito de outro modo, tal estrutura constitui uma das finalidades da tributação. Assim, o ponto relevante é saber estabelecer o objeto desta finalidade, o que depende da limitação de algumas premissas. A primeira premissa é chegar ao consenso de que o objeto finalístico da tributação (estrutura exógena) é o alcance de um valor. Em segundo lugar, em coerência à tese sobre valores e princípios já exposta, o valor ou os valores escolhidos por uma sociedade poderá depender de princípios e de regras jurídicas para sua efetivação no plano deontológico. Pelas razões que passaremos a justificar em seguida, o valor que constitui o objeto principal da finalidade da matriz tributária brasileira é a justiça, enraizada em todo o contexto da Carta Política, especialmente no artigo 3º, incisos I e III. O primeiro inciso trata do valor genérico da "construção de uma sociedade livre, justa e solidária". Evidentemente que tal valor pode ser sintetizado no termo "justiça". O inciso terceiro exorta o valor consistente em se "erradicar a pobreza e a marginalização e reduzir as desigualdades sociais e regionais". Neste caso, o valor *justiça* adquire um grau de especificidade, o qual não acarreta óbice algum em ser combinado com a ideia de justiça contida no outro inciso. Aliás, conforme Dworkin, mais de um valor [que ele chama de políticas, objetivos ou metas] pode ser perseguido pela comunidade ao mesmo tempo. E isso é um argumento evidente, pois em uma sociedade caracterizada por diversas necessidades não faria qualquer sentido que se buscasse isoladamente um valor para, depois, buscar-se outro e assim sucessivamente. Portanto, justiça no sentido da liberdade e da solidariedade (art. 3º, I) é um valor a ser efetivado conjuntamente com aplicações mais específicas da justiça (art. 3º, III). Neste ponto a referência se faz à justiça social. Os objetivos de se erradicar a pobreza e a marginalização, combinados com a redução das desigualdades sociais e regionais, são critérios que dão valor à justiça social ou distributiva. Justiça social tem vinculação com a temática da liberdade, uma vez que uma sociedade livre e solidária, como exige o artigo 3º da Constituição, deve ser uma sociedade justa para todos. Há uma ligação íntima entre justiça, liberdade e justiça social na teoria política. É sobre esta ligação conceitual que os próximos argumentos serão apresentados.

3.2.5 A opção pela justiça social e a liberdade

Conforme anunciado, adotou-se a justiça social como valor e finalidade principal da tributação. Para explicar esta afirmação será utilizada uma alegoria do livro *The idea of justice*, de Amartya Sen, que oferece interessante exemplo de como a palavra "justiça" não pressupõe solução distributiva para desejos e carências humanas como uma fórmula mágica ou intuitiva, ou ainda, como objeto de escolhas arbitrárias, especialmente se estas forem justificadas a partir de um ponto de vista individual. No texto, três crianças, Anne, Bob e Carla, disputam a posse de uma flauta, cada qual detendo um argumento individual para justificar por que seria "justo" que a flauta ficasse com um e não com o outro.[429] Em resumo, Anne reivindica a flauta sob o argumento de ser a única entre os três que sabe tocar o instrumento. Tal fato não é negado pelos demais, que reconhecem a habilidade de Anne, mas discordam de sua justificativa com base em outros fundamentos.

Por ser muito pobre, Bob defende que a flauta seja dele, visto que não possui nenhum brinquedo e a flauta poderia trazer alguma felicidade para ele, o que é reconhecido pelos demais. De fato, Bob não tem brinquedos, enquanto Anne e Carla não precisariam da flauta para se entreter porque têm outros brinquedos. Carla, por outro lado, alega que trabalhou zelosamente na confecção da flauta e seria justo, portanto, que o instrumento fosse dela em razão do trabalho que teve.

Em proporções mais amplas, a noção de justiça na teoria política se amolda ao exemplo da flauta. Se considerado o instrumento como uma metáfora à escassez de recursos sociais básicos, por exemplo, renda mínima, educação, saúde, habitação, direito de acesso a postos de trabalho públicos ou privados, quem individualmente teria direito a estes bens? Se for possível partir do pressuposto de que todos têm direito a tais recursos, quanto destes recursos escassos seria distribuído para todos? Ou ainda, uma das questões centrais subjacentes da tributação: qual a quota tributária justa a ser arrecadada de quem tem capacidade contributiva e em que medida a soma total destas cotas será utilizada na efetivação da justiça?

Esta tarefa pode estar associada a princípios de justiça frequentemente examinados na Ciência Política, mas não será impróprio perceber as características normativas de tais princípios, de modo que poderão ser cambiados para o plano do Direito e serem envolvidos nas técnicas jurídicas de efetivação normativa. A análise da tributação nesta perspectiva de justiça se alicerça na noção de matriz tributária exposta na subseção 1.2. Isso significa que o sistema de

---

[429] SEN, Amartya. *A ideia de justiça*. Trad. Denise Bottmann e Ricardo Doninelli Mendes. São Paulo: Cia. das Letras, 2011, p. 43-45.

tributação não é visto unicamente como um ordenamento de normas, mas como relação deste ordenamento com vários fatores influentes nos seus resultados, tais como a economia, a política e a justiça.

Voltando-se ao caso da flauta, se existisse ao menos três flautas iguais a solução pragmática à disputa seria dar uma flauta a cada uma das crianças, pois, existindo consenso de que seus argumentos são razoáveis, não haveria uma escolha arbitrária ou imparcial que tivesse de ser concebida para satisfazer os interesses individuais dos três infantes. A mesma lógica seria aplicada ao tema da justiça. Se os bens sociais – não importa defini-los no momento – fossem suficientes para todos, a solução pragmática seria viabilizar o acesso a estes bens para todos igualmente, não havendo que se falar na aplicação da justiça ou de princípios de justiça. No comunismo, por exemplo, a "justiça" e consequentemente seus princípios, não significam um ponto central. Para Marx, a ideia de comunismo fundava-se na ausência de desigualdade de recursos sociais, uma vez que tais recursos seriam disponíveis a todos. Isso excluiria a necessidade da justiça social na qualidade de instrumento político de distribuição dos bens econômicos e sociais.[430]

No exemplo da flauta, a questão se agrava na medida em que só existe um único objeto, remanescendo a difícil tarefa de arbitrar quem dos três tem mais méritos para ganhar o instrumento. Outra solução igualmente difícil e arbitrária seria não se entregar a flauta a nenhum dos três, e isso pressuporia a presença de alguém imparcial que pudesse tomar tal decisão, caso os três não chegassem a um consenso sobre o destino da flauta.

---

[430] Esse ponto é muito próximo da utopia marxista de que com a chegada do comunismo iria desaparecer as "circunstâncias da justiça". Isso porque a não escassez de recursos reduziria conflitos a ponto de tornar-se a justiça desnecessária. É bem verdade que, conforme lembra Roberto Gargarella, o grupo de setembro, ou dos marxistas analíticos, capitaneados por Gerald Cohen, iniciaram releitura dos escritos de Marx para extrair de suas obras preocupações com os princípios de justiça (GARGARELA, Roberto. *As teorias da justiça depois de Rawls*: um breve manual de filosofia política. São Paulo: Martins Fontes, 2008, p. 111-112).

Do ponto de vista da teoria política normativa, a ideia de "justiça" está imbricada no conceito de "justiça social", também chamada de "justiça distributiva" ou "justiça econômica". A justiça social analisa que os bens econômicos e sociais não serão acessíveis a todos por uma série de fatores que vão desde as relações hereditárias da propriedade até as diversidades de talentos, habilidades, esforços pessoais e condições de saúde. Os referidos fatores são notoriamente determinantes para que alguns consigam acumular mais riqueza do que outros. A despeito de abissais disparidades econômicas experimentadas na atualidade, o ponto nodal da "justiça distributiva" é compreender que as pessoas devem ter acesso aos bens da vida não exatamente por méritos pessoais ou por razões moralmente arbitrárias relacionadas ao "acaso ou à boa sorte", para lembrar as palavras de Rawls.[431] O argumento de que a legitimação do acesso aos bens da vida independe de circunstâncias sociais arbitrárias se sedimenta no fato de que todos somos humanos, traço biológico e social que nos iguala.[432]

O exemplo de Sen trabalha somente com três hipóteses para a aporia de se escolher qual princípio de justiça levará a uma solução justa para o caso, apresentando linhas filosóficas de argumentação que variarão conforme as justificativas de cada criança.[433] A escolha da criança que ficará com a flauta será justa quanto menos depender de uma solução arbitrária, isto é, a opção tomada por quem tiver que escolher a quem cabe a flauta deverá ser precedida de razões convincentes.

Assim, um "igualitarista econômico" (no Brasil esta definição estaria mais condizente com os vocábulos "socialista" ou "progressista") certamente defenderia que a flauta

---

[431] RAWLS, John. *Uma teoria da justiça*. 3. ed. São Paulo: Martins Fontes, 2008, p. 87.
[432] FLEISCHACKER. *Op. cit.*, p. 11-12.
[433] Empregou-se a palavra "aporia" no sentido cunhado pela Filosofia em que existem razões iguais tanto para uma quanto para outra proposição. A razão apresentada por uma criança é tão legítima quanto a das demais e excludentes umas das outras.

devesse ficar com Bob, que é o mais pobre, lembrando que Anne e Carla possuem outros brinquedos para se entreter e tal fato é consensual entre os interessados. Carla, que fez a flauta, provavelmente seria beneficiada com as justificativas do "libertário" (no Brasil seriam definidos como "neoliberais"), que se fundaria na ideia de mérito para argumentar ser justo que o brinquedo seja usufruído pelo autor de seu engenho e não pelos demais. O "utilitarista", por sua vez, escolheria dar a flauta a Anne, pois, sendo a única a saber tocar o instrumento, assim se alcançaria a maior felicidade possível que o instrumento pode propiciar, tanto a ela própria quanto a todos que poderiam desfrutar do bom uso da flauta.

A preocupação central do exemplo das crianças e a flauta é demonstrar como não é fácil ignorar um argumento ou substituir um pelo outro. Igualmente, o exemplo não põe em questão qual fundamento isolado é axiologicamente o melhor, mas quais princípios devem orientar a alocação de recursos escassos de um modo geral.

Apesar de até certo ponto ser um relato lúdico, o caso das três crianças e a flauta leva o tema da justiça para um plano de abstração a ser inevitavelmente considerado, no ponto exato em que desperta a discussão a quem se deve atribuir a escolha sobre a distribuição dos recursos escassos e que cada argumento aponta para soluções imparciais ou justas e livre de arbitrariedades.

A aporia da flauta deixa entrever a seguinte indagação: é possível que argumentos razoáveis e justificáveis possam ser rejeitados por outros argumentos ou princípios, de forma igualmente razoável? Por outro lado, quando estivesse em voga a divergência sobre qual princípio orientaria a distribuição de recursos escassos, haveria sempre uma certa dose de arbitrariedade nas escolhas políticas adotadas, ficando a batalha entre os princípios de justiça lançada a outro plano? O caso da flauta expõe o papel de previsibilidade dos arranjos institucionais na solução pragmática dos conflitos em torno da escassez de recursos e sua eventual titularidade por todos.

A noção de justiça social não escapa das inquietações intelectuais a permear o caso das três crianças e da flauta, pois pressupõe tensão natural entre a oferta escassa de bens da vida e seus possíveis beneficiários. Os princípios de justiça atuam exatamente no plano das escolhas morais a serem feitas diante da mencionada tensão.

Fixado o entendimento de que o vocábulo "justiça" no plano da teoria política normativa é a "justiça social", há que se estabelecer a devida relação com a "liberdade". Deve-se lembrar de que a liberdade é garantia de direito individual e objeto de proteção estatal sob a óptica do Estado fiscal, esteja este na sua modalidade liberal ou social. Sem prejuízo desta afirmação, é difícil sustentar que alguém seja livre, no sentido de poder realizar escolhas adequadas, sem que lhe tenham sido garantidas as mesmas oportunidades concedidas a outros. Eis o ponto controvertido: afirmar que, em virtude da "liberdade individual", o Estado deveria tão somente arcar com os custos da proteção desta liberdade, deixando ao mercado criar as condições básicas que levem à realização de escolhas adequadas ao progresso da vida – como quer o libertarismo econômico – significa ignorar a história. Em nenhum momento do liberalismo econômico, especialmente depois da era do capitalismo industrial, se chegou próximo desta suposição.[434] Se adotarmos a igualdade como valor para o alcance de uma vida livre para se fazer escolhas adequadas, a justiça social é meta a ser efetivada, já que reivindica todos terem o mesmo direito de fazer escolhas. Se as falhas apresentadas no mercado constituem óbice para uma vida livre para todos, cabe ao Estado garantir as oportunidades necessárias para que as escolhas possam ser feitas por todos.

---

[434] Conforme Piketty: "[...] a desigualdade do capital é sempre mais forte do que a do trabalho. A distribuição da propriedade do capital e das rendas que dele provêm é sistematicamente mais concentrada do que a distribuição das rendas do trabalho" (PIKETTY. *Op. cit.*, p. 239).

Assim, uma sociedade em que os indivíduos sejam livres não pode prescindir da atuação do Estado como promotor dos meios para o exercício da liberdade sem distinções ou arbitrariedades sociais. A atividade estatal, neste caso, tem seu custo e, portanto, é enganoso o raciocínio de se achar que a tese libertária é mais justa por aquinhoar os indivíduos com os devidos bens, como recompensa por seus talentos ou por seus méritos pessoais, se tal recompensa favorece mais facilmente aqueles que receberam as condições básicas para o recebimento delas e outros não. Se os meios à preparação individual não são garantidos pela economia privada para todos, cabe às políticas públicas, custeadas com recursos fiscais, romper com o ciclo em que a melhor preparação individual para as boas escolhas propicia recompensas futuras apenas para quem teve as melhores oportunidades. Distribuir as condições de preparação para as boas escolhas para todos tem igualmente custos financeiros que devem ser suportados pela sociedade, que também se beneficia das condições justas.

3.2.6 Noções contemporâneas de justiça social

Uma advertência inicial sobre os vocábulos que serão utilizados na tarefa de estabelecer um acordo semântico para "justiça social" diz respeito a não ser empregada a palavra "conceito" como uma definição do objeto a partir de uma relação de causa e efeito, isto é, apresentadas certas premissas, o resultado será o esperado. Preferimos o termo "noção" em razão de esta, apesar de não propor um significado fechado como ocorre com as palavras "conceito" e "definição", não possuir, por outro lado, um sentido totalmente fluido. Eros Grau discorre que a noção de determinado objeto não se confunde com conceito, pois aquela é uma "ideia que se desenvolve a si mesma por contradições e superações sucessivas e que é, pois, homogênea ao desenvolvimento das coisas (Sartre)".⁴³⁵ Nessa linha de advertências iniciais, Marco Aurélio Greco salienta que a lógica da atualidade nem sempre é provida de certezas como era no passado. A chamada "lógica deviante" (que se desvia de uma visão tradicionalmente dedutiva) ou lógica fuzzy (no sentido de "nebulosa") "apoia-se na ideia de que as coisas podem ser e não ser alguma coisa ao mesmo tempo; vale dizer, lógicas que negam o princípio aristotélico do terceiro excluído".⁴³⁶

Estas observações preliminares servem para revestir de seu complexo contexto a "noção" de justiça social que será mencionada na sequência, ainda que de forma sintética. Não se deve resumir todas as variações do tema da justiça social, seja os de natureza abstrata ou empírica, a um sentido único de natureza política ou econômica como são a redistribuição da renda e do capital. A normatividade é um aspecto da justiça social importante, uma vez que, por meio das normas jurídicas, os elementos políticos e econômicos da justiça social adquirem eficácia normativa e poderão ser reivindicados por processos executivos determinados. Daí porque a normatividade possui um caráter instrumental de realização da justiça social.

Justiça social é uma junção de duas palavras fortes e de conteúdo ao mesmo tempo popular e formalmente denso de significação. Tratados de maneira isolada, ambos os termos podem levar a abordagem para campos distintos. A palavra "justiça" remete a mente do interlocutor à seara da normatividade ou do Direito; enquanto o termo "social" geralmente se associa à Política ou, obviamente, à Sociologia. Unidas, as palavras adquirem outro significado, vinculado à Ciência Política ou à teoria política normativa contemporâneas.⁴³⁷

---

⁴³⁵ GRAU, Eros Roberto. Constituição e serviço público. In: ____; GUERRA FILHO, Willis Santiago. *Direito constitucional*: estudos em homenagem a Pulo Bonavides. São Paulo: Malheiros, 2003, p. 265.

⁴³⁶ GRECO, Marco Aurélio. *Contribuições*: uma figura *sui generis*. São Paulo: Dialética, 2000, p. 39.

⁴³⁷ VITA, Álvaro de. *A justiça igualitária e seus críticos*. São Paulo: Martins Fontes, 2007, p. 1.

Em resumo, justiça social pode aludir a duas impressões iniciais: a primeira se vincula ao estabelecimento de igualdade de oportunidades amplas à sociedade sem discriminações pessoais de sexo, de raça ou de origem; enquanto a outra impressão considera necessária a distribuição de recursos sociais ou econômicos para todos. Estas impressões somente são possíveis na medida em que, conforme entreviu-se na subseção anterior, seja feita a opção por se chamar de "justiça social" a este conjunto de impressões por entender-se ser esta a forma mais comum de aludir ao tema. Qualquer pessoa entende o que significa justiça social sem precisar formular um conceito preciso, seja este radicado na Ciência Política, na Economia ou no Direito. Ao optar pela locução "justiça social" não significa que haveria outros significados às locuções "justiça distributiva" ou "justiça igualitária", ou ainda "justiça econômica". Trata-se de sinônimos. Não cabe enveredar para uma investigação semântica sobre a precisão destas expressões. Admitimos que todas as combinações são razoáveis e contêm no seu interior as impressões mencionadas, é possível que por algum descuido, ou até propositadamente, uma locução tenha sido usada no lugar da outra.

Apesar da inegável amplitude do tema da justiça social e de sua relação com a teoria política normativa, não hesitaremos, neste momento, em escolher uma definição para justiça social, mas será feita somente como apoio para a compreensão de teorias paralelas e afins à justiça distributiva, simultaneamente tão ou mais complexas do que a justiça social. Da mesma forma, o escrutínio de uma determinada definição do objeto de estudo auxilia na construção clara das ideias, evitando-se que o leitor fique em dúvida sobre quais alternativas estão sendo seguidas pelo autor. É uma forma de prender a atenção do interlocutor sobre como o tema será abordado, ainda que a intenção real não seja a de exaurir explicações. Mas não se pode permitir que a ideia central de justiça social fique indeterminada ou seja resumida demais, a ponto de deixar de fora vocábulos fundamentais à abordagem.

Aliás, este é o momento de procurar explicar justiça social, pois esta noção é ponto fundamental de aplicação da estrutura exógena da matriz tributária. Portanto, uma construção conceitual diferente da que guarda coerência com a ideia de finalidade da tributação pela estrutura exógena da matriz tributária levaria o texto naturalmente a outras abordagens e conclusões.

A definição de justiça social demandará, necessariamente, apropriadas considerações da teoria política normativa, que não devem ser ignoradas, sob pena de os objetivos que pretendemos alcançar não serem realmente atingidos.

Nunca é demais realçar a cadência dos argumentos centrais. Depois de relacionar os valores constitucionais com os princípios, cuidamos de expor como a equidade e a justiça são valores carentes de efetivação. A equidade é a aplicação aprimorada da noção de justiça que considera o caso concreto, visando a preservar o postulado da igualdade no seu sentido vertical (veja-se as subseções 1.4 e 1.6.3). Para tanto, o princípio da capacidade contributiva assume o devido protagonismo de nortear as regras da tributação a esta noção de justiça. Além disso, a equidade se serve de ferramentas jurídicas que na tributação se identificam com as técnicas da progressividade, seletividade etc. Por tais razões, a equidade e a capacidade contributiva são valor e princípio, aplicáveis na estrutura endógena da matriz tributária. A justiça social, diferentemente, busca na matriz tributária o suporte jurídico e material que permita sua operacionalização no mundo dos fatos. A disposição da matriz tributária de servir de suporte à justiça social confere à matriz um caráter instrumental e finalístico do qual decorrerão os princípios jurídicos que devem efetivar a justiça social como valor altamente desejável pela Constituição. Daí a importância em se conceituar o tema da justiça social, a fim de estreitar o conjunto de elementos conformadores de sua noção aos objetivos centrais da presente proposta de justiça tributária. Realizada esta tarefa, teremos de entrelaçar justiça social com o arranjo institucional tributário do Brasil, a fim de comprovar a hipótese deste trabalho, qual seja, se o arranjo institucional em questão se presta a assegurar a efetividade da justiça social. Caso a hipótese proposta não se confirme, porquanto o arranjo institucional tributário é excludente das bases filosóficas do que significa justiça social, o próximo passo é argumentar quais instrumentos poderão ser adotados no campo do Direito Tributário que convergirão à efetividade de justiça social no país.

A história da justiça social no mundo ocidental a revelou – apesar de todas as dificuldades e contradições de sua evolução – como princípio orientador de distribuição coletiva de recursos e das bases razoavelmente consensuais da distribuição, impondo-se, por esta razão, certa substância normativa à justiça social.[438]

A teoria política normativa reúne e explica as diversas teorias de justiça, não exatamente à procura de um conceito ou definição única da locução "justiça social" (ou justiça distributiva) – o que seria uma temeridade –, mas o oferecimento de supedâneos ao conjunto de uma linha argumentativa que se identifica com a ideia de igualdade de oportunidades. Assim, é importante que se aprisione uma noção mínima de justiça social, pois com isso será possível entender o seu significado no contexto deste trabalho e todos os argumentos apresentados de alguma forma deverão convergir coerentemente a esta noção de justiça.

Modernamente, portanto, a noção de justiça social ou distributiva pode ser resumida no conceito de Samuel Fleischacker, para quem trata-se de uma invocação do Estado "para garantir que a propriedade seja distribuída por toda a sociedade de modo que todas as pessoas possam se suprir com um certo nível de recursos materiais".[439] Esta compreensão moderna de justiça distributiva se iniciou no final do século XVIII, na Europa, especialmente na Inglaterra. Naquele

---

[438] FLEISCHACKER. *Op. cit.*, *passim*.
[439] *Ibid.*, p. 8.

período da história constataram-se diversos desenvolvimentos científicos e políticos e, exatamente sobre este último ponto, retirar as pessoas da pobreza passou a ser uma meta não só pensável, mas também inserida nos discursos coletivos das sociedades ocidentais.

É necessário um breve reparo no conceito de Fleischacker quando utiliza a "propriedade" como objeto da justiça social. Em um sentido amplo, a renda, o capital e o patrimônio são expressões da propriedade, portanto, programas públicos de distribuição de renda são formas modernas e sutis de se partilhar a propriedade. De um ponto de vista normativo, admitir que a justiça social distribua a propriedade a toda a sociedade pode gerar dificuldades de entendimento sobre um assunto delicado. A fim de se guardar coerência com a vinculação normativa a preceitos constitucionais, a justiça social será compreendida como a efetivação de direitos sociais que, ao fim e ao cabo, resultam na redistribuição da renda e do capital. Se renda e capital somente podem ser individualizados e apropriados após a incidência dos tributos, segue-se que a justiça social é uma forma de distribuição da propriedade pré-tributária.[440]

Assim, o sentido de justiça social empregado no presente trabalho se distancia do liberalismo político fundado no *laissez faire* e se associa à ideia de bem-estar social nascida na primeira metade do século XX, conforme exposto na subseção 3.1.5. A partir da noção escolhida de justiça social para a contemporaneidade, percebe-se nitidamente que a preocupação inicial desta investigação é aproximar o tema da igualdade e da distribuição de recursos por meio da tributação. É fácil explicar esta conclusão vestibular. Se de acordo com o conceito de Fleischacker justiça social compreende a invocação

---

[440] O entendimento do que significa renda "pré-tributária" será desenvolvido na subseção 3.4.7 com base nos argumentos de Liam Murphy e de Thomas Nagel. As referências ao vocábulo "capital" incluem a ideia de propriedade imobiliária de pessoas físicas e de empresas (PIKETTY. *Op. cit.*, p. 51-52). A esta noção acrescentam-se os ativos mobiliários, tais como ações, títulos financeiros, títulos de crédito etc.

de que o Estado deverá garantir a distribuição da propriedade para toda a sociedade, de modo que todas as pessoas possam se suprir de "um certo nível de recursos materiais", segue-se que o Direito assumirá função significativa na efetividade de tal pretensão estatal. Isso porque nos regimes democráticos a legalidade é um princípio que rege a atuação do Estado, podendo variar na intensidade dos instrumentos de um regime para outro, mas é difícil defender em Estados democráticos o exercício da autoridade estatal fora da disciplina da legalidade. Por esta razão, o tema da justiça social assume explicitamente foros de normatividade, não sendo possível dissociá-lo da ideia de direito ou de legalidade.

3.3 Capacidade contributiva como critério de equidade tributária

Fixado o entendimento de que a equidade é um valor, desdobrável da ideia de justiça em seu sentido amplo e que deve ser observado como busca da justiça no caso concreto, é chegado o momento de entender melhor o conteúdo do princípio da capacidade contributiva. No Capítulo 1, mais exatamente nas subseções 1.3 a 1.3.3 o conceito de capacidade contributiva com a sua riquíssima origem foi apresentado, nascida da Economia, da Teoria Política e das Finanças Públicas. Convém relembrar que a capacidade contributiva é entendida como uma aptidão jurídica da pessoa que reúne condições econômicas suficientes para pagar tributos. Na subseção 1.3, embora seja passível de alguma controvérsia teórica, foram explicadas as capacidades contributiva e econômica, consideradas sinônimos pela maior parte da doutrina. Sem prejuízo desta consideração – que, aliás, justifica o §1º do artigo 145 da Constituição Federal, na utilização da expressão "capacidade econômica" em vez de "capacidade contributiva" – é relevante fazer as devidas distinções teóricas. Assim, qualquer pessoa que desenvolva uma mínima atividade econômica, um artesão hippie, por exemplo, tem capacidade econômica, pois esta está atrelada à sua subsistência. Isso é diferente da capacidade contributiva, um liame jurídico que, por presunção legal, define o montante de capacidade econômica que a pessoa poderá reunir como o seu poder econômico de pagar tributos. A distinção apresentada é mais nítida quando se tem como parâmetro o Imposto sobre a Renda, pois este tem por fato gerador a aquisição de renda. Assim, ao conceituar renda, o CTN, no artigo 43, alude à disponibilidade econômica ou jurídica de renda, entendida como acréscimo patrimonial, o que conduz ao entendimento de que a renda decorreria da soma dos ganhos depois de deduzidas as despesas necessárias à sua aquisição total. Mas, antes disso, há que se definir um montante de capacidade econômica sem o qual a pessoa não teria uma vida digna – embora, nesta fase, não esteja considerando se tal valor na realidade brasileira assegura tal premissa. O mencionado valor é chamado "mínimo existencial" ou "mínimo vital". O Imposto de Renda estaria apto a incidir somente sobre ganhos que estiverem acima deste mínimo.

Embora a capacidade contributiva, por definição conceitual, seja ajustável ao Imposto de Renda, esta afirmação possui mais caráter empírico do que teórico. A capacidade contributiva poderá também ser aplicável aos tributos incidentes sobre a propriedade e o consumo de bens. A maior ou menor efetividade da referida aplicação depende de variáveis encontradas nas próprias características dos bens sobre os quais se tem titularidade ou das operações de consumo. Mas, de uma forma geral, os tributos incidentes sobre estes nichos podem se acomodar nas linhas conceituais do princípio, até porque este estaria acima das regras de incidência tributária e devem ser a norma de orientação destas regras.

Conforme esclarecido, defendemos o entendimento de que a equidade é um valor a ser efetivado no campo da tributação por meio do princípio da capacidade contributiva e dos instrumentos legais de sua aplicabilidade. Se esta premissa é possível no Direito Tributário e se, no Brasil, tem sido utilizada adequadamente, é questão que tentaremos comprovar. Mas, antes de enfrentar este ponto, faz-se relevante abastecer as conclusões sobre capacidade contributiva de embasamentos teóricos, uma vez que, sobre a equidade, os fundamentos foram expostos no Capítulo 1, subseção 1.4, que se destinou a tratar de conceitos fundamentais.

3.3.1 Capacidade contributiva como princípio jurídico

Com base no conceito de capacidade contributiva (subseção 1.3), não é difícil concluir que se trata de um princípio jurídico. Primeiramente, é uma norma jurídica prescrita na Constituição, no artigo 145, §1º, inserida, portanto, no plano deontológico. Em segundo lugar, tal norma contém as características centrais dos princípios, conforme exposto na subseção 3.2.3, quais sejam, a generalidade e a abstração necessárias, que permitem sua função orientadora de regras jurídicas utilizadas como instrumentos de sua efetivação. Note-se que o princípio da capacidade contributiva não se confunde com os valores que atuam como seu fundamento axiológico, no caso específico a justiça como equidade. É que o termo "justiça", ainda que qualificado como "equidade", é palavra de uso comum, não dependendo de muitas considerações teóricas para o seu entendimento prático. A locução "capacidade contributiva", diferentemente, é uma terminologia até certo ponto cifrada e está a depender de explicações hauridas em alguns sistemas de conhecimento, tais como a Economia, a Ciência Política, as Finanças Públicas e o Direito. Cada um destes campos do conhecimento fornece subsídios para a construção da ideia de capacidade contributiva, fator que empresta a esta locução um caráter mais específico do que a palavra "justiça". A igualdade é um princípio relacionado que não se confunde com a capacidade contributiva, de aplicação diretamente vinculada à equidade. A igualdade, quando se relaciona à capacidade contributiva, destina-se a distinguir as teorias de equidades horizontal e vertical, que decorreriam do princípio geral da igualdade, o que foi explicado na subseção 1.6.3. Assim, a capacidade contributiva é um princípio autônomo de tributação, fundado na expectativa de realização da equidade vertical.

A doutrina nacional não hesita em considerar a capacidade contributiva como princípio por diversos critérios e argumentos, todos convergindo, entretanto, para as características centrais da generalidade, abstração e valor.[441] Fernando Aurélio Zilveti alerta, em síntese, para a função do princípio da capacidade contributiva como cumpridor dos objetivos da justiça fiscal, discordando do argumento apresentado por alguns autores de que se trata de norma meramente programática. Para o tributarista, o princípio previsto no artigo 145, §1º dirige-se a todos os intérpretes do Direito (daí sua generalidade e abstração), sendo autoexecutável e devendo as leis tributárias (regras) observá-lo, tendo como norte a igualdade de sacrifícios fiscais.[442]

Micaela Dominguez Dutra, lastreada na doutrina de Eusébio Gonzáles Garcia, professor catedrático da Universidade de

---

[441] De um modo geral, a doutrina estrangeira também considera a capacidade contributiva como princípio. Nesse sentido, exemplifica-se com obras de alguns autores: TIPKE. Klaus; YAMASHITA, Douglas. *Justiça fiscal e princípio da capacidade contributiva*. São Paulo: Malheiros, 2002; MANZONI, Ignazio. *Il principio della capacità contributiva nell'ordinamento costituzionale italiano*. Torino: G. Giappichelli Editore, 1965; GIARDINA, Emilio. *Le basi teoriche del principio della capacità contributiva*. Milano: Dott. A. Giuffrè editore, 1961; MAFFEZZONI, Frederico. *Il principio di capacità contributiva nel diritto finanziario*. Torino: Editrice Torinese, 1970; GRIZIOTTI, Benvenuto. *Princípios de ciencia de las finanzas*. Trad. Dino Jarach. 2. ed. Buenos Aires: Depalma, 1959; JARACH, Dino. *Finanzas públicas y derecho tributario*. Argentina: Editorial Cangallo, 1993; LAPATZA, José Juan Ferreiro. *Curso de derecho financiero español*. 24. ed. Madrid: Marcial Pons, 2004; NABAIS, José Cassalta. *O dever fundamental de pagar impostos*: contributo para a compreensão constitucional do estado fiscal contemporâneo. Coimbra: Almedina, 2012.

[442] ZILVETI. *Op. cit.*, p. 142.

Salamanca, na Espanha, distingue princípios "constitucionais tributários" de princípios "tributários constitucionalizados".[443] Os primeiros são princípios incorporados em todo o ordenamento jurídico e que também são aplicados ao Direito Tributário. Por exemplo, legalidade, igualdade e segurança jurídica são princípios gerais do ordenamento constitucional e que se aplicam ao Direito Tributário, como é de conhecimento incontestável. Já os princípios tributários constitucionalizados são aqueles originados de uma área jurídica específica e que a Constituição reconhece como princípio. É o caso da capacidade contributiva, como exemplifica o professor espanhol.[444] Micaela Dominguez Dutra finaliza seus argumentos concordando com a premissa de que a capacidade contributiva é um princípio em função de conter as características básicas da abstração, generalidade e carga axiológica, mas pondera, na mesma linha do doutrinador espanhol, ao afirmar que se trata de princípio tributário "constitucionalizado", uma vez que se refere a um princípio específico do Direito Tributário.[445]

Para Regina Helena Costa, a capacidade contributiva apresenta as características de generalidade e de abrangência, não restando dúvidas de que se trata de um princípio de observância obrigatória para o legislador. Assevera que o princípio orienta a tributação "quer no estabelecimento dos limites mínimo e máximo dentro dos quais a tributação pode atuar, quer, ainda, na graduação dos impostos atendendo às condições pessoais dos sujeitos passivos".[446] Marcelo Saldanha Rohenkohl destaca que o princípio da capacidade contributiva é um derivativo do princípio da igualdade, buscando tributar igualmente os iguais e desigualmente os desiguais.[447] José Maurício Conti alerta para um consenso na

---

[443] DUTRA. *Op. cit.*, p. 61.
[444] *Idem*, p. 61.
[445] *Ibidem*, p. 62.
[446] COSTA. *Op. cit.* 2012, p. 34-35.
[447] ROHENKOHL. *Op. cit.*, p. 161.

doutrina de que a capacidade contributiva é um princípio jurídico, sendo o que "melhor se adapta a uma estrutura tributária ideal, fundada na igualdade, justiça e equidade".[448] Não é diferente o entendimento de Hugo de Brito Machado ao afirmar ser indiscutível hoje em dia a presença do princípio da capacidade contributiva como norma realizadora da justiça fiscal na Constituição brasileira e nas de diversos países.[449] Roque Carrazza considera que a norma do artigo 145, §1º, é um princípio, uma vez que "determina a equitativa repartição dos encargos tributários entre os contribuintes".[450] Humberto Ávila atrela o princípio da capacidade contributiva ao princípio da igualdade, considerando-os faces da mesma moeda, pois, embora o primeiro seja menos amplo do que segundo, "possuem o mesmo conteúdo normativo e, portanto, o mesmo âmbito de aplicação".[451] Alerta ainda este autor que a norma do artigo 145, §1º, ao considerar que os impostos deverão ser graduados segundo a capacidade econômica dos contribuintes, serve para preservar a capacidade das pessoas de desenvolverem uma existência digna, a livre iniciativa, o livre exercício de atividade econômica e a propriedade privada.[452]

É unanime o reconhecimento de que capacidade contributiva é um princípio jurídico que deriva do princípio da igualdade. Por todos, Ricardo Lobo Torres é o autor que melhor problematiza o assunto, expressando a dificuldade de se chegar a um conceito de capacidade contributiva fundado na ideia de legitimidade da tributação.[453] A distinção entre capacidade econômica e capacidade contributiva legitimaria a exigência de tributos a partir de um ponto em que a renda

---

[448] CONTI. *Op. cit.*, p. 29.
[449] MACHADO. *Op. cit.*, p. 39.
[450] CARRAZZA. *Op. cit.*, p. 96.
[451] ÁVILA. *Op. cit.*, p. 370
[452] *Ibid., loc. cit.*
[453] TORRES. *Op. cit.*, p. 292.

consegue ser tributada sem ofensa a um mínimo existencial. No fundo, Ricardo Lobo Torres considera infrutífera a busca do conteúdo da capacidade contributiva. Em suas palavras:

> O conceito de capacidade contributiva, a nosso ver, só pode ser obtido com a intermediação dos princípios legitimadores da igualdade, ponderação e razoabilidade, com a reflexão sobre o seu fundamento ético e jurídico e com a consideração das limitações constitucionais ao poder de tributar e das possibilidades fáticas da mensuração da riqueza de cada qual, tudo o que leva à procura de uma saída procedimentalista e discursiva.[454]

Esta passagem oferece argumentos relevantes para uma releitura da extensão e dos limites da capacidade contributiva e o seu suporte jurídico e ético. Note-se que a capacidade contributiva, realmente, depende do princípio da igualdade para expressar sua finalidade principal, que é tributar desigualmente os desiguais intermediada, dentre outras exigências, pelas "possibilidades fáticas da mensuração da riqueza de cada qual". O fato de o conceito de capacidade contributiva ser obtido com a intermediação de outros princípios, não desnatura o reconhecimento de que a capacidade contributiva é também um princípio jurídico, fator que não é ignorado por Torres.[455] No ponto relevante para a presente abordagem, o referido professor salienta que a capacidade contributiva só consegue ser obtida com a intermediação de princípios constitucionais e "com a reflexão sobre o seu fundamento ético e jurídico". Este excerto é fundamental à releitura que pretendemos fazer da capacidade contributiva e de seus fundamentos.

---

[454] *Ibid., loc. cit.*
[455] Ricardo Lobo Torres faz importante classificação dos princípios e subprincípios vinculados à justiça, sendo a capacidade contributiva o princípio vinculado à justiça como valor. Da capacidade contributiva decorrem os seguintes subprincípios: proporcionalidade, progressividade, seletividade, personalização, generalidade, universalidade, neutralidade, repercussão legal obrigatória, não cumulatividade, país de destino (TORRES. *Op. cit.*, p. 287).

Primeiramente, o princípio da capacidade contributiva goza das características centrais de generalidade, abstração e axiologia que garantem à sua norma a função constitucional de um princípio, sem depender, necessariamente, da igualdade. Aliás, sendo a igualdade uma das fontes legitimadoras da justiça, constitui-se como outro princípio, ao lado da capacidade contributiva, a pretender realizar o valor da justiça tributária. Recortamos a capacidade contributiva como o princípio a ser analisado em razão do problema proposto, qual seja, a matriz tributária brasileira é iníqua na medida em que as parcelas mais pobres da população pagam mais tributos do que as camadas mais ricas. As disparidades encontradas nas comparações entre contribuintes ricos e pobres expostas no Capítulo 2, subseções 2.6 a 2.6.2.3, deflagram um estado de coisas que se relaciona mais proximamente da ideia de capacidade contributiva com todos os seus instrumentos de afirmação (progressividade, seletividade, pessoalidade, proporcionalidade). As disparidades em questão se distanciam da noção de igualdade, porque esta possui um nível mais elevado de abstração, incapaz de resolver os dilemas da quota tributária justa de cada contribuinte.

Esta é a razão pela qual preferiu-se tratar do princípio da capacidade contributiva como critério de valoração da justiça. Mas não se cuida de qualquer abordagem acerca da justiça, o que deixaria a discussão solta nos argumentos filosóficos e teóricos do que é a justiça. Não que este tipo de investigação seja negativo, só não é conveniente para uma argumentação sobre justiça tributária. No campo da estrutura endógena da matriz tributária, o foco será na justiça do caso concreto, isto é, na equidade. Portanto, o princípio da capacidade contributiva é orientado pela equidade na medida em que esta é um preceito ético que lhe dá supedâneo, figurando o princípio da capacidade contributiva como ligação normativa entre o valor da justiça como equidade e as regras jurídicas confirmadoras tanto do mencionado princípio quanto do respectivo valor ético que o sustenta, que é a justiça como equidade. A questão central é compreender se é possível encontrar equidade na matriz tributária por meio do princípio da capacidade contributiva. Sem pretender adiantar conclusões, muito leva a crer, em função das presunções legais que moldam a legislação na aplicação das regras efetivadoras do princípio, que o máximo que se consegue é otimizar a ideia de equidade na tributação. Contudo, a concretização da equidade, com a definição da quota tributária individual equitativa, permanece como um desafio a ser conquistado.[456]

3.3.2 Instrumentos de efetivação da capacidade contributiva

Normalmente, consideram-se instrumentos de efetivação da capacidade contributiva as técnicas de tributação consistentes na proporcionalidade, seletividade, pessoalidade e progressividade.[457] Na doutrina há quem considere estes "instrumentos" como subprincípios da capacidade contributiva.[458] Os instrumentos em questão não guardariam o grau elevado de abstração e nem a carga axiológica necessária para serem galgados ao patamar de princípios jurídicos. Trata-se de técnicas, ferramentas ou instrumentos que permitem concretizar o princípio da capacidade contributiva, devendo a lei eleger em que casos uma ou outra técnica será utilizada.

Na subseção 1.6, em linhas gerais, abordamos o conceito de proporcionalidade e sua aplicação na hipótese de incidência tributária, ressaltando que por meio desta técnica

---

[456] Alguns autores de escol, como Klaus Tipke, enxergam na capacidade contributiva vocação à realização da justiça distributiva ou social. Este ponto será mais explorado na subseção 3.3.5. "O princípio da capacidade contributiva não pergunta o que o Estado fez para o cidadão individual, mas o que este pode fazer para o Estado. Isto se harmoniza com o Estado Social" (TIPKE, Klaus. *Moral tributária do estado e dos contribuintes*. Porto Alegre: Sérgio Antonio Fabris Editor, 2012, p. 20).
[457] DUTRA, *Op. cit.*, p. 51.
[458] *Ibid., loc. cit.*

a receita tributária é obtida com a multiplicação de uma alíquota em percentual sobre determinada base de cálculo. Na proporcionalidade não haverá variação de alíquotas em relação a determinada incidência tributária. A receita obtida com a tributação será tanto maior quanto maior for a base de cálculo. Como a operação realizada é por percentuais, a tributação sobre determinada base será mais alta quanto maior for o valor da base de cálculo. Os tributos indiretos sobre o consumo são normalmente calculados por uma alíquota apenas, caracterizando-se, pois, como proporcionais.

Conforme salienta Ricardo Lodi Ribeiro, a proporcionalidade encontra suas raízes na teoria do benefício, desenvolvida por Adam Smith (1723-1790), de forte cunho liberal. A proporcionalidade é explicável pela ideia de que o indivíduo deve custear as despesas do Estado porque os benefícios que obtém para proteção de sua propriedade e liberdade são "proporcionais" a sua riqueza.[459] Por esta razão, a capacidade contributiva estaria vinculada ao princípio do "custo-benefício não só em relação às taxas e contribuições de melhoria, mas, nesse sentido, também aos impostos".[460]

A seletividade é outra técnica tributária que permite a diferenciação das alíquotas sobre a base de cálculo objetivando determinadas finalidades, dentre as quais a de tornar a tributação mais justa. A seletividade também é muito presente na tributação sobre bens e serviços e se aplica conforme a essencialidade do produto. Assim, quanto menos essencial for o bem ou o serviço, mais alta será a alíquota do tributo, conforme os critérios definidos pelo legislador. Hugo de Brito Machado, ao aludir à seletividade compulsória do IPI (CF, art. 153, §3º, I) e à seletividade facultativa do ICMS (CF, art. 155, §2º, III) – e pode ser acrescentada a seletividade facultativa

---

[459] RIBEIRO, Ricardo Lodi. O Princípio da Capacidade Contributiva nos Impostos, nas Taxas e nas Contribuições Parafiscais. In: *Revista da Faculdade de Direito da UERJ* n. 18. Rio de Janeiro: UERJ, dez 2010, p. 1-25.
[460] *Ibid.*, p. 1-2.

do IPTU com adoção de alíquotas diferentes de acordo com a localização e utilização do imóvel (CF, art. 156, §1º, II) – assevera que a mencionada técnica é, de certo modo, uma forma de realizar a capacidade contributiva.[461] Realmente, os hábitos de consumo podem pressupor a capacidade econômica de alguém e, consequentemente, sua capacidade contributiva. Note-se que a aquisição de bens ou de serviços luxuosos podem e devem ser tributados com alíquotas mais pesadas do que os bens de primeira necessidade. Pode-se argumentar que tanto ricos quanto pobres adquirem este último tipo de bem que, em geral, pertence à noção de mínimo vital no que toca, pelo menos, ao direito à segurança alimentar. Igualmente, um bem luxuoso poderá ser obtido por meio de compra ou por qualquer outra forma de transferência lícita a quem não tenha renda suficiente para manter o bem. Isso, entretanto, não exclui a aplicação de algum nível de presunção da norma tributária de fazer incidir alíquotas mais altas sobre os bens luxuosos, inclusive no momento de sua aquisição ou transferência. Tais formas de aquisição pertencem às opções de consumo ínsitas à seara privada das escolhas dos indivíduos, que não comprometem a finalidade da aplicação da capacidade contributiva, sempre visando a alguma forma de realização de isonomia vertical.

Sobre a pessoalidade consiste em um instrumento de efetivação da capacidade contributiva, pois, conforme o nome sugere, visa a individualizar a carga tributária de cada contribuinte, promovendo uma espécie de otimização da igualdade vertical. Daí a previsão na legislação do Imposto de Renda da possibilidade de haver deduções de despesas que tenham contribuído à formação da renda tributável, o que decorre da própria menção ao "caráter pessoal dos impostos" grafado no §1º do artigo 145 da Constituição Federal.[462]

---

[461] MACHADO. *Op. cit.*, p. 42-43.
[462] DUTRA. *Op. cit.*, p. 56.

O tema das deduções de despesas do IR como critério de individualização do tributo será analisado dialeticamente adiante, na subseção 3.3.4.1.[463] Por ora, basta lembrar que é quase senso comum no Brasil a impressão de que o IR é injusto por não permitir um número maior de despesas e por limitar o valor de algumas deduções, o que pode ficar aquém do gasto real. Nesse sentido, o referido imposto feriria a capacidade contributiva por uma distorção da técnica da pessoalidade, que deveria primar pela dedução total dos gastos para se chegar ao montante real de renda tributável. Micaela Dutra, citando obra referencial de Arnaldo Sampaio de Moraes Godoy, chega a comparar o modelo de tributação da renda do brasileiro com o Imposto de Renda dos EUA e desfere a crítica de que o imposto brasileiro não atende à técnica da pessoalidade, ao contrário do que ocorre naquele país.[464] De acordo com Arnaldo Godoy, nos Estados Unidos, ao contrário do que ocorre com o conceito de renda que possui regra geral fixada em regulamento daquele país, as deduções do imposto "são pulverizadas no regulamento e em outras normas que disciplinam o regulamento". No ponto referente ao montante e tipos de deduções são muitas as possibilidades. Nesta linha, esclarece o autor: "há deduções para com custos operacionais

---

[463] As deduções do IR de pessoa física estão genericamente previstas no artigo 4º da Lei nº 9.250, de 1995 e regulamentada pelos artigos 68 a 75 do Decreto nº 9.580, de 2018. Quanto às pessoas jurídicas, as deduções do IRPJ são disciplinadas pela seguinte legislação: Lei nº 9.250, de 26 de dezembro de 1995, art. 12; Lei nº 9.532, de 10 de dezembro de 1997, art. 22; Lei nº 8.069, de 13 de julho de 1990; Lei nº 8.242, de 12 de outubro de 1991; Lei nº 8.313, de 23 de dezembro de 1991; Lei nº 9.874, de 23 de novembro de 1999, art. 1º; Lei nº 8.685, de 20 de julho de 1993 (com redação dada pelos arts. 12 e 13 da Lei nº 12.375, de 30 de dezembro de 2010; Medida Provisória nº 2.228-1, de 6 de setembro de 2001, Lei nº 10.454, de 13 de maio de 2002; Lei nº 11.324, de 19 de julho de 2006, art. 1º; Lei nº 11.437, de 28 de dezembro de 2006; Lei nº 11.438, de 29 de dezembro de 2006; Lei nº 11.472, de 2 de maio de 2007; Lei nº 12.594, de 18 de janeiro de 2012, art. 87; Lei nº 12.715, de 17 de setembro de 2012, arts. 1º a 7º, 10,13 e 14; Medida Provisória nº 582, de 20 de setembro de 2012; Decreto nº 9.580, 22 de novembro de 2018 – Regulamento do Imposto sobre a Renda (RIR/2018), arts. 260 e 261; Instrução Normativa RFB nº 1.131, de 21 de fevereiro de 2011, alterada pelas Instruções Normativas RFB nºs 1.196, de 27 de setembro de 2011 e 1.311, de 28 de dezembro de 2012

[464] DUTRA. *Op. cit.*, p. 56-57.

(*business expenses*), juros, tributos, perdas, depreciações, caridade, despesas médicas, dentárias, pensões alimentícias, despesas de mudança, gastos com educação, além de deduções gerais, pessoais e com dependentes".[465]

No Brasil, o assunto em questão guarda certa dose de polêmica quando se insere na discussão os perfis de renda entre os cidadãos que mais exigem atuações da estrutura de proteção estatal e os serviços públicos elitizados. Note-se que a burocracia estatal e os bons serviços públicos estão mais aptos a atender às demandas das classes média e alta do que exatamente a das camadas mais pobres da população. Pinçando-se alguns exemplos, isto fica notoriamente perceptível. A infraestrutura urbana de saneamento básico, asfaltamento de ruas, áreas de lazer, semáforos, marcas de sinalização do solo, faixas de pedestres, prontos-socorros, hospitais públicos de referência, iluminação pública, coleta de lixo e limpeza de logradouros públicos costumam estar mais presentes nas regiões habitadas pelas parcelas mais ricas da população. Isso para não falar em segurança pública e educação superior. Como se sabe, a justificativa para o maior policiamento nas regiões mais ricas é a lógica cruel de que em tais espaços são oferecidos mais atrativos à criminalidade, especialmente a que atenta contra o patrimônio individual. Quanto à educação, há décadas o acesso ao ensino superior de qualidade tem sido constantemente alcançado pelas faixas mais ricas da população, que normalmente podem obter ensino básico de boa formação. O mesmo acesso ao bom ensino não é garantido aos estudantes das parcelas mais pobres da sociedade, que normalmente são levadas a estudar na rede pública de ensino básico, marcada por diversos problemas que fazem cair a qualidade do ensino. Por um critério lógico (para evitar, no momento, a palavra "justiça"), seria natural que as parcelas mais carentes da população, exatamente porque são menos providas da estrutura de serviços públicos adequada,

---

[465] GODOY, Arnaldo Sampaio de Moraes. *Direito tributário nos Estados Unidos*. São Paulo: Lex Editora S.A, 2004, p. 118.

deveriam ter assegurado um maior nível de dedução de despesas no IR. Estas parcelas da população, geralmente por não poderem contratar serviços privados dedutíveis, tais como, saúde (médico particular ou plano de saúde), previdência privada, educação (ensino privado) etc., não têm – ou têm poucas – despesas para deduzir do IR. Ao contrário das classes A e B em que as deduções constituem outra realidade.

Ricardo Lodi Ribeiro alerta para a diferenciação existente entre pessoalidade e personificação dos tributos. Neste último caso, o legislador levará em conta a situação econômica do contribuinte a partir de outros elementos que não seja isoladamente a renda, mas outros fatos presuntivos de riqueza, por exemplo, o patrimônio.[466]

Prosseguindo-se no tema da pessoalidade, no IPTU, são comuns as previsões de percentuais de depreciação da base de cálculo do imposto (valor venal da propriedade) em razão da idade do bem, de peculiaridades do local de sua situação etc., como forma de individualizar o montante de impostos que será exigido.[467] Outro exemplo da pessoalidade dos tributos ocorre com a contribuição de melhoria. O CTN, no §1º do artigo 82, para o cálculo da exação, refere-se aos "fatores individuais de valorização" decorrentes de obra pública que justifica a incidência da contribuição.[468]

---

[466] RIBEIRO. Op. cit., p. 2.
[467] "Trata-se de agravo interposto contra decisão que inadmitiu recurso especial ajuizado em face de acórdão proferido pelo Tribunal de Justiça do Estado de São Paulo, cuja ementa é a seguinte: Apelação. Ação declaratória de desconstituição de lançamento tributário. IPTU do exercício de 2006. Imóvel situado em zona de uso restrito, inserido em área de proteção de mananciais. Terreno de utilidade praticamente nula para fins urbanos, com fator de depreciação de 80% (oitenta por cento), conforme atestado pela perícia, o que autoriza a revisão do imposto, lançados acima do valor de mercado. Laudo pericial bem elaborado e fundamentado, a partir de estudo individualizado do imóvel, submetido ao contraditório e que deve prevalecer. Sentença mantida. Remessa oficial e recurso fazendário desprovidos". Agravo em Recurso Especial nº 773.420-SP, Rel. Min. Mauro Campbell Marques, j. 21.10.2015.
[468] CTN, art. 82. A lei relativa à contribuição de melhoria observará os seguintes requisitos mínimos: [...]. §1º A contribuição relativa a cada imóvel será determinada pelo rateio da parcela do custo da obra a que se refere a alínea c, do inciso I, pelos imóveis situados na zona beneficiada em função dos respectivos fatores individuais de valorização.

Por fim, no tocante à progressividade como instrumento de realização da capacidade contributiva, o tema carrega algumas controvérsias. Primeiramente, é indispensável relembrar o conceito de progressividade, em que as alíquotas de um tributo se elevam conforme a base de cálculo aumenta. A progressividade é uma forma eficiente de tributação nos tributos diretos, especialmente os que incidem sobre a renda e a propriedade, porquanto a pessoalidade é passível de aferição no procedimento do lançamento tributário, o que não seria factível (ou pelo menos seria muito custoso e parcimonioso) de se detectar no caso dos tributos indiretos, no momento em que o consumidor adquire os bens.

De um modo geral, no Brasil, a doutrina aceita a hipótese de que a progressividade efetiva o princípio da capacidade contributiva.[469] Nos anos 1950, Pontes de Miranda, além de aderir à ideia de que a progressividade (que ele chamava "gradatividade") realizaria justiça tributária com redistribuição de renda, tecia severas críticas à baixa efetividade do artigo 202 da Constituição de 1946. Nas palavras do jurista alagoano:

> 4) Princípio da gradatividade. – A regra da graduação conforme a capacidade econômica do contribuinte é regra programática, e não regra bastante em si. A graduação tem de obedecer a critério, que não existe

---

[469] Defendem a "progressividade" como expressão do princípio da capacidade contributiva ou de justiça, por exemplo, os seguintes autores: "Por meio da progressividade, o percentual do imposto cresce à medida que cresce a capacidade contributiva; haverá assim um aumento mais que proporcional do imposto com o aumento da capacidade contributiva" (CONTI. *Op. cit.*, p. 75); "a progressividade é o instrumento técnico e também princípio, na dicção constitucional, que conduz à elevação das alíquotas à medida que cresce o montante tributável, indicativo da capacidade econômica do contribuinte" (COELHO. *Op. cit.*, p. 300); "pelo critério da progressividade podemos entender que a alíquota do imposto deve ser maior na medida em que seja maior o montante da renda tributável" (MACHADO. *Op. cit.*, p. 323); denomina-se progressivo, argumenta Luciano Amaro, se "a onerosidade relativa do tributo cresce na razão inversa do crescimento da renda do contribuinte" (AMARO. *Op. cit.*, p. 91); "A progressividade no Direito Tributário, princípio que conduz à elevação de alíquotas à medida que cresce o montante de riqueza demonstrada ou a capacidade econômica do contribuinte" (BALEEIRO. *Op. cit.*, p. 870). "A progressividade das alíquotas tributárias, longe de atritar com o sistema jurídico, é o melhor meio de se afastarem, no campo dos impostos, as injustiças tributárias" (CARRAZZA. *Op. cit.*, p. 100).

a priori, nem se pode deixar à Justiça escolhê-lo: seria ato político. Mas, já existindo a graduação, não pode ser alterada de modo a desaparecer. Em todo caso, se a lei tem um critério que ela, a partir de certa altura, larga, a Justiça pode estendê-lo. O princípio da gradatividade não tem sido observado quanto ao imposto em que mais seria indicado que se respeitasse: o imposto de renda. A despeito dos claríssimos termos do art. 202, 2ª parte, a que não pertence o "sempre que isso for possível" da 1ª parte, – continua a ser calculado o imposto de renda gradativamente enquanto não atinge os verdadeiros milionários: atingindo-os, cessa a gradação, o que é afastar-se o legislador, abertamente, do art. 202, 2ª parte. (Há explicação sociológica para a parada da proporcionalidade nos três milhões de cruzeiros: em verdade, o Brasil está sendo governado pelos que têm renda acima do ponto de parada, e o Congresso Nacional ainda não pôde vencê-los).[470]

Fernando Aurélio Zilveti, a despeito de pessoalmente negar relação entre progressividade e capacidade contributiva, conforme visto na subseção 1.6.1, faz resenha das doutrinas nacional e estrangeira contrária e a favor da tese de que a progressividade é um instrumento da capacidade contributiva. Qualifica sua pesquisa citando alguns autores que defendem a tese da capacidade contributiva e da progressividade como instrumento de justiça social ou de isonomia.[471] Em seguida, menciona a doutrina avessa à progressividade como medida da capacidade contributiva e da justiça fiscal, uma vez que "os sistemas de tributação progressiva não medem a capacidade econômica do contribuinte".[472]

Alcides Jorge Costa, embora una a progressividade à capacidade contributiva, refuta o argumento de que a

---

[470] MIRANDA, Pontes de. *Comentários à Constituição de 1946*. 2. ed. rev. aum. São Paulo: Max Limonad, 1953, v. V, p. 303.

[471] Entre os autores nacionais favoráveis à progressividade encontram-se: MIRANDA. *Op. cit.*, p. 302-303; LACOMBE, Américo Lourenço Masset. *Princípios constitucionais tributários*. 2. ed. São Paulo: Malheiros, 2000, p. 42. ATALIBA, Geraldo. IPTU – Progressividade. In: *RDT* n. 56. São Paulo, abr./jun. 1991, p. 75-83. Entre os estrangeiros, destacam-se: MOSCHETTI, Francesco. La capacità contributiva. In: AMATUCCI, Andrea (*diretto da*). *Trattato di diritto tributario. Il Diritto tributario e le sue fonti*, tomo I, Padova: CEDAM, 1994, v. 1, p. 225-271.

[472] ZILVETI. *Op. cit.*, p. 183.

progressão de alíquotas seja instrumento de distribuição da riqueza, porquanto os serviços e a estrutura estatal são mais utilizados pelas classes mais ricas, exatamente as que são mais oneradas com a progressividade sobre a renda. Assim, os efeitos econômicos da progressividade sobre a renda dos mais ricos não são revertidos às populações mais pobres que, em geral, não são as beneficiárias frequentes dos bons serviços públicos. Não poderiam, portanto, os serviços públicos se destinarem somente a uma parcela da população, uma vez que a Constituição Federal não distingue as pessoas para o referido efeito.[473]

Fernando Zilveti ressalta que, em vez da progressividade, a proporcionalidade realizaria mais propriamente a justiça tributária na medida em que a base de cálculo tanto maior gera mais receita tributária, pois, como é obvio, 15% de uma renda de R$ 15.000,00 será maior do que 15% de R$ 10.000,00.[474] Na trilha dos dissidentes da tese de que a progressividade é medida de justiça tributária, Roberto Campos escreveu:

> A progressividade é uma coisa charmosa, principalmente quando ela é aplicada à custa do bolso alheio. No fundo, entretanto, a progressividade é uma iniquidade. Significa não só obrigar os que ganham mais a pagar mais, mas também punir mais que proporcionalmente os ousados e criadores.[475]

No mesmo sentido, Marciano Buffon comenta que Ives Gandra Martins também defende que a progressividade é um princípio decadente, pois afasta investimentos e desestimula a vinda de capital externo por tributar excessivamente o lucro.[476]

---

[473] "Se um sistema tributário é fortemente progressivo, mas se a despesa pública favorece mais as classes abastadas, não há redistribuição porque a massa de recursos vai beneficiar o mesmo segmento social de onde proveio" (COSTA, Alcides Jorge. Capacidade contributiva. In: *RDT* n. 55. São Paulo, jan./mar. 1991, p. 301).

[474] ZILVETI. *Op. cit.*, p. 184.

[475] CAMPOS, Roberto. As tentações de São João Batista. *O Estado de São Paulo*. São Paulo, p. 2, 4 de mar. 1990.

[476] BUFFON. *Op. cit.*, p. 83, n. 181.

Para outros autores, a progressividade está vocacionada à realização da justiça tributária e não exatamente à realização da capacidade contributiva na qualidade de instituto típico de tributação e de arrecadação fiscal equitativa. Neste subitem não faremos análise detida se é possível falar-se em atendimento ou ofensa à capacidade contributiva com base na matriz tributária brasileira, especialmente quando se comparam a carga fiscal sobre o consumo e a renda. Adiante, nas subseções 3.4 e seguintes, este assunto será articulado com as ideias de equidade, isonomia e justiça. Queremos apenas apresentar posicionamentos teóricos acerca de ser a progressividade um instrumento de efetivação da capacidade contributiva ou não. A resposta é positiva. A progressividade, em que pese as teses contrárias, auxilia na efetivação da capacidade contributiva, desde que se tenha em mente que este instituto constitui um liame jurídico entre o contribuinte e o Estado, que visa a estabelecer a quota mais próxima possível da ideia de equidade vertical. Conforme se viu no subitem 1.6.3, para fundamentar a capacidade contributiva, duas teorias sobre isonomia se bifurcam, quais sejam, isonomias horizontal e vertical. De acordo com a primeira, todos são iguais perante a lei e, em matéria tributária, todos serão instados a pagar tributos. No entanto, quando os tributos procuram respeitar a noção de capacidade contributiva, isto é, a busca da quota adequada que cada um irá contribuir sobre seus ganhos e patrimônio, as diferenças de renda deverão receber um tratamento equitativo da legislação, que permita exigir quotas proporcionais às diferenças de renda verificadas. Se não for assim e a tributação sobre renda e patrimônio ocorrer por alíquotas proporcionais, os contribuintes de menor renda pagarão, proporcionalmente, mais tributos do que os contribuintes de maior renda. Para esta conclusão tem-se que manter o raciocínio de que, garantido um mínimo existencial para todos os contribuintes, a partir deste mínimo os rendimentos obtidos estariam aptos a ser tributados. Caso se mantenha uma alíquota proporcional para tributar as mais diversas faixas de renda, a partir de determinado padrão de vida médio entre os contribuintes de todas as classes econômicas, verifica-se que, descontado o valor proporcional dos tributos sobre renda e propriedade, alguns terão menos renda disponível para usufruir dos bens da vida do que outros. Neste ponto, a tributação proporcional sobre renda e propriedade – independentemente de considerações acerca de justiça fiscal – não efetiva o princípio da capacidade contributiva, pois, quem tem maior aptidão ao pagamento de tributos está sendo beneficiado com uma carga tributária menor sobre sua renda.

Em um exemplo muito simples, esta argumentação se evidencia. Admitamos uma única alíquota de 27,5% de IR para qualquer montante de renda auferido, tributação da renda "proporcional", portanto. Um contribuinte (A) assalariado que receba R$ 1.500,00 de renda tributável (excluído o montante isento), após a incidência do imposto, ficará com uma renda líquida de R$ 1.087,50 ([1.500 (x) 27,5% = 412,50] [1.500 – 412,50 = 1.087,50]). Outro contribuinte (B), com uma renda de R$ 50.000,00, após a incidência do imposto terá ainda uma renda líquida de R$ 36.250,00 ([50.000 (x) 27,5% = 13.750] [50.000 – 13.750 = 36.250]). É evidente que em valores absolutos, R$ 13.750,00 é maior do que R$ 412,50, de modo que o contribuinte com renda de R$ 50.000,00 paga mais IR do que o sujeito passivo com rendimentos de R$ 1.500,00. Mas, quando comparadas as rendas líquidas (R$ 1.087,50 para R$ 36.250,00), observa-se uma grande disparidade que não justifica a adoção da mesma alíquota para ambos os contribuintes. Para usufruir de uma vida digna de ser vivida, com acesso aos bens básicos e voluptuários dispostos no mercado, o contribuinte (B) terá uma mobilidade financeira mais de trinta vezes superior ao contribuinte (A). Daí porque a adoção de alíquotas progressivas por faixas progressivas de renda atende de forma mais otimizada à isonomia vertical e à capacidade contributiva, aproximando a tributação à ideia de equidade. O fundamento teórico para tal constatação é a utilidade marginal da renda, por meio da qual a riqueza passa a ter menos utilidade para o seu titular conforme aumenta e atinge certo ponto de satisfação.[477]

José Maurício Conti discorre sobre as diversas teorias econômicas empregadas para explicar "utilidade marginal da renda", as quais servem para fundamentar a progressividade como critério de mensuração da quota justa de contribuição de cada contribuinte.[478] A teoria que mais bem se ajusta ao aspecto redistributivo da renda é a teoria do sacrifício marginal (ou mínimo sacrífico), que visa a atingir os maiores valores de renda, depois de definido um patamar em que a renda atenderia às satisfações necessárias. A renda obtida por todos os contribuintes acima deste nível seria tributada, de modo a se atingir o igual sacrifício.[479]

A ilustração oferecida por Catalina Vizcaíno auxilia na compreensão da teoria da utilidade marginal para explicar a progressividade como critério de distribuição equitativa da renda, ainda que a noção de equidade, neste caso, seja de mera aproximação – e não de exatidão – da hipótese abstrata da lei ao conceito de justiça no caso concreto:

> As utilidades decrescentes sustentam a tributação progressiva (que a alíquota ou porcentagem aumente na medida em que aumenta a base de cálculo). Para uma pessoa sedenta, um copo de água tem uma utilidade maior do que para uma pessoa sem sede; à medida em que são oferecidos copos de água a alguém, a utilidade diminui até chegar a um estágio de saciedade. Analogamente, quem sustenta que a utilidade diminui proporcionalmente ao aumento da renda deve entender que a tributação (sobre a renda) deve ser progressiva, a fim de que se exija de todos os contribuintes um sacrifício mínimo, gravando com mais intensidade as unidades menos úteis de grandes rendas e com menor

---

[477] "Para Stuart Mill, a capacidade contributiva é justificada pela teoria do sacrifício igual e pela utilidade marginal do capital, que determinam que a riqueza passaria a ser menos útil ao seu titular à medida que aumenta, o que respalda a ideia de progressividade na tributação. Esta visão utilitarista influenciou alguns juristas adeptos à jurisprudência dos interesses a 'identificar capacidade contributiva como a causa do tributo'" (DUTRA. Op. cit., p. 66).
[478] CONTI. Op. cit., p. 80-84.
[479] Ibid., p. 83-84.

intensidade as unidades mais úteis de pequenas rendas.[480]

A progressividade, portanto, quando aplicada à tributação sobre a renda, visa a cumprir a capacidade contributiva na perspectiva da teoria da equidade vertical, comprovando que, a partir de certo ponto, o acúmulo de renda não teria o mesmo valor de utilidade que tem para quem possui menos renda. Por essa razão, os menos favorecidos economicamente devem contribuir com uma alíquota menor do que os mais ricos.[481]

3.3.3 O mito da equidade por meio da progressividade

Como foi visto, de todos os instrumentos que podem ser utilizados para efetivar a capacidade contributiva, o que mais se aproxima de uma ideia de justiça concreta é a progressividade das alíquotas. Tal instrumento, como demonstrado na subseção anterior, encontra condições racionais de ser aplicado somente

---

[480] "Las utilidades decrecientes sustentan la imposición progresiva (que la alícuota o porcentaje aumente a medida que se incremente la base imponible). Para una persona sedienta, un vaso de agua tiene una utilidad mayor que para una no sedienta; a medida que se van suministrando vasos de agua a una persona, la utilidad decrece hasta llegar a un estado de saciedad. En forma análoga, quienes sostienen que la utilidad decrece en cuanto al ingreso suelen entender que la imposición debe ser progresiva, a fin de que a todos los contribuyentes se les exija un sacrificio mínimo, gravando con más intensidad a las unidades menos útiles de grandes ingresos, y con menor intensidad a las unidades más útiles de pequeños ingresos" – tradução livre (VIZCAÍNO, Catalina García. *Derecho tributario*: consideraciones económicas y jurídicas. Buenos Aires: Ediciones Depalma, t. I, parte general, 1996, p. 52-53).

[481] Conforme defendido, a progressividade não significa exatamente um conceito de justiça social, mas um tema relacionado à equidade tributária, porquanto trata do entrelaçamento entre as diversas rendas dos diferentes contribuintes com vistas à tributação ideal no caso concreto. Não obstante, são respeitáveis as considerações doutrinárias de que a progressividade é instrumento de alcance de justiça social em razão de esta proporcionar melhor distribuição de renda. Com bons argumentos: "Nesse diapasão, a percepção da utilidade decrescente da riqueza não deixa dúvidas de que um sistema tributário que ambiente fazer justiça social deve adotar, em larga escala, uma tributação progressiva, não se contentando com a adoção dos tributos conhecidos como proporcionais" (LEAL, Augusto Cesar de Carvalho. In: GASSEN, Valcir. *Equidade e eficiência da matiz tributária brasileira*: diálogos sobre Estado, Constituição e Direito Tributário. Brasília: Consulex, 2012, p. 169).

nos tributos diretos sobre renda e patrimônio. Não é plausível a progressividade de alíquotas sobre os bens consumíveis por razões de natureza prática que impedem a aferição da renda pessoal no ato de consumo. A proporcionalidade, mesmo quando aplicada sobre renda e propriedade, não distingue as realidades econômicas dos diversos níveis de renda dos contribuintes. Da mesma forma, a seletividade, técnica mais adaptável para a tributação sobre o consumo de bens e propriedade, discrimina coisas que constituem objeto de alcance da tributação, mas sempre partindo de presunções. Para ficar com alguns exemplos, presume-se que um pedaço de queijo gorgonzola deve ser consumido por pessoas mais ricas por ser mais caro, razão pela qual a tributação sobre o gorgonzola terá alíquotas maiores do que sobre o queijo prato, este último presumivelmente consumido pelas categorias mais pobres. Um imóvel localizado em um bairro com boa infraestrutura, de frente para o mar, perto de centros comerciais, shoppings, parques, áreas de lazer e com boa engenharia viária, será mais tributado do que o imóvel localizado em zonas carentes de estruturas mínimas. Trata-se também de uma presunção afirmar que os moradores do bairro "nobre" terão maior capacidade contributiva pessoal em relação aos moradores do outro bairro. É evidente que em termos estatísticos esta presunção pode ser confirmada. Ninguém duvida de que a maioria dos moradores do elegante bairro do Leblon, no Rio de Janeiro, são financeiramente mais bem aquinhoados do que a maioria dos que vivem na baixada fluminense, outra área nacionalmente conhecida. O que se está a argumentar é que, por razões obvias, dados estatísticos não são critérios adequados para uma argumentação de justiça como equidade, que visa a aplicar justiça no caso concreto. Está claro que proporcionalidade e seletividade, por dependerem de presunções e de outros critérios abstratos, não se coadunam com a ideia de equidade.

Com a progressividade e a pessoalidade a questão é um pouco mais complexa. Observe-se que tanto uma quanto outra visam a realizar justiça com fundamento no postulado da igualdade vertical (veja-se as subseções 1.6.3 e 3.3.2). Pretende-se por tais técnicas discriminar os contribuintes conforme suas capacidades contributivas pessoais, de modo que os detentores de maior capacidade contributiva arcarão com um valor proporcionalmente maior de contribuição do que os contribuintes de menor capacidade contributiva. O resultado pretendido pode chegar a duas conclusões relacionadas à ideia de equidade. A primeira, se é possível definir a quota tributária equitativa de cada contribuinte; a outra é a relação equitativa de cargas tributárias totais entre as diversas capacidades contributivas.

3.3.3.1 Impossibilidade da quota equitativa de cada contribuinte

No tocante à primeira questão, levantada no final da subseção anterior, as respostas estão vinculadas às antigas teorias do benefício e do sacrifício comum. Pretender definir qual a quota tributária equitativa de cada contribuinte pressupõe conhecer quais os benefícios diretos e indiretos usufruídos por todos os contribuintes e o custo destes a fim de que sejam remunerados pela quota equânime de cada contribuinte. Para o Direito esta pretensão é impossível – talvez não seja para uma pesquisa de Economia ou de Matemática.[482] Ainda que se trate de serviços públicos diretos, específicos e divisíveis, que servem de fato gerador para a cobrança de taxas, a definição do valor do tributo nem sempre é exata do ponto de vista da pessoalidade. Exemplo típico é a coleta domiciliar de lixo. Trata-se de serviço público específico

---

[482] Sobre o assunto, José Adrian Pintos-Payeras faz interessante estudo sobre modelos de carga tributária para o Brasil, calculando, inclusive, os valores que poderiam ser considerados ideais, visando a reduzir a regressividade da matriz tributária (PINTOS-PAYERAS, José Adrian. *Orçamentos e Sistemas de Informação sobre a Administração Financeira Pública*. Tema III. Disponível em <http://www3.tesouro.fazenda.gov.br/Premio_TN/XIIIpremio/sistemas/2tosiXIIIPTN/Carater_Impositivo_Lei_Orcamentaria.pdf >. Acesso em: 6 jun. 2016.

e divisível, prestado ao morador da cidade e não a qualquer pessoa, mas nem sempre – ou talvez nunca – será possível saber o valor equitativo da taxa de cada morador. Basta que se pergunte qual quantidade de detritos é recolhida pelo poder público em relação a cada morador? Embora seja possível conhecer o custo do serviço, a outra ponta da questão – a quantidade de detritos per capta – que fecha a noção do benefício, não consegue ser resolvida. Por este motivo, a administração tributária tem de lançar mão de presunções para se atribuir um valor à taxa de coleta domiciliar de lixo. O Supremo Tribunal Federal reconheceu a legitimidade da taxa de coleta domiciliar de lixo, com base de cálculo aferida sobre a área do imóvel de propriedade dos beneficiários do serviço (os moradores).[483] Trata-se de uma presunção legal: quanto maior o imóvel, maior deve ser a quantidade de pessoas que reside no local, resultando em maior produção de resíduos. Mas é uma presunção, pois não há como garantir que em todo imóvel grande seja produzida a quantidade estimada de detritos que justificaria atrelar o cálculo da taxa de coleta domiciliar à área do imóvel.

---

[483] Sobre a controvérsia em torno da taxa de coleta domiciliar, diversas medidas judiciais questionavam o critério adotado pelas leis municipais de utilizar a área do imóvel como base de cálculo para a mencionada taxa. A área do imóvel, por sua vez, é elemento influente na base de cálculo do IPTU, uma vez que tal imposto é calculado por meio de alíquota(s) *ad valorem* sobre o valor venal (valor do m² (x) área). Nesse caso, o questionamento era saber se no cálculo da taxa seria lícita a utilização de um elemento influente da base cálculo de um imposto (no caso o IPTU) sem violar o artigo 145, §2º da Constituição Federal. Sobre a questão, transcrevemos excerto de precedente bastante elucidativo: "Além disso, no que diz respeito ao argumento da utilização de base de cálculo própria de impostos, o Tribunal reconhece a constitucionalidade de taxas que, na apuração do montante devido, adote um ou mais dos elementos que compõem a base de cálculo própria de determinado imposto, desde que não se verifique identidade integral entre uma base e a outra. [...] O que a Constituição reclama é a ausência de completa identidade com a base de cálculo própria dos impostos e que, em seu cálculo, se verifique uma equivalência razoável entre o valor pago pelo contribuinte e o custo individual do serviço que lhe é prestado" (RE 576321 RG-QO, Relator Ministro Ricardo Lewandowski, Tribunal Pleno, julgamento em 4.12.2008, *DJe* de 13.2.2009). Este posicionamento do STF ensejou a edição da Súmula Vinculante nº 29, com o seguinte verbete: "É constitucional a adoção, no cálculo do valor de taxa, de um ou mais elementos da base de cálculo própria de determinado imposto, desde que não haja integral identidade entre uma base e outra". Com a súmula vinculante a controvérsia se resolveu.

O abono a esta tese se alinha a uma ideia de justiça fundada nos chamados signos presuntivos de capacidade contributiva, o que será objeto de mais explicações na subseção 3.3.4.[484] O Poder Público pressupõe, em verdade, maior capacidade contributiva dos proprietários dos imóveis maiores, pois se o cálculo da taxa for uma unidade monetária qualquer, multiplicada pela área do imóvel, presume-se que aqueles proprietários de imóveis maiores possuem mais capacidade contributiva, razão pela qual terão de pagar um valor maior de taxa.

Por exemplo: se o valor da taxa for R$ 1,00/m², em um imóvel de 2000 m², o valor da taxa será de R$ 2.000,00. Em um imóvel de 100m², a taxa será de R$ 100,00. A presunção, nestes exemplos, além de supor que no imóvel maior mais detritos são potencialmente produzidos pelo fato de o imóvel poder abrigar um número maior de moradores, levanta também a possibilidade de os moradores do imóvel maior terem mais capacidade contributiva do que os moradores do imóvel menor.

Assim, vincular a ideia de benefício direto a presunções de modo algum realiza equidade tributária, pois a quota atribuída a cada contribuinte será sempre estimada.

Uma alternativa que se poderia propor para se chegar à quota equitativa da taxa de coleta domiciliar seria pesar o lixo recolhido. Sabendo-se o custo do serviço por quilo, por exemplo, o valor da taxa de cada morador seria cobrado segundo este critério. É necessário em uma argumentação de justiça, ainda que teórica, não se renunciar ao bom senso. No fundo, argumentar é estabelecer uma linha de coerência em que o argumento abstrato encontre na realidade algum sentido factível. Caso contrário o argumento se perde na metafísica do improvável. Não seriam viáveis os custos de arrecadação de uma taxa de coleta domiciliar de lixo em que para cada quantidade de lixo coletada fosse feita a pesagem correspondente, pois o valor da taxa teria de assimilar este custo operacional. Além disso, outras questões

---

[484] BECKER. *Op. cit.*, p. 505-508.

práticas entrariam na conta, tais como uma eventual ausência do morador no ato da pesagem, o aumento do tempo da coleta, eventuais defeitos nos equipamentos de pesagem, entre outros. Quando o Direito Tributário não consegue chegar ao valor tributário preciso em função de os tributos decorrerem de fatos da realidade qualificados como fatos jurídicos tributários, o recurso às presunções é inevitável. Mas as presunções, insista-se, são a antítese da equidade tributária.

Se nos casos de serviços públicos específicos e divisíveis a definição da quota equitativa é improvável, com mais razão esta hipótese se confirma quando se tratar de benefícios indiretos do Estado. Como é possível quantificar a parte de serviço de segurança pública, de qualidade ambiental, de saneamento básico, de limpeza urbana, de infraestrutura de mobilidade (tais como ruas, avenidas, viadutos etc.) de que cada pessoa se beneficia? E quanto à estrutura de poder estatal configurada em todo o aparato de segurança jurídica? Qual o custo individual das atuações estatais dirigidas a proteger os atos negociais da vida civil ou do comércio, ou ainda do meio empresarial, atuações estas vertidas em leis, decretos, atos normativos, decisões judiciais? Toda esta estrutura tem um custo – conforme foi analisado nas subseções 3.1 e seguintes – e sua destinação é garantir a todos segurança, proteção aos direitos fundamentais, em resumo, uma vida em paz e tranquila dentro de certas possibilidades. É pacífico que a prosperidade humana depende desta estrutura que garante segurança e proteção aos direitos fundamentais. Qual a quota equitativa de cada contribuinte para remunerar os benefícios estatais difusos obtidos individualmente? Esta questão levou ao desenvolvimento da teoria do sacrifício comum explicada na subseção 1.6.2. Os impostos tradicionalmente são os tributos destinados a manter a burocracia estatal paramentada na expectativa de segurança jurídica a que se aludiu. Este é o motivo de a maior parte dos impostos ser calculada por alíquotas proporcionais sobre uma base de cálculo economicamente dimensível.

Os argumentos até agora apresentados contam com uma certa linearidade ou simplicidade, afinal, a teoria do sacrifício comum é quase intuitiva: no Estado de Direito, a burocracia estatal se manifesta por atitudes difusas, amplas e até um certo ponto abstratas, como é o caso das leis destinadas a conceder segurança jurídica aos atos públicos e privados. Assim, é impraticável definir a quota equitativa de cada contribuinte.

3.3.3.2 Equidade tributária entre capacidades contributivas diferentes

Outra questão – e mais complexa – é saber se é possível efetivar o valor da equidade na tributação, no âmbito da estrutura endógena da matriz tributária, quando se comparam contribuintes com capacidades contributivas diferentes, aliás muito distintas. Quando possível, diz o artigo 145, §1º da Constituição, os impostos poderão perseguir algum critério de pessoalidade visando a isolar a capacidade contributiva individual de cada um. Além disso, caso sejam adotadas alíquotas progressivas, tende-se a realizar a ideia de igualdade vertical, discriminando as potencialidades econômicas individuais.

Eis o ponto: quando for possível aos impostos atenderem a algum critério de pessoalidade e, em razão desta possibilidade, devam ser aplicadas alíquotas progressivas, está-se diante de uma hipótese de equidade tributária entre contribuintes com rendas e capacidades contributivas distintas?

O conceito de equidade se prende à ideia de justiça proporcional tendo por base casos concretos (veja-se a subseção 1.4).[485] Para que tal hipótese possa ser analisada será necessário dividi-la em dois planos. Um comparará a carga tributária geral sobre os ganhos totais dos contribuintes por referências

---
[485] ASCENSÃO. *Op. cit.*, p. 253.

arbitradas para simples efeitos comparativos, enquanto o outro plano se referirá à comparação entre contribuintes com rendas individuais distintas. O objetivo é esclarecer se nestas duas hipóteses se está diante de uma questão de equidade, que seria efetivada, portanto, pelo princípio da capacidade contributiva, ou se se trata de outra questão ou outro valor jurídico, ainda que correlato à equidade.

Para a primeira hipótese adotaremos as premissas de um dos problemas centrais de equidade tributária, apresentado no Capítulo 2, subseções 2.6.2. e 2.6.2.3. Naquela oportunidade, foi demonstrado com dados de fontes idôneas que as pessoas que ganharam até dois salários-mínimos no ano de 2008, por exemplo, sofreram sobre esta renda uma forte pressão tributária, da ordem de 53,9%, com pagamento de tributos. Para as pessoas com rendimentos superiores a trinta salários-mínimos a carga fiscal caiu para 29%. Seria esta relação, manifestamente injusta da matriz tributária brasileira, e considerada pela doutrina como regressividade, uma questão de iniquidade da matriz?

Para o entendimento adequado da questão talvez fique mais claro apresentarmos alguns argumentos, com base no cálculo de renda líquida dos contribuintes do exemplo. A renda líquida, neste caso, é o montante de renda total arbitrado menos a carga tributária total sobre esta renda.

Contribuinte (A):
Renda de R$ 1.996,00 = 2 SM (salários-mínimos)

Contribuinte (B):
Renda de R$ 30.938,00 = 31 SM (mais de 30 salários-mínimos)

Cálculo da renda líquida de (A): 1996 (x) 53,9% (-) 1996 = 920,16

Cálculo da renda líquida de (B): 30938 (x) 29% (-) 30938 = 21.965,98

Com base nos cálculos acima, tem-se os seguintes resultados: 1) renda líquida de (A) = R$ 920,16; 2); renda líquida de (B) = R$ 21.965,98. De acordo com o exemplo, um contribuinte com ganhos de até dois salários-mínimos, depois de descontados os tributos, terá um saldo líquido de renda correspondente a R$ 920,16 (46,1% da renda total). Um indivíduo com rendimentos de trinta e um salários teria uma renda líquida de R$ 21.965,98 (71% da renda total). Este é um caso de iniquidade, pois, examinando-se uma estatística real e concreta, comparando-se duas situações diferentes, porém unidas pelo fundamento da igualdade, observa-se que uma é mais favorecida economicamente do que a outra. Trata-se de uma situação ofensiva à equidade tributária no âmbito da estrutura endógena da matriz, pois, embora a carga tributária seja diferente para contribuintes com perfis de renda distintos, o postulado da igualdade, fundamento elementar da justiça, está invertido. Desta situação desponta nova pergunta: por que afronta a ideia de igualdade e de justiça a constatação de que contribuintes mais pobres são mais tributados do que os mais ricos? A resposta a esta questão depende do critério de valoração que se atribui aos valores *igualdade* e *justiça* neste caso.[486] Se adotarmos como critério de valor a renda líquida, isto é, a renda total menos a carga tributária total, chega-se à conclusão de que contribuintes com maior renda prosseguem mantendo maior renda em relação aos contribuintes de menor renda. Esta situação acirra tanto a concentração de renda como as desigualdades econômicas e sociais entre contribuintes. A concentração de renda é um (des)valor, quando, em função da tributação, se opõe às ideias de justiça e de igualdade, na medida em que diminui o poder de compra e a mobilidade econômica dos menos ricos, potencializando o poder econômico dos mais abastados.[487] Alguém ser mais rico ou

---

[486] Sobre critérios de valoração e o conceito de valor veja-se a subseção 3.2.3 em que os argumentos sobre o tema foram desenvolvidos.

[487] De acordo com estudo produzido pela ONU, publicado em fevereiro de 2016 (Centro Internacional de Políticas para o Crescimento Inclusivo – IPC-IG), o Brasil figura na 29ª colocação entre trinta e cinco países pesquisados, que menos tributam os lucros (lucros, dividendos, juros sobre capital próprio etc.). Sabe-se notoriamente que a concentração de renda é um dos principais fatores que causam desigualdades social e econômica, constituindo-se a tributação nas principais ferramentas política e jurídica para melhorar a distribuição de renda. De acordo com o estudo: "[...] 10%

mais pobre em uma economia capitalista não é exatamente um problema. O que não poderia ocorrer é se constatar a neutralidade da matriz tributária que não consegue aproximar a distância econômica entre ricos e pobres. Mais grave do que o problema da neutralidade da matriz é se chegar à conclusão de que o sistema de tributação, com todas as suas complexas regras, provoca o aumento da desigualdade econômica.[488] Se justiça e igualdade são valores fundantes da ordem tributária brasileira – e da tributação moderna – a finalidade da matriz tributária deve ser a de reduzir as disparidades visando a propiciar mais harmonia social e desenvolvimento econômico para todos. As expectativas morais dos valores da justiça e da igualdade não esperam que a matriz tributária contribua para a desigualdade do sistema.[489]

É importante frisar o que seria responsável por esta inversão de valores, isto é, a regressividade da matriz tributária. Conforme foi explicado na subseção 2.6, a principal causa da

---

da população concentra 52% da renda. 1% responde por 23,5%. E 0,05%, por 8,5% de toda a renda. Estes últimos são apenas 71 mil pessoas, uma população equivalente à do bairro de Moema, em São Paulo. Cada um recebeu, em média, uma renda de R$ 4,1 milhões em 2013" (FÁBIO, André Cabette. *Como o sistema tributário brasileiro colabora para a desigualdade*. Disponível em <www.nexojornal.com.br/expresso/2016/04/08/Como-o-sistema-tributário-brasileiro-colabora-para-a-desigualdade>. Acesso em: 6 jun. 2016).

[488] Conforme o levantamento realizado pela ONU, a principal distorção do sistema tributário brasileiro que leva à iniquidade arrecadatória entre ricos e pobres reside na baixa (ou inexistente) tributação sobre lucros e rentabilidade obtida no sistema financeiro, que geralmente beneficia as camadas mais ricas da população. Segundo o estudo: "Essa distorção deve-se, principalmente, a uma peculiaridade da legislação brasileira: a isenção de lucros e dividendos distribuídos pelas empresas a seus sócios e acionistas. Dos 71 mil brasileiros super-ricos, cerca de 50 mil receberam dividendos em 2013 e não pagaram qualquer imposto por eles. Além disso, esses super-ricos beneficiam-se da baixa tributação sobre ganhos financeiros, que no Brasil varia entre 15% e 20%, enquanto os salários dos trabalhadores estão sujeitos a um imposto progressivo, cuja alíquota máxima de 27,5% atinge níveis muito moderados de renda (acima de 4,7 mil reais, em 2015)" (*Brasil é paraíso tributário para super-ricos, diz estudo de centro da ONU*. Disponível em <https://nacoesunidas.org/brasil-e-paraiso-tributario-para-super-ricos-diz-estudo-de-centro-da-onu/>. Acesso em: 6 jun. 2016).

[489] Nesse sentido, com fortes argumentos sobre como o sistema de tributação pode cooperar ironicamente com a desigualdade, veja-se: STIGLITZ, Joseph E. *The price of inequality*: how today's divided society endangers our future. New York: W.W Norton & Company, 2013.

iniquidade da carga tributária entre os mais ricos e os mais pobres reside na opção política da matriz tributária brasileira em prever uma ampla tributação plurifásica sobre o consumo e uma tímida previsão de tributação sobre renda e patrimônio.[490] Os tributos incidentes sobre o consumo de bens do país, em que os de valores mais elevados são ICMS, IPI, ISS e PIS/COFINS respondem, em média, por 46% de toda a receita tributária do país. Em 2013, tendo por base o PIB, os tributos sobre a produção (consumo) repercutiram em 17,9%, na média.[491] Os tributos sobre consumo no Brasil, como foi exposto na subseção 2.4.1, seguem o regime de tributação indireta, isto é, o ônus financeiro do tributo é repassado para os consumidores dos bens. No ato de consumir, a capacidade contributiva de cada consumidor não tem condições de ser avaliada de forma pessoal, de modo que o custo dos tributos da produção é repassado para consumidores ricos ou pobres, indistintamente.

Conforme os exemplos apresentados, tanto o consumidor de baixa renda (2 salários-mínimos) quanto o comprador com renda superior (31 salários-mínimos) serão tributados sobre os bens consumidos com as mesmas alíquotas proporcionais. Mas, em razão das diferenças de renda o peso da tributação sobre o consumidor de menor capacidade econômica é prejudicial sobre sua renda, não causando o mesmo efeito sobre o consumidor de renda elevada.

Do pondo de vista das necessidades básicas, ricos e pobres não são diferentes. Entretanto, se a renda obtida por uns e por outros não é a mesma, e considerando que em termos tributários a carga tributária é medida em razão da renda total, o peso da tributação deveria levar em conta estas diferenças de renda, sobretudo quando se tem em mira a justiça e a igualdade como valores fundantes da tributação.

---

[490] IPEA, 2009, p. 24.
[491] Em 2013, nos países da OCDE, a média de tributação sobre o consumo foi de 31,6% da arrecadação total (IPEA, 2009, p. 25). No mesmo ano, em relação ao PIB, a média de tributação sobre o consumo nos países da OCDE foi de 11,5%.

Uma das soluções apontadas para correção do problema seria elevar a tributação sobre renda e patrimônio, de modo que o peso da carga tributária passasse a ser mais intenso sobre as altas rendas e se diminuísse a distância econômica entre os mais ricos e os mais pobres. Trata-se da contribuição da matriz tributária para a redistribuição da renda. Neste caso, em que o objeto da iniquidade é a comparação entre cargas tributárias globais, não importa se o instrumento de efetivação da capacidade contributiva é a progressividade. Qualquer instrumento de efetivação, inclusive a proporcionalidade, poderá ser utilizado, desde que se alcance o objetivo de tributar mais a renda e a propriedade, de modo a se reduzir a distância econômica entre as classes de contribuintes.

Na abordagem da carga tributária total, a ofensa à equidade não será resolvida por meio da adoção de mais alíquotas progressivas para contribuintes mais ricos, mas sim por instrumentos tributários que permitam maior aproximação das cargas tributárias entre ricos e pobres. A escolha do que deve ser feito é uma opção política vinculada à ideia de matriz tributária, pois implica aumentar a carga tributária dos mais ricos, ampliando os percentuais de diversos tributos devidos por esta camada da população, tais como renda, herança, propriedade, consumo, grandes fortunas etc. Note-se que para corrigir a disparidade de cargas tributárias a progressividade de alíquotas é medida insuficiente, pois o máximo que conseguiria proporcionar seria um aumento de arrecadação de Imposto de Renda ou de impostos sobre a propriedade imobiliária entre contribuintes mais ricos, o que não significa corrigir a injusta diferença de cargas tributárias totais entre contribuintes com capacidade econômicas muito distintas.

Conforme explicado no início, a análise da equidade sobre capacidades contributivas diferentes exige dois planos de abordagem. O primeiro tratou das capacidades contributivas globais e a influência de cargas tributárias globais. A conclusão demonstrou que a progressividade não seria um instrumento suficiente para corrigir as distorções relativas à iniquidade da carga tributária global. A melhor solução seria uma alteração da matriz tributária que permitisse elevações calculadas da carga tributária de tributos sobre renda e propriedade (que afetam diretamente as populações mais ricas), a fim de se reduzir as diferenças econômicas entre as populações com perfis de renda globais muito díspares. Isso levaria a uma mudança de vocação da matriz tributária, em que o consumo fosse menos tributado para os mais pobres, ampliando-se, talvez, as isenções de produtos e serviços consumidos pelas faixas mais pobres da população, ou a restituição dos tributos sobre o consumo para este público, tratamento tributário que não poderia ser estendido aos mais ricos.

A partir de agora, será abordada a questão no seu segundo plano, qual seja, se a matriz tributária atual é equitativa quando se comparam contribuintes com rendas individuais diferentes. Neste caso, o Imposto sobre a Renda é o foco principal (e não a carga tributária global, como na situação anterior), pois a tributação sobre patrimônio e consumo não permite um nível de pessoalidade (individualização) do qual seja possível tirar-se conclusões aplicáveis a uma argumentação de equidade.

Os exemplos dos contribuintes da abordagem anterior serão utilizados com adaptações aos parâmetros da atual tabela do IRRF. A renda mensal de (A) será de 3 salários mínimos, equivalente a R$ 2.994,00, enquanto (B) tem renda de 30 salários mínimos, ou R$ 29.940,00 por mês, já descontada, em ambos os casos, a parcela de isenção (R$ 1.903,98).

De acordo com as regras vigentes de IRPF à época da primeira edição, as alíquotas do imposto eram as seguintes: [492]

---

[492] A Lei 14.663, de 28 de agosto de 2023, alterou a faixa de isenção de R$ 1.903,98 para R$ 2.112,00. Recentemente, esse valor de isenção foi ampliado pela MP nº 1.206, de 2024, passando para R$ 2.259,20.

Base de cálculo mensal em R$	Alíquota %	Parcela a deduzir em R$
Até 1.903,98	–	
De 1.903,99 até 2.826,65	7,5	142,80
De 2.826,66 até 3.751,05	15,0	354,80
De 3.751,06 até 4.664,68	22,5	636,13
Acima de 4.664,68	27,5	869,36

Aplicando-se os valores da tabela progressiva em relação ao contribuinte (A) tem-se a seguinte equação: BC (base de cálculo) (x) 7,5% (-) 142,80 = X. Calculando-se os valores chega-se ao seguinte resultado: 2994 (x) 7,5% (-) 142,80 = 81,75. Mantendo a mesma renda, o contribuinte (A) deverá ter descontado de sua renda R$ 81,75 todo mês.

Utilizando a mesma equação para o contribuinte com renda superior, o desconto de IR será o seguinte: 29.940 (x) 27,5% (-) 869,36 = 7.364,14. Também mantendo a mesma renda, o contribuinte (B) terá descontado R$ 7.364,14 por mês. Em valores absolutos, é evidente que (B) gera mais receita ao Estado, mas analisando-se o exemplo com base no fundamento da equidade vê-se que, descontando o IRRF da renda do contribuinte (A), este terá uma renda líquida de R$ 2.912,25; enquanto a renda líquida do contribuinte (B) será de R$ 22.575,86. Para o consumo de bens básicos como gêneros alimentícios, despesas com transporte, moradia, saúde e educação, a renda líquida de (B) atenderá melhor a estas necessidades do que renda de (A). Assim, a matriz tributária, neste caso, é iníqua, uma vez que o critério de valoração não deve ser a quantidade de receita que os contribuintes geram ao Tesouro, mas a repercussão dos tributos sobre suas rendas individualizadas e a mobilidade financeira resultante da incidência do imposto.

Para tornar mais equitativa a tributação no exemplo oferecido, o contribuinte (A) deveria ser isento do imposto ou tributado por alíquotas menores, pois sua renda, na maior parte das regiões do país, não permite usufruir dos direitos básicos de forma digna. No caso do contribuinte (B), os direitos básicos podem ser obtidos com o primeiro terço de sua renda líquida, ou R$ 7.525,00, aproximadamente. No âmbito da estrutura endógena da matriz tributária, a progressividade das alíquotas poderia tornar a tributação mais equitativa, caso se distribuíssem as alíquotas em um número maior de percentuais do que existe hoje e maior quantidade de faixas de renda. A elevação das alíquotas progressivas gerará sempre o efeito equitativo de tributar em proporções maiores os contribuintes de maior renda, distribuindo-se melhor as rendas das diferentes capacidades contributivas. Mas o ponto fulcral da questão, tendo como norte a justiça na tributação, é garantir respeito ao mínimo existencial, de modo a se assegurar a efetivação do princípio da dignidade da pessoa humana, o que será mais bem explorado na subseção 3.4.4 a respeito do mínimo existencial.

3.3.4 O problema das presunções e a iniquidade da matriz tributária

Admitindo-se que a capacidade contributiva é idealizada como fundamento de uma tributação justa sobre a renda e o patrimônio, alguns atributos terão de ser reconhecidos ao instituto para constatar se realmente as seguintes finalidades de concretização de justiça podem ser alcançadas: a "efetividade" e a "atualidade" da capacidade contributiva. A efetividade é um atributo que asseguraria a real aplicação da capacidade contributiva, evitando-se a utilização de presunções. Assim, ao se pretender uma tributação justa tendo a capacidade contributiva como fundamento, a efetividade permitiria extrair da capacidade econômica de cada indivíduo tributado sua quota justa de participação nas despesas do Estado.

Regina Helena Costa esclarece que a efetividade da capacidade contributiva é considerada na hipótese de incidência tributária e "implica seja esta capacidade concreta, real, e não meramente presumida ou fictícia".[493] Mas, adverte sobre o problema das presunções no Direito Tributário, o que naturalmente dificulta qualquer ideia de fixação da quota tributária realmente justa para cada contribuinte. Alfredo Augusto Becker explica que: "presunção é o resultado do processo lógico mediante o qual o fato conhecido cuja existência é certa infere-se o fato desconhecido cuja existência é provável".[494]

Assim, para tributar determinado fato a lei tem de considerar hipoteticamente que determinados contribuintes possuem renda ou patrimônio suficientes para a incidência da norma tributária, o que normalmente se chama signos-presuntivos de riqueza, de renda ou de capital.

Becker se dedicou ao tema e, para explicar o surgimento dos signos-presuntivos como técnica de tributação, criticou os financistas clássicos que entendiam que os tributos deveriam incidir sobre fatos que seriam avaliados diretamente para saber se, realmente, poderiam emanar renda ou capital.[495] No final dos anos 1950, com as obras críticas dos financistas antigos, tais como a de Trotabas e de Cérèze, verificou-se que o que deveria ser substituído não seria exatamente os fatos geradores tributáveis, renda ou capital, mas o método de avaliação destes fatos tributáveis.[496] Em vez de uma apuração direta da renda ou do capital, em seu lugar deveria ser adotada uma prática presumida de tributar fatos que fossem "verdadeiros signos-presuntivos de renda ou capital, porque racionalmente escolhidos à luz de um critério científico".[497]

---

[493] COSTA. *Op. cit.*, p. 91.
[494] BECKER. *Op. cit.*, p. 508.
[495] *Ibid.*, p. 504.
[496] A obra de Louis Trotabas e Jean Cérèze a que Becker faz referência é *L'Imposition porfaitaire des bénéfices industriels et commerciaux*, de 1958.
[497] BECKER. *Op. cit.*, p. 504.

A alteração do método de aferição da renda e do capital, evidentemente, tinha motivações de ordem prática e teria que se fundar na certeza e na legitimidade oferecidas pela lei. Daí porque, mais do que nunca, princípios como da legalidade e da tipicidade fechada no Direito Tributário teriam que se afirmar.

Como se sabe, em Direito as presunções jurídicas poderão ser "absolutas" (*juris et de jure*) ou "relativas" (*juris tantum*). As primeiras são as que não admitem prova em contrário, diferentemente das segundas, que admitem esta possibilidade. Para Becker, as presunções somente influenciariam nas discussões tributárias em um momento anterior à elaboração da lei, pois, depois de escolhidas as hipóteses de incidência tributária as presunções equivaleriam à previsão ou à disposição legal, que seria insuscetível de contraprova.[498] Becker foi fiel à sua teoria positivista formal do Direito Tributário e ignorou o argumento de que a normatividade dos fatos signos-presuntivos, prevista na regra de Direito, é incapaz de prever a real capacidade contributiva dos indivíduos. As presunções contidas na lei tributária guardam um nível de abstração explicável pela praticidade da função arrecadatória. Exatamente por isso, não se chega a uma ideia de tributação equitativa por presunções e abstrações.

Assim, os fatos escolhidos para serem tributados pela legislação são presunções (legais) de que sua realização

---

[498] No sentido do texto: "a distinção entre a presunção e a ficção existe apenas no plano *pré-jurídico*, enquanto serviam de elemento intelectual ao legislador que estava construindo a regra jurídica. Uma vez criada a regra jurídica, desaparece aquela diferenciação porque tanto a presunção, quanto a ficção, ao penetrarem no mundo jurídico por intermédio da regra jurídica, *ambas entram como verdades* (realidades jurídicas)" (BECKER, 1998, p. 509-510). Em seguida, Becker faz longa transcrição das obras de Ramponi (*La teoria generale dele presunzioni*, de 1890) e de Lessona (*Teoria general de la prueba en derecho civil*, de 1942). Ambos os autores defendem a distinção entre as formas de presunção e concluem que, a partir das escolhas realizadas pelo legislador, os fatos em que se presumia determinada circunstância se transforma em disposições legais. As presunções relativas, portanto, que se reportam a fatos que não estão definidos exatamente na norma, constituíram presunções relativas e, como tais, são passíveis de comprovação no âmbito do processo. Esta era visão de Carnelutti (*Sistema de derecho procesal civil*, de 1944) e de Banumá – *Direito processual civil*, de 1946 (BECKER. *Op. cit.*, p. 510-516).

é motivada pela capacidade contributiva do indivíduo a partir de um critério silogístico. Por exemplo, se (A) recebeu um salário "X" e se este salário estiver abaixo do mínimo tributável, a lei presume que (A) não possui capacidade contributiva para ser tributado. Mas se (A) passa a receber X + 1 de vencimentos e se X + 1 ultrapassar a linha de isenção do imposto, segue-se que (A) passou a ter capacidade contributiva para contribuir, isto é, passou a adquirir renda tributável. Trata-se de uma presunção legal, pois, prosseguindo-se com o exemplo, um contribuinte (B) que auferisse X + 2 de salário, mas caso gastasse para sobreviver as duas unidades adicionais a X (+ 2) teria um salário de X (isto é: [X + 2] (-) [2] = X). Tal qual o contribuinte (A), o contribuinte (B) teria uma renda de X, mas, neste caso, seria tributado por ter auferido um salário de X + 2.

Embora simples, os exemplos apresentados demonstram que a incidência dos tributos sobre fatos signos-presuntivos de renda ou de capital resolvem um problema de se chegar mais facilmente ao resultado de se tributar a renda pela mera descrição de um fato na hipótese de incidência tributária; por outro lado, revela as imprecisões – e por que não dizer, iniquidades? – de uma metodologia de tributação fundada nas presunções abstratas da lei.

Daí a importância do lançamento tributário, procedimento regulado em lei capaz de reduzir as complexidades e abstrações de um sistema lógico presuntivo, por um critério que melhor se aproxime da realidade que se visa a tributar. Se a pretensão da lei é tributar de forma justa a renda ou o capital, isto é, encontrar a quota devida por cada qual sem esbarrar ou ferir a capacidade contributiva e o mínimo existencial, o lançamento passa a ter uma função relevante na redução das complexidades e na aproximação da realidade desejada.

Regina Helena Costa lembra que "na elaboração da norma jurídico-tributária, portanto, deverá se atentar para os índices de capacidade econômica identificados pela Ciência das Finanças".⁴⁹⁹ De acordo com a Ciência das Finanças é fundamental para a determinação da renda a exclusão das despesas que concorram para sua formação. As despesas dedutíveis, portanto, constituem um critério de natureza política em que o legislador escolherá os fatos signos-presuntivos de renda em que tais deduções poderão ou não ser realizadas. Por exemplo, no caso da renda aplicada no consumo de bens não se permite qualquer individualização da renda do adquirente a fim de se aferir a real capacidade contributiva do consumidor no ato de consumir. Assim, nos tributos indiretos incidentes sobre o consumo, o máximo que se consegue de pessoalidade e efetividade da capacidade contributiva é a adoção da seletividade de alíquotas, o que também constitui uma presunção de que o consumo de determinados bens pode implicar maior ou menor capacidade contributiva, conforme foi explicado na subseção 3.3.2.

Semelhantemente ao que ocorre com o consumo, a tributação sobre o patrimônio conta com algumas presunções que visam a tornar efetiva a capacidade contributiva. Trata-se das reduções de base de cálculo também mencionadas na subseção 3.3.2, provocadas por razões pessoais atinentes ao contribuinte ou a depreciação dos bens em função do decurso do tempo.

Mas, de todas as formas de individuação da capacidade contributiva, a fim de torná-la efetiva, a que mais se destaca é a tributação sobre a renda, em que é possível se deduzir despesas que concorrem à geração dos ganhos.

Se por um lado a capacidade contributiva reclama o atributo da efetividade, ou seja, a conjunção entre a incidência da norma tributária e o fato tributável, de modo que o contribuinte pague a quota ajustada à sua capacidade contributiva; por outro lado, a praticidade inerente às presunções exclui a possibilidade de uma tributação que seja "real" ou "efetiva",

---

⁴⁹⁹ COSTA. *Op. cit.*, p. 91.

com base na capacidade contributiva. Daí porque o atributo da efetividade não passa de mero exercício de retórica que, ao invés de conduzir os fins da capacidade contributiva à definição da quota justa de cada um, contradiz a noção de equidade tributária em função de depender de presunções legais abstratas.

Para amenizar o problema das presunções de capacidade contributiva, Francesco Moschetti propõe que os signos-presuntivos de riqueza possam ser submetidos a alguma contraprova de que o contribuinte não possui a capacidade contributiva presumida pelo legislador.[500]

A efetividade da capacidade contributiva é um requisito de aproximação da cobrança do tributo com alguma noção de justiça concreta (equidade), caso contrário corre-se o risco de se tributar mais quem pode menos e menos quem pode mais.

3.3.4.1 O problema das deduções do IRPF e as alíquotas fictícia e real

O tema das presunções no Direito Tributário, especialmente com relação à temática da capacidade contributiva, leva a um problema relevante, que é o das deduções do Imposto de Renda. Se por um lado a progressividade visa a distribuir melhor a carga tributária entre contribuintes com capacidades contributivas distintas, as deduções de despesas que, direta ou indiretamente, contribuirão para a formação da renda tributável reduz a intensidade da progressividade.[501] Apenas para exemplificar com dados do IRPF do ano-base de 2002, exercício fiscal de 2003, os contribuintes com renda mensal de até R$ 2.500,00, e que estariam sujeitos à alíquota de 15% de IR, depois de descontadas as deduções de despesas, sofreram

---

[500] MOSCHETTI. *Op. cit.*, p. 383.
[501] IPEA. *Op. cit.*, p. 27.

uma alíquota efetiva de 3%, em média. Os contribuintes com renda superior a R$ 10.000,00, e que estariam sujeitos à alíquota máxima de 27,5% foram tributados, na média, com a alíquota real de 17,8%.[502]

A legislação brasileira sobre as deduções de despesas do IR parte de presunções, já que se estima que determinadas despesas teriam repercutido na obtenção da renda tributável.

Foi reiterado diversas vezes que a matriz tributária brasileira se funda no valor da justiça, sendo uma das aplicações deste conceito a equidade, que visaria à justiça fiscal em situações concretas, sujeitas, portanto, a um campo de aplicação mais específico do que as pretensões amplificadas da justiça abstrata, que será objeto de análise nas subseções 3.4 e seguintes.

O regime tributário de deduções de despesas para determinação da base de cálculo do Imposto de Renda, embora esteja vinculado a uma teoria do conceito de renda, implica a criação de dois sistemas de alíquotas: um real e outro fictício.[503] No primeiro caso, trata-se das alíquotas efetivamente praticadas depois de realizadas as deduções, o que guarda efeitos financeiros significativos. Note-se que a lei, ao estabelecer determinado percentual de alíquota para o imposto, calibra uma expectativa de receita que não se realiza efetivamente. As deduções acabam significando um sistema de compensação entre as expectativas de receita com

---

[502] Ibid., p. 27.
[503] Na história do Imposto de Renda várias teorias foram elaboradas para sua explicação. Até as primeiras décadas do século XX, a dedução de despesas não era fundamental para o conceito de renda. Somente a partir das obras de Robert M. Haig e Henry C. Simons, respectivamente, em 1921 e 1938, a dedução de gastos para a obtenção da renda se tornou mais clara. Daí o conceito Haig-Simons de renda que combina a soma dos ganhos e a dedução de despesas durante um determinado período. Apesar da hegemonia do conceito Haig-Simons de renda, a dedução de despesas não está imune a críticas. Uma das principais correntes é a defendida por Stanley Surrey. Carlos Leonetti destaca três críticas do economista norte-americano. Dentre elas, prevalece, ao menos para os fins desta argumentação, a de que: "a elaboração da lista das deduções permitidas nem sempre obedece a critérios bem definidos, o que repercute no orçamento das despesas tributárias" (LEONETTI. Op. cit., p. 27).

a incidência do imposto e a receita efetiva, que decorre da soma dos ganhos do contribuinte diminuído deste montante um rol de despesas que reduz a alíquota prevista em lei para valores efetivos menores.

A alíquota fictícia, por sua vez, é a que consta da lei como percentual presumivelmente justo a que os contribuintes deveriam submeter seus ganhos. Mas com o regime de deduções, o que importa ou prevalece é a alíquota real, que representa os valores efetivos de arrecadação.

3.3.4.2 Iniquidade do regime das deduções e presunções no IRPF

O tema das deduções do Imposto de Renda que se vincula à teoria das presunções no Direito Tributário é um terreno fértil para considerações sobre equidade na tributação quando se colocam frente a frente contribuintes que, em função de sua capacidade econômica mais favorável têm direito a deduções do imposto, enquanto os contribuintes economicamente menos favorecidos não conseguem ter o mesmo benefício por razões econômicas que não são opcionais.[504]

---

[504] Atualmente, a legislação do IRPF limita a dedução dos gastos com educação, o que pode ser considerado uma afronta à Constituição. Aliás, é objeto da ADI nº 4927-DF, requerida pelo Conselho Federal da OAB. O TRF da 3ª Região se pronunciou sobre o assunto na Arguição de Inconstitucionalidade Cível nº 0005067-86.2002.4.03.6100-SP, entendendo que as limitações legais à dedução de gastos com educação vulneram o conceito de renda e o princípio da capacidade contributiva. Na doutrina, há também considerações que contestam a previsão de limitação de valores de dedução de despesas na base de cálculo do IR. Marcel Bach, examinando o assunto, conclui que tais limitações desrespeitam os direitos do contribuinte, no ponto em que a educação é um direito público subjetivo essencial à cidadania e à formação qualificada do indivíduo. Na medida em que o Estado não oferece ensino público para todos adequadamente, constitui violação ao direito à educação qualquer limitação às deduções da base de cálculo do IR, de gastos com educação (BACH, Marcel Eduardo Cunico. A (in)constitucionalidade das restrições à dedutibilidade das despesas com educação à luz dos objetivos fundamentais da república federativa do Brasil. In: GRUPENMACHER, Betina Treiger (coord). *Tributação*: democracia e liberdade em homenagem à Ministra Denise Arruda Martins. São Paulo: Editora Noeses, 2014, p. 573-590).

As deduções do IRPF estão quase todas previstas na Lei nº 9.250, de 1995, que permite que sejam deduzidas diversas despesas para se determinar a base de cálculo do IRPF.[505] É possível abater da renda disponível, dentre outras, as seguintes despesas: a) com dependentes; b) com educação; c) médicas; d) pensão alimentícia; e) contribuição à previdência social; f) contribuição à previdência privada; g) livro-caixa; h) aposentadorias e pensões de maiores de 65 anos; i) contribuição à previdência social do empregado doméstico.

Para os fins do que pretendemos argumentar, serão usados como exemplos os direitos à dedução de despesas médicas, com educação, contribuição à previdência privada e contribuição à previdência social do empregado doméstico. No Brasil, este grupo de quatro tipos de deduções constitui despesas tipicamente influentes no estilo de vida das classes média e alta.

Observe-se que a legislação em referência autoriza a dedução com despesas médicas particulares, tais como consultas, exames, internações etc., de serviços na área da saúde adquiridos da rede privada de atendimento médico. Tais deduções, inclusive, não têm limites. A utilização de serviços médicos privados é uma opção das camadas mais ricas da população. Geralmente, a classe média baixa e os pobres não utilizam serviços privados de saúde, os quais costumam ser melhores em qualidade e em disponibilidade de atendimento do que o serviço público de saúde, conhecidamente precário no país. A distorção que leva à iniquidade reside no direito de se deduzir as despesas médicas de serviços privados de saúde para determinação da base de cálculo do IRPF. Se os contribuintes de maior capacidade econômica podem deduzir tais despesas com tratamento de saúde, por outro lado os contribuintes que – frise-se, por falta de opção – ficam

---

[505] Além da lei em referência, o Decreto nº 9.580, de 2018, regulamenta toda a legislação de IR e disciplina em detalhes, a partir do artigo 707, quais e como devem ser calculadas as deduções do IRPF.

sujeitos a tratar da saúde na rede pública, não têm despesas para deduzir com tratamentos médicos, pois provavelmente foram atendidos pelo SUS. É bem verdade que a legislação parte de um critério de isonomia horizontal: a rigor, todos deveriam usufruir do sistema público de saúde e, por conseguinte, despesas com serviços privados de saúde não seria uma realidade, razão pela qual não haveria que se falar em deduções com este tipo de despesa. Mas, como se sabe, o serviço público de saúde é deficitário por não conseguir atender dignamente sequer às parcelas da população que não podem contratar os serviços privados. A opção de se adquirir serviços médicos na rede particular é uma variável que desiguala os contribuintes sob o aspecto da capacidade econômica. Ao se permitirem deduções integrais de despesas oriundas de serviços privados que não podem ser igualmente adquiridos por outros contribuintes por razões que independem de suas vontades cria-se uma situação de desigualdade vertical que o sistema de tributação não deveria sequer tolerar, que dirá favorecer a sua prática. As deduções de despesas médicas para determinação da base de cálculo do IRPF acirram a desigualdade de renda no país e ofendem a pretendida equidade da matriz tributária, na medida em que os mais pobres – que, em geral, se valem dos péssimos serviços públicos de saúde – estão sujeitos a uma carga tributária de imposto de renda proporcionalmente maior, em relação aos contribuintes que puderam realizar tais deduções.

A iniquidade apontada para as deduções de despesas médicas particulares se repete para os outros três grupos de deduções mencionados, quais sejam, previdência privada, educação particular e empregados domésticos, todas despesas que não são típicas dos contribuintes mais pobres.

Vê-se que o sistema, a pretexto de alcançar equidade tributária, gera efeito exatamente inverso, cria uma situação de iniquidade que tem no regime de deduções sua principal causa. Note-se que a teoria das presunções no Direito Tributário, que visa à praticidade e à eficiência na arrecadação, não condiz com a ideia de equidade, que exigiria uma apuração real e autêntica das capacidades contributivas de cada contribuinte. Se a lei concede o direito de deduções que somente é possível para as classes média e alta, por outro lado deveria compensar os grupos econômicos menos favorecidos com outros descontos sobre a base de cálculo do imposto. Os contribuintes, que em razão de seu perfil de renda se presumem impossibilitados de condições econômicas para abater despesas médicas ou com educação privada etc., deveriam ter direito a um desconto de base de cálculo equivalente à média das despesas dedutíveis das classes econômicas mais favorecidas. Ainda assim, o Direito Tributário não conseguiria fugir do problema das presunções, que decididamente constitui uma técnica inconciliável com a ideia de justiça como equidade.

3.3.4.3 Isenções, benefícios tributários e o problema da iniquidade

Outro problema de iniquidade da matriz tributária está relacionado às opções políticas de se discriminarem os contribuintes não exatamente em razão de suas capacidades contributivas, mas em função da origem ou da natureza de sua renda.[506] Este tipo de opção poderá gerar problemas de iniquidade tributária com forte potencial de radicalização da concentração de renda ou de desigualdade social.

Desde os anos 1990, o país tem adotado um modelo de tributação que estimula desonerações sobre lucros e dividendos, em detrimento da tributação sobre o salário na qualidade de renda.

Nesta linha, são exemplos a Lei nº 9.249, de 1995, que no artigo 3º fixou alíquota do IRPJ em 15%, alterando a alíquota anterior, que era de 25%. A mesma lei, no artigo 9º, instituiu a possibilidade de a empresa deduzir

---

[506] IPEA. *Op. cit.*, p. 27.

o pagamento de juros sobre o capital próprio (JCP) para a formação da base de cálculo do IRPJ. Assim, a empresa, em vez de pagar lucros ou dividendos ao acionista, poderá optar por pagar juros sobre o capital próprio, fator que acarreta a diminuição da base de cálculo do IRPJ. Ainda que os JCP estejam sujeitos à incidência de IRPF por parte do acionista beneficiário, os valores costumam ser maiores do que a distribuição de dividendos. Isso porque os JCP são calculados sobre o patrimônio líquido da empresa e limitados à variação *pro rata* dia da Taxa de Juros de Longo Prazo (TJLP).

A Lei nº 9.249, de 1995, no artigo 10, também isentou da incidência do IRPF o recebimento de lucros ou dividendos pagos pela companhia ao acionista, como medida de incentivo ao mercado de ações no Brasil. Diferentemente dos JCP, os lucros e dividendos não são dedutíveis como despesas da base de cálculo do IRPJ da pagadora do crédito ao acionista. Mas o ponto em questão é a opção política de se isentar do IRPF a rentabilidade de um certo tipo de investimento, no caso os lucros e dividendos com ações.

Apenas para ilustrar, há mais de uma década a tributação sobre os rendimentos do trabalho é maior do que a tributação sobre o capital recebido por meio de lucros e dividendos no país. Em 2005, IRRF somou 1,7% do PIB, representando cerca de 29% da arrecadação total do IR. O IR sobre rendimentos do capital alcançou o pífio percentual de 0,9% ou 16% da receita total do IR.[507] Em 2014, o IRRF seguiu arrecadando mais receita fiscal do que o IRPJ e CSLL juntos. De acordo com a Receita Federal, em 2013, o IRRF arrecadou 3,35% e IRPJ + CSLL, 3,10%, ambos em relação ao PIB.[508]

Em 2021, de acordo ainda com a RFB, a arrecadação do IRRF correspondeu a 3,62% do PIB e representou 10,88% do

---

[507] IPEA. *Op. cit.*, p. 28.
[508] Disponível em: <http://idg.receita.fazenda.gov.br/>. Acesso em: 11 mai. 2016.

total arrecadado, empatando com a soma do que se arrecadou de IRPJ e CSLL juntos.[509]

Seguindo nesta abordagem, de acordo com o Ipea, as entidades financeiras nas últimas décadas têm sido mais favorecidas com relação ao pagamento de tributos do que outros setores menos rentáveis. Entre 2000 e 2006, os lucros das entidades do segmento rentista subiu 5,5 vezes, enquanto a tributação do setor ficou em 2,7 vezes. No mesmo período, os lucros das instituições financeiras aumentaram 446,3%, ao passo que o IR sobre o resultado destas instituições não seguiu o mesmo desempenho, ficando com um acréscimo de 196,6%. A CSLL, tributo incidente sobre o lucro e destinado à seguridade social, registrou um crescimento de 122,8% para 446,3% de lucro das instituições bancárias.[510]

Enquanto determinados setores econômicos e categorias de contribuintes mais privilegiados financeiramente são agraciados com um regime de incentivos fiscais que certamente leva a perdas de arrecadação, setores produtivos tradicionais e a mão de obra não recebem os mesmos incentivos. Isso demonstra outra distorção da matriz tributária brasileira, que faz opções políticas que auxiliam no acirramento da desigualdade econômica, revelando uma inegável luta de classes.

Evidentemente, a matriz tributária, ao criar regime de privilégios fiscais para os citados setores sob a justificativa de que seria uma tendência a incentivar investimentos financeiros, ou a atrair capital internacional, além de vulnerar a arrecadação, cria um sistema marcadamente iníquo. A iniquidade decorre do fato de a maioria da população pagadora de tributos não gozar dos mesmos benefícios fiscais, seja o trabalhador assalariado ou as empresas dos diversos setores não atuantes no sistema financeiro.

---

[509] *Carga tributária no Brasil, 2021*: análises por tributos e bases de incidência. Brasília: Receita Federal do Brasil – CETAD – Centro de Estudos Tributários e Aduaneiros, dez. 2022.

[510] IPEA. *Op. cit.*, p. 29.

3.3.4 Capacidade contributiva: justiça ou equidade?

A busca da justiça tributária é, sem dúvida, o principal desafio das teorias em torno da capacidade contributiva, embora, às vezes, o tema da justiça na tributação seja excluído do plano jurídico e confundido com questões econômicas ou políticas.[511]

A doutrina geralmente divide a capacidade contributiva em dois planos, chamados vulgarmente de "objetivo" e "subjetivo". Paulo de Barros Carvalho se expressa, considerando o seguinte:

> Realizar o princípio pré-jurídico da capacidade contributiva absoluta ou objetiva retrata a eleição, pela autoridade legislativa competente, de fatos que ostentem signos de riqueza. Esta é a capacidade contributiva que, de fato, realiza o princípio constitucionalmente previsto. Por outro lado, também é capacidade contributiva, ora empregada em acepção relativa ou subjetiva, a repartição da percussão tributária, de tal modo que os participantes do acontecimento contribuam de acordo com o tamanho econômico do evento.[512]

Regina Helena Costa fala em "capacidade contributiva absoluta ou objetiva" e "capacidade contributiva relativa ou subjetiva".[513] No primeiro caso, trata-se da caracterização da sujeição passiva em potencial, isto é, a lei elege condições objetivas, por exemplo, um valor geral que uma vez recebido caracteriza a renda. No Brasil, o salário, o capital, a combinação de ambos ou proventos de qualquer natureza que caracterizem acréscimo patrimonial serão considerados "renda" (CTN, art. 43). Tais valores constituem a capacidade contributiva no

---

[511] Nesse sentido: "a justiça fiscal tem sido relegada a um plano pré-jurídico pela doutrina positivista, mas não é possível desconsiderar que a justiça é um conceito central para o Direito, assim como o é a eficiência" (NOGUEIRA, Jozélia. Tributação, justiça fiscal e social. In: GRUPENMACHER, *Op. cit.*, p. 759).

[512] CARVALHO. *Op. cit.*, p. 173.

[513] COSTA. *Op. cit.*, p. 28.

sentido objetivo. No segundo caso, tem-se a individualização da capacidade contributiva, de modo que somente serão onerados os contribuintes que auferirem determinados valores definidos na legislação, emprestando à renda, portanto, um caráter subjetivo.

Na mesma linha de entendimento, Ferreiro Lapatza sustenta que a capacidade contributiva pode se revelar como "absoluta" ou "relativa".[514] Também dividindo a capacidade contributiva nos planos absoluto e relativo, manifesta-se José Marcos Domingues de Oliveira, quando afirma que: "capacidade contributiva é conceito que se compreende em dois sentidos, um *objetivo ou absoluto* e outro *subjetivo ou relativo*" (grifos originais).[515]

Sobre o assunto, será utilizada a classificação de José Maurício Conti, que divide o princípio da capacidade contributiva em "estrutural" e "funcional". Nas palavras do professor:

> Esta análise da doutrina nos leva à conclusão que a expressão "capacidade contributiva" pode ser vista sob dois ângulos: o estrutural e o funcional. O primeiro deles é aquele segundo o qual a capacidade contributiva é uma aptidão para suportar o ônus tributário, a capacidade de arcar com a despesa decorrente do pagamento de determinado tributo. O segundo é aquele pelo qual vê-se a capacidade contributiva como critério destinado a diferenciar as pessoas, de modo a fazer com que se possa identificar quem são os iguais, sob o aspecto do Direito Tributário, e quem são os desiguais, e em que medida e montante se desigualam, a fim de que se possa aplicar o princípio da igualdade com o justo tratamento a cada um deles.[516]

Por exemplo, a progressividade se insere no contexto da capacidade contributiva na perspectiva funcional. Isso porque

---

[514] LAPATZA. *Op. cit.*, p. 23.
[515] "No primeiro caso [sentido absoluto], a capacidade contributiva significa a existência de uma riqueza apta a ser tributada (capacidade contributiva como pressuposto da tributação), enquanto no segundo a parcela dessa riqueza que será objeto da tributação em face de condições individuais (capacidade contributiva como critério de graduação e limite do tributo)" (OLIVEIRA, José Marcos Domingues. *Capacidade contributiva*: conteúdo e eficácia do princípio. Rio de Janeiro: Renovar, 1988, p. 57).
[516] CONTI. *Op. cit.*, p. 33.

o objetivo desta perspectiva é promover igualdade vertical, de modo que cada contribuinte compartilhará os sacrifícios de custear as despesas públicas de acordo com critérios definidos pela legislação, relacionados à "renda auferida", à "renda despendida" ou à "renda acumulada".[517] Assim, a progressividade da tributação está fundada em um critério geral, que é a renda (auferida, despendida ou acumulada). Esta poderá passar por variações que também permitem, em tese, prever-se mensurações individualizadas, embora em um dos casos a técnica da progressão de alíquotas possa encontrar dificuldades práticas, como no caso da tributação sobre o consumo.

Entende-se por "renda auferida" os ganhos obtidos por alguém em razão de alguma atividade que desenvolva ou tenha desenvolvido, ou ainda pela remuneração do capital investido. A "renda despendida" consiste nos recursos financeiros alocados no consumo de bens ou serviços; a "renda acumulada" é a riqueza que se detém na forma de ativos com valor econômico, que constituem o patrimônio da pessoa.

Seguindo-se o conceito mais usual de progressividade, consistente na tributação por meio de alíquotas em percentuais, que aumentam conforme o montante de base de cálculo se eleva, a distribuição equitativa da carga tributária se adapta mais facilmente na hipótese da tributação da renda auferida do que nas demais modalidades. Daí o fato de a Constituição Federal, no artigo 153, §4º, I, ter previsto a progressividade para o Imposto de Renda. Tratando-se da renda acumulada, isto é, o patrimônio, também não existem tantas dificuldades em se aplicar a progressividade de alíquotas, adotando-se a mesma técnica de divisão da base de cálculo do bem tributado em intervalos (faixas de valor). Nesse sentido, a EC nº 29, de 2000, deu nova redação ao artigo 156, §1º, I, para explicitar a progressividade do IPTU em razão do valor venal.

---

[517] *Ibid.*, p. 41.

É evidente que para os demais impostos sobre o patrimônio a progressividade será possível, tanto assim que o Supremo Tribunal Federal assentiu com a tese da progressividade para o ITCD após fortes resistências das Fazendas estaduais.[518]

Conforme alertado acima, em se tratando de renda consumida, isto é, gastos com o consumo de bens e serviços, subsistem dificuldades práticas para a aplicação de alíquotas progressivas sobre os tributos incidentes no consumo. Isto porque os impostos sobre o consumo, basicamente o ICMS, o IPI, o ISS e o II, em geral, têm como base de cálculo o preço das mercadorias ou serviços, não sendo prático, no momento da compra, aplicar-se alíquotas progressivas de acordo com o montante de renda do contribuinte. Seria necessária uma base de dados unindo todas as Fazendas estaduais (uma vez que a competência do ICMS é estadual) e Fazenda nacional, sendo capaz de identificar imediatamente o perfil de renda do contribuinte no ato do consumo. Teria que se exigir também que o sistema cruzasse a declaração do Imposto de Renda do contribuinte com o bem adquirido, o que, convenhamos, não seria nada prático.

Sem prejuízo desta última observação, na progressividade sobre a renda consumida não é consensual a aplicação de alíquotas progressivas na tributação sobre o consumo porque nos tributos indiretos, isto é, os que incidem sobre bens e serviços consumíveis, não haveria como se distinguir as

---

[518] O STF não possui uma jurisprudência consolidada sobre a progressividade de alíquotas nos chamados tributos diretos. Aliás, remanesce a distinção entre tributos pessoais e reais na Suprema Corte. Assim, é firme o entendimento de que cabe progressividade para atender à capacidade contributiva nos tributos pessoais, isto é, no Imposto de Renda. Somente depois do advento da EC nº 29/2000 passou-se a reconhecer tal possibilidade para o IPTU, que é imposto real, mesmo assim, somente para as leis que definiram a progressividade do IPTU em relação à base de cálculo, posteriores ao advento da citada Emenda, conforme a Súmula 668. Em 2013, houve novo avanço, quando o colegiado reexaminou sua jurisprudência para reconhecer, com fundamento na capacidade contributiva, a possibilidade de alíquotas progressivas em razão da base de cálculo para o ITCD, que também é imposto real e direto. RE 562.545/RS, Rel. do Acórdão, Ministra Cármem Lúcia, julgamento em 6.2.2013, DJe 27.11.2013.

capacidades contributivas. Considerando que a capacidade contributiva, na qualidade de instrumento de efetivação da igualdade vertical, leva em conta as diferenças pessoais de renda dos contribuintes, esta verificação seria impossível nas aquisições de produtos ou de serviço consumíveis.

Roque Carrazza, por exemplo, alerta que a progressividade cabe em todos os tributos previstos no ordenamento jurídico brasileiro, com exceção de poucos impostos, como o IPI e o ICMS, que teriam regras-matrizes constitucionais incompatíveis com a progressividade.[519] Hugo de Brito Machado, por sua vez, refuta a tese de impossibilidade da progressividade de tributos incidentes sobre o consumo. Para este professor, o consumo de bens suntuosos, ou o local onde se desfrutam de determinados serviços sofisticados, poderá indicar elevada capacidade contributiva, razão pela qual a tributação sobre o consumo deverá ser maior do que os de produtos ou serviços que integram a noção de mínimo existencial.[520]

O instrumento mais apropriado para efetivar a capacidade contributiva nos tributos incidentes no consumo seria a seletividade, por meio da qual o legislador definiria quais produtos ou serviços deveriam ser graduados por alíquotas diferenciadas. No caso do IPI, a própria Constituição Federal, no artigo 153, §3º, I, determina que o imposto deverá ser seletivo em função da essencialidade do produto, enquanto para o ICMS a Carta preferiu ser menos incisiva, indicando apenas que poderá ser seletivo em função da essencialidade das mercadorias ou serviços tributáveis (CF, art. 155, §2º, III).

Não há dúvida de que a seletividade aplicável aos tributos indiretos, isto é, os que incidem sobre o consumo, concretiza o princípio da capacidade contributiva de uma forma ampla, mas também serve para efetivar a capacidade contributiva no plano funcional, levando em consideração as

---

[519] CARRAZZA. *Op. cit.*, p. 99, n. 50.
[520] MACHADO. *Op. cit.*, p. 41-44.

diferenças individuais de renda. Tal questão exige algumas explicações adicionais.

Note-se que, no plano funcional, a capacidade contributiva visa a distribuir a carga tributária de forma mais justa, fincando-se teoricamente na equidade vertical e no princípio econômico do sacrifício comum. Estes fundamentos teóricos da capacidade contributiva, portanto, levam ao entendimento de que todos deverão financiar os gastos públicos na medida de suas capacidades econômicas. Este é o pressuposto da capacidade contributiva, que, conforme visto, constitui o liame jurídico entre o Fisco e o contribuinte. Assim, embora todos os contribuintes consumidores de produtos e serviços demonstrem possuir renda (capacidade econômica e capacidade contributiva estrutural ou objetiva), os bens consumidos efetivamente podem indicar padrões de renda diferenciados. Logo, sobre bens de maior valor final ou supérfluos, a quantidade de tributo a ser arrecadada deverá ser maior do que a obtida sobre mercadorias e serviços de menor valor ou que são essenciais à vida humana. Por conseguinte, o princípio da capacidade contributiva no plano funcional poderá ser efetivado por outros instrumentos e não apenas por meio da progressividade. O emprego da seletividade sobre bens e serviços consumíveis é exemplo típico desta possibilidade.

Viu-se, portanto, que a capacidade contributiva é um princípio do Direito Tributário intimamente relacionado à ideia de repartição da carga tributária entre os contribuintes, tendo em mira a quantidade de tributo a ser exigida, mediante as diferenças de renda auferida, acumulada ou despendida. A progressividade e a seletividade são instrumentos para efetivação da capacidade contributiva nesta perspectiva (capacidade relativa, subjetiva ou funcional).

Alguns autores refutam esta tese por entenderem que a progressividade não é instrumento da capacidade contributiva, mas indutor de justiça distributiva. Luís Eduardo Schoueri argumenta que os efeitos da progressividade poderão levar ao entendimento de que o instituto não concretiza a capacidade contributiva. Para este autor, a periodicidade do Imposto de Renda é simplesmente um critério prático para a apuração do tributo, mas isso não significa a aferição total da capacidade contributiva de uma pessoa, o que ocorreria somente depois de se analisar a renda auferida ao longo de sua vida.[521] Outros estudiosos entendem que a progressividade não efetiva a capacidade contributiva, mostrando-se como instrumento para a "consecução da justiça fiscal, fundada no princípio da isonomia".[522]

Tal argumentação é apropriada, mas não consegue afastar os fundamentos que fazem da progressividade instrumento de realização do princípio da capacidade contributiva. Conforme se viu nas subseções 1.3 a 1.3.3, a locução *capacidade contributiva* contém amplo conjunto de verificações e de argumentos teóricos. Em síntese, cuida-se de um instituto do Direito e não há como negar sua origem atrelada intimamente à redistribuição da renda global de um país, uma vez que visa a partilhar os ônus de custeio do Estado por meio de tributos, respeitadas as diferenças pessoais e na medida do possível. A progressividade das alíquotas é um dos instrumentos de efetivação da ideia de redistribuição de renda, por permitir ao legislador, dentro das possibilidades do Direito que não são totalmente eficazes, distinguir as diversas capacidades econômicas.[523]

Por outro lado, a justiça distributiva ou social possui uma base estrutural riquíssima e se volta à distribuição da riqueza nacional entre todos por diversos instrumentos, um deles é a distribuição de renda.[524] Não há como dissociar o

---

[521] SCHOUERI. *Op. cit.*, p. 372.
[522] FREITAS; BEVILACQUA. *Op. cit.*, p. 98.
[523] Conforme lembra Ricardo Lobo Torres: "Sucede que, como já vimos, é inevitável alguma desigualdade na equação da isonomia e o direito tributário não chega à igualdade absoluta. Nem mesmo a equidade consegue, na via legislativa, suprir os paradoxos e insuficiências do princípio da igualdade" (TORRES. *Op. cit.*, p. 165).
[524] "Em certas situações, a capacidade contributiva deve ser temperada e balanceada, com maior ou menor intensidade, com outros valores para alcançarmos uma sociedade justa e solidária" (FISCHER, Octávio Campos. Tributação, ações afirmativas e democracia (In: GRUPENMACHER. *Op. cit.*, p. 593).

princípio da capacidade contributiva de sua origem histórica vinculada à ideia de justiça e de distribuição de renda por meio da tributação, até porque, no plano funcional, a capacidade contributiva não é outra coisa senão repartir os ônus tributários conforme as diferentes rendas usufruídas pelas pessoas. A capacidade contributiva é a justiça distributiva no âmbito da estrutura endógena da matriz tributária, mas não é suficiente para completar o quadro de valores e de princípios exigidos pelo sistema de tributação do Brasil.

Os argumentos despendidos sobre capacidade contributiva e seus instrumentos de efetivação deflagraram que, se por um lado o princípio visa a efetivar o valor da justiça, inclusive com fundamento na equidade, seu alcance é limitado pela estrutura endógena da matriz tributária. O princípio da capacidade contributiva, portanto, orienta-se pelo valor equidade, mas este, na qualidade de justiça no caso concreto não se realiza plenamente em função das presunções do Direito Tributário. Por esta razão, na estrutura endógena a equidade tributária é somente otimizada, sendo o princípio da capacidade contributiva o principal instrumento da otimização.

A partir dos próximos subitens aprofundaremos os argumentos inicialmente lançados na subseção 3.2.2 acerca da estrutura exógena da matriz e sua finalidade de realização de valores e princípios constitucionais de justiça. O objetivo será a procura de um sentido de justiça na tributação que guarde coerência e substância com os ideais de construção de uma sociedade livre, justa e solidária. A ênfase a seguir será na identificação do que significa um sistema tributário justo, uma vez que a estrutura endógena não é essencial para a ultimação de um conceito de justiça que satisfaça direitos materiais, especialmente os que estão vinculados à tributação e ao Estado Democrático de Direito, que são a dignidade da pessoa humana e a proteção ao mínimo existencial.

A estrutura endógena, na qual o princípio da capacidade contributiva está contido, possui inúmeras dificuldades de realizar justiça, inclusive a justiça como equidade, especialmente em razão do problema das presunções no Direito Tributário e a utopia de estabelecer a quota de contribuição tributária justa para cada contribuinte. Realmente, a estrutura endógena da matriz tributária não se alija da noção de justiça (justiça como equidade), mas, por ser limitada a um conjunto de regras que se volta para o interior de seu sistema normativo, não se lança na aventura desmedida de dar suporte à realização da justiça das justiças: a justiça distributiva, social e para todos.

3.4 Identificação da justiça tributária

Dividiu-se a matriz tributária em duas estruturas denominadas endógena e exógena. Trata-se de uma estratégia de argumentação visando a esclarecer conceitos absolutamente preciosos para os fins da tributação. Se a matriz tributária concentra um conjunto de regras e de opções políticas que indicam os fatos a serem tributados, seus objetivos e valores devem constar provavelmente de outros diplomas normativos, no caso a Constituição Federal. A matriz é um suporte e instrumento para a realização de tais valores e princípios. Na subseção 3.2.2, explicamos que a estrutura interna da matriz tributária é orientada pelo valor da justiça aplicada aos casos concretos, daí porque será mais adequado examinar seus princípios e regras à luz da equidade.

Como exposto na subseção 1.4, a equidade é um vocábulo usualmente empregado para designar a necessidade de se aplicar a justiça, respeitando as diferenças individuais, por isso está vocacionada a realizar justiça na hipótese individualizada e concreta. Demonstramos que para a conformação do conceito de equidade, não será imprescindível a figura de um árbitro (juiz ou administrador) a aplicar regras jurídicas que se voltem a dimensionar a quota justa de contribuição tributária que cada um deve pagar. Em matéria tributária compete à lei procurar calibrar o montante tributário que cada contribuinte deverá contribuir. A lei atua em um plano abstrato, mas para se aproximar da complexidade dos fatos se vale de presunções, visando a tributar os contribuintes de forma justa ou, melhor dizendo, equitativa. Assim, equidade é o valor que guia o sistema composto pela estrutura endógena da matriz tributária, enquanto o princípio jurídico que busca sua efetividade é o da capacidade contributiva.

A despeito de todas as regras inerentes ao mencionado princípio, especialmente as que se destinam a dar-lhe efetividade, tais como a progressividade, a proporcionalidade e a seletividade, nem sempre estes instrumentos conseguem efetivar o princípio e, consequentemente, o valor da equidade. Na pretensão de se alcançar a quota justa de contribuição de cada contribuinte, a equidade é uma utopia quando colocada diante das teorias do benefício ou do sacrifício comum. As presunções no Direito Tributário levam a distorções e iniquidades, da mesma forma que ofende a ideia de igualdade e, consequentemente, a de justiça. Basta que se coloque em discussão a previsão de incentivos e privilégios para determinados setores ou categorias de contribuintes, sem medidas compensatórias para os menos favorecidos e demais pagadores de tributos.

Enfim, a pretexto de realizar o valor da equidade, a estrutura endógena da matriz tributária pode levar a tributação a praticar o efeito exatamente oposto, que é a iniquidade da matriz, cujos exemplos principais foram apresentados nas subseções 2.6 e seguintes.

Nesta subseção e nas demais, o objetivo será identificar quando e como a matriz tributária poderá ser considerada justa. Será utilizado como método o conceito de estrutura exógena da matiz tributária, que consiste na ideia de a matriz ser o suporte e a finalidade da tributação. Enquanto a estrutura endógena é simples suporte para a aplicação de princípios e regras que se voltam ao interior do sistema tributário, a estrutura exógena reúne as qualidades de ser suporte e finalidade do sistema de arrecadação. Será suporte porque continuará juntando e sistematizando regras que visam a arrecadar receitas tributárias para a manutenção da burocracia estatal e a efetivação de políticas públicas voltadas a determinados fins. Como finalidade, a estrutura exógena pretende concretizar valores e princípios constitucionais que se coadunam com o sistema de tributação. A referência que se faz é ao valor da justiça em seus sentidos abstrato e generalizado – não exatamente a justiça das situações concretas – que se identificam com a equidade e que estão presentes no âmbito da estrutura endógena.

Neste subitem, optaremos justificadamente por uma teoria de justiça que faça sentido e guarde coerência com os valores constitucionais colimados no artigo 3º da Constituição. A teoria de justiça a ser escolhida encontra abrigo na Ciência Política e se trata da justiça social ou distributiva (veja-se a subseção 3.2.6). A estrutura exógena da matriz tributária pretende alcançar a finalidade de efetivar o valor da justiça social, sendo orientada por princípios jurídicos tal qual ocorre com a estrutura endógena da matriz. Dois princípios do Estado Democrático de Direito são fundamentais: a) dignidade da pessoa humana; e b) a proteção ao mínimo existencial. Tais princípios deverão ser afirmados por meios de regras que, no caso da tributação, são normas voltadas a manter ou ampliar o mínimo existencial.

Todas as considerações apresentadas possuem um escopo que é parte intrínseca do significado de "justiça tributária". Trata-se de refletir se a justiça tributária está no âmbito da estrutura endógena da matriz tributária ou nas finalidades que a estrutura exógena visa a alcançar. Se a equidade da matriz tributária, no âmbito da estrutura endógena nem sempre é verificável, uma eventual tolerância do sistema a este estado de coisas talvez não acarrete tantos problemas à sociedade quanto a falência da estrutura exógena como suporte e finalidade da tributação. De algum modo, os subitens a seguir pretendem justificar esta última afirmação.

3.4.1 A escolha da justiça social como valor fundante da matriz tributária

Em sua conhecida teoria de justiça, John Rawls estabelece uma ordem serial de prioridades aos princípios do que considera ser uma sociedade idealmente justa.[525] Para Rawls, dois princípios estruturam uma ordem social justa: "o princípio da liberdade igual", em que se prima pela igualdade de direitos e de liberdades fundamentais; e "o princípio da igualdade equitativa de oportunidades", por meio do qual as desigualdades sociais devem ser estabelecidas em benefício de todos, o que dá margem a um princípio de diferença.[526]

O primeiro princípio sugere a garantia dos direitos fundamentais voltados à liberdade, direitos, portanto, de primeira geração na ordem evolutiva dos direitos humanos. Rawls reconhece que os direitos relativos ao princípio da liberdade são muitos e variados, de modo que não seria possível listar um rol de quais são esses direitos. Admite também que as liberdades, exatamente porque são tantas, podem colidir e uma prevalecer sobre a outra em certas circunstâncias sociais, econômicas e tecnológicas específicas de cada sociedade.[527] Por exemplo, a ideia de liberdade em um Estado liberal orientado pelo fundamento do *laissez faire* compreende a ideia de liberdade de forma absoluta, diferentemente de um regime liberal igualitário, ou de socialdemocracia, ou ainda, socialista. A despeito dessas diferenças de posição, a liberdade é reconhecida e afirmada nestas três correntes filosóficas de Estado.

---

[525] RAWLS. *Op. cit.*, p. 73-73.

[526] "A primeira formulação dos dois princípios é a seguinte: primeiro, cada pessoa deve ter um direito igual ao sistema mais extenso de iguais liberdades fundamentais que seja compatível com um sistema similar e liberdades para as outras pessoas. Segundo: as desigualdades sociais e econômicas devem estar dispostas de tal modo que tanto (a) se possa razoavelmente esperar que se estabeleçam em benefício de todos como (b) estejam vinculadas a cargos e posições acessíveis a todos" (RAWLS. *Op. cit.*, p. 73). O princípio de diferença seria um desdobramento dos demais, especialmente quando o segundo princípio não conseguir responder às suas expectativas de distribuição da riqueza e das posições de trabalho para todos. De acordo com a teoria de Rawls, "O princípio de diferença é, então, uma concepção fortemente igualitária no sentido de que, se não houver uma distribuição que melhore a situação de ambas as pessoas (limitando-nos ao caso de duas pessoas, para simplificar), deve-se preferir a distribuição igualitária" (RAWLS. *Op. cit.*, p. 91).

[527] RAWLS. *Op. cit.*, p. 75.

A sociedade desprovida dos direitos de liberdade passa por riscos de não se manter democraticamente e, portanto, apresentar-se injusta. A opressão à liberdade individual de uma pessoa é tão ofensiva ao princípio quanto a dirigida a um grupo indeterminado de pessoas. No tocante à violação das liberdades, não está em jogo a quantidade de indivíduos, mas a ofensa ao princípio e eventual ausência de instâncias corretivas de sua violação.

O segundo princípio é dividido por Rawls em duas partes. A primeira tem a ver com a distribuição da renda e da riqueza, enquanto a segunda refere-se à distribuição de cargos e de autoridade, que pode conduzir a um "princípio de diferença". O segundo princípio, em um primeiro plano, defende que as distribuições de renda e de riqueza em uma sociedade não necessitam ser iguais para todos, mas as desigualdades somente seriam moralmente aceitáveis se beneficiarem a todos. A ocupação de cargos e de autoridades que constituem o segundo plano do princípio, de acordo com a teoria liberal de Rawls, deve ser compreendida de tal forma que o acesso a estas ocupações sejam possíveis a todos em condições de igualdade. Na essência, a teoria do jusfilósofo norte-americano pretende romper com fatores arbitrários que alimentam o círculo vicioso em que somente aqueles que tiveram garantidas as melhores condições de acesso aos cargos e postos de autoridade sigam hereditariamente mantendo tais condições.[528]

O princípio de diferença é uma ideia mais sofisticada da igualdade de oportunidades ínsita ao segundo princípio. Assegurado o princípio de liberdade igual e de igualdade de oportunidades, a ordem social não deve instituir expectativas de vantagem que atendam somente a uns e não a outros. Somente seriam admitidas diferenças de expectativas de vantagem aos mais bem posicionados na sociedade, se estes beneficiarem também

---

[528] *Ibid.*, p. 87-88.

aos menos favorecidos. Rawls entende que a ordem social não consegue ser sempre igual para todos, mas as vantagens obtidas pelas pessoas mais talentosas ou agraciadas pela "loteria da vida", e que alcançam vantagens econômicas e sociais em função de fatores arbitrários, deverão ser acompanhadas de vantagens a quem não houver contado com as mesmas possibilidades. No tocante à tributação, por exemplo, uma matriz tributária que beneficie com incentivos fiscais segmentos mais favorecidos economicamente, somente se justificariam se trouxessem algum tipo de compensação para os menos favorecidos, por exemplo, um programa de transferência de renda financiado pelos mais aquinhoados ou algo semelhante. Em síntese, o princípio de diferença tolera tratamentos diferentes para as elites econômicas, desde que tal diferença promova, em contrapartida, o bem dos mais despossuídos.

A teoria de Rawls é bastante complexa e abstrata, inclusive com relação ao segundo princípio, que inicialmente aparenta ser de fácil assimilação. Não se intenciona adotar a teoria rawlsiana como elemento essencial. O objetivo é tão somente utilizar esta teoria para chamar a atenção para a ideia de ordem serial (lexical) de prioridades aos princípios e, a partir desta premissa, estabelecer um liame argumentativo que dê sentido à hipótese de que justiça social é uma prioridade e em que ordem ela se situa no sistema de direitos e na matriz tributária. Rawls, portanto, distribui os princípios de uma ordem social justa em um esquema de prioridades em que o princípio de liberdade igual é prioritário em relação ao princípio da igualdade e de diferença.

Álvaro de Vita chama a atenção para a complexidade de se estabelecer uma ordem serial ou lexical de prioridades aos princípios da justiça, no ponto em que, sem determinadas condições básicas de uma vida digna, também não é possível se exercer as liberdades iguais contidas no primeiro princípio. Nas palavras do autor:

> Uma primeira qualificação a fazer é a de que a vigência da "prioridade léxica" do primeiro princípio somente pode ter lugar

uma vez que as necessidades básicas dos indivíduos tenham sido satisfeitas, entendendo-se por "necessidades básicas" interesses vitais do seguinte tipo: a garantia de integridade física, de nutrição adequada, do acesso à água potável, ao saneamento básico, ao atendimento médico e à educação. É preciso supor que um princípio de satisfação de interesses vitais encontra-se implicitamente reconhecido na prioridade atribuída às liberdades civis e políticas.[529]

O reconhecimento da relevância dos direitos de liberdade será permitido na medida em que cada pessoa tenha garantidas as condições básicas de sobrevivência de uma vida digna. Portanto, a garantia da sobrevivência é ínsita ao primeiro princípio de modo a colocar em certo nível de relativização a ordem serial de prioridades entre os princípios, conforme sugerido por Álvaro de Vita à proposta de prioridades defendida por Rawls. Caso se deixe de lado a teoria de Rawls e se pretenda estabelecer outra ordem serial de prioridades entre princípios de justiça, a dignidade humana talvez possa preceder a prioridade da liberdade.

A rigor, em uma economia de mercado, e partindo-se de um pressuposto de eficiência e de equilíbrio de suas forças componentes, a existência digna, ainda que com algumas diferenças conceituais, deveria ser garantida pelo mercado. O ponto controvertido será o que fazer quando o mercado não oferecer as expectativas de uma vida digna e exigir de uma sociedade ordenada atuações que visem à referida garantia.

A percepção de que uma vida digna não esteja sendo atendida e que algum tipo de mobilização social poderá ocorrer no rumo de sua reivindicação, depende, obviamente, de se assegurar as condições materiais para a possibilidade de se desfrutar esta vida minimamente digna. A consciência do que vem a ser a vida digna passa pelo que Álvaro de Vita, referindo-se a Rawls, conceitua como "necessidades dos

---

[529] VITA, Álvaro de. *A justiça igualitária e seus críticos*. São Paulo: Martins Fontes, 2007, p. 206.

cidadãos".⁵³⁰ Tais necessidades pressupõem objetivos mais ambiciosos do que a garantia de um mínimo básico existencial e visam às faculdades morais dos indivíduos. Assim, as faculdades morais das pessoas dependem de duas capacidades de julgamento que constituem a identidade pública de cada indivíduo. Trata-se da capacidade de revisar a concepção do que vem a ser um bem; e as capacidades de ter e de agir segundo um senso de justiça.⁵³¹ Sem as condições de se exercerem tais capacidades, a consciência do bem e da justiça para si próprio pode ficar comprometida da mesma forma que compromete o julgamento do bem e do justo em relação a todos.

Se a garantia de condições dignas mínimas é um forte pressuposto do princípio da liberdade igual, elegê-la como uma prioridade antecedente a qualquer outro princípio passa a ser um ponto considerável. Esta escolha não deveria ficar à mercê de uma simples argumentação, mas da constatação real e empírica de que, até para o exercício de suas faculdades morais, de discernir o bem e a justiça, as pessoas dependem de condições básicas de existência.

É inegável a posição estratégica que as condições dignas mínimas de existência exercem sobre a expectativa de construção e manutenção de uma sociedade ordenada. A despeito desta posição, a condição de existência digna não deveria ser desfrutada por uns em razão de talentos individuais ou por relações hereditárias, e não serem experimentadas por outros não inseridos nas mesmas circunstâncias arbitrárias.

O tema da justiça social ingressa exatamente no ponto em que a existência digna é um bem e um direito, sem a qual sequer o direito de liberdade e as faculdades morais do que é o bem e a justiça podem ser avaliadas. Daí porque uma vida digna para todos, com a oportunidade de se usufruir de direitos básicos, é uma questão de justiça e um valor fundante da ordem jurídica.

---

⁵³⁰ *Idem*, p. 208.
⁵³¹ *Ibid., loc. cit.*

No âmbito de sua estrutura exógena, a matriz tributária é um suporte e simultaneamente tem por finalidade alcançar a realização do valor da justiça social, caso contrário se conformaria unicamente com sua estrutura endógena e todas as dificuldades de se realizar o conceito de equidade, conforme exposto nas subseções anteriores. Reconhecer que a estrutura exógena da matriz tributária se volta para o fim de assegurar justiça social não é fruto de um poder de argumentação quase magicamente criado para atender uma certa linha de pensamento ou de ideologia. Trata-se de se buscar um sentido ao sistema de tributação que esteja coadunado com os objetivos da República, tal qual qualquer outro sistema de Direito deve estar jungido. Dos objetivos da República nos quais a justiça se insere, efluem todos os demais direitos e sistemas de Direito.

Portanto, a argumentação de concretização da justiça social ou distributiva é a meta a ser buscada. Se todos puderem desfrutar de uma existência digna mínima, a matriz tributária terá alcançado o seu objetivo primacial, uma vez que é a principal responsável pela geração de recursos que serão utilizados no alcance desta finalidade de justiça, direta ou indiretamente.

3.4.2 Sociedade livre, justa e solidária

O artigo 3º da Constituição Federal traça os objetivos da República, não sendo por acaso o inciso I a enunciar, desde logo, em ordem de prioridade, que a sociedade brasileira está irmanada com o objetivo fundamental de construir – portanto, não é algo dado naturalmente – uma sociedade livre, justa e solidária. Liberdade e justiça são valores que se somam antes de se contraporem. Justiça e liberdade para efeitos do estabelecimento de propósitos de uma sociedade justa combinam com a ideia de igualdade, porquanto a pretensão no Estado Democrático de Direito é que todos possam igualmente ser livres. Por outro lado, uma sociedade justa é a que tem na igualdade um postulado inevitável para o qual todos os esforços políticos são agregados.

Nesse sentido, não existiria uma dualidade de posições ou de prioridades entre liberdade e igualdade. Autores como Robert Nozik e outros libertários sugerem a tese da dualidade, mas examinada a questão sob um ponto de vista igualitário, ainda que liberal igualitário – portanto, não se exclui o problema da visão liberal – liberdade está para a igualdade assim como o Direito está para a Política.[532] Não é possível supor em uma sociedade democrática que a liberdade não seja um direito desfrutado por todos e, nesse sentido, se todos devem desfrutar da liberdade é o que basta para identificar a simbiose entre liberdade e igualdade. Portanto, uma sociedade livre supõe que a liberdade seja igualmente usufruída por todos. Demais disso, como salienta Amartya Sen, a questão é eleger a "igualdade de que", e não antagonizar liberdade e igualdade, como se fossem antíteses.[533]

Dworkin, discorrendo sobre os direitos civis, sustenta que "a principal contribuição dos Estados Unidos para a Ciência Política é uma concepção de democracia segundo a qual a proteção dos direitos individuais é uma pré-condição para essa forma de governo, e não uma solução de meio-termo".[534] A noção de direitos individuais para os estadunidenses está associada aos direitos fundamentais, especialmente à igualdade.[535] No fundo, a ideia de igualdade, seja ela de gênero, de raça, de origem ou de orientação sexual, pertence

---

[532] NOZICK, Robert. *Anarquia, Estado e utopia.* Trad. Fernando Santos. São Paulo: Martins Fontes, 2011, p. 300-309.

[533] "Pode haver, é claro, um conflito entre uma pessoa que defende a igualdade de alguma variável *outra que* a liberdade (tal como a renda ou riqueza ou bem-estar) e alguém que quer somente liberdade igual. Mas esta é uma disputa sobre a questão 'igualdade de que?'" (SEN, Amartya. *Desigualdade reexaminada.* Trad. Ricardo Doninelli Mendes. São Paulo: Record, 2001, p. 53).

[534] DWORKIN, Ronald. *O direito da liberdade:* a leitura moral da Constituição norte-americana. Tradução de Marcelo Brandão Cipola. São Paulo: Martins Fontes, 2006, p. 239.

[535] DWORKIN. *Op. cit.*, p. 349.

às pré-condições do conceito de democracia. Na medida em que as relações materiais e históricas não permitem que este tipo de pré-condição se efetive, cabe ao regime democrático estabelecer as medidas para que a igualdade seja perceptível como experiência vivida. É possível que a igualdade resulte de instrumentos normativos ou de ações governamentais, mas isso não a desnatura como pré-condição de qualquer democracia e, ao contrário, passa a ser uma ratificação das condições essenciais do regime democrático.[536]

Este ponto é importante, pois, embora estejam consagradas no texto da Constituição Federal passagens que rumam ao centro da ideia de igualdade como negação de formas diretas ou indiretas de discriminação, ou ainda, com o sentido de distribuir bens e oportunidades a todos, a ideia de igualdade dá suporte à noção radical de democracia como regime político, o qual pressupõe a participação do povo na tomada de decisões políticas. Isso abre margem a se compreender a igualdade em um sentido mais material e menos normativo, capaz de instruir e inspirar a construção de Constituições democráticas quer sejam escritas ou não.

No caso do Brasil, que adota a modalidade de Constituição escrita, o fundamento para a igualdade entre as pessoas e que dá estrutura para as diversas políticas de inclusão social e de proteção à dignidade, como foi marcado várias vezes neste livro, está presente nos objetivos da República, constantes do artigo 3º e incisos. Para garantir tais objetivos todos os esforços deverão ser empreendidos, eis que o Brasil é uma República Federativa e se constitui como Estado Democrático de Direito, conforme declara o artigo 1º da

---

[536] Como se sabe, a noção básica de democracia teria sido descoberta pelo povo grego, mais exatamente pelos atenienses, ainda no século V a.C e, segundo Dahl, "imaginaram [os gregos] um sistema político no qual os participantes consideram uns aos outros como politicamente iguais" (DAHL, Robert. *A democracia e seus críticos*. Trad. Patrícia de Freitas Ribeiro. São Paulo: Martins Fontes, 2012, p. 1). Além disso, governariam a si próprios em uma coletividade composta de indivíduos soberanos e com capacidades, recursos e instituições suficientes para tal governo.

Constituição Federal. Esta proclamação existe exatamente para que o país possa cumprir os compromissos constitucionais lastreado no fundamento da igualdade.

Ao se (pré)comprometer a alcançar seus objetivos, a Constituição semeia às gerações futuras o dever de observá-los. Portanto, uma vez constatado que não foram alcançados meios para a efetivação da igualdade, compete ao Estado engendrar as condições para que isso ocorra. No mesmo sentido, nenhuma norma jurídica ou ação governamental poderá subsistir caso contrarie os objetivos lavrados na forma de (pré)compromissos constitucionais.[537]

Os deveres de "erradicar a pobreza e a marginalização e reduzir as desigualdades sociais e regionais; promover o bem de todos, sem preconceitos de origem, raça, sexo, cor, idade e quaisquer outras formas de discriminação" convergem, a toda evidência, para "construir uma sociedade livre, justa e solidária e garantir o desenvolvimento nacional". Isso significa que as gerações presentes e futuras não poderão deixar de observar estes objetivos e, igualmente, tais normas, em razão de seu indiscutível caráter de direito fundamental, não serão objeto de emenda que tenda à sua abolição (Constituição Federal, art. 60, §4º, IV). Por outro lado, a limitação de não abolir este tipo de previsão constitucional, revela um (pré)compromisso que dá estabilidade para a consolidação de valores democráticos defendidos no momento em que a Constituição foi elaborada.

A exortação de que a República objetiva a construção de uma sociedade livre, justa e solidária é uma escolha política pautada em imperativos de consciência de que, em condições normais, não desejamos ao próximo o que repelimos a nós mesmos. Michael Sandel, a propósito do tema, levanta a seguinte indagação: "temos obrigações apenas como

---

[537] Elster explica que "as constituições políticas são dispositivos de pré-compromissos ou autorrestrições, criados pelos políticos para se proteger de suas próprias tendências previsíveis a tomar decisões pouco sábias" (ELSTER. *Op. cit.*, p. 119).

indivíduos ou algumas obrigações nos são impostas como membros de comunidades com identidades históricas?"[538] Qualquer resposta a esta pergunta recairá em dilemas morais que dependerão de escolhas políticas, não importando resolver, *a priori*, se a escolha é certa ou errada, mas se é justa e está em conformidade com o valor moral perseguido. Isso remete ao papel de toda a sociedade na promoção de determinadas missões sociais, como é o caso do pagamento de tributos com a finalidade de se cumprir os compromissos fundamentais da República. Ninguém no Brasil estaria excluído da imposição moral de auxiliar na construção de uma sociedade mais justa e solidária.

Conforme intuído, serão livres as pessoas na medida em que possam desfrutar de uma vida digna, direito que deverá ser usufruído por todos igualmente. Quer assim a Constituição no seu artigo 3º ao estampar os objetivos fundamentais da República. Portanto, uma sociedade livre e justa a ser construída é aquela em que um nível mínimo de bem-estar é garantido a todos, ou ao menos os esforços necessários neste sentido são prioritários. A garantia de um mínimo existencial a uma vida digna responde à questão formulada por Sen, sobre "por que a igualdade ou igualdade de que?"[539] O que se pretende é a igualdade de condições básicas de uma vida digna como uma premissa e prioridade da matriz tributária, mediante a identificação de valores, princípios e regras que conformem sua estrutura exógena para esta finalidade.

Fixado o ponto de que o Brasil objetiva construir uma sociedade livre e justa, isto é, uma sociedade que permita

---

[538] SANDEL. *Op. cit.*, p. 212.

[539] Esta questão tem função mais provocativa do que de realçar uma dúvida. Amartya Sen sabe que uma teoria de justiça o que importa não é defender a tese da igualdade, mas o que se deseja ser igualmente desfrutado por todas as pessoas. Em suas palavras: "Querer a igualdade de *alguma coisa* – algo visto como *importante* – é sem dúvida uma semelhança de algum tipo, mas esta semelhança não coloca os grupos combatentes do mesmo lado. Só mostra que a batalha não é, num sentido importante, sobre 'por que a igualdade?', mas sobre 'igualdade de quê?'" – grifos originais (SEN. *Op. cit.*, p. 47).

a todos um nível básico de segurança e de bem-estar que caracterize uma vida digna, outra questão que desponta é: por que a liberdade e a justiça (como igualdade) são valores escolhidos pela ordem jurídica brasileira? Tudo leva a crer, além de questões históricas que serão aventadas na subseção 3.4.6, que uma vida digna é um valor que se disponibiliza a todos a fim de que possam ter igualdade de condições básicas para exercer seu juízo de liberdade no futuro. Neste aspecto, Rawls está certo, pois uma sociedade que se pretenda ordenada e justa não pode consentir que motivações arbitrárias, tais como a sorte do lugar em que se nasce ou talentos especiais possam determinar o bom ou o mal desempenho social ou econômico dos indivíduos no momento em que competências que levam a tais sucessos sejam exigidas.[540] Os princípios de justiça evocados pelo autor destinam-se a romper o ciclo de prosperidade não exatamente decorrente do esforço pessoal em igualdade de condições competitivas, que justificaria a justiça pelo mérito. O princípio da igualdade equitativa de oportunidades oferece argumentos razoáveis para se assentir com o fundamento de que uma sociedade justa e igualitária empreenderá os esforços necessários para que todos tenham as mesmas oportunidades de partida para disputarem os melhores postos de trabalho. A decisão por esta disputa pressupõe que cada pessoa seja capaz de deliberar sobre seus esforços pessoais, consciente de sua preparação conquistada. Eventual renúncia da oportunidade de disputar um bom posto de trabalho ou uma função pública não deverá ser motivada pela impossibilidade de se obter as condições mínimas para tal renúncia consciente.

Daí porque as condições materiais básicas necessárias para a deliberação pessoal do que alguém fará de sua vida no momento oportuno deve ser assegurada a cada indivíduo. Na ausência de subsídios do mercado para esta garantia, é função

---

[540] RAWLS. *Op. cit.*, p. 87.

do Estado, por meio de sua matriz tributária, determinar as escolhas políticas que garantam o nível básico de uma vida digna capaz de viabilizar igualdade de oportunidades para todos no futuro. As escolhas políticas nesse sentido são aptidões morais de reconhecimento do outro como alguém digno, assim como nos julgamos dignos. A solidariedade é o valor moral a instruir esta visão de vida. Para explicar melhor a relação entre a solidariedade e a tributação será aberta a subseção a seguir.

3.4.3 Solidariedade e tributação

O vocábulo "solidariedade" possui acepção popular, razão pela qual reservar ao Direito uma definição para este substantivo pode ter alguma relevância. Sabe-se popularmente que a ideia de solidariedade sugere ajuda de alguém para outrem nas mais diversas situações de dificuldade, mas tal entendimento não basta para vincular o significado do termo à sua acepção jurídica. Assim, será melhor estabelecer um sentido finalístico ao termo, em comunhão com o ponto de vista etimológico, porquanto, conforme lembra Casalta Nabais, a expressão decorre da palavra latina *solidarium*, que vem de *solidum*, *soldum*, que significa "inteiro, compacto".[541] A ideia de inteireza e compactação conduz ao sentido de ajuda mútua. Em uma sociedade solidária uns têm o dever de proteger os outros de determinadas vulnerabilidades, visando-se ao bem de todos. Claudio Sacchetto enfatiza esta proposta e lembra como ela se mantém cada vez mais atual, quando menciona que hoje corre-se o risco de se perder "o conceito de responsabilidade pública", isto é, as pessoas têm deixado de lado a consciência de que "uma parte de suas vidas deve ser gerida em comum com os outros: este é o significado

---

[541] NABAIS, José Casalta. Solidariedade social, cidadania e direito fiscal. In: GRECO, Marco Aurélio; GODOI, Marciano Seabra de. (Coord.). *Solidariedade social e tributação*. São Paulo: Dialética, 2005, p. 111.

real da solidariedade, como ensina a etimologia do termo (do latim 'in solido')".⁵⁴²

Casalta Nabais recorda que a ideia de solidariedade remonta à Modernidade do final do século XIX e se desenvolve na Sociologia com Charles Gide e Émile Durkheim. No Direito, os estudos sobre solidariedade se expandiram com uma frente de juristas do Direito Público clássico, dentre os quais Léon Duguit, Maurice Hauriou e Geroges Gurvitch.⁵⁴³ Tais autores desenvolveram os fundamentos da solidariedade ou do "solidarismo", como um meio-termo entre o liberalismo clássico e o socialismo de Estado. Aquele, conhecido pelas políticas de *laissez faire*; e o outro, engendrado por Bismarck na Alemanha, que se opunha ao liberalismo clássico na medida em que preconcebia a centralização e regulamentação estatais dos interesses privados.⁵⁴⁴ Depois de ficar um tempo no ostracismo, a solidariedade retorna fortemente com os chamados direitos de quarta geração, tais como o meio ambiente equilibrado e os "direitos de solidariedade".⁵⁴⁵

A solidariedade, portanto, inspira a ação conjunta dos homens em corresponsabilidade com os interesses coletivos que, na verdade, são comuns a todos.⁵⁴⁶ Nesse sentido, a solidariedade poderia se voltar a um determinado grupo de integrantes. Por exemplo, os segurados da seguridade social pertencem a um grupo que se auxilia mutuamente por meio de diversas medidas, tais como ações de assistência social por entidades afins, o que constituiria uma ação direta de assistência social. Mas tais atuações poderão ser por via

---

⁵⁴² SACCHETTO, Cláudio. O dever de solidariedade no direito tributário: o ordenamento italiano. In: GRECO; GODOI. *Op. cit.*, p. 11.
⁵⁴³ NABAIS, José Casalta. Solidariedade social, cidadania e direito fiscal. In: GRECO; GODOI. *Op. cit.*, p. 110-111.
⁵⁴⁴ *Ibid.*, p. 111.
⁵⁴⁵ NABAIS. *Op. cit.*, p. 111.
⁵⁴⁶ Conforme exorta Geórgia Campelo: "o princípio da solidariedade é a base da exigência de contribuições de todos para as despesas estatais, por meio dos tributos" (CAMPELO, Geórgia Teixeira Jezler. O tributo como meio de efetivação da justiça e do estado social. In: GRUPENMACHER. *Op. cit.*, p. 652).

indireta. Portanto, o pagamento de contribuições para a seguridade seria instrumento de atuação no plano indireto.[547]

A menção à solidariedade estabelecida no artigo 3º, I, da Constituição, à toda evidência, não se refere ao auxílio às vulnerabilidades de determinado grupo ou grupos.[548] Como a expressão solidariedade pertence aos objetivos da República e vem na sequência de duas palavras de forte significação, quais sejam, "livre" e "justa", é indubitável que a solidariedade se espraia para todos os brasileiros, ou até aos estrangeiros que vivam no Brasil, ou ainda, aos brasileiros que circunstancialmente estejam fora do território brasileiro.

De um modo geral, a doutrina vincula a noção de solidariedade e tributação ao princípio da capacidade contributiva no ponto em que todos serão instados a contribuir para a manutenção do Estado, na medida de suas capacidades econômicas.[549] Nesse sentido, a capacidade contributiva, fundada na teoria do sacrifício comum, romperia com a teoria do benefício, porquanto o dever de pagar tributos não dependeria exatamente dos benefícios diretos e específicos prestados pelo Estado ou postos à disposição de determinado usuário. Todos, direta ou indiretamente, recebem benefícios estatais, razão pela qual terão de contribuir "solidariamente"

---

[547] Marco Aurélio Greco completa a ideia: "Ou seja, a ideia de grupo de 'pertencer a', de 'fazer parte de', é que justifica, em última análise, a figura das contribuições como, aliás, tive oportunidade de expor em outra oportunidade. E por se tratar de um 'pertencer a' um grupo, o elemento solidariedade aos demais integrantes é imanente" – grifos originais (GRECO, Marco Aurélio. In: _____; GODOI. *Op. cit.*).

[548] Douglas Yamashida distingue a solidariedade na tributação em dois segmentos, o primeiro seria a solidariedade genérica a alcançar todas as pessoas; a segunda a solidariedade de grupos (YAMASHITA. In: GRECO; GODOI. *Op. cit.*).

[549] Nesse sentido: SACCHETTO, Cláudio. O dever de solidariedade no direito tributário: o ordenamento italiano. In: GRECO; GODOI. *Op. cit.*, p. 9-52; YAMASHITA, Douglas. Princípio da solidariedade em direito tributário. In: GRECO; GODOI. *Op. cit.*, p. 53-67; NABAIS, José Cassalta. Solidariedade social, cidadania e direito fiscal. In: GRECO; GODOI. *Op. cit.*, p. 110-140; GODOI, Marciano Seabra de. Tributo e solidariedade social. In: GRECO; GODOI. *Op. cit.*, p. 141-167; GRECO, Marco Aurélio. Solidariedade social e tributação. In: GRECO; GODOI. *Op. cit.*, p. 168-189; TORRES, Ricardo Lobo. Existe um princípio estrutural da solidariedade? In: GRECO; GODOI. *Op. cit.*, p. 198-207.

com o ônus de manter a burocracia estatal, inclusive sobre os chamados "direitos negativos", conforme explicado na subseção 3.1.4. Observe-se que a ideia de solidariedade, nesta perspectiva, não se radica nas finalidades axiológicas da matriz tributária, mas no âmbito de sua estrutura endógena, conforme explicado na subseção 3.2.2, razão pela qual teria uma índole eminentemente fiscalista ou arrecadatória.

Alguns autores, entretanto, procuram dar um sentido extrafiscal ao atrelamento entre solidariedade e capacidade contributiva.[550] No fundo, a pretensão de aliar solidariedade à capacidade contributiva visaria à almejada repartição de cargas tributárias entre os contribuintes. Assim, a progressividade seria fundamental para este desiderato, pois as alíquotas progressivas atingiriam de modo mais eficiente os contribuintes de maiores posses financeiras. Marciano Godoi exorta que o Direito Constitucional-Tributário contemporâneo vê na capacidade contributiva "o parâmetro preferencial (mais não exclusivo) para fazer atuar no Direito Tributário o princípio da igualdade, o que é visto como uma 'projeção do princípio da solidariedade social sobre a repartição de cargas públicas'".[551]

Com uma abordagem semelhante, Casalta Nabais entende que a solidariedade no Estado fiscal social poderá ocorrer pela fiscalidade ou pela extrafiscalidade. No primeiro caso, a solidariedade se manifesta por meio do regime de benefícios fiscais às entidades do terceiro setor que atuam na área social. O tratamento tributário, quer por meio de isenções ou com incentivos fiscais a este tipo de entidade, revelaria o sentido fiscal da solidariedade, assim como progressividade de alíquotas também estaria nesta classificação. O sentido

---

[550] "O princípio da solidariedade genérica concretiza-se também por meio das normas tributárias de *finalidade extrafiscal*" – grifos originais (YAMASHITA. Princípio da solidariedade em direito tributário. In: GRECO; GODOI. *Op. cit.*, p. 62).
[551] GODOI, Marciano Seabra de. Tributo e solidariedade social. In: GRECO; GODOI. *Op. cit.*, p. 156-157.

extrafiscal da solidariedade tributária, na visão do professor português, seria uma questão mais voltada ao Direito Econômico Fiscal do que o Direito Fiscal propriamente dito. Isso porque o sistema de extrafiscalidade se resumiria às desonerações fiscais concedidas com alguma finalidade interventiva na economia, razão pela qual escaparia dos limites clássicos do Direito Fiscal.[552]

Em que pesem as considerações teóricas sobre a influência do princípio da capacidade contributiva, assim como de seu principal instrumento de efetivação, que é a progressividade, no entendimento a respeito da solidariedade, realmente, pretende a capacidade contributiva, conforme se viu na subseção 3.3, concretizar a justiça tributária. Mas trata-se de "justiça concreta", caracterizada pela "equidade" conforme também explicado na mencionada subseção. Isso não significa que a capacidade contributiva não guarde relação íntima com a ideia de solidariedade na tributação. O simples argumento de que todos serão "solidariamente" instados a contribuir para a manutenção do Estado – e este terá o dever de desenvolver atuações ou políticas públicas protetivas às pessoas – é o bastante para revelar algum tipo de vinculação da solidariedade à capacidade contributiva.

Defendemos que a solidariedade prevista no artigo 3º, I, da Constituição, ao orientar vários sistemas normativos, dentre os quais o sistema tributário, possui um sentido mais abrangente e ambicioso. A relação da capacidade contributiva com a solidariedade, dito de outro modo, não exclui outros sentidos vinculativos entre solidariedade e tributação. Não se nega, com esta argumentação, que a capacidade contributiva se alicerce sobre o fundamento da solidariedade em alguma medida, exatamente no ponto em que todos serão solidariamente instados a contribuir na medida de suas capacidades contributivas, mediante regras

---

[552] NABAIS. *Op. cit.*, p. 131-133.

de progressividade quando for possível. De fato, trata-se de abordar a teoria do sacrífico comum de uma forma mais aprofundada e articulada com postulados mais modernos de tributação do que o seu sentido financeiro clássico.

No entanto, basta a hipótese de que nem todos poderão contribuir para as despesas públicas, exatamente por ausência de capacidade contributiva, para que a premissa "todos irão contribuir solidariamente para os assuntos de estado" fique comprometida. É fato que em uma sociedade multicomplexa e com tantas desigualdades econômicas não é difícil supor a gama de pessoas que não têm capacidade contributiva para contribuir com a burocracia estatal. É bem provável também que estas mesmas pessoas necessitem de benefícios estatais para sobreviver, mas, em contrapartida, não possuem capacidade contributiva para custear as despesas do Estado. Portanto, não é absolutamente verdadeira a hipótese de que a solidariedade está vinculada à capacidade contributiva pelo liame em que "todos irão solidariamente contribuir com as despesas estatais", porque nem todos têm capacidade contributiva ou capacidade econômica alguma para contribuir. Este é um ponto perturbador sobre a vinculação entre solidariedade e capacidade contributiva, mas não é capaz de desabonar a estrita ligação entre os dois institutos.

Intenciona-se, contudo, explorar o tema da solidariedade na tributação. Extrairemos o conteúdo ético da expressão para argumentar porque este conteúdo inspira – ou melhor – orienta a política tributária brasileira, desde que se tenha a justiça social pela tributação como um objetivo a ser alcançado, na linha do que pretende o artigo 3º da Constituição.[553]

---

[553] Semelhante à abordagem do texto, argumenta Nayara Sepulcri, que a nova concepção de solidariedade "pressupõe a cooperação entre Estado e sociedade na persecução dos fins sociais, na construção de uma sociedade solidária" (SEPULCRI, Nayara Tataren. O casamento entre os princípios da capacidade contributiva e da solidariedade no estado democrático e social de direito. In: GRUPENMACHER. *Op. cit.*, p. 809).

Ernani Contipelli esclarece que o solidarismo passou por fases. A primeira delas foi proposta pela Sociologia, na qual se considerava o ser humano parte de um todo, razão pela qual é sujeito de direitos e deveres recíprocos no cumprimento dos ônus comuns. Para a Sociologia, a solidariedade é pautada por critérios científicos que definirão a repartição dos direitos e deveres, visando-se a preservar "o núcleo de consciência comum da existência coletiva".[554] Em razão disto, a solidariedade não ecoa de um valor ético a ela atribuído que dará os limites de interpretação do seu conteúdo. Para Durkheim, por exemplo, a consciência coletiva se forma não obstante as opiniões ou convicções de cada um, e a coletivização do pensar de uma sociedade é o que lhe dá unicidade. Durkheim não põe em evidência a solidariedade como um valor nem demonstra qual o seu conteúdo, importando, prevalentemente, os aspectos estrutural e orgânico da vida em comunidade e não exatamente os valores – e quais valores – que serão compartilhados por determinada sociedade. Daí provêm os conceitos de "consciência coletiva" ou "comum".[555]

Contipelli também aborda o solidarismo em sua perspectiva jurídica, citando, dentre os autores de maior destaque, Maurice Hauriou, Léon Duguit e Georges Gurvitch.[556] A solidariedade, neste caso, decorreria em certa medida do solidarismo sociológico, mas instrumentalizada por normas do Direito, que se destinariam a possibilitar a convivência

---

[554] CONTIPELLI, Ernani de Paula. *Solidariedade social tributária*. Coimbra: Almedina, 2010, p. 110-116.

[555] "O conjunto das crenças e dos sentimentos comuns à média dos membros de uma mesma sociedade forma um sistema determinado que tem vida própria; podemos chamá-lo de *consciência coletiva* ou *comum*. Sem dúvida, ela não tem por substrato um órgão único; ela é, por definição, difusa em toda a extensão da sociedade, mas tem, ainda assim, características específicas que fazem dela uma realidade distinta. De fato, ela é independente das condições particulares em que os indivíduos se encontram: eles passam, ela permanece" (DURKHEIM, Émile. *Da divisão do trabalho social*. Trad. Eduardo Brandão. 2. ed. São Paulo: Martins Fontes, 2004, p. 50).

[556] CONTIPELLI. *Op. cit.*, p. 166-122.

recíproca em sociedade.[557] A consciência solidária alcançaria a função de dirigir as condutas humanas para fundamentar as normas jurídicas. O Direito, a partir dessa visão, se resumiria a "um produto natural que traduz em suas prescrições o conteúdo das forças existentes na realidade social".[558] Assim como no solidarismo sociológico, no solidarismo jurídico não está necessariamente presente a primazia da construção de um conteúdo ético à solidariedade, que se volte a alguma finalidade de reconhecimento recíproco da dignidade do outro.

Na contemporaneidade, a noção de solidariedade não necessita de uma definição normativa (jurídica) ou sociológica. Do ponto de vista do Direito, conceituar solidariedade dentro dos parâmetros da normatividade formal demandaria uma norma específica a enrijecer seu conceito conforme os valores da sociedade de então ou do momento. No tocante à Sociologia, o conceito ficaria à mercê da observação científica dos comportamentos sociais da época em que se estiver, o que nem sempre coincidirá – conforme a história testemunhou com as experiências do nazifascismo – com valores construídos a partir de uma ética da dignidade humana.

É necessário, portanto, chegar-se a uma proposta de conteúdo do valor da solidariedade. Retornamos ao começo do século XX para enfatizar que a chegada do Estado de bem-estar social, como rescaldo do socialismo e resposta ao liberalismo clássico, impregnou o valor solidariedade das ideias de justiça e de igualdade.[559] Assim, o conteúdo ético que pode ser

---

[557] *Ibid.*, p. 116-117.
[558] *Ibid.*, p. 118.
[559] "Pode-se dizer, então, que, no século XX, ocorre uma mudança de paradigma: do Estado Liberal para o Estado Social ou Estado do Bem-Estar Social (*Welfare State*), em razão da impossibilidade de se realizar justiça social pela simples garantia de liberdades individuais e da exigência de um comportamento intervencionista do Estado, que não deve limitar o conteúdo de suas ações apenas à vigilância da ordem, atuando no sentido de propiciar condições satisfatoriamente dignas de existência aos seres humanos nos diversos setores da vida social, isto é, possibilitar ao máximo o atendimento das necessidades concretas dos cidadãos, independentemente da classe a que pertença. (CONTIPELLI. *Op. cit.*, p. 125).

extraído do valor *solidariedade* consiste nas noções de justiça social e de igualdade. Ao longo do século XX, especialmente após a Segunda Guerra Mundial, as Constituições de diversos países passaram a ser orientadas por este tipo de valor, como foi o caso das seguintes Constituições: mexicana, de 1917; de Weimar, de 1919; a italiana, de 1948; a portuguesa, de 1976; da Espanha, de 1978; e a do Brasil, de 1988.

A construção de uma sociedade solidária, cujo conteúdo da solidariedade seja a promoção da justiça social e da igualdade sob a tutela do *welfare state* exigiu uma mudança de postura sobre estes conceitos, especialmente o da justiça social. Disto decorre uma questão fundamental: a respeito de que justiça se está a falar? Trata-se da justiça que traz em seu bojo a ideia de distribuição dos bens sociais de modo que todos poderão ter acesso aos bens da vida na conformação de uma vida digna de ser vivida. Portanto, o direito à vida e o atendimento à saúde, à educação, à segurança alimentar, ao trabalho, à moradia, à previdência, entre outros, deixam de ser caridade para se alçarem à condição de direitos sociais.

É bem verdade que a formulação e prática do *welfare state* leva naturalmente a um aumento da despesa pública. Nos anos 1960, esta modalidade de comportamento estatal mostrou seus primeiros sinais de desgaste. Conforme lembra Lênio Streck: "os problemas de caixa do Welfare State já estão presentes na década de 1960, quando os primeiros sinais de receitas e despesas estão em descompasso, estas superando aquelas são percebidos".[560] Na década seguinte, lembra o autor, a crise se aprofundou e o déficit público aumentou, aliado às crises econômicas daqueles anos e o avanço do desemprego.[561] Evidentemente, a crise financeira do Estado

---

[560] STRECK, Lênio. *Jurisdição constitucional e hermenêutica*: uma nova crítica do direito. 2. ed. Rio de Janeiro: Forense, 2004, p. 58.
[561] *Ibid.*, p. 58.

Social levou a severas críticas, abrindo margem às propostas de retorno ao liberalismo, mas com um ponto de inflexão, que consistiu em se fechar qualquer brecha de penetração dos ideais intervencionista do *welfare state*.[562]

A ideologia neoliberal, conforme adverte Plauto Faraco de Azevedo, pretendeu "decretar, autoritariamente, o fim do Estado Social, eliminando, desta forma, o veículo mais eficaz, através do qual tais ideias se vinham corporificando".[563] As teorias sobre Estado mínimo ressurgem com força, em uma espécie de reação às prioridades sociais. Propõe o neoliberalismo que os direitos sociais deveriam ser colocados de volta no lugar de onde nunca deveriam ter saído, isto é, no mercado, imperando o sentimento individualista de "cada um por si". Para os neoliberais, a lógica da solidariedade não se funda na ideia de igualdade, mas no apego à competição, de modo que os talentos individuais serão meritoriamente compensados por meio da tão sonhada inclusão pelo capitalismo.[564] Liberais da Sociedade de *Mont Pèlerin*, tais como Hayek e Milton Fridman, pregavam a ilusória proposta de que o mercado seria capaz de solucionar os problemas como o déficit público crescido, a recessão e o desemprego com medidas ortodoxas na economia, pressupondo a redução e descentralização do poder estatal por meio de

---

[562] CONTIPELLI. *Op. cit.*, p. 131-132.
[563] AZEVEDO, Plauto Faraco de. *Direito, justiça social e liberalismo*. São Paulo: RT, 1999, p. 96.
[564] Gilberto Dupas alerta para as características do Estado da virada do século XX para o XXI, pressionado por duas grandes frentes de fatores. A primeira, o processo de privatização das "gigantescas infraestruturas nacionais", que passariam ao comando do setor privado. O outro, a percepção de que o modelo de Estado neoliberal da virada do século agravaria a exclusão social. Para o autor, passaria a ser necessário um novo acordo entre sociedade e Estado. Tal acordo, visaria, necessariamente, à "recuperação da capacidade de indução dos Estados nacionais, para que tenham padrões éticos que fortaleçam sua legitimidade e a criação de estruturas eficazes que tenham condições de fiscalizar o cumprimento dos acordos e dos compromissos assumidos nos processos de regulação, incentivando e transferindo para a sociedade civil um íntimo envolvimento com a operação de sistemas de amparo social" (DUPAS, Gilberto. *Economia global e exclusão social*: pobreza, emprego, estado e futuro do capitalismo. São Paulo: Editora Paz e Terra, 1999, p. 114-115).

privatizações e o menor esforço possível no atendimento às reivindicações operárias.[565]

Este livro não envereda para uma corrente ideológica, como se pretendesse levantar uma bandeira política por meio de argumentos "panfletários", mas não há como negar que a proposta neoliberal envelheceu ou nunca foi de vanguarda, sobretudo quando confrontada com os valores cultuados pela Constituição de 1988, os quais se espelham em um ideal de progresso pacífico da humanidade. Apesar disso, vivemos tempos difíceis e qualquer argumento em torno de justiça social, igualdade ou inclusão pode sofrer o rechaço de segmentos mais conservadores. Não é inoportuno lembrar que valores humanísticos tão cultuados no pós-guerra hoje são questionados em várias partes do mundo. A Europa convive com ameaças xenofóbicas constantes, por meio de grupos radicais de direita, neonazistas e racistas; para não falar nas barreiras e muros de contenção de imigrantes e a intolerância religiosa no Oriente Médio e África; o aumento das forças políticas de direita nos EUA e na América do Sul, voltando-se à devoção cega de que o mercado é capaz de promover inclusão de todos pelo mérito. Mas, de que mérito se está falando, se as condições de partida para a disputa dos postos de trabalho mais qualificados não são iguais? Que inclusão é essa realizada pelo mercado, mediante a defesa da alta produtividade com violação de direitos trabalhistas básicos (basta lembrar do trabalho escravo, notoriamente tolerado em países asiáticos destacados pela alta produção de bens consumíveis)? A propósito, como falar de inclusão se os valores cultuados no momento por muitos são o consumismo, o individualismo e o fetiche aos meios informatizados de comunicação?

---

[565] Conforme aduz Guy Sorman, os liberais da tendência de *Mont Pèlerin* deveriam não apenas criticar a esquerda, mas até mesmo substitui-la, exercendo-se sobre a direita uma influência e pressão permanentes para que jamais voltem a ceder aos compromissos do social estatismo (SORMAN, Guy. *A solução liberal*. Trad. Célia Neves Dourado. 3. ed. Rio de Janeiro: Instituto Liberal, 1989, p. 61-62).

Solidariedade, portanto, assume a função protetiva de direitos individuais a que todos deveriam ter acesso. Conforme será explicado na subseção 3.4.4, a respeito do mínimo existencial, elegemos os direitos básicos de uma vida digna a partir dos seguintes direitos: a) à vida e ao atendimento à saúde; b) à segurança alimentar; c) à intimidade de um lar; d) à educação. Cabe ao Estado e à sociedade o engendramento de meios para que tais direitos se efetivem para todos. Isso não significa que outros direitos fundamentais não devam ser garantidos materialmente pela matriz tributária. Escolhemos estes para fazer um recorte de direitos fundamentais que se aliem à garantia de um mínimo existencial e para relacionar este mínimo aos princípios do Estado Democrático de Direito e da capacidade contributiva.

Passaremos a fundamentar a relação imanente entre solidariedade e tributação. Se conseguirmos fixar o argumento de que solidariedade na tributação não se atém apenas às ideias de dever de contribuir solidariamente, segundo a capacidade contributiva de cada um, e também que a solidariedade serviria somente para legitimar a distribuição de renda por meio da progressividade tributária, será possível propor outra vinculação entre solidariedade e exigência de tributos. A referência que se faz diz respeito ao conteúdo ético do vocábulo *solidariedade* como algo capaz de orientar a política tributária, a fim de que esta atenda aquela significação.

Para tanto, é importante convencionar que solidariedade é um valor, cujo conteúdo reúne o reconhecimento da dignidade do outro, o que conduzirá à efetivação de direitos mínimos a todos os indivíduos, reforçando o conceito de igualdade e de democracia, na medida em que aquela é um (pré)compromisso desta.

Ricardo Lobo Torres considera a solidariedade um valor fundante do Estado de Direito porque aparecia na tríade da Revolução Francesa (liberdade, igualdade fraternidade) e a solidariedade é uma forma de fraternidade. Mas com a influência de Kant no pensamento jurídico-filosófico moderno, a supervalorização da liberdade, dissolvida na ideia de legalidade, relegou a justiça e a fraternidade a um segundo plano.[566]

Como referido, para a doutrina tradicional, o princípio jurídico vocacionado a dar efetividade ao valor da solidariedade é, inegavelmente, o da capacidade contributiva, no ponto em que todos deverão contribuir para a manutenção dos deveres públicos. Mas este entendimento é uma ideia economicista, vinculada à teoria do sacrifício igual e que se confunde com os problemas de equidade na tributação apontados na subseção 3.3. Ricardo Lobo Torres atenta para uma proposta mais vanguardista à solidariedade na tributação, mas mantém sua vinculação com a capacidade contributiva, quando assevera que "a solidariedade entre os cidadãos deve fazer com que a carga tributária recaia sobre os mais ricos, aliviando-se a incidência sobre os mais pobres e dela dispensando os que estão abaixo do nível mínimo de sobrevivência".[567]

Neste livro considera-se a solidariedade o fundamento ético para uma política tributária que leve a sério a garantia dos direitos básicos de vida e saúde dignas, de segurança alimentar, de intimidade de um lar e de educação de qualidade para todos por meio da matriz tributária. A relação entre solidariedade e capacidade contributiva, ainda que como fundamento jurídico para o aumento da carga tributária de uns a contrabalançar com a diminuição da carga fiscal de outros, é uma questão de equidade na tributação que se resolve no âmbito da estrutura endógena da matriz tributária. Propor que a solidariedade na tributação se resuma exclusivamente ao seu relacionamento com a capacidade contributiva é diminuir o seu alto grau de axiologia.

---

[566] TORRES, Ricardo Lobo. Existe um princípio estrutural da solidariedade? In: GRECO; GODOI. (*Op. cit.*, p. 198-199.
[567] TORRES. *Op. cit.*, p. 200.

Assim, além de estar atrelada à capacidade contributiva – embora até certo ponto não se possa distinguir solidariedade de equidade na tributação – propõe-se que a solidariedade seja o fundamento ético para se carrearem esforços tributários suficientes para garantir a todos os direitos básicos elegidos como indispensáveis a uma vida digna de ser vivida. Neste ponto, a solidariedade assume uma função ambivalente. A primeira seria a de fornecer valores éticos a todos os contribuintes (com capacidade contributiva) relativos à importância do reconhecimento da dignidade do outro, razão pela qual seus esforços tributários guardam um sentido da ética da solidariedade. A segunda função da solidariedade na tributação é servir de parâmetro à finalidade axiológica da tributação, orientando a ação legislativa no momento da criação dos tributos, que deverá ser a garantia de direitos básicos para todos.

Esta proposta não exclui que tais direitos sejam financiados com a receita dos impostos, conforme já ocorre com os casos de saúde e educação (CF, art. 167, IV combinado com arts. 198 e 212) também por meio de contribuições sociais específicas, com fundamento jurídico no artigo 149 da Constituição, que visem a alcançar as finalidades conformadas nos direitos básicos ora escolhidos (saúde, alimentação, educação e moradia).

Uma última consideração sobre esta proposta: não se deve ter a pretensão de que este tipo de moralidade racional, em que um conteúdo oferecido à solidariedade é definido a partir de certos pontos de vista, possa ser, também de uma forma racional, tido como único ou verdadeiro. Não se trata de uma arbitrariedade moral que se imponha sobre outros argumentos morais, inclusive opostos à ideia central de solidariedade aqui proposta. É também respeitável o argumento de que um aumento de carga tributária dos mais ricos não se justifica, ainda que para tornar viáveis direitos básicos dos mais pobres. Como diz Habermas, "a circunstância de que disputas morais continuem em curso revela algo sobre a infraestrutura da vida social, que está perpassada de reivindicações triviais de validação".[568] E completa o mesmo autor ao afirmar que "A integração social depende amplamente de um agir que se oriente pelo acordo mútuo e que esteja embasado sobre o reconhecimento de reivindicações de validação falíveis".[569] Mas existe sempre uma possibilidade de consenso, motivada em valores morais que rumam para o reconhecimento da igualdade e da dignidade como bens possíveis de serem desfrutados por todas as pessoas, ainda que tal igualdade não se refira a tudo de que todos desfrutem, mas ao básico que todos devem dignamente desfrutar. A argumentação de uma ética da justiça e da igualdade é sempre uma ponte que tenta ligar a moral metafísica à sua práxis, embora nem sempre seja bem-sucedida.

3.4.4 Princípios da dignidade da pessoa humana e do mínimo existencial

Na subseção 3.2.3 foram apresentadas razões que vinculam os valores aos princípios e ao significado de tais expressões. No campo deontológico, onde trafegam os princípios jurídicos, em função de seus elevados graus de abstração e conteúdo axiológico dificilmente os citados princípios teriam aplicabilidade, não fossem as regras, de feitio mais pragmático e específico. Assim, valores, princípios e regras são unidos por laços de conexão, mas cada conceito busca um sentido próprio no sistema do Direito, fator importante para o funcionamento eficiente do sistema jurídico, sem perder suas referências axiológicas.

A justiça social é um valor, conforme explicado, e faz parte da Constituição por ser um dos seus objetivos

---

[568] HABERMAS, Jürgen. *A inclusão do outro*: estudos de teoria política. Trad. Georges Sperber. Paulo Astor Soethe e Milton Camargo Mota. São Paulo: Edições Loyola, 2002, p. 98.
[569] *Ibid., loc. cit.*

fundamentais. A efetivação jurídica de um valor, que marca sua passagem para o espaço deontológico em que as normas jurídicas ganham força e coerência com os fatos, dá-se com a identificação de um ou mais princípios que, em conjunto com os valores, servem de orientação às regras jurídicas a ambos vinculadas. Os princípios, pois, exercem um papel de intercalar os valores com as regras, fundamental para um sistema de Direito que não fique ao sabor de circunstâncias e casuísmos da política do momento. Em países com uma história trágica de desigualdade social, imaginar um sistema jurídico sem princípios protetivos das ideias de igualdade, justiça social, solidariedade e outros valores humanísticos chega a ser uma aberração.

Dois princípios do Estado Democrático de Direito são estruturantes de uma tributação justa, além de também serem complementares um do outro e se descobrirem para orientar as regras jurídicas que desembocam na efetivação da justiça tributária. São eles: "a dignidade da pessoa humana" e "a proteção ao mínimo existencial", ambos insertos no artigo 1º, III, da Constituição Federal. Tais princípios concretizam, no campo normativo, as finalidades da estrutura exógena da matriz tributária.[570]

Fixada a premissa de que a capacidade contributiva decorre de uma aptidão econômica, que legitimaria, juridicamente, a incidência de tributos, despontaria como pressuposto do conceito de capacidade contributiva o respeito a um mínimo

---

[570] Nunca é demais lembrar que os tributos não servem somente para custear a burocracia estatal. Especialmente, quando nos deparamos com os desafios do século XXI, em um mundo cada vez mais conturbado por problemas de imigração com vistas à sobrevivência, conflitos religiosos, guerras civis, violações aos direitos humanos, desrespeito à democracia e, especialmente, o crônico e mal resolvido problema da desigualdade social, com destaque para os países em desenvolvimento. Nesse sentido, aduz Maria de Fátima Ribeiro o seguinte: "é considerado também que a tributação é necessária não apenas como forma de financiar os custos do próprio Estado, mas como a busca constante para realizar a redistribuição de riquezas" (RIBEIRO, Maria de Fátima. Tributação, políticas públicas e justiça social. In: GRUPENMACHER. *Op. cit.*, p. 763.

de condições econômicas sobre o qual não poderiam incidir tributos. Isso porque abaixo deste mínimo não existe capacidade contributiva, embora o indivíduo possa reunir condições econômicas básicas de existência. As condições econômicas básicas são normalmente chamadas "mínimo existencial" ou "mínimo vital". O reconhecimento de um mínimo existencial como pressuposto à capacidade contributiva é um ponto profundo do Direito Tributário, com relações obrigatórias com a teoria dos princípios jurídicos e dos valores.

Na Itália, Ignazio Manzoni afirmava, desde os anos 1960, que os conceitos de capacidade econômica e de capacidade contributiva não são coincidentes, mas ambos descendem, antes de tudo, da imunidade tributária do mínimo vital, "que é o mínimo de capacidade econômica necessário a fazer frente às necessidades primárias e essenciais da existência".[571] Assim, conforme visto na subseção 1.3, capacidade econômica não se confunde necessariamente com capacidade contributiva. Esta vem a ser o liame jurídico entre o contribuinte e o poder público em que se identifica a aptidão de pagar tributos. Já a capacidade econômica é uma habilidade de se gerar meios econômicos à subsistência e, portanto, situa-se em momento anterior à capacidade contributiva. Mas a capacidade econômica determina a conformação de um mínimo existencial a partir do qual se verifica a capacidade contributiva e também a possibilidade de incidência de tributos.

Antes de se explorar o conceito de mínimo existencial e seus desdobramentos, convém esclarecer, ainda que de forma preambular, a relação do mínimo existencial com o Direito Tributário, com a teoria dos princípios e com a teoria dos valores (axiológica), objetivando, se possível, enquadrar a referida área do Direito em uma destas categorias.

---

[571] "La non coincidenza dei concetti di capacità economica e di capacità contributiva discende, anzitutto, dell'intassabilità del mínimo vitale, cioè di quel mínimo di capacità economica necessario a fronteggiare i bisogni primari ed essenziali dell'esistenza" – tradução livre (MANZONI. *Op. cit.*, p. 74).

Para o Direito Tributário, o mínimo existencial conformaria um dos limites da capacidade contributiva, isto é, a base econômica a partir da qual os tributos estariam aptos a incidir. A questão não é fácil como aparenta, pois definir o montante que daria consistência econômica ao mínimo existencial não é tarefa simples, ainda que o Direito Tributário, conforme visto, recorra às presunções legais como critério de praticidade. Além disso, em se tratando da tributação da renda auferida, o mínimo existencial auxiliaria na formação do conceito de renda, eis que, somente depois de respeitado um mínimo econômico para a subsistência, seria possível conceber-se a ideia de renda.[572]

Já no caso da incidência de tributos sobre o patrimônio, o mínimo existencial poderia se fazer presente também, pois não deveria caber a exigência de tributos sobre a aquisição ou a propriedade do único imóvel. A casa constitui o lar, que deve ser visto como o lugar onde se desfruta do direito à moradia e à intimidade, quer esteja localizado nos espaços urbanos ou rurais. Igualmente, não deveria incidir tributos sobre a propriedade de veículos utilizados para o exercício profissional. Por outro lado, a não incidência de tributos sobre o patrimônio envolve escolhas políticas que, uma vez adotadas, dependem de critérios legais abstratos. É claro que uma proposta de não incidência tributária sobre a única propriedade ou o único veículo destinado a um ofício teria que observar a renda individual ou familiar, pois atentaria contra o próprio mínimo existencial se isentasse tributos sobre a propriedade de alguém com renda acima do que se considera o mínimo para a existência digna. Mas mesmo um valor de renda escolhido como mínimo existencial para a finalidade

---

[572] "O que excede o mínimo existencial seria então passível de tributação. No imposto sobre a renda líquida, assim entendida aquela passível de ser alcançada pelo tributo, o Fisco somente pode tributar o excedente do mínimo existencial. Não lhe é permitido tributar despesas com a manutenção individual e da família" (ZILVETI. *Op. cit.*, p. 203).

de aferir a não incidência de tributos sobre a propriedade conseguiria ultrapassar também a barreira das presunções legais, daí a dificuldade de se lidar com o tema.

Quanto à tributação sobre o consumo, o mínimo existencial deveria ser uma premissa por meio dos instrumentos de seletividade ou da isenção sobre bens de primeira necessidade, o que também estaria a depender de opções políticas.

Há uma interseção entre a abordagem do mínimo existencial e a teoria dos princípios e dos valores a depender de opções argumentativas. Optamos por distinguir os princípios em relação aos valores, conclamando que aqueles possuem força normativa e, como tais, deverão ser observados, podendo gerar consequências jurídicas como a invalidade de normas que os contrariem. Diferente é o caso dos valores que, embora não possuam pujança normativa, carregam forte densidade axiológica que inspira a formação de determinados princípios.[573] O mínimo existencial é um princípio decorrente do Estado Democrático de Direito e está vinculado ao valor da "justiça", que dá consistência e materialidade ao princípio da dignidade da pessoa humana. Klaus Tipke evidencia esta premissa de tal forma que considera a preservação do mínimo existencial inerente ao Estado liberal, não podendo a tributação invadir sua esfera mínima.[574] Portanto, não tributar o mínimo existencial atenderia à dignidade humana como princípio do Estado, tanto liberal quanto social.

No âmbito do Direito Tributário, o mínimo existencial é objeto de uma norma imunizante implícita no texto constitucional como corolário do princípio da dignidade da pessoa humana e do valor da justiça social ou distributiva.

---

[573] "Os valores são destituídos de eficácia jurídica direta. Não pode o juiz sacar diretamente da ideia de justiça ou de segurança jurídica o fundamento de sua decisão. Só com a intermediação dos princípios podem se concretizar na ordem jurídica" (TORRES. *Op. cit.*, p. 196).

[574] TIPKE. Klaus; YAMASHITA, Douglas. *Justiça fiscal e princípio da capacidade contributiva*. São Paulo: Malheiros, 2002, p. 34.

Assim, embora na maior parte das doutrinas nacional e estrangeira o mínimo existencial seja examinado à luz da capacidade contributiva, como uma espécie de parte integrante do conceito deste instituto, entendemos que o mínimo existencial é um princípio decorrente do Estado Democrático de Direito e subjacente ao valor da justiça e que, embora guarde relação com o conceito de capacidade contributiva, está em outro patamar de relevância, resguardado por um grau de autonomia nitidamente verificável.

Ricardo Lobo Torres, apesar de considerar ser o mínimo existencial relacionado aos direitos vinculados à liberdade, também distingue o instituto do princípio da capacidade contributiva, conferindo-lhe certo grau de independência. Disserta o professor:

> A tributação também não pode incidir sobre o mínimo necessário à sobrevivência do cidadão e de sua família em condições compatíveis com a dignidade humana. Nada tem a ver com o problema da capacidade contributiva, mas com os direitos da liberdade.[575]

O mínimo existencial precisa ser compreendido adequadamente, uma vez que cumprirá função relevante na definição da matriz tributária justa, que pressupõe o oferecimento de condições materiais e financeiras à efetivação do Estado Democrático de Direito.

Para nos aprofundarmos no tema veremos na doutrina italiana clássica, formada pela conhecida "Escola de Pavia", em que Ignazio Manzoni, um dos seus seguidores, recorre ao adágio latino para inaugurar o sentido do que significa o mínimo existencial, ou mínimo vital, como se refere amiúde: *primum vivere, deinde contribuere* (primeiro viver, depois contribuir).[576]

---

[575] TORRES. *Op. cit.*, p. 305.
[576] "Secondo um vecchio principio – che suole riassumersi nella massima 'primum vivere, deinde contribuere' – non possono costituire capacità contributiva le minime particelle di ricchezza, quel minimo di mezzi economici necessari a fronteggiare i bisogni esistenziali dell'individuo". Tradução livre: "De acordo com um velho princípio – que se resume na máxima 'primeiro viver, depois contribuir' – não pode constituir capacidade

O mesmo autor também considera que o princípio da essencialidade do mínimo existencial não precisa estar explícito no texto da Constituição, como ocorreu com a Constituição italiana da época, porquanto o mínimo vital é um pressuposto do princípio da capacidade contributiva e da progressividade.[577] A "Escola de Pavia" pregava que o mínimo existencial era um pressuposto lógico da capacidade contributiva, especialmente em se tratando da tributação da renda, pois esta somente seria apta a receber a incidência do imposto depois de descontado o mínimo vital. Nesse sentido, Emilio Giardina, um dos fundadores da mencionada doutrina, esclareceu que a tradição da Ciência das Finanças considera a isenção da renda mínima uma decorrência lógica do princípio da capacidade contributiva.[578] Este entendimento era contestado por Giardina, que entendia que o mínimo existencial estaria vinculado a outro princípio, o da "repartição da carga tributária", de fundamento extrafiscal. Isso porque, sob uma argumentação objetiva, o mínimo existencial constitui a reparação econômica do esforço físico, advindo do trabalho de cada indivíduo e de proteção da subsistência da família.[579]

Diferentemente, Frederico Maffezzoni não acreditava que o mínimo vital pudesse pertencer a uma ideia de justiça distributiva por meio da repartição da carga tributária e nem seria um princípio autônomo.[580] Chega a exemplificar que, caso se pretendesse criar um amplo imposto sobre o valor agregado das mercadorias, destinado a socorrer o sistema de seguridade social que viesse a fornecer uma quantia mínima à

---

a mínima parcela de riqueza, que são os meios econômicos mínimos necessários frente às necessidades existenciais dos indivíduos" (MANZONI. *Op. cit.*, p. 74).

[577] *Ibid.*, p. 75.

[578] "L'esenzione dei redditi minimi è stata cosiderata sin dai primordi della scienza finanziaria come uma logica implicazione del principio della capacità contributiva". "A isenção das rendas mínimas é considerada desde os primórdios da ciência das finanças como uma implicação lógica do princípio da capacidade contributiva" – tradução livre (GIARDINA. *Op. cit.*, p. 212).

[579] *Ibid.*, p. 212-219.

[580] MAFFEZZONI. *Op. cit.*, p 303-304.

subsistência dos indivíduos, tal tributo não poderia prosperar, pois não seria possível garantir qual seria o mínimo vital de cada pessoa. Daí porque não teria o mínimo vital relação com o caráter distributivo da carga tributária, mas tão somente decorrência dos princípios da capacidade contributiva e da progressividade. Em suas palavras:

> Essas considerações demonstram, a meu ver, que a defesa do mínimo vital pode ser um fim legítimo dos sistemas normativos de gasto da receita pública, mas não um fim a se perseguir incondicionalmente, em outros termos, não é um princípio distributivo da receita pública, para ser colocado ao lado dos dois princípios que foram tratados até agora, isto é, a capacidade contributiva e a progressividade. [...] Em outros termos a defesa do mínimo vital não é um fim autônomo que a Constituição impõe ao sistema normativo de receita pública. É um fim subordinado a atuação do princípio da capacidade contributiva e da progressividade, nestes estando compreendida.[581]

No Brasil, a maior parte da doutrina entende que o mínimo vital é uma decorrência ou até a conformação da capacidade contributiva, emprestando ao instituto a conotação restrita ao Direito Tributário e não exatamente à teoria dos princípios ou dos valores, conforme foi salientado no início desta análise. Aliomar Baleeiro, além de ratificar a dependência lógica do mínimo vital ao conceito de capacidade contributiva, argumentou que a tributação sobre o mínimo existencial constitui confisco, exatamente em função da ausência de capacidade contributiva sobre o montante definido como mínimo existencial:

---

[581] "Questi considerazioni dimostrano, a mio avviso, che la difesa del minimo vitale può essere un fine legittimo dei sistemi normativi di prelievo delle pubbliche entrate, ma non un fine da perseguire incondizionatamente, in altri termini, non un principio distributivo delle entrate pubbliche, da porsi accanto ai due principi di cui si è fin qui trattato, cioè della capacità contributiva e della progressività. [...] In altri termini la difesa del minimo vitale non è un fine autonomo che la Constituizione impone ai sistemi normative delle pubbliche entrate, è un fine subordinato all'attuazione dei principi di capacità contributiva e di progressività ed in questi compreso" – tradução livre (MAFFEZZONI. *Op. cit.*, p. 304).

Essa capacidade [refere-se à capacidade contributiva] só se inicia após deduzidos os custos e gastos necessários à aquisição, produção e manutenção da renda ou do patrimônio (art. 145, §1º). Antes disso não há capacidade contributiva, sendo confiscatória a tributação: a) que reduza substancialmente o patrimônio, impedindo a sua manutenção; b) que atinja o mínimo vital, como definido no art. 7º, IV, da Constituição Federal, indispensável a uma existência digna, pessoal e familiar, do contribuinte; c) que obste o consumo dos gêneros de primeira e média necessidade [...].[582]

Essa observação conduz a outra ideia associada ao mínimo existencial e à capacidade contributiva, consistente no princípio da proibição de confisco, estabelecido no artigo 150, IV, que proíbe a utilização de tributo com efeitos confiscatórios. Pedro Júlio Sales D'Araújo et. al. analisam o assunto, em síntese, com a seguinte observação:

> O cidadão-contribuinte deve contribuir para manutenção do Estado e da própria sociedade. O sistema tributário, no entanto, deve proporcionar as condições mínimas de sobrevivência desse cidadão e manter um mínimo patrimonial para que o contribuinte possa continuar a gerar acréscimos, condição para a tributação.[583]

Realmente, a pressão de tributos sobre o mínimo existencial configura confisco, já que a capacidade contributiva somente se manifesta como aptidão para o pagamento de tributos depois de descontado o mínimo vital.[584] A incidência de tributos diretamente sobre o valor considerado mínimo caracteriza o confisco. A questão é saber se a carga tributária – e não exatamente um tributo específico – sobre a renda das

---

[582] BALEEIRO. *Op. cit.*, p. 868.
[583] D'ARAÚJO, Pedro Júlio Sales; PAULINO, Sandra Regina da Fonseca; GASSEN, Valcir. Tributação sobre o consumo: o esforço em onerar mais quem ganha menos. In: *Equidade e eficiência da matriz tributária brasileira*: diálogos sobre Estado, Constituição e Direito Tributário. Brasília: Consulex, 2012, p. 302.
[584] Assim: "sempre que a tributação impedir ou dificultar a realização do essencial em relação à sociedade ou parte dela e até mesmo a uma pessoa, será desmedida e poderá ter caráter confiscatório". Cf. RIBEIRO, Maria de Fátima. Tributação, políticas públicas e justiça social. In: GRUPENMACHER. *Op. cit.*, p. 767.

pessoas pode configurar ofensa ao mínimo existencial. Para alguma conclusão sobre este ponto será necessário definir qual a dimensão financeira do que vem a ser o mínimo existencial.

Em uma primeira abordagem, desrespeitaria a capacidade contributiva a tributação sobre renda que estivesse abaixo do salário mínimo definido em lei. Esta é a posição defendida por Misabel Derzi ao atualizar a obra de Aliomar Baleeiro.[585] Por outro lado, em termos formais, a lei estabelece um valor de isenção do Imposto sobre a Renda, de modo que as alíquotas progressivas do imposto começam a incidir a partir deste limite.[586] É importante considerar que as manifestações de capacidade econômica não se atêm apenas à renda. Note-se que o patrimônio, a transferência de bens, inclusive por meio de herança, e os padrões de consumo poderão indicar manifestações de riqueza e, como tais, serão tributados.

Assim, a dosimetria do mínimo existencial mais adequada aos fins do Estado Democrático de Direito, pretendido pela Constituição brasileira, é o valor compatível ao que se considera "dignidade da pessoa humana". A definição do mínimo existencial, pois, deve se atrelar à noção de dignidade da pessoa humana, embora careça de objetividade capaz de estabelecer um critério razoável de atendimento a este princípio. Note-se que a definição de um mínimo vital restrito a ideia de dignidade da pessoa humana pode se revelar muito impreciso. Por outro lado, ao menos neste livro, não haverá necessidade de aprofundar a argumentação em torno do vasto tema da dignidade da pessoa humana, o que exigiria

---

[585] BALEEIRO. *Op. cit.*, p. 868.

[586] De acordo com o artigo 6º, XV, "i", da Lei nº 7.713, de 1988, com redação dada pela nº 13.149, de 2015, o valor de isenção do imposto de renda de pessoa física aplicada para qualquer contribuinte com rendimentos tributáveis, a partir de abril 2015, é de R$ 1.903,98, por mês. O salário-mínimo, a partir de 1º de janeiro de 2019, passou a ser de R$ 998,00. Ainda assim, o valor do salário mínimo está muito aquém do montante de isenção do IR e, notoriamente, insuficiente para assegurar os direitos básicos mencionados.

incursões não só na área jurídica, mas também da Filosofia, da Economia, da Sociologia e da Ciência Política.[587]

É inegável a relação do mínimo existencial com a noção de dignidade da pessoa humana. Marcelo Rohenkohl explica que a dignidade da pessoa humana é composta por diversos direitos, entre os quais os relacionados à própria subsistência, sendo o mínimo vital ou existencial um deles.[588] Alude este autor a um certo consenso na doutrina brasileira de que o critério para dimensionar a dignidade da pessoa humana decorreria dos direitos sociais estabelecidos nos artigos 6º e 7º, IV, que definem os bens que o salário-mínimo deveria contemplar, ambos constantes da Constituição Federal.[589] E refuta a tese defendida por quem não admite o lazer, transporte e previdência como direitos essenciais, razão pela qual conclui que "a dignidade não se encontra satisfeita com a mera garantia do direito à vida, mas, ao contrário, só pode

---

[587] A conclusão de Ricardo Lobo Torres sobre o tema específico do mínimo existencial e reserva do possível indica bem a profundidade e extensão de tais temas: "Nota-se, em síntese, grande avanço na problemática da efetividade dos direitos no Brasil. Supera-se a fase da solução mágica a partir das regras constitucionais programáticas e se procura o caminho: para a implementação de políticas públicas relacionadas com os direitos sociais, para a posição crítica da doutrina e para a maior participação do Judiciário na adjudicação de prestações referentes ao mínimo existencial. Mas remanescem alguns problemas intrincados à espera do aprofundamento do debate, designadamente no que concerne à clareza na distinção entre mínimo existencial (= direitos fundamentais sociais) e direitos sociais, da qual dependem a extensão do controle jurisdicional e a integridade do orçamento democrático" (TORRES, Ricardo Lobo. O mínimo existencial, os direitos sociais e os desafios de natureza orçamentária. In: SARLET, Ingo Wolfgang; TIMM, Luciano Benetti (Org.). *Direitos fundamentais*: orçamento e "reserva do possível". Porto Alegre: Livraria do Advogado Editora, 2008, p. 86).

[588] ROHENKOHL. *Op. cit.*, p. 87.

[589] Constituição Federal: Art. 6º São direitos sociais a educação, a saúde, a alimentação, o trabalho, a moradia, o transporte, o lazer, a segurança, a previdência social, a proteção à maternidade e à infância, a assistência aos desamparados, na forma desta Constituição. (Redação dada pela Emenda Constitucional nº 90, de 2015). Art. 7º São direitos dos trabalhadores urbanos e rurais, além de outros que visem à melhoria de sua condição social: IV – Salário-mínimo mínimo, fixado em lei, nacionalmente unificado, capaz de atender a suas necessidades vitais básicas e às de sua família com moradia, alimentação, educação, saúde, lazer, vestuário, higiene, transporte e previdência social, com reajustes periódicos que lhe preservem o poder aquisitivo, sendo vedada sua vinculação para qualquer fim.

se realizar, na sua plenitude, em uma vida minimante 'boa' e com segurança".[590] De fato, a dignidade da pessoa humana pressupõe uma vida de mínimo bem-estar, o que somente é viabilizado por meio de benefícios básicos que deveriam ser oportunizados a todos pelo mercado. A história demonstrou que nenhum meio de produção foi capaz de assegurar o mínimo de bem-estar coletivo sem algum tipo de intervenção estatal. O ponto relevante é determinar a dimensão de nível de bem-estar e quais os bens básicos que conformariam sua efetivação. Defendemos que a matriz tributária terá que viabilizar os recursos financeiros necessários que garantam, de um modo geral, oportunidades básicas para todos. Estas oportunidades dependem de quatro direitos sociais básicos: a) direito à vida e à saúde; b) direito à educação de qualidade; c) direito à segurança alimentar; d) direito à intimidade e à moradia. Discordamos da opção de se atrelar a dignidade da pessoa humana ao valor do salário-mínimo, pois este nem sempre satisfaz – como, aliás, desde a Constituição vigente, nunca conseguiu satisfazer – as reais necessidades básicas a que alude o artigo 7º, IV, da Constituição. Seu valor fixado pelo Estado é meramente indicativo ao mercado, devendo o mínimo existencial permitir a efetivação de direitos básicos cujo conjunto pode figurar acima do valor legal do salário-mínimo.

Se o mínimo existencial auxilia na efetividade da dignidade da pessoa humana, em razão disso há que se estabelecer uma linha argumentativa convencível, para assentar o entendimento de que o montante econômico que caracteriza tal mínimo é imune ou isento de tributação. A questão é delicada, pois, no campo das imunidades tributárias, compete à Constituição prever quando os tributos poderão ou não incidir. Porém, na Carta vigente não existe qualquer menção ao mínimo vital como insuscetível de tributação.

---

[590] ROHENKOHL. *Op. cit.*, p. 87.

Não se trata de uma argumentação retórica, porque se assim fosse, no fundo, tanto faria considerar o mínimo existencial subordinado a um ou a outro instituto (imunidade ou isenção). O fato de os estudos de Direito Tributário reconhecerem que a Constituição é o instrumento normativo adequado para consagrar as imunidades tributárias, confere à hipótese de não incidência uma escolha política do constituinte, seja este originário ou derivado (neste último caso, quando a imunidade for criada por emenda constitucional). As escolhas do poder constituinte são revestidas de outra força normativa e, tratando-se de norma de conteúdo protetivo dos direitos individuais, não poderá ser objeto de emenda constitucional tendente à sua extinção (CF, art. 60, §4º, IV). É diferente da isenção tributária sem amparo direto no texto constitucional, decorrendo simplesmente de preferências políticas sazonais. Neste caso, eventual revogação da isenção poderá ocorrer por lei ordinária, consistindo em um regime político muito mais flexível e precário. Daí porque afirmar que o mínimo vital é uma norma imunizante ou de isenção guarda relevância inegável, orientada por fundamentos de justiça tributária.

Regina Helena Costa, depois de fazer referência a diversos autores nacionais e estrangeiros sobre o tema, sustenta que se trata de isenção e vincula o mínimo existencial ao problema da tributação indireta, que atinge indistintamente todos, ricos ou pobres. Lembra que em matéria de bens básicos estes são consumidos por uma e outra parcela da população, razão pela qual a tributação do consumo de bens de primeira necessidade é muito mais penosa para os mais pobres.[591] Conclui esta autora que: "portanto, a melhor solução é a de isentar os mencionados bens dessa imposição [refere-se aos bens de primeira necessidade], como forma de atender ao princípio [da capacidade contributiva]".[592]

---

[591] COSTA. *Op. cit.*, p. 73-74.
[592] *Ibid., loc. cit.*

Fernando Zilveti também considera o mínimo existencial uma norma de isenção de tributação que conforma o conceito de capacidade contributiva e de renda líquida, uma vez que os tributos sobre a renda deveriam incidir somente depois de deduzidos tanto o mínimo vital como, evidentemente, as despesas que tiverem concorrido para a obtenção da renda tributável.[593] Apesar de a Constituição vigente não se referir explicitamente a não incidência de tributos sobre os bens de primeira necessidade, como o fez a Carta de 1946, nada obsta que se pratiquem isenções sobre os itens da cesta básica, escoradas na norma do artigo 145, §1º da Constituição atual, que consagra o princípio da capacidade contributiva.[594] Na mesma linha, Humberto Ávila considera que "somente aquela parte dos rendimentos que esteja disponível para o sujeito passivo é que pode ser tributada". Assim, este autor atrela também o mínimo existencial ao princípio da capacidade contributiva e ao conceito de renda.[595]

Para José Maurício Conti, existe um certo consenso entre os autores de que o mínimo existencial não deve ser tributado, e insinua que a questão está relacionada com a imunidade tributária, quando considera o instituto como um princípio constitucional.[596]

Este último autor tem inteira razão. Ninguém ignora ou nega que uma parte dos ganhos das pessoas deve ficar livre de tributação como condição da formação do conceito de renda e afirmação do princípio da capacidade contributiva. Assim, há que se reconhecer a existência de fortes argumentos em favor da tese de que o mínimo vital é um vetor de aplicação da dignidade da pessoa humana ou da igualdade.

José Souto Maior Borges enfrentou a questão ainda sob a égide da Constituição de 1946, sobre a qual reverberava que "a isenção do mínimo vital decorre de uma exigência

---

[593] ZILVETI. *Op. cit.*, p. 223.
[594] *Ibid., loc. cit.*
[595] ÁVILA. *Op. cit.*, p. 379.
[596] CONTI. *Op. cit.*, p. 53.

de justiça tributária".⁵⁹⁷ O artigo 15 da referida Constituição previa a isenção de impostos sobre o consumo de produtos básicos, razão pela qual não havia dúvidas de que se tratava de dispositivo constitucional "como instrumento de uma política de benefícios sociais em favor das classes mais pobres".⁵⁹⁸ E complementa os fundamentos da defesa da isenção do mínimo vital com a seguinte passagem:⁵⁹⁹

> A isenção do mínimo necessário à existência é ditada por considerações sociais de diversa natureza, tais como: I) *conveniência prática*, dada a improdutividade do imposto em confronto com as despesas de arrecadação; II) *justiça fiscal*, os pequenos contribuintes em estágio de vida social inferior não deverão ter ainda mais reduzida a sua capacidade financeira; III) *compensação econômico-financeira*, porque os pequenos contribuintes são os que suportam mais duramente os ônus dos impostos indiretos.

O segundo e terceiro itens da transcrição são os que mais interessam à presente abordagem, pois, propor-se um modelo de desoneração tributária do mínimo vital se funda na necessidade da justiça fiscal e na compensação econômico-financeira em favor das pessoas com menos renda, que comprometem parte expressiva dos seus ganhos com o pagamento de tributos. Como foi demonstrado no Capítulo 2, na subseção 2.6.2 e 2.6.2.3, as pessoas com ganhos de até dois salários-mínimos comprometem 48,8% de sua renda com o recolhimento de tributos, enquanto os contribuintes com renda superior a trinta salários-mínimos, apenas 26,3%, cálculos com base na POF 2002/2003. Em 2008, os percentuais subiram para 53,9% e 29%, respectivamente. Trata-se, portanto, de uma matriz tributária visivelmente regressiva.⁶⁰⁰

---

⁵⁹⁷ BORGES, José Souto Maior. *Teoria geral da isenção tributária*. 3. ed. São Paulo: Malheiros, 2001, p. 55.
⁵⁹⁸ *Ibid.*, p. 52.
⁵⁹⁹ *Ibid.*, p. 53.
⁶⁰⁰ Conforme demonstrado no subitem 2.6.2.3, de uma POF para outra a regressividade da matriz tributária brasileira somente se agravou, apesar do aumento da renda e da

Em 2021, tomando-se dois extremos de renda como exemplos, as famílias com renda *per capita* de R$ 212,05 sofreram uma carga tributária de tributos indiretos de 21,2%, enquanto, para as famílias que recebem *per capita* R$ 7.717,58, os tributos indiretos pesaram apenas 7,8%.[601]

A responsabilidade por tamanha discrepância reside no forte peso da tributação sobre o consumo que, conforme visto na subseção 2.4, as capacidades contributivas no ato do consumo possuem inúmeras dificuldades de serem individualizadas e discriminadas. Daí porque a adoção do mínimo vital como parâmetro de partida para a comparação do impacto da tributação sobre a renda ocasiona que quem ganha até o mínimo vital seja igualmente tributado no consumo tal qual quem ganha acima desta faixa, que serve meramente à subsistência. O ideal seria que os bens de consumo básico, geralmente necessários para quem está abaixo do mínimo existencial, fossem desonerados da tributação sobre o consumo. Assim como a Constituição Federal prevê a imunidade de impostos sobre a propriedade rural em alguns casos (CF, art. 153, §4º, II), a tributação sobre o consumo de bens básicos não deveria ser tributada, a fim de se alcançar os objetivos expostos acima.[602]

---

economia nacionais. Na POF 1995/1996, a relação da carga tributária entre as pessoas com rendimentos de até 2 SM para os contribuintes com mais de 30 SM de renda era de 17,9% no primeiro grupo e de 26,3%, no segundo.

[601] OLIVEIRA, João Maria. Propostas de reforma tributária e seus impactos: uma avaliação comparativa. *In*: *Carta de conjuntura n. 60*. Brasília: IPEA, nota de conjuntura 1, 3º Trimestre, 2023, p. 05-06.

[602] Ricardo Lobo Torres argumenta que existem várias imunidades explícitas ou implícitas relativas ao mínimo existencial. Quanto às explícitas, observam-se os seguintes dispositivos constitucionais: art. 5º, XXXIV, LXXII, LXXIII, LXXIV, LXXVI; art. 150, VI, "c"; art. 153, §4º; arts. 198, 203 e 206, IV (TORRES, Ricardo Lobo. O mínimo existencial e os direitos fundamentais. *RDA*, v. 177, p. 36, jul./set. 1989). As imunidades implícitas, por sua vez, estariam nos princípios que fundamentam o mínimo existencial, quais sejam: a igualdade; o devido processo legal; a livre iniciativa; etc. E complementa seus argumentos salientando que as imunidades implícitas abrangem "qualquer direito, ainda que originariamente não-fundamental (direito à saúde, à alimentação etc.), considerado em sua dimensão essencial e inalienável" (TORRES, Ricardo Lobo. O mínimo existencial e os direitos fundamentais. *Revista de direito da procuradoria geral do Estado do Rio de Janeiro* n. 42. Rio de Janeiro: Publicação do Centro de Estudos Jurídicos, 1990, p. 69).

O ponto em questão, no entanto, é concluir se o mínimo existencial na matriz tributária brasileira é imune ou isento de tributos. Expomos desde logo o argumento de que o mínimo existencial é objeto de norma de imunidade tributária, implícita no Estado Democrático de Direito. Antes de aprofundar esta conclusão, cabe destacar que defendem por outros pontos de vista que o mínimo existencial é imunidade tributária, autores como, Ricardo Lobo Torres, José Souto Maior Borges, Micaela Dominguez Dutra, José Maurício Conti e Marcelo Saldanha Rohenkohl.[603] Outro, como Hugo de Brito Machado, entende que não se trata de isenção, mas também não deixa evidente se é hipótese de imunidade, preferindo considerar tal instituto um caso de inocorrência do fato tributável.[604] Fernando Zilveti, refutando a tese de Ricardo Lobo Torres, considera que o mínimo existencial não está explícito na Constituição, insinuando não se tratar de imunidade, tanto que a sua norma é extraída da combinação de outros princípios constitucionais, tais como "a liberdade, a igualdade, o devido processo legal, a livre iniciativa, os direitos fundamentais do homem".[605]

---

[603] "A imunidade do mínimo existencial está em simetria com proibição de excesso, fundada também na liberdade [...]" (TORRES, 2005, p. 305); "No sistema tributário da CF de 1988, informado pela dignidade da pessoa humana (art. 1º, III) e pelo direito à vida (art. 5º, *caput*) não será descomedido afirmar que o mínimo vital, mais que isento, *é imune*" – grifos originais (BORGES. *Op. cit.*, p. 55); "Filiamo-nos à corrente capitaneada por Ricardo Lobo Torres por entendermos que o respeito ao mínimo existencial é o fundamento do princípio da dignidade da pessoa humana [...] Vale nesse ponto salientar, com apoio em lição proferida por Ricardo Lobo Torres, que não existe uma imunidade relativa ao mínimo existencial, mas sim diversas [...]" (DUTRA. *Op. cit.*, p. 107); "É inconstitucional a tributação exercida sobre determinada manifestação de capacidade econômica de um contribuinte que o atinja naqueles recursos que destinaria às suas necessidades básicas, imprescindíveis à garantia de sua sobrevivência" (CONTI. *Op. cit.*, p. 53); "cogitar-se de um mínio vital tributário é, essencialmente, referir-se ao quantum de rendimentos, bens de consumo e patrimônio que, como indispensáveis à concreção do conceito de vida digna do contribuinte, estão fora do campo de incidência de tributos, como legítima regra de imunidade tributária" (ROHENKOHL. *Op. cit.* , p. 88-89);

[604] MACHADO. *Op. cit.*, p. 470.

[605] ZILVETI. *Op. cit.*, p. 215.

Para Souto Maior Borges, o mínimo existencial é imunidade, em função da dignidade da pessoa humana e do direito à vida que o instituto visa a preservar.[606]

A tese deste professor pernambucano se radica no entendimento de que nem toda norma de isenção tributária está desatrelada de uma norma constitucional. Igualmente, nem sempre uma imunidade seria autoaplicável o bastante para não depender de uma norma de isenção que definisse regras de efetivação da imunidade.[607] Para tanto, dá alguns exemplos, como é o caso da imunidade do ITR sobre a pequena gleba rural. É oportuno transcrever suas palavras:

> [...] o imposto territorial rural não incidirá sobre pequenas glebas rurais, definidas em lei, quando os explore, só ou com sua família, o proprietário que não possui outro imóvel (art. 153, § 4º). Não incidência originária de preceito constitucional não autoexecutável é ainda assim isenção. Toma como ponto de partida um preceito constitucional diretivo, como estimaria dizê-lo Amílcar Falcão, mas a lei ordinária é quem a estabelece. O fenômeno da não-incidência está aqui atrelado a uma isenção e não a uma imunidade constitucional. E percebe-se porque assim o é: mostra-se necessário definir, a nível infraconstitucional (é sobretudo razoável fazê-lo), as pequenas glebas rurais. Descabe no plano constitucional esse grau de pormenorização exigível da legislação integrativa.[608]

A conclusão de Souto Maior Borges serve para legitimar a competência do juiz na hipótese de "fixar" ou "aferir" o *quantum* do mínimo vital em cada caso concreto. Entendemos que o ponto deve ser analisado de outra forma, com o devido respeito aos argumentos do professor. O mínimo existencial, na qualidade de objeto de norma imunizante, fundada nos valores da justiça e da dignidade da pessoa humana e também no Estado Democrático de Direito, está dirigido ao legislador. O juiz não teria e nem poderia ter tamanho poder, sob pena de

---

[606] BORGES. *Op. cit.*, p. 55.
[607] *Ibid.*, p. 56.
[608] BORGES. *Op. cit.*, p. 56.

se desestabilizar o sistema diante das inúmeras possibilidades de fixação do montante do mínimo existencial. Neste ponto, é oportuna a referência de Fernando Zilveti, quando alega:

> Isso posto, deve-se evitar, *data venia* da respeitável doutrina citada neste capítulo, cair em elaborações metafísicas, procurando constitucionalizar o mínimo existencial como um direito público subjetivo, oponível ao Estado por meio de controle jurisdicional, obrigando-o a prestar o mínimo existencial ao cidadão. A história recente tem ensinado que ações como a criação portuguesa da inconstitucionalidade por omissão, ou o mandado de injunção, têm resultado prático muito tímido, causando um conflito entre poderes e gerando insegurança jurídica ao cidadão.[609]

Defendemos, por conseguinte, que é dever do legislador, com base nas argumentações históricas e teóricas a respeito do mínimo existencial, e sua natural interseção com os institutos tributários da imunidade e da capacidade contributiva, dar concreção aos valores da justiça e da dignidade da pessoa humana. Esta concreção implica definir o montante de renda imune ao respectivo imposto, quais os bens e quem são os proprietários igualmente imunes à tributação sobre o patrimônio e, por fim, quais os produtos e serviços consumíveis que estariam salvaguardados de tributação. A imunidade atingiria os produtos e serviços consumíveis com base na seletividade, instituto examinado na subseção 3.3.2. Enfim, para a construção de uma matriz tributária justa em países com disparidades econômicas e sociais pronunciadas, faz-se necessário um alargamento prudente do mínimo existencial.

3.4.5 Estado Democrático de Direito simbólico e a função da matriz tributária

Nas subseções 3.1 a 3.1.5 foram expostas as premissas de significações política e jurídica do Estado Democrático

---

[609] ZILVETI. *Op. cit.*, p. 222.

de Direito. Em síntese, nesse tipo de Estado busca-se a realização material da justiça social como requisito da igualdade nos processos de deliberação e de controle da política. Sem igualdade de condições materiais básicas entre representantes e representados (especialmente em relação a estes), a democracia pode ficar comprometida.[610] Nos estertores deste livro, nos empenhamos em demonstrar até que ponto são realmente efetivadas as pretensões do Estado Democrático de Direito, inspiradas no valor da justiça social e operacionalizas pelos princípios da dignidade da pessoa humana e da proteção ao mínimo existencial. O Brasil é um país reconhecidamente injusto (no sentido vulgar do termo) por amargar índices desonrosos e até cruéis de desigualdade social e de inescrupulosa concentração de renda. As informações que serão apresentadas a seguir representam uma parte deste estado de coisas. Focaremos as informações em duas políticas públicas básicas: saneamento básico e educação, por serem ponto de partida para se perceber o quanto ainda é necessário se fazer para que os objetivos da República no Estado Democrático de Direito possam ser efetivados.

Em seguida, será destacado o importante papel da matriz tributária na formação dos recursos financeiros aptos a atenuar o problema da desigualdade social no país. Os dados que serão apresentados permitirão concluir se a matriz tributária concorre para a manutenção da desigualdade social e, caso esta hipótese se confirme, como é possível torná-la suficiente para auxiliar na solução do problema. Mas, antes desta abordagem, é importante frisar que, no fundo, há um problema de

---

[610] Conforme a crítica de Paul Krugman: "a concentração intensa de renda é incompatível com uma democracia real". E indaga com precisão: "Será que alguém poderia negar com seriedade que o nosso sistema político [refere-se aos EUA] encontra-se distorcido pela influência do grande capital e que essa distorção está se agravando à medida que a riqueza de uns poucos fica cada vez maior? (KRUGMAN, Paul. *Concentração de riqueza ameaça fazer com que a democracia nos EUA vire rótulo sem significado*. Tradução de UOL. Disponível em: <http://noticias.uol.com.br/blogs-e-colunas/coluna/paul-krugman/2011/11/05/concentracao-de-riqueza-ameaca-fazer-com-que-democracia-nos-eua-vire-rotulo-sem-significado.htm>. Acesso em: 4 jun. 2016).

efetividade de normas constitucionais que precisa ser sempre denunciado. As implicações teóricas deste assunto constituem o substrato da falência da matriz tributária no cumprimento dos objetivos da República no Estado Democrático de Direito.

Na teoria do Direito é clássica a distinção feita por Kelsen entre validade, vigência e eficácia das normas jurídicas, o que pode ser, *a priori*, transposto para as normas constitucionais. Segundo o jusfilósofo:

> Dizer que uma norma vale (é vigente) traduz algo diferente do que se diz quando se afirma que ela é efetivamente aplicada e respeitada, se bem que entre vigência e eficácia possa existir uma certa conexão. Uma norma jurídica é considerada como objetivamente válida apenas quando a conduta humana que ela regula lhe corresponde efetivamente, pelo menos numa certa medida. Uma norma que nunca e em parte alguma é aplicada e respeitada, isto é, uma norma que – como costuma dizer-se – não é eficaz em uma certa medida, não será considerada como norma válida (vigente).[611]

Conforme foi sinalizado, o argumento de Kelsen está mais bem dirigido às normas jurídicas na qualidade de "regras", já que sua transposição para normas de cunho constitucional, especialmente os valores e princípios, depende de outras abordagens no campo do que se convencionou chamar "normas programáticas". Dito de outro modo, a questão é saber se no caso de normas programáticas o ponto suscitado por Kelsen sobre a vigência e validade de normas sem eficácia social é algo que, na teoria, excluiria a legitimidade das normas programáticas.

Primeiro, é necessário afirmar que o tema da possível não realização do Estado Democrático de Direito, ou sua efetivação parcial, é um assunto que lida com valores e princípios constitucionais, e não exatamente com regras jurídicas. As

---

[611] KELSEN. *Op. cit.*, p. 10-11. Sobre o conceito de validade das normas, em outra obra Kelsen explica o seguinte: "uma norma é considerada válida apenas com a condição de pertencer a um sistema de normas, a uma ordem que, no todo, é eficaz". Cf. KELSEN, Hans. *Teoria geral do direito e do estado*. São Paulo: Martins Fontes, 2000, p. 58.

regras, por sua vez, devem ingressar na discussão caso não sejam instituídas ou tenham previsões insuficientes para convalidar as mensagens axiológicas dos princípios jurídicos. O foco, entretanto, é trazer à baila um tipo de argumentação que explique por que é possível existir valores e princípios constitucionais que acenam para determinadas finalidades e estas não serem efetivadas. Qual a força da Constituição e dos princípios, neste caso, para motivarem regras jurídicas que possam lhe garantir efetividade?

Este assunto não é desconhecido da Teoria Geral do Direito. Aliás, é famoso o texto de Konrad Hesse sobre a força normativa das Constituições em que critica a não menos famosa frase de Ferdinand Lassale, que falava de uma "Constituição real" e que efetivamente era a que prevalecia sobre a "Constituição jurídica", sendo esta última muitas vezes relegada ao esquecimento como uma "simples folha de papel".[612] Hesse ressalta que a Constituição não poderá ser um documento jurídico que ignore as mudanças ocorridas no seio da sociedade, podendo, inclusive, assimilá-las e, até certo ponto, ser interpretada de modo a reconhecer tais mudanças. Mas sustenta que as normas constitucionais podem e deverão ser observadas, devendo seus intérpretes e aplicadores se investirem do que chama "vontade de Constituição".[613]

Os valores e os princípios fundantes do Estado Democrático de Direito abordados neste livro podem se revestir do que se considera na Teoria do Direito Constitucional como "normas programáticas". Isso porque, ao tratar de temas

---

[612] "Esses fatores reais de poder formam a Constituição *real* do país. Esse documento chamado Constituição – a Constituição *jurídica* – não passa, nas palavras de Lassale, de um pedaço de papel (*ein Stück papier*) ". Cf. HESSE, Konrad. A força normativa da Constituição. Trad. Gilmar Ferreira Mendes. In: *Temas fundamentais de direito constitucional*. São Paulo: Saraiva, 2009, p. 123.

[613] "Concluindo, pode-se afirmar que a Constituição converter-se-á em força ativa caso se façam presentes, na consciência geral – particularmente, na consciência dos principais responsáveis pela ordem constitucional – não só *a vontade de poder* (Wille zur Macht) mas também a *vontade de Constituição* (Wille zur Verfassung)" (HESSE. *Op. cit.*, p. 132).

como justiça social, dignidade da pessoa humana e mínimo existencial, o que está em voga, indubitavelmente, é o caráter social emanado destas normas na forma de direitos. Trata-se, portanto, de direitos sociais. É antiga a discussão de que as normas veiculadoras de direitos sociais possuem caráter abstrato e incompleto e os instrumentos de superação destas características têm sido um problema agudamente levantado pela doutrina.[614]

Aliás, conforme anota José Afonso da Silva, certa corrente doutrinária chega a duvidar da natureza jurídica dos direitos sociais, que não seriam verdadeiramente direitos.[615] Mas esta tese tem sido refutada, de modo que se tem reconhecido nos direitos sociais "a natureza de direitos fundamentais, ao lado dos direitos individuais, políticos e do direito à nacionalidade.[616] Esta alegação conduz a um ponto importantíssimo: embora possam, em algum momento, os direitos sociais não serem efetivados pelo Poder Público, isso não exclui suas características imanentes de direitos subjetivos, razão pela qual poderão ser efetivados por outros meios, por exemplo, pela intervenção do Poder Judiciário.

No entanto, para efeitos tributários, a efetivação dos direitos sociais que compõem o núcleo mínimo de direitos que devem ser assegurados como decorrência do valor da justiça social, do princípio da dignidade pessoa humana e da preservação do mínimo existencial, deverá partir das funções do legislador (Poder Legislativo e Executivo, cada qual na sua atribuição do processo legislativo). O fato de se considerar valores e princípios como normas programáticas não acarreta óbices à sua efetividade normativa. Conforme adverte José Afonso da Silva, o argumento oposto por Del Vecchio, de que as normas programáticas enunciam programas políticos, mas

---

[614] SILVA, José Afonso da. *Aplicabilidade das normas constitucionais*. 3. ed. São Paulo: Malheiros, 1999, p. 140-141.
[615] *Ibid.*, p. 151.
[616] *Ibid. loc. cit.*

sem qualquer "exigência juridicamente válida", não se aplica atualmente, devendo prevalecer a juridicidade das normas programáticas. Nas palavras do autor brasileiro: "Em suma, cada vez mais a doutrina em geral afirma o caráter vinculativo das normas programáticas, o que vale dizer que perdem elas, também cada vez mais, sua característica de programas".[617]

Feitas estas considerações, é possível afirmar que os valores e princípios em questão amparam direitos sociais, e, ainda que se considerem como normas programáticas deverão ser efetivados pelo legislador.

Pode ser introduzido neste contexto de argumentação a ideia de "constitucionalização simbólica" defendida por Marcelo Neves.[618] O ponto de partida para a visualização deste fenômeno não consiste exatamente nos conceitos tradicionais de vigência e de eficácia da norma (Kelsen), nem de normas programáticas (Del Vecchio). Conceber a constitucionalização simbólica envolve o entendimento de interpretação e de aplicação de normas constitucionais, o que se traduz na formulação de "concretização das normas constitucionais".[619] Assim, prossegue o autor em suas preleções iniciais, que "o texto e a realidade constitucionais encontram-se em permanente relação através da normatividade constitucional obtida no decurso do processo de concretização".[620]

A concretização da Constituição está mais a depender dos agentes e da sociedade a exigir a efetivação de suas normas do que sujeita a um discurso de não aceitação das normas por parte de seus destinatários, o que, afinal, caracteriza o argumento de ausência de eficácia social das normas.[621]

---

[617] SILVA. *Op. cit.*, p. 154-155.
[618] NEVES, Marcelo. *Constitucionalização simbólica*. São Paulo: Martins Fontes, 2007, p. 83-84.
[619] *Ibid.*, p. 84.
[620] *Ibid., loc. cit.*
[621] "A concretização constitucional abrange, contudo, tanto os participantes diretos do procedimento de interpretação-aplicação da Constituição quanto o 'publico'" (NEVES, p. 91).

A constitucionalização simbólica se caracteriza em um plano negativo e outro positivo. No primeiro caso, o argumento apresentado é que os fatores ambientais colocariam para um segundo patamar os procedimentos e argumentos jurídicos expectados pelos destinatários das normas constitucionais. Na constitucionalização simbólica (negativa), "ocorre um bloqueio permanente e estrutural da concretização dos critérios/programas jurídico-constitucionais pela injunção de outros códigos sistêmicos e por determinações do 'mundo da vida'".[622] Assim, o código binário que orienta o sistema da constituição jurídica é sobreposto por outros códigos orientadores da "ação e vivência sociais".[623] Nesse sentido, questões de ordem econômica, de dificuldades de gestão e de ideologias que se contrapõem aos fundamentos axiológicos constitucionais, poderão substituir o código binário da constituição jurídica (de lícito/ilícito), de maneira que passa a transparecer que a não efetivação de valores e princípios constitucionais não se trate exatamente de uma questão de inconstitucionalidade (código da ilicitude), mas da impossibilidade real de concretização da Constituição (o que passaria a ser lícito). No plano positivo, a constitucionalização simbólica cumpre uma função de inserção de valores político-ideológicos no texto das Constituições.[624] O problema de uma Constituição ideológica consiste nas dificuldades de sua aplicação quando as condições sociais não forem favoráveis, gerando níveis de desconfiança e descrença entre as afirmações escritas e a práxis política.

A constitucionalização simbólica se caracteriza, pois, na medida em que os direitos fundamentais, tanto de natureza política quanto os de cunho protetivo da individualidade e das relações coletivas, como é o caso da igualdade, são

---

[622] NEVES. *Op. cit.*, p. 93
[623] *Ibid., loc. cit.*
[624] *Ibid.*, p. 93-95.

"filtrados" por critérios particulares de naturezas política e econômica.[625]

Tomamos emprestada a ideia de "constitucionalização simbólica" para em parte ilustrar os argumentos em torno da baixa efetividade do Estado Democrático de Direito, conforme será exposta no próximo subitem a respeito das desigualdades sociais. Se partirmos do fundamento de que justiça social é um valor paradigmático a que assentiu a Constituição vigente, sua efetivação torna-se uma prioridade não simplesmente por ser um valor de alta carga axiológica, mas, sobretudo, em função dos efeitos deletérios que a baixa efetividade de justiça social provoca nas expectativas da sociedade atual e nas de gerações futuras. A falta de bens básicos como saneamento e educação de qualidade, desfazem qualquer expectativa de uma vida digna no presente e impinge aos nascidos de lares sem estes direitos básicos a probabilidade de uma vida tão difícil quanto a de seus genitores.

As dificuldades alegadas para a efetivação do Estado Democrático de Direito, em geral, associam-se às adversidades econômicas, centralizadas no argumento da escassez de recursos financeiros. Neste ponto, a matriz tributária deverá reunir, no segmento da tributação, as escolhas políticas que irão prever a gama de tributos necessária para financiar as políticas implementadoras dos citados direitos. As objeções vinculadas à carga tributária supostamente elevada em relação ao PIB fazem parte de um discurso de legitimação da constitucionalização simbólica (ou, com a devida licença: legitimação de um "Estado Democrático de Direito Simbólico"). Isso porque valores como justiça social e igualdade são relegados a um plano abaixo de outros compromissos valorizados

---

[625] "A 'constitucionalização simbólica', ao contrário, configura-se somente nas situações em que os procedimentos eleitorais, legislativos, judiciais e administrativos, como também o comportamento dos grupos e indivíduos em geral, descumprem as disposições constitucionais ou delas desviam-se, de tal maneira que o discurso constitucionalista torna-se, antes de tudo, um álibi" (NEVES. *Op. cit.*, p. 113).

pelas elites econômicas e políticas, que se apoderam da práxis política. Note-se que, em relação ao PIB, o Brasil tributa sua sociedade abaixo da média dos países da OCDE, conforme demonstrado no Capítulo 2, subseção 2.2. No campo da equidade da estrutura endógena da matriz tributária, viu-se nas subseções 2.6.2 e 2.6.2.3 que a maior carga tributária recai sobre os mais pobres e não sobre as populações econômicas mais favorecidas.

Na eventual falta de medidas tributárias que visem a erradicar o quadro de injustiça social está-se diante de uma violação à Constituição Federal, e isso não pode ser atenuado pela imposição de forças políticas e econômicas que priorizam, por exemplo, o cumprimento de metas de superávit primário, com nítido viés de favorecimento ao pagamento de encargos ao sistema financeiro, em detrimento da alocação de recursos às áreas socialmente prioritárias. A questão das escolhas políticas prioritárias (entre o pagamento de juros ao sistema financeiro ou a alocação de recursos para os segmentos sociais, por exemplo) não poderá ser duvidosa quando, em nenhum dispositivo que diz respeito aos valores fundantes da ordem democrática brasileira, encontrar-se margem para se afirmar que os diretos sociais devem figurar em uma ordem de prioridades que não seja a primeira.

Ao se "tomar de assalto" o poder de interpretar as normas constitucionais contra seus princípios fundantes, enaltece-se cada vez mais a constitucionalização simbólica, permitindo que se traga para os espaços do discurso e da argumentação jurídica a inegável necessidade de se denunciar o descumprimento da Constituição.

De qualquer forma, o quadro de desigualdade social é alarmante, apesar de algumas medidas desenvolvidas nas últimas décadas para sua erradicação. Será feita uma síntese deste problema com alguns dados estatísticos para ressaltar que pela matriz tributária é possível se manter ou ampliar as políticas corretivas da desigualdade. Este livro busca aliar argumentos sobre tributação e o conceito de justiça, não cabendo incursionar-se no campo da gestão dos recursos públicos e de sua aplicação. Não que este ponto seja irrelevante, mas para não perder o foco, a exposição a seguir se centrará no âmbito da matriz tributária, isto é, na função instrumental da estrutura exógena da matriz, visando a concretizar os valores e princípios constitucionais vinculados à ideia de justiça na tributação.

3.4.6 Desigualdade social ou o fracasso da matriz tributária justa

Os valores, princípios e regras jurídicas em matéria tributária, no âmbito da sua estrutura exógena, visam a efetivar os conteúdos político e jurídico do Estado Democrático de Direito, conforme explicado na subseção 3.2.2.

A matriz tributária, no plano da estrutura exógena, pressupõe um rol de escolhas políticas-tributárias que visam à ruptura com um ciclo de pobreza que afeta diretamente a população de baixa renda, quer em função dos efeitos deletérios da ampla tributação sobre o consumo, quer pela notória carência de recursos financeiros que assegurem o mínimo existencial para todos os desprovidos de capacidade contributiva (em seu sentido técnico). A ausência ou entrega precária de direitos sociais, tais como saúde (na forma de saneamento básico) e educação (na qualidade de analfabetismo), ocasiona à população que vivencia estes dramas sociais falta de oportunidades e, consequentemente, carência de desenvolvimento socioeconômico desejável. Seus descendentes – quando conseguem ultrapassar a barreira da mortandade infantil – provavelmente terão as mesmas poucas oportunidades dos genitores se não ocorrerem medidas que interrompam o ciclo antigo para a criação de um novo ciclo, capaz de propiciar condições dignas de desenvolvimento humano e que insiram as pessoas no quadro de oportunidades adequadas do sistema produtivo.

Os dados censitários que serão apresentados justificam uma atenção especial à população negra, que quantitativamente sofre com os menores níveis de indicadores sociais de desenvolvimento humano.[626]

No final de 2011, o Brasil se tornou a sexta maior economia do planeta, ultrapassando o Reino Unido, embora, na atualidade, este *status* possa ser revisto para 7º lugar.[627] Esta informação, entretanto, não foi capaz de neutralizar os efeitos da colocação do país no 84º lugar no *ranking* de desenvolvimento humano naquele ano. Igual raciocínio se repete para a posição do país nos anos seguintes, uma vez que o Brasil apresentou melhora sutil nestes indicadores, passando para a 80ª posição, no ano de 2012, e 79ª no ano seguinte, mantendo esta posição até 2016. Em 2022, o IDH brasileiro caiu para 0,754 em relação a 2019, em que se registrou 0,766. Como se sabe, o IDH é um indicador utilizado pela ONU para medir o nível de desenvolvimento humano dos países, de modo que, quanto mais próximo de 1,0, mais desenvolvido é o país, como é o caso da Suíça, líder do *ranking*, com 0,962, seguida por Noruega (0,961) e Islândia (0,959). De modo geral, cerca de 90% dos países sofreram redução do IDH em razão da pandemia de COVID-19. Com esses valores, o Brasil ficou em 87º lugar no *ranking* de desenvolvimento humano. Nesta posição, a nação ostenta nível de desenvolvimento humano considerado alto.[628] Entretanto, confrontando-se o índice de desenvolvimento humano com a classificação do Brasil como sexta economia do mundo, percebe-se nítida contradição que provoca preocupações e estimula a academia e o Poder Público a engendrar soluções ao problema.

---

[626] As ações afirmativas, tais como cotas universitárias e reserva de vagas no serviço público para negros são justificáveis em razão dos acentuados índices de subdesenvolvimento desta gama da população.

[627] De acordo com informação divulgada pela Revista Exame. Disponível em: < https://exame.com/economia/brasil-fica-na-12a-posicao-em-ranking-de-alta-no-pib-do-2o-trimestre-veja-lista-completa/>. Acesso em: 18 set. 2023.

[628] IDH brasileiro diminui e país perde posição no ranking mundial. *Revista Consultor Jurídico*, 09 set. 2022.

Em uma primeira análise serão utilizados somente os índices de alfabetização por regiões do país com base no Censo de 2010, para, em seguida, trabalhar com dados da Pesquisa Nacional de Domicílios (PNAD 2015), ambos de responsabilidade do IBGE.

O analfabetismo e a falta de saneamento básico adequados impactam direta e indiretamente na qualidade de vida das pessoas, na distribuição da renda e, portanto, na promoção dos direitos humanos. Conforme adverte Amartya Sen: "quanto mais inclusivo for o alcance da educação básica e dos serviços de saúde, maior será a probabilidade de que mesmo os potencialmente pobres tenham uma chance maior de superar a penúria".[629]

No Brasil, a educação é direito social a todos assegurado, contando, inclusive, com garantia de recursos financeiros (CF, art. 205). Saber ler e escrever é um mínimo existencial de todo cidadão inserido na sociedade moderna, pois a educação liberta o homem e aumenta significativamente suas oportunidades de melhorar de vida e propiciar a si e a sua família uma existência digna. Amartya Sen argumenta que a economia de diversos países asiáticos (Japão, Coreia do Sul, Taiwan, Hong Kong entre outros) alcançou "notável êxito na difusão das oportunidades econômicas graças a uma base social que proporcionava sustentação adequada". Esta base social é formada por altos níveis de alfabetização e bons serviços gerais de saúde.[630]

O analfabetismo e as deficiências nos processos de aprendizagem na educação básica estão, inegavelmente, vinculados à baixa capacidade de geração de renda e à pobreza. Dentre vários dados divulgados pelo Censo 2010, nessa direção, dois chamam a atenção. O primeiro diz respeito às regiões e perfis populacionais dos municípios em que o analfabetismo é acentuado. O segundo, relaciona-se com a "raça negra",

---

[629] SEN, Amartya. *Desenvolvimento como liberdade*. São Paulo: Companhia das Letras, 2000, p. 113.
[630] *Ibid.*, p. 113.

grupo social em que o analfabetismo e a baixa renda são mais frequentes.

Quanto às regiões e perfis populacionais dos municípios, o levantamento censitário aponta que a Região Nordeste possui os índices mais elevados de analfabetismo, especialmente nos municípios com menos de 50.000 habitantes.

TABELA 1

ÍNDICES DE ALFABETIZAÇÃO EM MUNICÍPIOS
COM MENOS DE 50 MIL HABITANTES

REGIÃO	ANALFABETOS (%)	IDADE (anos)
NE	28	≥ 15
NE	60	≥ 60
NE	4,9	15-24

A média de analfabetismo na população com idade igual ou superior a 15 anos é de 28%. Entre os idosos com idade igual ou superior a sessenta anos o percentual médio se eleva, e entre jovens de 15 a 24 anos de idade o percentual de analfabetos da Região Nordeste diminui, mas ultrapassa meio milhão de pessoas.

Quanto ao porte populacional, os percentuais mais elevados de analfabetismo são encontrados nos municípios entre 5.001 e 10.000 habitantes da Região Nordeste.

TABELA 2

ÍNDICES DE ALFABETIZAÇÃO COMPARATIVOS
ENTRE REGIÕES BRASILEIRAS

REGIÃO	ANALFABETOS (%)	IDADE (ANOS)
NE	29,6	Geral
SUL	8,9	Geral
NE	7,2	15-24
SUL	1,3	15-24

Os indicadores demonstram que nos municípios com perfil populacional demonstrado o percentual geral de pessoas que não leem e nem escrevem era de quase um terço em 2010, contra menos de 10% na Região Sul, que possui os melhores índices. Entre os indivíduos com 15 a 24 anos, a Região Nordeste continua registrando os valores mais elevados de analfabetismo.

Com relação ao segundo ponto, qual seja, a relação entre analfabetismo e raça, o Censo demonstra relação direta entre índices elevados de analfabetismo e a cor da pele, conduzindo certo grupo de pessoas à iníqua situação de má distribuição de renda.

TABELA 3
RENDIMENTOS MÉDIOS MENSAIS

ETNIA	RENDA MÉDIA (R$)
Brancos	1.574,00
Pardos	845,00
Pretos	834,00
Indígena	735,00

Os dados permitem concluir, *a priori*, que o analfabetismo na população de cor preta conduz aos mais baixos níveis de renda. No Brasil, é conhecida a disparidade de renda média entre brancos, pretos, pardos e indígenas. Conforme o Censo 2010, os brancos possuem rendimento médio mensal próximo da renda média de amarelos. Os rendimentos médios mensais apurados para negros, pardos e indígenas ficam muito próximos da metade dos valores pagos a brancos e a amarelos, denotando má distribuição de renda e iniquidade entre os grupos étnicos.

Os dados censitários informam também que conforme a população aumenta diminui a diferença entre os grupos populacionais (pretos, pardos e índios), o que demonstra ser necessário reforçar as políticas públicas nos municípios com menos de dez mil habitantes. De acordo com o Censo 2010, em todo o país, entre pretos, brancos e pardos, os índices de analfabetismo podem ser exemplificados conforme a Tabela 4, 5 e 6.

TABELA 4
ANALFABETISMO POR ETNIA
(MUNICÍPIOS COM MENOS DE 10 MIL HABITANTES)

ETNIA	ANALFABETOS (%)
Brancos	5,9
Pardos	13,0
Pretos	14,4

TABELA 5
ANALFABETISMO POR ETNIA
(MUNICÍPIOS COM MENOS DE 5 MIL HABITANTES)

ETNIA	ANALFABETOS (%)
Brancos	9,8
Pardos	20
Pretos	27,1

TABELA 6
ANALFABETISMO POR ETNIA
(MUNICÍPIOS ENTRE 5 – 10 MIL HABITANTES)

ETNIA	ANALFABETOS (%)
Brancos	11,4
Pardos	21,7
Pretos	28,3

As contradições sociais mencionadas pelo Censo 2010 necessitam ser urgentemente corrigidas se o Brasil pretender cumprir os mencionados objetivos fundamentais da República.

Também se observa que há uma relação intrínseca entre analfabetismo e condições sanitárias inadequadas nos domicílios brasileiros. De acordo com o Censo 2010, o percentual de crianças de 0 a 5 anos, em 2000, que viviam em lares com saneamento inadequado e com pais ou responsáveis analfabetos em todo o Brasil era relevante. Em 2010, este índice diminuiu. Embora seja expressiva a melhoria dos indicadores, a meta ideal seria a erradicação dos déficits de saneamento básico.

Dados mais atuais sobre analfabetismo mostram que o problema recuou de 6,1% em 2019 para 5,6% em 2022. Em relação às regiões, nota-se que a Região Nordeste lidera em maior quantidade de analfabetos.[631]

TABELA 7
ANALFABETISMO POR REGIÃO (2022)

REGIÃO	ANALFABETOS (%)
Nordeste	11,7
Sudeste	2,9

Entre os idosos, os números aumentam para 32,0% em relação às pessoas com 60 anos ou mais na Região Nordeste e 8,8% no Sudeste. Quanto ao grupo com 15 anos ou mais que não sabiam ler e escrever, 59,4% viviam no Nordeste e 54,1% tinham 60 anos ou mais.

TABELA 8
ANALFABETISMO POR ETNIA (2022)

ETNIA	ANALFABETOS (%)
Pretos (15 anos ou mais)	7,4
Brancos (15 anos ou mais)	3,4
Pretos (60 anos ou mais)	23,3
Brancos (60 anos ou mais)	9,3

---

[631] Fonte: IBGE. PNAD Contínua 2022.

A taxa de escolarização entre crianças de 4 a 5 anos em 2019 foi de 92,7% e caiu para 91,5% em 2022; entre 6 e 14 anos, a taxa de escolarização foi de 99,4%; de 15 a 17 anos, subiu de 89,0% em 2019 para 92,2% em 2022. O índice dos que estavam frequentando ou concluindo o ensino médio também registrou aumento entre 2019 e 2022, subindo de 71,3% para 75,2%.

No entanto, quando o recorte foi o racial, nota-se que os números caem em relação à população preta. Em 2022, mais da metade da população, ou seja, 53,2% da população com mais de 25 anos, havia concluído, pelo menos, o ensino básico obrigatório. No caso das pessoas pretas ou pardas, o número cai para 47% e, com relação às pessoas brancas, sobe para 60,7%.

Na faixa etária de 18 a 24 anos, 36,7% dos brancos estavam estudando contra 26,2% de pretos e pardos. Tratando-se de curso superior, nesse grupo etário, 29,2% de brancos frequentavam algum tipo de graduação, enquanto pretos e pardos, 15,3%. Além disso, 70,9% dos pretos e pardos nessa idade não estudavam nem tinham concluído o curso superior, ao passo que, entre os brancos, esse índice caiu para 57,3%.

Em 2022, estavam na rede pública de ensino 77,2% dos alunos na creche e pré-escola; 82,5% dos estudantes no ensino fundamental regular; e 87,1%, no ensino médio regular. Já a rede privada atendia 72,6% dos estudantes do ensino superior e 75,8% da pós-graduação.

De acordo ainda com o IBGE, em 2022, cerca de 18,3% dos jovens de 14 a 29 anos não haviam concluído o ensino médio, seja porque abandonaram os estudos ou por nunca terem frequentado a escola. A necessidade de trabalhar foi a principal justificativa dos jovens com 14 a 29 anos de idade para abandonarem os estudos, motivo informado por 40,2% desse grupo etário. Entre as 49 milhões de pessoas de 15 a 29 anos de idade no Brasil, 20,0% não estavam ocupadas nem estudando; 15,7% estavam ocupadas e estudando; 25,2% não estavam ocupadas, porém estudavam; e 39,1% estavam ocupadas e não estudavam.

TABELA 9
RELAÇÃO ENTRE SANEAMENTO BÁSICO E ANALFABETISMO
(PAIS OU RESPONSÁVEIS ANALFABETOS)

QUALIDADE DO SANEAMENTO	ANO	FAIXA ETÁRIA (em anos)	POPULAÇÃO (%)
Inadequado	2000	0-5	10,3
Inadequado	2010	0-5	4,6

O censo indica que as regiões Norte e Nordeste são as mais afetadas com a ausência de saneamento básico. Não é difícil concluir, portanto, que a população negra também é mais afetada com os baixos índices de saneamento básico, o que leva a um maior número de doenças nesta população. A desigualdade entre brancos e pretos nesse quesito se manteve, pois, por exemplo, em 2018, a proporção de pretos com ausência de pelo menos um item de saneamento básico (coleta de lixo, abastecimento de água por rede e esgotamento sanitário por rede) foi de 44,5% enquanto, para os brancos, o índice ficou em 27,9%.[632] O Censo 2010 revelou que a maior parte da população brasileira (50,7%) de 190.732.694 habitantes é composta de negros e pardos, concentrando-se em sua maioria nas regiões Norte e Nordeste. Mas as diferenças de renda entre negros e brancos somente serão igualadas em 2089 se for mantida a tendência dos últimos vinte anos, conforme aponta um estudo da Oxfam/Brasil, que também informa que as mulheres somente terão igualdade salarial com os homens em 2047.[633] O horizonte temporal em busca da igualação da renda entre negros e brancos e mulheres somente será possível se, além da permanência de políticas públicas de inclusivas, sejam efetivadas políticas que facilitem o acesso de negros e mulheres ao mercado de trabalho.

---

[632] Disponível em: < https://agenciadenoticias.ibge.gov.br/>. Acesso em: 19 set. 2023.
[633] Disponível em <https://www.oxfam.org.br/os-numeros-das-desigualdades-no-brasil>. Acesso em 7.3.2019.

Com relação ao serviço público, a maior parte dos servidores é composta de brancos, mesmo não correspondendo à maioria étnica da população brasileira. No âmbito da Administração Pública federal, conforme dados extraídos da Nota Técnica/IPEA nº 17, de fevereiro de 2014, o setor público federal (Administração direta e indireta, incluindo autarquias, fundações públicas, empresas públicas e sociedades de economia mista controladas pela União) e servidores militares, dos 1.743.259 servidores públicos, 695.788, ou seja, 39,9% dos servidores se declaram negros ou pardos.[634] Embora este percentual possa sugerir certo equilíbrio entre servidores brancos e negros no serviço público federal, decompondo-se os dados são verificadas disparidades que deflagram a iniquidade do acesso aos cargos públicos quando a análise recai sobre o quesito raça.

No caso dos estados e dos municípios, os percentuais de ocupação nos respectivos serviços públicos são de 44,4% e 51,4%. Este dado é revelador, pois, atualmente, a média de vencimentos do serviço público federal é maior que a das demais unidades federativas.[635] Assim, a relação entre maior renda média no serviço público e percentual de ocupação nos cargos da Administração por pretos e pardos é inversamente proporcional.

Tratando-se de carreiras mais bem remuneradas no serviço público federal, os dados são mais estarrecedores, demonstrando que a maior parte de pretos e pardos que ocupam postos na Administração Pública federal concentra-se nos cargos de nível médio. Tomando como exemplo a carreira diplomática, notoriamente conhecida como uma das seleções

---

[634] Nota Técnica/IPEA nº 17, de fevereiro de 2014, emitida para subsidiar o PL 6738/2013, que trata da reserva de cotas de acesso aos concursos públicos no âmbito do Poder Executivo.

[635] A remuneração média dos ocupados no setor público é de R$ 2.118,62 – no setor público federal passa para R$ 3.954,37. Nos setores públicos estadual e municipal, respectivamente, as remunerações médias são R$ 2.626,17 e R$ 1.315,51 (Fonte: PNAD, 2012).

mais rigorosas no âmbito do Poder Executivo, 94,1% dos cargos são ocupados por brancos, contra 5,9% por pardos ou negros. Por outro lado, para a carreira de Plano Especial de Cargos, de nível intermediário, os percentuais são de 56,3% (brancos) e 43,7% (pardos ou negros).

Analisando-se dados mais contemporâneos obtidos na PNAD de 2016, observa-se que as diferenças de remuneração entre brancos, pardos e negros se mantém, conforme tabela a seguir:

TABELA 10
RENDIMENTOS MÉDIOS MENSAIS
(4º TRIMESTRE DE 2016)

ETNIA	RENDA MÉDIA (R$)
Brancos	2.660,00
Pardos	1.480,00
Pretos	1.461,00

Em 2021, o rendimento médio dos trabalhadores brancos foi de R$ 3.099, superando muito o de pretos, que ficou em R$ 1.764, e pardos, R$ 1.814. De acordo com dados do Banco Mundial, a linha de pobreza de US$ 5,50 diários (ou R$ 486 mensais *per capita*) alcançava 18,6% dos brancos. Já entre pretos, o índice foi de 34,5% e de 38,4% para os pardos. No recorte de extrema pobreza, ou seja, US$ 1,90 diário, equivalente a R$ 168 mensais *per capita*, brancos registraram 5,0% contra 9,0% de pretos e 11,4% de pardos.[636]

A desigualdade entre brancos, pretos e pardos está também visível em relação aos cargos de chefia e de demais ocupações. De acordo com o IBGE, em 2021, pretos e pardos compunham mais da metade dos trabalhadores brasileiros (53,8%), mas somente 29,5% ocupavam cargos gerenciais, enquanto brancos, 69,0%.

---

[636] Disponível em: < https://agenciadenoticias.ibge.gov.br/>. Acesso em: 19 set. 2023.

Ainda em 2021, no tocante à moradia, veem-se também diferenças relevantes, pois 20,8% das pessoas pardas e 19,7% das pretas residentes em domicílios próprios não possuíam documentação da propriedade, sendo essa proporção de 10,1% entre pessoas brancas.

Quando se trata de acesso a cursos superiores, utilizando-se como exemplo o curso de medicina, um dos mais elitizados, em 2020, brancos ocupavam 61,0% das vagas, enquanto pretos, 3,2%, e pardos, 21,8%.

Tratando-se de inserção no mercado de trabalho, brancos representavam 43,8%; pretos, 10,2%; e pardos, 45%. No entanto, entre os desocupados, os índices mostram que pretos e pardos são maioria nesse quesito, registrando, respectivamente, 12,0% e 52,0% para 35,2% de brancos.[637]

Tais dados demonstram inegavelmente que o Brasil é um país desigual. A desigualdade possui dois eixos principais: a pobreza mais concentrada nas regiões Nordeste e Norte; e a pobreza relacionada à raça, porquanto negros e pardos são mais afetados pela baixa renda do que brancos e amarelos. A pobreza está associada à ausência ou insuficiência de políticas públicas nas áreas de saneamento básico e educação. Além disso, a miséria decorre de fatores históricos relevantes, como o crescimento econômico concentrado nas regiões Sudeste e Sul (o que afastou as demais regiões da espiral de prosperidade) e o flagelo de três séculos de escravidão, o que empurrou a população negra descendente de escravos para a miséria nos centros urbanos.

Por questões metodológicas – e não exatamente em razão de sua importância – não serão feitas considerações sobre as políticas públicas nas referidas áreas nas últimas décadas e nem as sinalizações de cortes orçamentários a serem feitas em razão da Emenda Constitucional nº 95, de 2016, que limitou o teto de gastos públicos.

---

[637] Disponível em: < https://agenciadenoticias.ibge.gov.br/>. Acesso em: 19 set. 2023.

O foco é a finalidade da matriz tributária. Assim, deve ser sempre um pressuposto da matriz tributária orientar-se pelo valor da justiça social, da dignidade da pessoa humana e preservação do mínimo existencial – enquanto as disparidades econômicas e sociais não forem revertidas. A garantia de saneamento básico para todos e educação de qualidade estão inseridas no rol de direitos básicos (ou condições básicas da sociedade idealmente justa, na visão de Rawls), que efetivam o princípio da igualdade equitativa de oportunidades. A garantia de direitos reverte os fatores arbitrários – tais como os talentos individuais e a "loteria da vida" – para condições básicas de igualdade vividas por todos. Não será injusta a sociedade que arrecade recursos tributários imbuída desse espírito e, no plano da gestão dos recursos, desenvolva medidas para assegurar o rol de políticas básicas que conformem a ideia de sociedade igualitária e justa.[638] Percebe-se, portanto, que a matriz tributária é o meio estrutural à efetivação da sociedade justa em função de o mercado, historicamente, não ter demonstrado que isso seja uma prioridade a ser buscada.

Os recursos tributários terão que possuir duas finalidades importantes no alcance da meta de justiça social: a) a junção de recursos financeiros para programas de transferência de renda (ou tributação negativa da renda); e b) ampliação do mínimo existencial. A primeira finalidade se vincula à realidade dos que não possuem qualquer capacidade econômica ou tenham capacidade econômica insuficiente a uma vida digna. A segunda finalidade alcança as pessoas que, embora não sejam tecnicamente miseráveis, transitam em uma margem de renda baixa que não permite que sejam tributadas sobre a renda – porque estão abaixo da linha de isenção –, mas são

---

[638] Nesse sentido: "simetricamente, a democratização do acesso aos serviços públicos é uma das formas de implementação de liberdades fundamentais a partir da diminuição das desigualdades sociais, mas, também, uma das necessidades do processo de distribuição da tributação" (VITA, Jonathan Barros. As novas funções dos tributos no sistema social: distributividade como forma de promoção da democracia e da liberdade. In: GRUPENMACHER. *Op. cit.*, p. 675).

desproporcional e severamente tributadas no consumo. Esta situação insere esta camada populacional em um terreno de vulnerabilidades em que terá menos oportunidades de ultrapassar a margem de isenção do imposto sobre a renda (R$ 1.903,98, atualmente), mas possuem mais chances de descer ao patamar da miséria, especialmente nos momentos de crise financeira.

Se a matriz tributária não se empenha, ou não consegue viabilizar as mencionadas finalidades, está-se diante de uma violação aos valores e princípios orientadores de uma tributação justa e, consequentemente, de uma falência da matriz.

Por conseguinte, a matriz tributária deve ser elaborada tendo como referência as demandas de justiça social voltadas à garantia dos direitos básicos para todos, sendo assegurados os recursos orçamentários. Assim como a Constituição Federal e a LC nº 101, de 2000 (Lei de Responsabilidade Fiscal), asseguram a previsão de recursos orçamentários ao pagamento do serviço da dívida, deveriam tais diplomas normativos ser alterados para também garantir o não contingenciamento de recursos às áreas sociais prioritárias.[639] Isso impediria a adoção de medidas orçamentárias ofensivas aos objetivos de justiça social da República, previstos no artigo 3º, especialmente nos momentos de crise financeira, em que as camadas pobres da população necessitam mais de proteção dos seus direitos básicos.

É certo que fatores reais que separam a Constituição "real" da Constituição "jurídica" – para lembrar os comentários de Lassale e de Hesse – podem tentar justificar este estado de coisas. Os tais argumentos "reais" são diversos, mas todos convergem para a ideia de que a carga tributária no Brasil é alta em relação ao PIB e que os serviços públicos – esperados pelas

---

[639] Conforme alerta Fernando Rezende: "se o foco das garantias fosse dirigido para o cidadão, os recursos não estariam vulneráveis ao impacto de conjunturas econômicas adversas sobre o orçamento, nem à manipulação de regras orçamentárias para contorna-las" (REZENDE, Fernando. *Reforma fiscal e equidade social*. Rio de Janeiro: Editora FGV, 2012).

camadas mais prósperas da população – não são adequados. Este é um discurso injusto e equivocado. Quem mais sofre com a carga tributária no Brasil, conforme demonstrado no Capítulo 2, são exatamente os mais pobres e que recebem os piores serviços do Estado, como também demonstrado nas subseções 3.3.4.1 e 3.3.4.2.

Propor um conceito de justiça tributária passa, primeiramente, pela unicidade do discurso de que isso é uma prioridade. Este livro é uma tentativa de introjeção de um tipo de reflexão que combata o argumento simplório de que a injustiça da tributação no Brasil reside na alta carga tributária em relação ao PIB. Exatamente por exigir análises mais detidas, esta afirmação não pode ser tomada como a principal mazela do sistema de tributação brasileiro. No país, é notória a deficiência de conversibilidade dos recursos fiscais em serviços e atuações públicas de qualidade. Mas é visível também que a devolução de serviços inadequados não atinge as classes alta e média (A e B), eis que não são preteridas da infraestrutura e serviços públicos e nem recebem os piores serviços do Estado. As classes C e D são as mais prejudicadas com a ausência de atuações e serviços públicos, mas, ironicamente, são as mais oneradas com o peso da tributação.

3.4.7 Proposta de fundamentos para a matriz tributária justa

A estrutura exógena da matriz tributária é um suporte teórico para a identificação e formação de uma convergência de argumentos à realização da justiça tributária. A ideia de justiça na tributação exige convencionar-se o que se entende por justiça, ainda que tal entendimento seja uma escolha de alguma teoria de justiça, desde que a escolha não se desvirtue das normas constitucionais que sopram os rumos de uma sociedade. Se a opção por uma teoria de justiça não se coadunar com os valores propostos pelo ordenamento constitucional, corre-se o risco de se fazer uma escolha arbitrária que, embora possa ter serventia no campo da teoria, poderá sucumbir no terreno da práxis jurídica por falta de estofo normativo.

Nas subseções 3.2.4 a 3.2.6 foi justificado o motivo de esta obra ter se enveredado para o segmento da justiça social ou distributiva como teoria a respaldar a finalidade da matriz tributária exógena. A normatividade da justiça social está contida no artigo 3º da Constituição Federal, que traça os objetivos da República, e no inciso I, evoca a liberdade, a justiça e a solidariedade como metas a serem atingidas pela sociedade brasileira. É como se a Constituição dissesse que o povo brasileiro deverá agir conjuntamente, cada qual com suas habilidades, conhecimentos e capacidades para a construção de uma sociedade que concretize estes valores no futuro. O artigo 193 da Constituição confirma o enunciado do artigo 3º ao declarar que a "ordem social" tem como base o primado do trabalho e como "objetivo o bem-estar e justiça sociais". Não há dúvidas de que a Constituição brasileira, especialmente em razão de criar um Estado Democrático de Direito, tem na justiça social um objetivo que trespassa todo o texto. Não apenas a ordem social tem como objetivo a justiça social, mas todas as atuações do Estado e da sociedade, quando voltadas à solidariedade e à garantia de bens sociais, devem visar à justiça social como direito e não como caridade ou benevolência.

Em razão de sua alta abstração e carga axiológica, justiça distributiva (ou social) é um valor enraizado no texto constitucional vinculado coerentemente ao Estado Democrático de Direito. A realização normativa do valor da justiça social tendo a tributação como suporte para este fim depende dos princípios da dignidade da pessoa humana e da preservação do mínimo existencial, conforme explicado na subseção 3.4.4, que constituem normas básicas à concretização do valor da justiça social. Evidentemente, ambos os princípios não excluem outros princípios e regras com o mesmo propósito.

Estes pontos foram examinados nas seções e subseções precedentes, assim como as explicações argumentativas de suas conexões com o problema central da injustiça tributária no Brasil, que é a denúncia de uma iniquidade, consistente nas alarmantes disparidades de carga tributária entre ricos e pobres no país, de modo que estes (menos favorecidos economicamente) comprometem um percentual de sua capacidade econômica quase duas vezes maior do que aqueles (mais favorecidos economicamente). A matriz tributária brasileira, ao invés de se pautar pelos valores e princípios tão suscitados neste livro, se filia a um modelo que além de manter a desigualdade econômica e social, aumenta o principal efeito de um modelo de tributação injusto, que é a concentração de renda. É chegada a hora de uma reforma tributária que não se deixe levar pela cantilena simples de que o país possui a maior carga tributária do planeta, quando os dados oficiais demonstram que este argumento não é verdadeiro (veja-se a subseção 2.2). Qualquer reforma tributária no Brasil terá de enfrentar primeiramente o debate de como a tributação pode contribuir para a redução dos alarmantes indicadores de desigualdades social e econômica, com diminuição da alta concentração de renda.[640]

Um sistema tributário justo depende primeiramente de um alinhamento sobre conceitos correlatos à ideia de justiça, não devendo prescindir, neste contexto, de um vocábulo preciosíssimo, que é a equidade. Na subseção 3.3.5 foram apresentados fundamentos demonstrativos de que a equidade como busca da justiça no caso concreto, em se tratando de tributação, é uma questão da estrutura endógena da matriz tributária. A equidade é o valor contido na estrutura endógena, em que o princípio da capacidade contributiva procura efetivá-lo, com o auxílio dos seus instrumentos de efetivação (progressividade, proporcionalidade, seletividade e pessoalidade). Existem dificuldades práticas que impedem a realização da justiça tributária no caso concreto (equidade),

---

[640] Como sugere Germana Moraes, a reforma tributária desejável ao país é a que consiga combinar justiça social e eficiência (MORAES, Germana de Oliveira. A reforma tributária desejável. In: *Revista CEJ*. Brasília, n. 24, mar. 2004, p. 90).

razão pela qual se trata de uma meta, senão utópica, ao menos irrealizável nas condições estruturais dos sistemas normativos tributários do passado e da atualidade.

Neste último capítulo, pretendemos estabelecer os arremates dos motivos de a justiça da matriz tributária (e não a equidade, justiça no caso concreto) estar em suas finalidades e não exatamente em escolhas políticas criticáveis. Esta descoberta, aliada a todos os argumentos desenvolvidos ao longo deste trabalho, permitem propor três fundamentos de uma matriz tributária justa para o Brasil, especialmente na hipótese de uma reforma tributária.

Quanto às escolhas políticas, estas fazem parte da matriz tributária. O julgamento se são escolhas justas ou injustas carrega uma dose forte de arbitrariedade e de dificuldades práticas nas democracias representativas. Isso não permite facilmente uma palavra consensual sobre o que é o justo, correndo-se o risco de se romper radicalmente com o próprio sistema de escolhas. Embora não se descarte o relevante papel da academia em opinar sobre as escolhas políticas justas ou injustas, a escolha acadêmica é arbitrária por não significar um processo de deliberação democrático. Com todas as dificuldades encontradas na democracia representativa da atualidade, soa igualmente arbitrário acusar certa escolha como injusta se esta adveio de processos legítimos, ainda que as escolhas possam ser criticáveis de um ponto de vista moral. Algumas escolhas, como a ênfase da tributação sobre o consumo e a tibieza da tributação da renda e da propriedade, ou as previsões de dedução de base de cálculo do Imposto de Renda, podem ser condenáveis de um ponto de vista da justiça. Mas, acusá-las de injustas implica valorar os processos políticos deliberativos como igualmente injustos, e isso é uma questão a ser resolvida no plano da Política e não do Direito. Daí porque, neste livro, foi proposta uma argumentação de justiça tributária vinculada às normas constitucionais que dão o direcionamento das aspirações vislumbradas pelo constituinte. Voltamos ao ponto da justiça social como valor e da dignidade da pessoa humana e preservação do mínimo existencial como princípios a conferir efetividade a este valor. A proposta é que a justiça tributária esteja nas finalidades que a matriz deve alcançar. Estas finalidades, que são a construção de uma sociedade livre, justa e solidária, as quais podem ser condensadas na ideia de justiça social ou distributiva, são objetivos jurídicos em razão de estarem previstos taxativamente na Constituição. Por conseguinte, a justiça da matriz não reside nos meios de alcance destas finalidades, que são as escolhas políticas. As escolhas políticas serão injustas se os processos deliberativos forem violados.

É verdade, por outro lado, que as escolhas políticas são influenciadas pelos valores cultivados nos diversos espaços sociais. Em uma sociedade conservadora, a tendência é defender as teses como a autonomia ampla do mercado, a menor ou nenhuma intervenção do Estado na economia, justiça em razão de méritos pessoais (ainda que as condições individuais de largada não sejam as mesmas entre os competidores-merecedores) e indiferença aos problemas da desigualdade social e da alta concentração de renda. Uma sociedade progressista, de perfil igualitário, provavelmente rebaterá os valores sufragados pelos conservadores e, em síntese, proporá um modelo de desenvolvimento econômico que propicie a efetivação de políticas públicas sociais como uma consideração prioritária. As escolhas políticas tributárias, certamente, serão influenciadas por estas tendências, o que foi oportunamente percebido por Levingston, embora este ponto seja uma questão intuitiva, mas nem por isso evitável.[641]

---

[641] Nesse sentido: "Além de a *solidarietà* encontrar ecos no meio acadêmico americano, é ainda mais reconhecível no debate político, particularmente na esquerda americana. Com o esgotamento real ou presumido do marxismo [...] forças políticas inclinadas à esquerda têm crescentemente enfatizado a retórica da 'comunidade', que entendem requerer um balanceamento de direitos e obrigações em contraste com a ênfase dos direitos dos anos 60 e 70, que consideram excessivos por natureza. A ideia *a la Kornhauser* é contrastar os direitos e obrigações de uma comunidade política com o individualismo excessivo do Partido Republicano e seus alegados efeitos negativos na moral da sociedade, assim como na distribuição de renda individual"

Mas não bastam as influências de uma sociedade liberal conservadora, ou progressista igualitária, sobre as escolhas políticas, se o sistema jurídico orçamentário for descasado entre Poder Executivo e Poder Legislativo. Compromete o processo democrático a hipótese em que uma certa deliberação tributária pelo Legislativo seja aprovada e o Poder Executivo empregue outro tipo de execução orçamentária, por tender a outra linha político-ideológica. Levingston dá o exemplo do Direito Orçamentário norte-americano em que forças progressistas podem deliberar pelo aumento das alíquotas tributárias – com a expectativa de sua aplicação nas políticas sociais – embora o Poder Executivo empregue o aumento em gastos militares.[642] Isso chama a atenção para o problema do orçamento vinculativo e a questão do alinhamento das escolhas políticas aos valores constitucionais entre todos os poderes republicanos.[643] Propor-se que a matriz tributária deve atender às finalidades da justiça social é um processo de conscientização que pode ser independente de tendências políticas ideológicas e se vincular a uma argumentação jurídica consequente. A consequência, no caso, é medir os efeitos sociais deletérios da desigualdade no presente e semear um futuro igualitário (justo) para as próximas gerações.

A independência dos valores constitucionais em relação à política reforça o entendimento de que a justiça da tributação não reside exatamente nas escolhas que a política faz, mas nas finalidades que a matriz tributária precisa atingir, no caso, a justiça social. Assim, a justiça da

---

(LEVINGSTON, Michael A. Progressividade e *solidarietà*: uma perspectiva norte-americana. Trad. Marco Aurélio Greco. In: GRECO; GODOI. *Op. cit.*, p. 195).

[642] *Ibid.*, p. 195.

[643] Arnaldo Godoy, depois de analisar o regime orçamentário brasileiro apresenta as vantagens do orçamento não vinculativo, deixando ao Poder Executivo a discricionariedade de realizar contingenciamentos, conforme as variabilidades macroeconômicas (GODOY, Arnaldo Sampaio de Moraes. Tributação, democracia e liberdade: o tema do orçamento impositivo no ordenamento jurídico brasileiro. In: GRUPENMACHER. *Op. cit.*, p. 603-636).

matriz tributária está nos seus fins e os argumentos para essa afirmação serão articulados a seguir.

A teoria da justiça de John Rawls é fundamental para este argumento. Para o filósofo, uma sociedade justa depende da efetivação de dois princípios de justiça, o de iguais liberdades fundamentais e o da igualdade equitativa de oportunidades.[644] Conforme explicado na subseção 3.4.1, ambos os princípios se aplicam à estrutura básica da sociedade, de modo que o primeiro princípio alude às liberdades individuais.[645] Já o segundo se refere às condições básicas de renda e de acesso aos cargos de autoridade a todos.[646]

Em resumo, o segundo princípio de justiça defendido por Rawls, que se assenta na ideia de igualdade de oportunidades, pressupõe que todos devem ter acesso a determinados bens sociais básicos, sem os quais não é possível a ninguém exercer adequadamente (ou de forma justa) suas liberdades. Apresentamos como proposta de uma sociedade justa a garantia dos seguintes direitos mínimos pela tributação: a) direito à vida e saúde adequados; b) direito à segurança alimentar; c) direito à moradia na qual se pode exercer a intimidade; d) direito à educação de qualidade. Tais direitos compõem o núcleo do mínimo existencial, o que não exclui a garantia de outros direitos sociais. A efetivação destes direitos no sistema de produção capitalista deveria ser assegurada pelo mercado, ainda que sob a égide do Estado Democrático de

---

[644] RAWLS. *Op. cit.*, p. 73.

[645] "É essencial observar que as liberdades fundamentais figuram em uma lista de tais liberdades. Dentre elas, têm importância a liberdade política (o direito ao voto e a exercer cargo público) e a liberdade de expressão e reunião; a liberdade de consciência e de pensamento; a liberdade individual, que compreende a proteção contra a opressão psicológica, a agressão e a mutilação (integridade da pessoa); o direito à propriedade pessoal e a proteção contra a prisão e detenção arbitrárias, segundo o conceito de Estado de Direito" (RAWLS. *Op. cit.*, p. 74).

[646] "O segundo princípio [da igualdade] se aplica, em primeira análise, à distribuição de renda e riqueza e à estruturação de organizações que fazem uso de diferenças de autoridade e responsabilidade. Embora a distribuição de riqueza e de renda não precise ser igual, deve ser vantajosa para todos e, ao mesmo tempo, os cargos de autoridade e responsabilidade devem ser acessíveis a todos" (RAWLS, *Ibidem*).

Direito; quando isso não for possível, tanto no Estado Social quanto no Estado Democrático de Direito, o Poder Público assume a função de promotor de tais direitos por meio de medidas interventivas. Estas medidas são, em resumo, as políticas públicas. A matriz tributária é o que dá sustentação financeira à aplicação das políticas públicas, embora não seja o único instrumento neste sentido.

Maria Paula Dallari Bucci esclarece que "a alocação de meios para as políticas públicas abrange possibilidades amplas e diversas, além de recursos orçamentários".[647] Dentre os outros meios disponíveis, a autora destaca "créditos fiscais, empréstimos públicos, cessão de uso de áreas ou bens públicos e recursos humanos e materiais".[648] Embora outros recursos materiais e financeiros possam ser utilizados para efetivação das políticas públicas, não há dúvidas, desde o advento do Estado Social do começo do século XX, de que a arrecadação tributária é o principal meio de se conseguir realizar as políticas públicas sob a gestão do Poder Público. Conforme enfatiza Thomas Piketty: "sem impostos, a sociedade não pode ter um destino comum e a ação coletiva é impossível".[649] Tanto é assim que, no Estado Fiscal Social, a necessidade de arrecadação cresceu significativamente. Segundo Ricardo Lobo Torres, "o orçamento público se expande, mas procura conservar o equilíbrio, depois de ultrapassado o excesso de intervencionismo das décadas de 50 e 60".[650] Nessa linha da expansão orçamentária, tem-se o exemplo da criação de tributos sobre a renda e capital, o que até os idos de 1910 não era tributado. De acordo com Thomas Piketty, houve uma mudança da matriz tributária nos países da Europa, que iniciaram uma trajetória de tributação sobre a renda e o

---

[647] BUCCI, Maria Paula Dallari. *Fundamentos para uma teoria jurídica das políticas públicas*. São Paulo: Saraiva, 2013, p. 174.
[648] *Ibid., loc. cit.*
[649] PIKETTY. *Op. cit.*, p. 480.
[650] TORRES. *Op. cit.*, p. 8.

capital, tendo sido esta mudança a grande responsável para que a concentração de renda no século XX, e até no limiar deste século XXI, não ultrapassasse os índices alarmantes do século XIX, período da *belle époque*.[651]

É patente, pois, a função instrumental (e essencial) da tributação para o alcance dos fins do Estado Social e do Estado Democrático de Direito, seja pela constatação da história recente do século XX, seja em função dos estudos sobre políticas públicas que demonstram não prescindir dos recursos orçamentários para sua execução. Assim, considerar que as metas da justiça social passam pelas políticas públicas é igualmente sustentar que a matriz tributária dá suporte à sua efetivação. Em suma, sem um amplo e eficiente sistema de arrecadação as políticas públicas seriam muito mais precárias e raras, especialmente em países de renda per capta baixa ou média e com altos índices de desigualdade.

A matriz tributária, portanto, é a principal aliada do Poder Público na promoção das políticas públicas, que se articula com as expectativas da sociedade de promoção da igualdade social. Em passagem muito lúcida, Maria Paula Dallari Bucci resume o que se espera da execução das políticas públicas, especialmente em países como o Brasil, que apesar de condições econômicas favoráveis no passado, não foi capaz de distribuir a riqueza nacional de forma igualitária:

> As estruturas da desigualdade podem ser, se não modificadas, bastante perturbadas na sua inércia conservadora, mediante processos jurídico-institucionais bem articulados. O Brasil é um país com abundância de recursos minerais, terra aproveitável para agricultura, recursos hídricos, sem histórico de conflitos étnicos ou religiosos, ou fatores desse gênero de desagregação social, com exceção da desigualdade social e econômica, enraizada na longa e persistente história da escravidão e sua obra, na expressão de Joaquim

---

[651] O autor esclarece que, entre 1900 e 1910, a taxa média de tributação sobre a renda e o capital era próxima de 0% e em nenhum caso ultrapassava a 5%. A partir de 1950, esta taxa se estabilizou em 30% nos países ricos até os anos 1980, e em certa medida se mantendo no mesmo patamar nos anos 2000 e 2010. (PIKETTY. *Op. cit.*, p. 364).

Nabuco. A condição de atraso e pobreza não pode ser tomada como uma condenação, mas encarada como problema que pode ser superado, na perspectiva da ação dos governos e da sociedade, no limiar de um período de crescimento e desenvolvimento que permite acreditar na sustentabilidade das conquistas sociais e dos avanços institucionais. O desafio é não repetir trajetórias do passado, em que esse movimento se fez em detrimento do meio ambiente e da igualdade social, deixando para trás enormes contingentes de pessoas, que por si ou seus sucessores não usufruíram dos benefícios do enriquecimento das nações. Embora o nível de riqueza no mundo seja inédito, nunca foram tão acentuadas as desigualdades e as privações, para um grande contingente da população mundial.[652]

A articulação entre tributação e políticas públicas deve, evidentemente, operar-se em um plano jurídico-institucional em que os princípios e regras jurídicas se voltem a uma diretriz que reúna em seu âmago o reconhecimento dos valores do Estado Democrático de Direito, especialmente a justiça social. Este reconhecimento por parte de todos que atuam com a interpretação do Direito Tributário, de que a matriz tributária é suporte para as políticas públicas e possui uma finalidade que se coaduna com os objetivos de tais políticas, é antecedido por uma argumentação teórica sobre os fins da tributação. Se a justiça social é um valor encravado nos objetivos da República (CF, art. 3º, I, e 193) e se as políticas públicas também visam ao cumprimento da meta de redução de desigualdades sociais e econômicas, o esforço fiscal a que a sociedade se submete destina-se ao alcance destas finalidades. Se a matriz tributária é um conceito jurídico – por estar assentada em bases normativas – sua finalidade consiste em se encontrar com a ideia de justiça. Quando as políticas públicas não podem ser efetivadas por escassez de recursos orçamentários subsiste um indicativo de que a matriz tributária não está cumprindo sua finalidade, de propiciar justiça social por meio de políticas públicas de forma eficiente. Há, nesta hipótese, um hiato entre a matriz tributária e a efetividade das políticas públicas,

---

[652] BUCCI. Op. cit., p. 30.

que se traduz na injustiça social e desigualdade econômica. A injustiça da matriz tributária está na incapacidade de gerar os recursos necessários para as políticas públicas que concretizarão a justiça social. Daí porque não será impróprio afirmar, como acentuam Liam Murphy e Thomas Nagel, que a justiça tributária está nas finalidades da tributação.[653] Hoje, em sua conhecida tese, os autores relembram que a propriedade é uma convenção jurídica e não um direito natural. Assim, não existiria um direito de propriedade pré-tributário. A propriedade é uma decorrência da tributação, porque, depois que os tributos incidem sobre a renda e o patrimônio, é que se pode considerar que a renda e a propriedade se incorporaram ao patrimônio de alguém.[654] A ideia de propriedade como um direito pré-tributário é uma construção do liberalismo clássico, o qual transmite a ideia de que o mercado oferece os bens de titularidades passíveis de serem adquiridas em razão dos méritos pessoais. A propriedade, de alguma maneira, poderá depender dos esforços habilidades, méritos e até de direitos hereditários. Mas em todos os casos necessitará da proteção do Estado ou da definição jurídica de sua estrutura e extensão. Consequentemente, não se pode afirmar que a tributação retiraria parcelas da propriedade de alguém, como se para a aquisição da propriedade conceitos e convenções jurídicas ficassem em segundo plano. Ao contrário, o Direito que define a extensão da propriedade é o mesmo Direito que institui os tributos. E se os tributos, grosso modo, incidem sobre a propriedade, há uma questão até logicamente entrelaçada entre tributação e extensão do que se considera propriedade. De acordo com as considerações de Murphy e Nagel:

> A análise tributária tem de libertar-se do liberalismo vulgar; este caracteriza-se como um conjunto de pressupostos irrefletidos e

---

[653] MURPHY, Liam; NAGEL, Thomas. *O mito da propriedade*. Trad. Marcelo Brandão Cipolla. São Paulo: Martins Fontes, 2005, p. 188.
[654] *Ibid.*, p. 44-52.

geralmente tácitos que não resistem a um exame atento, e tem de ser substituídos pela concepção dos direitos de propriedade como algo que depende do sistema jurídico que os define. Uma vez que os impostos são um elemento absolutamente essencial desse sistema, a ideia de um direito natural à propriedade da renda pré-tributária – renda que nem sequer existiria sem o governo sustentado pelos impostos – simplesmente não tem sentido. A renda pré-tributária que cada um de nós "tem" inicialmente, e que o governo deve tirar de nós equitativamente, só tem realidade nos livros de contas [sic]. Não afirmamos que a questão da equidade não se imponha nesse contexto; pelo contrário, a justiça é um elemento essencial do sistema de direitos de propriedade. Mas afirmamos que essa questão não deve ser colocada dessa maneira.[655]

Geórgia Campelo, na linha defendida por Muphy e Nagel, transmite a ideia de que a propriedade dos bens adquiridos está enraizada de uma forma tão natural no imaginário das pessoas que parece se tratar de um sentimento.[656] Esta abordagem dada à propriedade se destina a respaldar a ideia de justiça na tributação, o que não estaria propriamente na relação entre o Estado e o cidadão contribuinte.

Defendemos que a matriz tributária se divide em dois segmentos, os quais foram denominados estruturas "endógena" e "exógena". No âmbito da estrutura endógena encontram-se o valor da equidade e o princípio da capacidade contributiva com as pretensões de realizar justiça tributária no caso concreto. A estrutura exógena, por sua vez, guarda o valor da justiça social e da solidariedade como suporte axiológico aos princípios da dignidade da pessoa humana e proteção ao mínimo existencial. Do ponto de vista da estrutura exógena, a matriz tributária é suporte para os objetivos sociais da República e sua finalidade é realizar justiça social.

---

[655] MURPHY; NAGEL. *Op. cit.*, p. 51.

[656] "A propriedade nos parece tão natural como a própria vida, mas devemos creditar este sentimento a um sistema jurídico estruturado pelo Estado para nos dar a segurança necessária ao exercício dos direitos atinentes à propriedade" (CAMPELO, Geórgia Teixeira Jezler. O tributo como meio de efetivação da justiça e do estado social. In: GRUPENMACHER. *Op. cit.*, p. 648).

Tratando-se da estrutura endógena, demonstramos que a ambição de se fazer justiça a partir de um ponto de vista abstrato torna opaca a noção de justiça social, pois não há como se realizar este tipo de justiça sem políticas públicas. A melhor distribuição da renda entre contribuintes é um tema sobre equidade tributária e que melhor se abriga no âmbito da estrutura endógena da matriz tributária. A equidade tributária almeja a justiça fiscal no caso concreto, mas, para tanto, depende de presunções legais que, por si sós, não se compatibilizam com a ideia de equidade. Mas para a visão tradicional do direito de propriedade, isto é, o conceito de propriedade como decorrência do mérito à titularidade dos bens (propriedade para o liberalismo clássico), a justiça tributária estaria presente na estrutura endógena, ainda que com todas as suas dificuldades práticas. O esforço da sociedade seria o de elaborar uma legislação tributária condizente com os princípios que defendem a propriedade como mérito individual e a liberdade como ausência de intervenção estatal nos assuntos do mercado. Todo esse esforço viria sedimentado na ideia de legalidade tributária fechada, como se a tributação estivesse alheia a uma complexa gama de questões sociais contrapostas.[657] O Estado liberal clássico necessita do discurso positivista para afirmar ideologicamente seus pressupostos de segurança jurídica exacerbada, de superioridade das prescrições legislativas e crença, talvez ingênua, de que os conceitos jurídicos são tipos fechados.[658]

---

[657] Em uma crítica ao apego da legalidade estrita na tributação e na crença de que a lei daria quase magicamente a tão sonhada segurança jurídica, segue a opinião de Sérgio André Rocha: "a pretensão de uma legislação tributária forjada a partir de conceitos determinados, os quais levariam a uma legalidade e tipicidade que permitiriam uma segurança jurídica absoluta do contribuinte e da Fazenda Pública, mostra-se equivocada, e contrária à realidade do mundo hodierno" (ROCHA, Sérgio André. A deslegalização no direito tributário brasileiro contemporâneo. In: GRUPENMACHER. *Op. cit.*, p. 570).

[658] TORRES, Ricardo Lobo. Legalidade tributária e riscos sociais. In: *Revista dialética de direito tributário*, n. 59. São Paulo: Dialética, 2000, p. 95.

Assim, um sistema de tributação justo seria aquele em que a carga tributária fosse a menor possível para todos. Dois problemas despontam desta afirmação. Primeiro, a falsa ideia de que um sistema de propriedade individual conseguiria ser mantido sem injunções estatais à sua proteção. As estruturas jurídica, burocrática e operacional para essas injunções oneram o sistema de arrecadação da mesma forma que o Estado Social interventor o faz. A discussão, pois, trespassa para o campo da intensidade da carga tributária: se maior ou menor em uma ou outra modalidade de Estado. É evidente que o debate sobre a intensidade da carga tributária não é uma questão de justiça a ser vista no campo da normatividade, mas da Economia ou da Política, ainda que esta separação entre os sistemas não seja uma barreira intransponível. Na Constituição brasileira não existe um dispositivo sequer que indique qual deve ser a carga tributária mínima ou total com que o país deverá conviver.

O segundo problema daquela afirmação é que a defesa de um sistema de arrecadação tributária que respeite a propriedade como um direito inerente aos méritos pessoais não considera a necessidade de redistribuição de renda como prioridade. Nos dias de hoje é ultrapassada a ideia de se abandonar a capacidade contributiva com os seus instrumentos de progressividade e seletividade, a fim de retornar ao sistema de proporcionalidade da tributação (uma alíquota para as diversas bases de cálculo). Sabe-se que modernamente a tributação há de cumprir objetivos fiscais e extrafiscais, a exemplo da distribuição da renda por meio da progressividade, como uma necessidade do sistema de produção. A desigualdade gerada pela concentração de renda pode se tornar insustentável em curto prazo e com consequências sociais desastrosas para o planeta.[659] Assim,

---

[659] "Observa-se hoje uma grande diversidade de tendências em marcha nos países pobres e emergentes. Alguns, como a China, são relativamente avançados na modernização de seu sistema fiscal, em especial com um imposto sobre a renda que atinge uma parcela importante da população e oferece receitas substanciais

é imprescindível observar-se a capacidade contributiva e progressividade como instrumentos que buscam alcançar justiça tributária entre os contribuintes de diversas capacidades contributivas. Isso, evidentemente, restringe a propriedade dos mais favorecidos em maior medida do que para os possuidores de menor renda.

Os argumentos de índole teórica servem para justificar que a tributação no século em que vivemos terá que se pautar por outras ideias de justiça. Conforme sublinham Murphy e Nagel: "na verdade, os impostos são cobrados em vista de um objetivo, e todo critério adequado de justiça tributária deve levar em conta esse objetivo".[660]

Na subseção 3.4.4, alguns direitos sociais foram escolhidos como condições básicas de uma vida digna, o que não significa que somente tais direitos deverão figurar no rol das finalidades da matriz tributária justa. Seria de fato uma medida arbitrária afirmar que somente os direitos à vida e à saúde, à educação de qualidade, à segurança alimentar e à moradia constituam o núcleo único de direitos a ser considerado nas escolhas finalísticas da matriz. Mas uma coisa é certa: sem estes direitos não se consegue assegurar o desenvolvimento social adequado de qualquer sociedade, razão pela qual jamais podem ser ignorados.

Diante dos indicadores de desigualdade social citados na subseção 3.4.6, da prioridade dos direitos sociais defendidos neste livro e dos argumentos sobre a finalidade central da tributação, é possível propor-se, para o alcance de uma matriz tributária justa, três medidas mínimas.

---

ao governo. Talvez um estado social do tipo observado nos países desenvolvidos europeus, americanos e asiáticos esteja em processo de construção (com suas especificidades e, evidentemente, com grandes incertezas quanto aos fundamentos políticos e democráticos). Já outras nações, como a Índia, têm muito mais dificuldade de sair de um equilíbrio caracterizado por uma taxa de arrecadação baixíssima. Em todo caso, a questão do desenvolvimento de um Estado fiscal e social no mundo emergente reveste-se de uma importância fundamental para o futuro do planeta" (PIKETTY. *Op. cit.*, p. 479).

[660] MURPHY; NAGEL. *Op. cit.*, p. 36.

3.4.7.1 Devolução dos tributos do consumo aos pobres

A primeira medida é a garantia do mínimo existencial, de modo que os contribuintes identificados como de baixa renda sejam menos onerados de tributos sobre o consumo. Assim, nossa proposta prevê a criação de programa de restituição de tributos sobre o consumo de bens e serviços para consumidores de baixa renda. Caberá à lei definir o perfil de renda dos consumidores que terão direito à restituição e os produtos e serviços com tributação restituível. Embora a isenção ou redução de alíquotas de tributos sobre o consumo de bens básicos possa significar uma medida razoável, não assegura totalmente a pessoalidade desejável para se evitar iniquidades no sistema tributário. A previsão de isenção ou incentivos sobre o consumo de produtos básicos poderá beneficiar também consumidores de alta renda. A restituição dos tributos sobre o consumo para um público determinado permite maior controle da administração sobre renúncia fiscal, não exatamente garantida com a isenção ou outros incentivos fiscais impessoais. A comprovação do direito à devolução se daria mediante a apresentação do CPF e da nota fiscal, dentro de cronograma preestabelecido. A restituição dos tributos sobre o consumo permitirá também o incremento de renda da população mais pobre, podendo os valores recebidos retornar para o consumo ou aquisição de outros bens.

O vocábulo restituição, neste caso, não deve ser compreendido como consequência de indébito tributário, o que levaria a questão para a órbita da vedação do enriquecimento sem causa da Fazenda, disposto no art. 165 do CTN, e o prazo de prescrição da restituição de cinco anos, previsto no art. 168, também do CTN. A restituição de que se trata talvez seja mais bem definida como *devolução dos tributos do consumo* para grupos economicamente vulneráveis. Trata-se de política tributária, que reconhece a ausência de capacidade contributiva de determinados segmentos da sociedade, ainda que se trate de tributação indireta, isto é, sobre o consumo.

A devolução dos tributos sobre o consumo tem sido apelidada de *"cashback tributário"*. Embora a expressão *"cashback"*, em inglês, não consiga expressar, na essência, a finalidade e extensão da devolução dos tributos do consumo, trata-se de uma designação que caiu na graça da opinião pública e vem sendo utilizada como sinônimo dessa devolução.[661]

Convém definir, obviamente, o perfil dos beneficiários dessa política. No ponto, serão necessários estudos mais aprofundados sobre renda e carência de garantia de direitos básicos para o grupo em questão. Algumas políticas públicas já existentes podem ser complementadas com a *devolução*. Vejam-se, por exemplo, as políticas de transferência de renda adotadas pelo Governo Federal. Atualmente, o Programa Bolsa Família está previsto na Lei nº 14.601, de 2023, que resultou da conversão da Medida Provisória nº 1.164, de 2023.

O Programa Bolsa Família (PBF) é amplamente conhecido e, em linhas gerais, estabelece que famílias de baixa renda receberão auxílio financeiro visando à universalização da renda básica, a que aludem o art. 6º da Constituição Federal e o art. 1º da Lei nº 10.835, de 2004, que institui a renda básica de cidadania.

De acordo com o art. 5º, II, da Lei nº 14.601, de 2023, são elegíveis para o PBF as famílias "cuja renda familiar *per capita* mensal seja igual ou inferior a R$ 218,00 (duzentos e dezoito reais)". A renda *per capita* mensal é a razão entre a renda familiar mensal, que constitui a soma de todos os rendimentos dos integrantes da família, e o total de integrantes da família.

---

[661] Nesse sentido, Elidie Bifano, em texto muito bem produzido, esclarece que o *cashback* é instrumento mais apropriado para as práticas comerciais de fidelização de clientes do que um instituto relacionado à restituição tributária. Cf. *Afinal, o cashback tributário é a solução para as desigualdades na tributação?* Disponível em: https://www.conjur.com.br/2023-mai-24/consultor-tributario-cashback-tributario-solucao-desigualdades-tributacao.

Assim, quanto maior o número de integrantes, menor a renda *per capita*.

Note-se que o §1º do art. 7º da Lei nº 14.601, de 2023, elenca os benefícios financeiros que compõem o PBF, de modo que a devolução dos tributos do consumo poderia ser mais um benefício a integrar esse elenco. Daí por que a devolução serviria de complementação – e não de substituição – ao PBF.

Nem se diga que a devolução em questão não poderia integrar o rol de benefícios financeiros por não se tratar, tecnicamente, de transferência de renda. Observe-se que, embora o fundamento para devolução seja a ausência de capacidade contributiva do beneficiário, a política é financiada pelos contribuintes que arcam com os tributos sobre o consumo e não têm direito à sua devolução. Dessa forma, segue sendo um programa de transferência de renda de quem tem capacidade contributiva para quem não a tem.

A principal virtude da devolução é que se trata de medida que visa efetivar a equidade tributária de modo mais eficiente do que a isenção de produtos selecionados. Note-se que a isenção, nesse caso, é medida orientada pela equidade horizontal, de modo a beneficiar ricos e pobres, podendo estimular maior disparidade de renda entre esses dois grupos. Diga-se de passagem que os mais pobres, em regra, recebem os piores serviços do Estado e baixos níveis de infraestrutura. Na prática, significa que, a cada real pago pelos pobres de tributos sobre o consumo, a devolução em serviços e infraestrutura é muito menor proporcionalmente do que aos mais ricos. Como é notório, ao menos em infraestrutura e ensino superior, o atendimento do Estado às classes mais ricas é muito melhor do que para os pobres. Ocorre, em função da regressividade tributária já explicada neste livro (subseção 2.6.2.3), a isenção de tributos sobre o consumo; embora mantenha certo nível de renda em poder dos mais pobres, não compensa financeiramente a renda que permanece com os mais ricos, com o agravante da precariedade dos serviços e infraestrutura suportada pelos pobres.

A devolução dos tributos do consumo aos pobres, apesar não ser a solução para todo o problema de desigualdade econômica do país, é medida tributária equitativa e pessoal, que gera poder de renda às custas do Estado para quem realmente necessita. Nesse sentido, a devolução poderá eleger outros públicos que não sejam apenas os beneficiários do PBF, visando adequar o conceito de equidade tributária de forma mais eficiente.

Veja-se que a devolução poderá combinar critérios de renda mínima, raça e gênero para dosar o valor a ser devolvido, visando reparar desigualdades econômicas históricas que afetam intensamente pretos, pardos e indígenas. Daí por que os valores devolvidos para esses grupos poderão ser superiores aos de outros grupos étnicos. Não se trata de ofensa à isonomia neste caso, porque é medida que tenta corrigir desigualdades injustas.

Na mesma linha de entendimento, os valores a serem devolvidos não precisam ser sempre integrais. Para as famílias que estejam abaixo da linha da miséria, poder-se-ia implantar um sistema de devolução integral, mas, à medida que a renda *per capita* mensal for subindo, a devolução poderia seguir uma escala percentual regressiva, de modo que quem tem mais renda receberia um percentual menor.

Conforme se viu, a utilização de todo o sistema e *expertise* do PBF facilita em grande parte a efetivação da política tributária de devolução, reduzindo-se custos de implantação de sistemas específicos e de conformidade com a execução da política. No entanto, ainda que se opte por um sistema específico, não se pode renegar a política da devolução para um segundo plano, devendo ser efetivada o mais rápido possível.

Nesse sentido, a reforma tributária que tramitou no Congresso Nacional mostrou-se sensível ao problema e previu a devolução dos tributos sobre o consumo para as famílias mais pobres.

A devolução dos tributos sobre o consumo está prevista na Emenda Constitucional nº 132, de 2023, que aprovou a reforma tributária nos arts. 156-A, §5º, VIII, e 195, §18, os quais se referem, respectivamente, ao Imposto sobre Bens e Serviços (IBS) e Contribuição sobre Bens e Serviços (CBS). No primeiro caso, a regulamentação deverá ocorrer por lei complementar, pois envolve interesses dos estados, Distrito Federal e municípios, entes federados com competência para instituir o IBS; no segundo caso, a regulamentação poderá ser feita por lei ordinária, pois afeta somente a arrecadação da União.

Primeiramente, o texto deveria ter sido mais ousado, porque poderia fixar as balizas centrais sobre as quais a efetivação da devolução se daria. Por exemplo, o público-alvo da devolução poderia ser delimitado, fixando-se os critérios aos quais legislador deveria se valer para implantar a política, tais como renda, gênero e raça.

Ambos os dispositivos foram muito superficiais, limitando-se a remeter à lei infraconstitucional a regulação de como a devolução se dará, considerando os objetivos de reduzir desigualdades de renda. A efetivação dessa política de equidade tributária deve ser urgente, pois muito tempo já se perdeu. Nem se diga que a falta de sistema de dados para identificação dos beneficiários justificará a demora na implantação da devolução, pois, conforme argumentado, o Cadastro Único do Bolsa Família, mantido pelo Governo Federal, pode ser um início para a eleição do público-alvo e efetivação célere da política.

Apesar dessas observações, o simples fato de a reforma ter levado em conta essa possibilidade significou um avanço conveniente.

3.4.7.2 Graduação razoável de tributos sobre o consumo de determinados bens e serviços

A segunda medida propõe a elevação racional da carga tributária sobre o consumo de bens e serviços considerados supérfluos ou luxuosos e ambientalmente impactantes como instrumento de equidade tributária, em que a alocação da renda para esse tipo de consumo deve receber tratamento tributário diferente de bens e serviços essenciais.

Em relação ao primeiro grupo de bens, deve-se primeiramente realçar que este livro defende a aplicação da equidade tributária como valor introduzido na ordem jurídica por meio do princípio da capacidade contributiva. Assim, a escolha do que será consumido depende de três fatores, sendo a renda o primeiro deles, seguida da vontade e responsabilidade. Renda e vontade costumam orientar a decisão de se consumir, pois uma das formas de aplicar a renda é no consumo. Sabemos também que existem bens e serviços considerados essenciais para a sobrevivência, tais como gêneros alimentícios, produtos de higiene, remédios, vestuário e transporte. Por outro lado, certos bens e serviços podem ser colocados em outra escala de prioridades, como, por exemplo, joias, veículos de luxo, obras de arte e viagens turísticas internacionais.

Até dentro dos gêneros essenciais, os padrões de oferecimento dos produtos e serviços podem variar em níveis de sofisticação. Por exemplo, um queijo poderá custar preços muito díspares a depender dos ingredientes, preparo e marca. Igualmente, uma bebida industrializada, um pão, um corte de carne bovina ou de qualquer outra proteína animal poderá ter preços considerados caros ou baratos, tendo como referência uma renda de um salário mínimo ou mais de trinta salários. Para roupas e calçados, os preços serão também altos e baixos a depender do local, da tecnologia aplicada, da matéria-prima e da localização do ponto de venda. Para os serviços, a lógica não é diferente: um salão de beleza poderá praticar preços muito distintos a depender do local em que funciona e do público que o frequenta, o que também se aplica para academias de ginástica, clínicas de estética, entre outros.

Neste livro, não defendemos de forma alguma que tais produtos e serviços não possam ser oferecidos, muito pelo contrário. Em uma economia livre, produtores e prestadores de serviços devem se aperfeiçoar em determinados públicos, visando oferecer opções em que cabe aos consumidores escolher como deverão alocar sua renda destinada ao consumo. Sustentamos ao longo do livro que equidade é um valor que o sistema de tributação não pode deixar de efetivar, pois, se isso ocorrer, não se cumpre o princípio da capacidade contributiva, distanciando-se cada vez mais a matriz tributária do valor equidade.

Sabe-se que efetivar o princípio da capacidade contributiva no consumo de bens e serviços não é simples, pois, no ato do consumo, os instrumentos de aferição da renda pessoal não são compatíveis com a proteção de dados e da intimidade. Além disso, para tornar a capacidade contributiva efetiva no consumo, seria necessário adotar um sistema de progressão de alíquotas conforme o preço do produto ou do serviço, mas, nesse caso, teria que se conhecer a renda do consumidor no ato da compra, o que resvalaria outra vez na proteção de dados e da intimidade.

Uma alternativa para essa ordem de problema seria um controle da renda pelo CPF, de modo que, conforme o gênero e o preço associados à renda correspondente ao CPF, as alíquotas poderiam ser tanto maiores ou menores. Isso implicaria em se desenvolver sistemas de dados unindo todas as fazendas públicas, pois cada uma delas tributa o consumo por tributos diferentes. Desenvolver esse tipo de ferramenta talvez não seja impossível, o problema é que os dois tributos mais importantes sobre o consumo, que são o IPI e o ICMS (futuramente o IBS e CBS), são impostos não cumulativos, e as alíquotas aplicadas nas etapas anteriores até a compra dos produtos pelo consumidor final são proporcionais e devem refletir a sistemática da não cumulatividade. Dito de outro modo, todos que participaram da produção e do consumo devem contribuir um pouco, ainda que o real peso da carga tributária recaia sobre o consumidor, que não tem para quem repassar o valor do imposto.

Por isso, percebe-se que engendrar meios de efetivação da capacidade contributiva sobre o consumo, mesmo que se trate de produtos supérfluos ou luxuosos, não é tarefa simples. Nem estamos considerando certos pontos fora da curva, como os casos excepcionais de consumidores de alta renda que optam por consumir produtos baratos e vice-versa. Neste caso, vê-se que a pessoalidade em matéria de tributação sobre o consumo é uma medida utópica se for considerada a ideia de efetivação plena desse princípio.

Aqui, portanto, deve-se recorrer aos fundamentos teóricos para se tentar demonstrar argumentos que sejam razoáveis, ponderando-se todos os fatores expostos, com suas vantagens e dificuldades. Os princípios jurídicos são mandamentos de otimização, ou seja, não existe uma relação de tudo ou nada quando se está diante da aplicação de princípios. Em certas situações, os princípios jurídicos não são aplicados em sua plenitude, mas podem oferecer graus de otimização para o encontro de soluções razoáveis quando o ideal não consegue ser realizado.

Pois bem, para a efetivação plena do princípio da capacidade contributiva e seu valor correspondente, que é a equidade, o ideal seria poder tributar o consumo de acordo com a capacidade contributiva de cada consumidor por meio de alíquotas progressivas, partindo-se de um mínimo até uma alíquota máxima, com pequenos intervalos. Fatores aleatórios, no entanto, e até mesmo outros direitos fundamentais poderão gerar conflitos e colisões de interpretações jurídicas capazes de enfraquecer a eficácia da medida equitativa. Nesses casos, os riscos de perda de eficácia social da norma, ou seja, a sua aceitação pela sociedade, são grandes e, por isso, devem ser muito bem sopesados antes da sua opção.

Defendemos, pois, como medida de otimização da capacidade contributiva no consumo de bens e serviços supérfluos um sistema de diferenciação de alíquotas, de modo que produtos e serviços considerados como tais deverão ser calculados por meio de alíquotas mais altas. Dessa forma, a opção em se consumirem produtos e serviços mais caros deverá considerar um sistema de informação em que os consumidores saibam que a carga tributária será maior. Veja-se que, atualmente, a alíquota média de ICMS sobre os principais produtos consumidos é de 17%, mas poderia ser menos para determinados itens considerados como não supérfluos, da mesma forma que a alíquota poderia ser mais alta para bens consumíveis tidos como luxuosos.

Tal medida, de forma alguma, ofende o princípio da isonomia, que consta do inciso II do art. 150 da Constituição Federal, porque essa norma é dirigida ao legislador para que este estabeleça diferença de tratamento tributário para contribuintes que se encontrem em situação equivalente. Assim, violaria a regra constitucional se dois ou mais contribuintes que consumissem o mesmo produto ou serviço fossem tributados de forma diferente no ato do consumo em razão de sua ocupação ou função profissional. Note-se que a Constituição Federal veda o tratamento tributário diferenciado em razão do que a pessoa faz, e não em razão de sua renda. Tanto assim que, quando se conjuga o inciso II do art. 150 com o §1º também da Constituição Federal, vê-se que é possível se dar tratamento tributário gradualmente diverso, conforme a capacidade econômica de cada um. Trata-se da aplicação do valor equidade na tributação por meio do princípio da capacidade contributiva, que reflete a ideia de igualdade material na tributação, que não se confunde com a ideia de igualdade meramente formal, de que todos são iguais à lei, o que não é equitativo em termos tributários porque nem todos são economicamente iguais em uma economia de mercado.

Feitas essas considerações em torno da equidade tributária sobre produtos e serviços supérfluos ou luxuosos, cabe uma breve reflexão sobre um sistema de tributação equitativo que influa nas opções de consumo, conforme o impacto ambiental.

Conforme comentamos acima, a decisão de consumir depende de dois fatores básicos: renda e desejo. Pode-se acrescentar mais um: responsabilidade. Isso significa que, ao se consumirem produtos e determinados serviços, é fundamental que se saiba sua origem, pois, nos casos de exploração de mão de obra infantil ou de trabalho análogo ao de escravo, a opção, na nossa opinião, é que não se deve consumir tais produtos ou serviços. O motivo é simples e não reside somente nos aspectos morais, que, por si sós, já seriam suficientes. É que, nesses casos, há uma questão de ordem antieconômica que concede vantagens indevidas a quem exerce esse tipo de prática. Trata-se da redução do custo da mão de obra, pois trabalhadores infantis ou escravizados valem menos, e sua mão de obra é, portanto, mais barata. Tais práticas, como se sabe, não são apenas antieconômicas, mas proibidas pela Constituição Federal. O trabalho infantil é proibido aos menores de dezesseis anos, salvo na condição de aprendiz. Lamentavelmente, até o presente, a legislação brasileira não considera crime a exploração de mão de obra infantil. No entanto, a Constituição Federal, no art. 7º, XXXIII, estabelece o seguinte: "Proibição de trabalho noturno, perigoso ou insalubre a menores de dezoito e de qualquer trabalho a menores de dezesseis anos, salvo na condição de aprendiz, a partir de quatorze anos". A Lei nº 8.069, de 1990, Estatuto da Criança e do Adolescente (ECA), no art. 60, prevê que: "É proibido qualquer trabalho a menores de quatorze anos de idade, salvo na condição de aprendiz". O texto do ECA está em desacordo com o da Constituição. Isso porque a Emenda Constitucional nº 20, de 1998, alterou a redação do inciso XXXIII do art. 7º da Constituição Federal para permitir o trabalho na condição de aprendiz somente depois dos 14 anos, de modo que prevalece o dispositivo constitucional sobre o artigo do ECA. Os arts. 61 a 69 do citado estatuto regulamentam as condições em que o trabalho pode ser exercido por adolescentes, e a Lei nº 10.097, de 2000, fez alterações na CLT para regulamentar o trabalho do maior de quatorze e menor de dezesseis, na condição de aprendiz.

Assim, na hipótese de ficar comprovado o emprego de mão de obra infantil que desrespeite os requisitos constitucionais e legais, entendemos que a decisão de consumir produtos ou serviços de seu fornecedor estimula um estado de coisas inaceitável jurídica e socialmente.

Já em relação ao trabalho análogo ao escravo, o art. 149 do Código Penal considera crime, com pena de reclusão de dois a oito anos, e multa, além da pena correspondente à violência, reduzir alguém à condição análoga à de escravo, quer submetendo-o a trabalhos forçados ou à jornada exaustiva, quer sujeitando-o a condições degradantes de trabalho, quer restringindo, por qualquer meio, sua locomoção em razão de dívida contraída com o empregador ou preposto. O §2º do citado artigo aumenta a pena de metade se o crime for cometido contra criança ou adolescente, ou ainda por motivo de preconceito de raça, cor, etnia, religião ou origem.

Igualmente, nesses casos, a decisão correta é não consumir produtos ou serviços oriundos desse tipo de prática criminosa, ainda que seus preços sejam mais vantajosos, e o são, provavelmente, pelos abusos antieconômicos.

Esses casos, como se pode verificar, aviltam a dignidade de seres humanos em troca de interesses econômicos que, no final das contas, representam o avesso do capitalismo, pois esse sistema de produção concebe que os agentes produtores devem competir dentro da lei.

Tirante essas últimas práticas descritas, resta analisar a opção pelo consumo de produtos e serviços que causam impacto ambiental. Nesse caso, existe a possibilidade de se internalizarem os custos sociais dos danos ao meio ambiente no preço dos produtos e serviços mediante a tributação.

Trata-se da aplicação da seletividade como técnica de efetivação do princípio da extrafiscalidade. Cabe à lei, portanto, definir quais produtos e serviços são ambientalmente impactantes e estabelecer níveis de tributação que procurem induzir os consumidores a optarem pelo consumo de produtos sustentáveis.

Um sistema tributário justo deve considerar o impacto que determinados produtos e serviços geram na sociedade, especialmente os danos ambientais sofridos pelos mais pobres, que nem sempre consumirão produtos ou serviços poluidores, mas arcarão com as consequências ambientais indesejáveis, com pouca probabilidade de impedir ou reduzir esses prejuízos.

Veja-se, por exemplo, o caso dos combustíveis fósseis, em que, quanto menor forem os tributos incidentes sobre o consumo desse tipo de produto, maior deve ser a opção dos consumidores por veículos movidos por esse tipo de combustível. Assim, a tributação incidente nesses combustíveis deve ser mais alta do que sobre biocombustíveis ou, até mesmo, a energia elétrica. Tenta-se, nesse caso, compensar os custos da externalidade negativa com a queima de combustíveis fosseis com a externalidade positiva de se estimular a produção de motores que não utilizem esta matriz energética.

Note-se que os efeitos da poluição oriunda da queima de combustíveis fósseis são vividos por todos, por meio, por exemplo, do aquecimento global. No entanto, é notório que os mais pobres, que geralmente não têm carro, sofrem as consequências mais dramáticas das enchentes e do calor excessivo.

No campo dos serviços, registre-se o caso das viagens de turismo ao exterior, pois cada avião que decola com passageiros para essa finalidade consome litros de combustíveis poluentes. Aqui, outra vez, os efeitos da poluição serão sentidos mais gravemente por quem não tem condições econômicas de fazer turismo para o exterior.

Assim, esse tipo de serviço deve ser tributado diferentemente de outros serviços, especialmente os que geram menos impactos ambientais, como empresas sustentáveis que realizam turismo ecológico com sustentabilidade.

Na medida em que os tributos são incorporados aos preços dos produtos e serviços que geram impactos ambientais relevantes, a tendência dos consumidores será optar pelo consumo de bens sustentáveis, que possuam menos custos tributários.

A reforma tributária contemplou essa última proposta, na medida em que previu a substituição do IPI pelo Imposto Seletivo (IS), nos termos do art. 153, VIII, acrescentado pela EC nº 32. Esse imposto, de competência da União, incidirá sobre "produção, extração, comercialização ou importação de bens e serviços prejudiciais à saúde ou ao meio ambiente, nos termos de lei complementar".

Conforme se observa, o IS incidirá também sobre produções prejudiciais à saúde, devendo a lei complementar definir como a tributação ocorrerá.

Outras características e normas gerais desse imposto foram analisadas na subseção 2.4.1.

3.4.7.3 Adequação da carga tributária sobre renda e consumo a padrões internacionais

Outra tentativa de tornar a carga tributária brasileira próxima dos valores praticados por países desenvolvidos pode considerar o aumento progressivo da tributação sobre renda e patrimônio.

Conforme visto na subseção 2.3, em quase uma década, tomando-se o PIB como referência, a tributação sobre a renda passou por uma discreta elevação, de 6,1%, em 2013, para 6,9%, em 2020, mas continua muito abaixo da média da OCDE, que registrou 10,6%. Com relação à folha de salários, a média da OCDE foi de 9,9%, e a média brasileira encosta na dos países pesquisados, ficando com 8,6%.

Sobre a propriedade, o Brasil tributou, em 2020, 1,5% do PIB, e os países da OCDE, em média, tributaram 1,8%. Quanto ao consumo, a média da OCDE em 2020 foi de 10,8%, e a do Brasil, 13,5%, sempre em relação ao PIB.

Como se pode ver, na relação entre tributação de renda e propriedade, o Brasil vem se mantendo durante décadas abaixo da média da OCDE, mas, quando se trata de tributação sobre o consumo, a média de carga tributária é uma das maiores e sempre acima dos valores registrados pela OCDE. As tabelas abaixo, cujos dados são extraídos da Receita Federal do Brasil, fazem essa demonstração.[662]

Média de Tributação – Renda (% em relação ao PIB)											
	2010	2011	2012	2013	2014	2015	2016	2017	2018	2019	2020
OCDE			12,2	11,7	11,4	11,5	11,4	11,4	11,5	11,4	10,6
Brasil			6,4	6,1	5,85	5,9	6,5	7,0	7,2	7,3	6,9

Média de Tributação – Propriedade (% em relação ao PIB)											
	2010	2011	2012	2013	2014	2015	2016	2017	2018	2019	2020
OCDE			1,9	1,9	1,90	1,9	1,9	1,9	1,9	1,9	1,8
Brasil			1,4	1,3	1,35	1,4	1,5	1,5	1,5	1,6	1,5

Média de Tributação – Consumo (% em relação ao PIB)											
	2010	2011	2012	2013	2014	2015	2016	2017	2018	2019	2020
OCDE			11,6	11,5	11,70	11,7	11,2	11,1	11,1	11,0	10,8
Brasil			18,8	17,9	16,28	15,8	15,4	14,3	14,9	14,1	13,5

É urgente repensar a matriz de tributação se praticamente baseada sobre o consumo. Como se demonstrou ao longo deste livro e, especialmente, nas subseções 2.6.2.2 e 2.6.2.3, a carga tributária elevada sobre o consumo gera resultados socioeconômicos indesejáveis, como, por exemplo, a regressividade e baixa redistribuição de renda.

Por outro lado, não é prudente renunciar a tributação sobre o consumo em razão do seu alto poder de arrecadação, considerando-se as despesas públicas correntes e de

---

[662] RFB. Carga tributária no Brasil (2010-2020). Disponível em: < https://www.gov.br/receitafederal/pt-br/centrais-de-conteudo/publicacoes/estudos/carga-tributaria >.

investimentos. Uma queda radical da arrecadação sobre o consumo, provavelmente, impactará em políticas públicas e serviços básicos que necessitam ser mantidos. Nem mesmo uma elevação abrupta da tributação sobre renda ou criação do IGF seriam capazes de solucionar o problema a curto prazo, embora não sejam hipóteses descartáveis e que necessitam de mais pesquisas e estudos.

Nossa proposta inicial vai ao encontro de soluções prudentes. Primeiramente, conforme visto nas subseções 3.4.7.1 e 3.4.7.2, a devolução dos tributos do consumo e a graduação razoável dos tributos sobre determinados bens e serviços alinham-se ao valor de equidade e ao princípio da capacidade contributiva.

No entanto, manter os níveis de tributação sobre o consumo atuais distancia o país cada vez mais de um ideal de matriz tributária equitativa, tal qual alguns países economicamente desenvolvidos. O esforço desta geração do século XXI em matéria tributária é permitir que o sistema de tributação seja um forte aliado da ideia de construção de uma sociedade justa, com respeito à dignidade humana, à igualdade e ao meio ambiente.

Não há como tolerar um sistema tributário que, ao invés de tributar, puna os mais pobres ao exigir deles muito tributo, mas entregue a eles os piores serviços públicos e infraestrutura de bens sociais.

Daí por que, além das medidas acima, faz-se necessário reduzir a carga de tributos para patamares semelhantes aos praticados pelos países economicamente mais desenvolvidos e elevação dos índices de tributos sobre renda e propriedade.

Tais medidas devem ser implementadas a partir de debates francos, objetivos e com linguagem clara, em que a sociedade seja envolvida. Os meios de comunicação devem ser os primeiros a liderar esse projeto em parceria com a academia para explicar, com dados e argumentos, que uma sociedade que pretenda resolver problemas estruturais relacionados com a desigualdade deve observar seu sistema de tributação e perceber que ele é o ponto de partida para o alcance de resultados eficientes na redução de desigualdades socioeconômicas.

Para a eficiência de tais medidas, será necessário alterar a faixa de isenção do IRPF dos atuais R$ 2.259,20 para um patamar mais elevado. Assim, o imposto passaria a incidir sobre uma renda que poderia permitir aos mais pobres e à baixa classe média adquirir, sem a incidência do imposto, bens e serviços essenciais, tais como planos de saúde, previdência privada, educação particular e casa própria (financiada). Para compensar perdas de arrecadação com estas propostas serão fundamentais medidas compensatórias de aumento do número e percentuais das alíquotas do IRPF, de modo a alcançar as rendas mais altas.

Para as pequenas e médias empresas, é importante manter um sistema simples de arrecadação e com alíquotas menores, além da desoneração da folha de salários para determinados setores, que oferecem muitos postos de trabalho.

As medidas em questão não são novidades e muitas já vêm sendo praticadas, embora não em níveis eficientes para gerar os impactos positivos desejados. Este livro e outros que vêm sendo publicados têm sido importantes para ampliar uma rede de argumentos que visam inserir o debate sobre tributação em um lugar que vai além do formalismo e da dogmática legal.

3.4.7.4 A *regra de ouro* da tributação e outras medidas

A quarta medida é o que temos chamado de *regra de ouro* da tributação. Para sua compreensão adequada, primeiramente, é necessário desconstruir as barreiras formais que se ergueram ao longo dos anos para separar, de forma estanque, tributação e finanças públicas. Se bem observadas, são faces da mesma moeda, sem qualquer trocadilho.

Nos últimos cinquenta anos, aproximadamente, construiu-se uma doutrina de direito tributário em que conceitos e formas foram se avolumando em tecnicidade, tendo como mantra o divórcio entre o sistema normativo tributário e o orçamento público. Daí por que muitos escrevem e defendem com voracidade o seguinte: o que é do tributário não se confunde com o financeiro.

Essa doutrina tem base histórica e, naturalmente, não deve ser ignorada. No entanto, nos últimos tempos, tem se visto um elevado grau de demandas pela construção de uma sociedade mais igualitária e, portanto, democrática. Assim, não há como separar o sistema de tributação das normas orçamentárias como se fossem institutos independentes.

A estratégia de se separar o direito tributário do financeiro tem sua utilidade didática, mas não pode prevalecer no campo da análise de aplicação da receita tributária para o cumprimento de certos fins, especialmente quando estes se referem aos objetivos fundamentais da República.

Se fizermos um recorte histórico das três últimas constituições, quais sejam, as de 1946, 1967 e a atual, vê-se que não houve uma divisão estanque entre o sistema de tributação e o orçamento público. Sempre estiveram dentro do mesmo título, se relacionando.

A partir da Constituição Federal de 1988, com mais razão ainda, vê-se que não faz muito sentido entender que a tributação não tenha pontos de conexão com as finanças públicas, pois, se a construção de uma sociedade livre, justa e solidária, com erradicação da miséria e da pobreza, é o objetivo fundamental do país, a senha para se atingir essa meta passa necessariamente pela receita tributária e a sua aplicação orçamentária.

Além disso, conforme se discorreu por todo este livro, a leitura dos títulos, capítulos, seções, enfim, de todo o texto remete a um sistema de princípios e objetivos fundamentais que gravitam em torno do preâmbulo e dos arts. 1º e 3º da Carta Constitucional, que pronunciam valores e normas direcionados à ideia de igualdade e de justiça, de modo a reduzir diferenças econômicas e sociais, que envergonham nossa trajetória histórica.

Por isso, o sistema de tributação é erguido para se alcançarem metas que devem ser convergentes com as previsões dos arts. 1º e 3º da Constituição Federal, os quais nunca é demais serem reproduzidos:

> Art. 1º A República Federativa do Brasil, formada pela união indissolúvel dos Estados e Municípios e do Distrito Federal, constitui-se em Estado Democrático de Direito e tem como fundamentos:
> I – a soberania;
> II – a cidadania
> III – a dignidade da pessoa humana;
> IV – os valores sociais do trabalho e da livre iniciativa;
> V – o pluralismo político.
>
> Art. 3º Constituem objetivos fundamentais da República Federativa do Brasil:
> I – construir uma sociedade livre, justa e solidária;
> II – garantir o desenvolvimento nacional;
> III – erradicar a pobreza e a marginalização e reduzir as desigualdades sociais e regionais;
> IV – promover o bem de todos, sem preconceitos de origem, raça, sexo, cor, idade e quaisquer outras formas de discriminação.

Observa-se que os fundamentos do art. 1º, uns mais e outros menos, se relacionam diretamente com todos os objetivos do art. 3º, demonstrando que essas normas são, em verdade, vetores inspirados no texto do preâmbulo, que diz:

> Nós, representantes do povo brasileiro, reunidos em Assembleia Nacional Constituinte para instituir um Estado Democrático, destinado a assegurar o exercício dos direitos sociais e individuais, a liberdade, a segurança, o bem-estar, o desenvolvimento, a igualdade e a justiça como valores supremos de uma sociedade fraterna, pluralista e sem preconceitos, fundada na harmonia social e comprometida, na ordem interna e internacional, com a solução pacífica das controvérsias, promulgamos, sob a proteção de Deus, a seguinte CONSTITUIÇÃO DA REPÚBLICA FEDERATIVA DO BRASIL.

Assim, todas as normas da Constituição vão encontrar sentido nesse contexto, que começa no preâmbulo e se alicerça nos arts. 1º e 3º, disseminando valores, princípios e regras que formam a tessitura de uma Carta Política Social e que a sua razão de ser democrática é o alcance dos seus objetivos.

Dito isto, todo esforço de interpretação das normas constitucionais passa por saber se há conflito com os fundamentos ou com os objetivos transcritos acima. Se a resposta for positiva, a primeira providência seria descartar essa interpretação e substituí-la por outra que não gere esse tipo de colidência. Na mesma linha, se a interpretação que se está a fazer neutraliza a aplicação dos objetivos constitucionais, quando seria possível efetivá-los, deve-se também procurar o entendimento que melhor atenda ao art. 3º da Constituição.

Sabemos que essa tarefa não é fácil e depende de diversos fatores políticos, econômicos, sociais, de direitos fundamentais e, às vezes, até de ordem internacional, pois o país não está e nem deve ficar isolado dos demais. Seja como for, é necessário enfrentar o problema com prudência e agilidade simultâneas, tarefa que se, por um lado, é objeto de pesquisas acadêmicas, de outro, não pode passar despercebida de quem tem o poder de mudar efetivamente.

Daí por que certo nível de consciência de solidariedade, senso de justiça e de equidade, conhecimento histórico, compromisso com um futuro digno para todos e, sobretudo, respeito ao conceito de Estado Democrático de Direito como um esforço da sociedade para que todos tenham garantidos direitos básicos deveriam levar o legislador a, toda vez que aprovasse o orçamento público, manter meios suficientes para a efetivação dos arts. 1º e 3º da Constituição.

Quando isso não se verificar, deveriam se prever no texto constitucional regras que garantam um orçamento público, abastecido com recursos tributários arrecadados da sociedade, capazes de servir de financiamento às précondições de uma vida digna.

A *regra de ouro* a que nos referimos incluiria no art. 166 da Constituição Federal dispositivo que assegurasse recursos orçamentários para os quatro direitos que, a nosso ver, garantem as pré-condições de uma vida digna. São os direitos à saúde, educação de qualidade, segurança alimentar e moradia. Essas políticas não podem depender de recursos financeiros ajustados ao sabor do governo da ocasião. Trata-se de uma garantia constitucional que dá segurança e estabilidade para o sistema de direitos querido pelos arts. 1º e 3º da Constituição, conforme demonstramos.

Nossa proposta de *regra de ouro* não se confunde com os percentuais mínimos de recursos para educação e saúde, previstos nos §§ 1º e 2º dos arts. 198, 212 e 212-A, todos da Constituição. O que se pretende com a *regra de ouro* é impedir que recursos para a garantia dos direitos mencionados sejam contingenciados na elaboração do orçamento desde sua concepção no âmbito do Poder Executivo, durante sua aprovação no Poder Legislativo e, posteriormente, com a sua execução depois de aprovado.

Daí por que, da mesma forma que o artigo 166, §3º, II, "b", e artigo 9º, §2º, da LC nº 101, de 2000, preveem a impossibilidade de contingenciamento orçamentário para o serviço da dívida (pagamento de juros da dívida pública), outras regras de igual teor deverão garantir a alocação de recursos orçamentários aos objetivos fundamentais da República. Dito de outro modo, da mesma forma que os juros da dívida não podem deixar de ser pagos (porque não são contingenciáveis), os recursos necessários para aqueles direitos básicos também não poderiam ser objeto de cortes orçamentários. Isso é a *regra de ouro* de uma tributação justa.

Nenhuma reforma tributária no país poderia prescindir dos fundamentos articulados acima. Da mesma forma, não sendo atendidos adequadamente tais pressupostos, a consequência será a injustiça da matriz tributária.

Outras medidas, algumas mais, outras menos conhecidas, poderão entrar no contexto, ainda que de forma colateral. São elas: a) aumento da tributação sobre herança; b) racionalização dos incentivos fiscais a setores econômicos fortemente articulados, mediante cobrança de contrapartidas sociais para a concessão do benefício; c) redução da frequência com que são concedidos parcelamentos fiscais a grandes devedores; d) tributação do pagamento de lucros e dividendos a acionistas privados; e) a concessão de incentivos fiscais a grupos sociais excluídos da espiral de prosperidade como instrumento de reparação de desigualdades históricas.

Com relação às proposições "b" e "c", incentivos fiscais e parcelamentos deverão ser pessoalizados e condicionados à manutenção dos empregos em níveis ajustados no acordo. Eventuais necessidades de alterações deste ajuste deverão ser negociadas com a Fazenda, mediante outras medidas compensatórias.

Sobre a proposição "d", é importante frisar que sua efetivação deverá ser acompanhada da redução da tributação sobre o lucro das empresas, a fim de permitir ao empreendedor que invista parte do lucro da pessoa jurídica no próprio empreendimento. Isso permitirá aumento de capital de giro às corporações e redução da dependência ao sistema financeiro para obtenção de empréstimos. Podendo reverter parte importante do lucro da empresa ao próprio negócio, a tendência será o aumento de empregos e de produtividade, o que é relevante para o desenvolvimento econômico.

Conforme deixamos intuir desde o início, os objetivos da tributação se resumem no cumprimento das metas (objetivos) da República, unificados na ideia simples de justiça social. Esta, por sua vez, é instrumentalizada pelas políticas públicas. No âmbito da estrutura exógena da matriz tributária, a justiça está nas suas finalidades. São os fins da tributação que fazem deste instituto tão importante para a vida em sociedade algo que se possa considerar justo, devendo-se, para tanto, optar-se por uma argumentação de justiça que faça ou busque sentido nos valores e princípios constitucionais.

Neste capítulo final, o esforço foi o de comprovar com argumentos que as escolhas políticas tributárias, ou a intensidade da carga tributária não são a causa para o entroncamento entre tributação e justiça, embora não deixem de ser questões relevantes.[663] Quando a justiça social estiver sendo realizada e a carência de recursos financeiros advindos do sistema fiscal não comprometer as políticas públicas, tem-se que o mercado ou a boa gestão dos recursos financeiros públicos terão atingido um ponto de equilíbrio socialmente desejável, embora seja esta afirmação uma utopia histórica.[664] No Brasil, ficou patente, na subseção 3.4.6, que os lastros de desigualdades social e econômica confirmam que o Estado Democrático de Direito ainda está por se concretizar plenamente. Se a escassez dos recursos fiscais compromete as políticas públicas e, consequentemente, a justiça social, a matriz tributária é o problema. Nesse estado de coisas, a matriz tributária não está alcançando suas finalidades jurídicas respaldadas pelos valores e princípios da justiça social. Em poucas palavras: trata-se de uma matriz tributária injusta.

---

[663] "O que importa não é se os impostos – considerados em si – são cobrados justamente, mas se é justa a maneira global pela qual o governo trata os cidadãos – os impostos cobrados e os gastos efetuados" (MURPHY; NAGEL. *Op. cit.*, p. 36).

[664] "[...] é ilusório pensar que existem, na estrutura de crescimento moderno, ou nas leis da economia de mercado, forças de convergência que conduzam naturalmente a uma redução da desigualdade da riqueza ou a uma estabilização harmoniosa" (PIKETTY. *Op. cit.*, p. 367).

CONCLUSÃO

Este livro é uma proposta de alinhamento conceitual de dois termos empregados usualmente para se desferirem críticas à tributação do país. Fazemos referência aos vocábulos "justiça" e "equidade" e sua aplicação sobre o regime tributário.

Na era em que vivemos – com tantas demandas complexas – é praticamente impossível imaginar as ideias de segurança, paz e felicidade, sem um amplo sistema de arrecadação tributário funcionando.

Partimos do desafio de conceituar justiça com argumentos que fizessem sentido com os levantamentos teóricos pesquisados, supondo que tenha auxiliado a teoria a empregar a locução *justiça tributária* com menos incertezas, ainda que isso não possa parecer relevante ao senso comum.

Procuramos, portanto, estabelecer uma linha divisória para o conceito de justiça na tributação que, de uma parte, aloja a palavra em um sentido e, de outra parte, revela o conceito de equidade, acomodando esta última expressão em outro segmento.

Para isso, nos valemos do conceito de matriz tributária ao invés de trabalhar com a conhecida ideia de sistema tributário. A doutrina clássica chama de sistema tributário o conjunto normativo que prescreve normas jurídicas em matéria tributária, que vão da Constituição Federal até as normas tributárias complementares e concretas. Por matriz tributária se entende o conjunto normativo, porém aberto à acepção de outros sistemas epistemológicos, que auxiliam na compreensão da tributação como uma relação complexa, a envolver fatores de naturezas política, econômica e social. Assim, é fundamental ao conceito de matriz tributária a percepção das opções políticas que contingenciam os fatos entregues à incidência dos tributos. Igualmente, ganham relevo no contexto da matriz outras escolhas políticas sobre tributação, como isenções, deduções de base cálculo, efetivação de princípios tributários e calibragem da carga de tributos sobre os diversos grupos econômicos e sociais.

Segmentamos a matriz tributária em dois planos, que chamamos estruturas endógena e exógena da matriz tributária. Tal qual um organismo composto por órgãos internos, a estrutura endógena possui elementos normativos concebidos para o seu funcionamento adequado no plano deontológico. A estrutura endógena somente se revela se identificados estes elementos que não prescindem de uma certa tensão interna, que acaba por se refletir sobre os destinatários das normas tributárias. A estrutura exógena, por sua vez, é um suporte financeiro, composto por opções políticas que sufragarão fatos econômicos, ou situações das relações civis, que poderão ser tributados. Assim, no âmbito da estrutura exógena, um conjunto de receitas fiscais se soma para manter o funcionamento da burocracia estatal. Mas não basta mantê-la. No Estado Democrático de Direito – modalidade estatal declaradamente escolhida pela Constituição Federal de 1988 para fundar a República brasileira – os objetivos de construir uma sociedade livre, justa e solidária são imperativos irrenunciáveis. Além disso, visa-se a erradicar a miséria e a pobreza, reduzir as desigualdades sociais e econômicas, conforme exortam os incisos I e III do artigo 3º da Constituição Federal. Evidentemente, o desenvolvimento nacional é outro postulado que não pode ser negligenciado, de modo que a sociedade brasileira está unida para permitir o desenvolvimento com justiça, liberdade e solidariedade, o que resulta na inclusão de todos na disponibilidade de direitos básicos. Assim, a estrutura exógena da matriz tributária, além de manter a burocracia estatal, possui a finalidade de cumprir os objetivos da República fixados no artigo 3º da Constituição. A estrutura exógena cumpre uma função ambivalente em função de ao mesmo tempo que é suporte do funcionamento regular do Estado, busca também viabilizar os objetivos da República.

Ambas as estruturas fazem parte do ordenamento jurídico, razão pela qual são guiadas por valores, princípios e regras. Diferenciamos tais vocábulos, de modo que valores são entendidos como postulados que guardam elevada carga axiológica e operam no plano ontológico, mas têm a importante tarefa de pinçar do desenvolvimento da humanidade inspirações de ordem moral que conduzam as sociedades para o caminho do bem e da paz. Já os princípios, a seu modo, são normas jurídicas que congregam também forte carga axiológica e figuram em um plano abstrato, embora atuem no campo do dever-ser (deontológico). Exatamente por isso, os princípios concretizam a ligação entre os valores e as regras jurídicas. Estas, ao contrário dos valores e dos princípios, possuem conteúdo específico e, geralmente, disciplinam fatos comportamentais ou estabelecem conceitos jurídicos.

Não deixa de ser um desafio identificar quais valores e princípios influem de modo relevante na matriz tributária a ponto de, sem eles, não fazer sentido conceber-se uma matriz jurídica de tributação. Além disso, não basta identificar valores e princípios fundamentais, mas também é necessário estudar em que plano da matriz devem ser localizados, se na estrutura endógena ou na exógena. O alojamento de valores, princípios e regras nos planos da matriz tributária não resulta de uma escolha aleatória ou arbitrária. Trata-se de um trabalho teórico e investigativo que permite se chegar a conclusões coerentes com os fatos e com as normas constitucionais. No âmbito da estrutura endógena da matriz tributária, portanto, argumentamos que a equidade é o valor que a orienta. A equidade, conforme explicamos ao longo desta obra, é a justiça no caso concreto, diferentemente da justiça ampla e abstrata, que na tributação abrange pretensões transcendentes à relação entre o contribuinte e o Poder tributante. Ainda sobre a estrutura endógena, o princípio que a norteia é o da capacidade contributiva, pois tal princípio tem aplicação nas relações entre o contribuinte e o Estado. Na estrutura endógena trafegam diversas regras jurídicas tributárias que formam a concretude da matriz, na medida em que incidem sobre fatos previstos em tais regras.

Como demonstramos com dados estatísticos, a capacidade contributiva não se aplica idealmente no âmbito da estrutura endógena da matriz por duas constatações básicas. A primeira é se, de acordo com a teoria do sacrifício comum, todos deverão contribuir para o custeio da burocracia estatal, será impossível na tributação se chegar à quota tributária justa que cada contribuinte deverá pagar. Isto se deve ao fato de as atuações estatais, em sua maioria, serem difusas, como nos casos de segurança pública, saneamento básico, infraestrutura urbana, a efetivação das ações típicas de Estado, tais como elaboração das leis, as injunções administrativas (poder de polícia), a solução de controvérsias judiciais etc. Estas e outras tantas atuações estatais não são praticadas a um contribuinte especificamente, mas para todos que usufruirão de tais benefícios em proporções, frequências e intensidades diferentes. Dessa forma, é utópica a pretensão de se estabelecer a quota tributária justa de cada contribuinte, o que obriga a tributação a se valer de presunções. Por conseguinte, presume-se que quem tem mais renda e mais patrimônio tem mais capacidade contributiva para arcar com mais tributos do que os menos favorecidos economicamente. Presunções são incompatíveis com a justiça exata do caso concreto, razão pela qual a equidade pode ser otimizada no âmbito da estrutura endógena da matriz, mas não idealmente concretizada.

A segunda constatação decorre da relação das diversas capacidades contributivas entre contribuintes com condições econômicas bastante diferentes. De acordo com dados do IPEA, em 2008, as pessoas com renda de até dois salários-mínimos comprometiam 53,9% de seus ganhos com o pagamento de tributos, enquanto quem recebeu mais de trinta salários sofreu um impacto de somente 29% em sua renda com a mesma despesa. Esta relação em que, conforme a renda aumenta diminui o peso da tributação, é chamada *regressividade tributária*. A principal causa desta disparidade de repercussão da carga tributária está nas opções políticas da matriz tributária brasileira, que sobrecarrega a tributação sobre o consumo, ao contrário do que faz com a tributação sobre renda e propriedade, ao menos quando comparados os indicadores nacionais com os de outros países.

Os tributos sobre o consumo não levam em consideração as diversas capacidades econômicas em sua incidência, razão pela qual repercutem indiretamente sobre a renda dos consumidores, diferentemente dos impostos sobre renda e patrimônio, em que a repercussão é direta. No ato de consumir, não importa se a renda do consumidor (A) é trinta vezes superior à do consumidor (B), já que ambos pagarão a mesma carga de tributos sobre o consumo. A regressividade da matriz tributária é outro assunto a ser observado sob o valor da equidade no âmbito da estrutura endógena. Assim como na constatação anterior não se chega a um padrão de tributação idealmente equitativo quando estão em comparação contribuintes com rendas muito díspares, o mesmo ocorre quando as bases de incidência não são as mesmas. Se o problema da regressividade reside na tributação sobre o consumo, ainda que se eleve a carga tributária sobre renda e patrimônio das camadas mais abastadas, isso não significa que tal elevação compensará o peso da tributação sobre os mais pobres. Não se realiza equidade em matéria tributária com bases de incidência que não guardem relação direta entre si. Aplicar o instrumento da progressividade sobre renda e propriedade talvez favoreça a uma "sensação" de justiça, mas não a efetivação da equidade, que implica justiça sobre o caso concreto. A aplicação da equidade na comparação em questão exigiria, por exemplo, que se colocassem lado a lado contribuintes com rendas diferentes: a) um que ganha 2 salários mínimos (contribuinte "C") e outro com renda de 30 salários mínimos (contribuinte "D"). A carga de tributos sobre o consumo de ambos não deveria ser a mesma. Sobre o consumo de "D" deveriam incidir alíquotas progressivas em percentuais superiores aos aplicados em relação ao contribuinte "C". Ocorre que, conforme ficou demonstrado, a progressividade sobre o consumo não é prática e exigiria um sistema de controle propício a complicações. Daí porque a tributação sobre o consumo se deixa levar necessariamente por presunções. Na tributação sobre o consumo, os contribuintes de fato (consumidores) são onerados com a mesma carga tributária, pois o que distinguirá o montante de tributos entre uns e outros será o valor das mercadorias. Uma forma de atenuar os efeitos da regressividade da matriz tributária sobre o consumo será a ampliação da seletividade, de modo que produtos luxuosos ou supérfluos sejam mais tributados do que os gêneros básicos.

Apesar das dificuldades em se resolver os problemas da regressividade da matriz tributária por meio da equidade, não defendemos que o modelo existente deva prevalecer. Apenas o conceito de equidade é insuficiente para corrigir a situação de alarmante injustiça da carga tributária entre ricos e pobres no Brasil. São necessárias medidas políticas que permitam elevar a tributação sobre renda e patrimônio a fim de se primar por maior desconcentração da renda, o que estaria afinado, de uma forma mais amplificada, com a ideia de justiça na tributação.

Se a equidade na tributação possui limitações conceituais que não permitem sua efetividade na correção das injustiças da matriz tributária, a mesma situação não se passa com o conceito de justiça. Para tanto, foi preciso definir um conceito de justiça que se alinhasse com uma estratégia de argumentação para que tal escolha não fosse arbitrária. Por isso, foi proposto que a matriz tributária fosse dividida em dois planos. O primeiro é a estrutura endógena, de índole eminentemente normativa, embora seja orientada pelo valor da equidade e conduzida pelo princípio da capacidade contributiva. No ponto, a ênfase da estrutura endógena é acomodar sistematicamente os diversos conceitos normativos do Direito Tributário e harmonizar a legislação fiscal como um todo. No âmbito da estrutura exógena, o que se passa é um pouco diferente. Trata-se de se observar a função mantenedora do Estado Democrático de Direito por meio da matriz tributária e o cumprimento de determinadas finalidades que a matriz visa a alcançar. Estas finalidades são as constantes do artigo 3º da Constituição Federal, que consagra os objetivos da República. Tais objetivos se resumem na promoção de uma sociedade livre, justa e solidária. No tocante à ideia de justiça, seu desvelamento ocorre quando o sistema constitucional assegura a todos as mesmas oportunidades básicas, vazadas na forma de direitos sociais. Elegemos quatro direitos básicos sem os quais a liberdade de qualquer pessoa ficará comprometida no tempo presente ou em suas expectativas de futuro, a saber, os direitos: a) à vida e à saúde em condições dignas; b) à segurança alimentar; c) à educação de qualidade; d) ao desenvolvimento da intimidade em um lar digno (moradia). Se o mercado não for capaz de garantir que a pessoa, por meios próprios, obtenha os direitos básicos, é função do Estado Democrático de Direito engendrar as formas de sua promoção por intermédio das políticas públicas. A matriz tributária será forte aliada de tais políticas, uma vez que deverá garantir um nível de recursos que seja muito bem gerido e que possa viabilizar os quatro direitos básicos, podendo ser ampliados para outros direitos sociais conforme as disponibilidades econômicas e fiscais.

Assim, a estrutura exógena da matriz possui uma função ambivalente de dar suporte à burocracia estatal e às políticas públicas, como também de efetivar justiça social ou justiça distributiva. Neste livro, foi invocada a teoria da justiça de John Rawls, no ponto em que defende o segundo princípio de uma sociedade idealmente justa, que é o princípio da igualdade de oportunidades básicas. Somente por meio da garantia de determinadas oportunidades iguais para todos é possível se romper com o ciclo de injustiças, em que as melhores oportunidades de colocação no mercado de trabalho fiquem reservadas a circunstâncias arbitrárias.

Como se sabe, dois fatores aleatórios costumam determinar as oportunidades das melhores escolhas na fase da vida em que as pessoas ingressam no mercado de trabalho, são elas: a) o lar em que se nasce; b) os talentos pessoais. A probabilidade de alguém disputar os melhores postos de trabalho porque teve garantidos pela família em que nasceu os mencionados direitos básicos é inegavelmente muito maior do que quem não tenha tido a mesma sorte. Quanto aos talentos pessoais, nem todos terão a mesma desenvoltura, fator que torna a seleção das capacidades pessoais por esse critério aleatoriamente mais cruel.

Os indicadores sociais mencionados neste livro demonstram que o almejado Estado Democrático de Direito ainda está por se efetivar plenamente. Se a escassez de recursos orçamentários for a causa preponderante da não efetivação, está-se diante de um Estado Democrático de Direito simbólico. Não é aceitável que a matriz tributária propicie a permanência da injustiça e não cumpra sua finalidade constitucional de criar as condições financeiras de promoção da justiça social.

Não coube apontar quais são as políticas públicas adequadas para assegurar os direitos básicos em questão. Pretendemos estabelecer novos parâmetros argumentativos para o problema da iniquidade e da injustiça, constantemente atribuídos à tributação no Brasil, e sua relação com temas mais amplos do ponto de vista político, como é o caso das carências de promoção de direitos básicos.

A existência de injustiça social deve ficar sujeita a uma forte vigília de diversos setores da sociedade, inclusive da academia, a fim de que a comunidade dos pesquisadores não se deixe anestesiar com o discurso de que certas mazelas sociais são inevitáveis. Realmente, com base na ética do mercado e da economia capitalista, temas como igualdade material para todos e justiça social não se mostraram no curso da história como uma prioridade. Mas a crença – ingênua ou não – de que cada indivíduo pode contribuir com o que sabe ou com qualquer esforço para, onde houver injustiça, substitui-la pela ideia do justo, deve ser um imperativo moral a impulsionar o espírito humano, e não uma simples retórica.

Se os imperativos morais não são encontrados dentro de cada pessoa de uma forma espontânea, a tarefa da academia é subsidiar o Direito com o objetivo de estabelecer linhas argumentativas coerentes com o sistema normativo da Constituição, de modo a demonstrar que tais imperativos são a base de uma sociedade que enxergue nitidamente a dignidade de uns e de outros reciprocamente. O Direito tem a função essencial de se lançar do plano do discurso para a prática, desde que subsidiado por bons argumentos. Nesta obra, foi defendido, ao lado da proposta de Liam Murphy e de Thomas Nagel, que o conceito de justiça tributária reside em suas finalidades, definindo juridicamente a justiça social como meta principal da tributação. Se para isso for necessário (re)definir o conceito de propriedade, a fim de que se perceba que antes da noção de apropriação dos bens e do patrimônio por cada pessoa subsiste um dever de contribuir com tributos para o alcance de uma sociedade justa, tal (re)definição passa a ter uma função relevantemente prioritária.

Quando for o caso, cabe à academia, mais do que denunciar os problemas da injustiça social, oferecer os argumentos que possam convencer a comunidade sobre suas responsabilidades morais compartilhadas. Conscientizar-se de que a propriedade é uma convenção jurídica, por meio da qual o Direito define até que ponto algo pode ser considerado como domínio de alguém, é importante para o sucesso de qualquer empreitada que vise a atribuir à tributação uma função finalística de alcance da justiça social, ao invés de ser meramente protetiva do direito de propriedade.

Com esta conscientização moral expandida é possível se propor três fundamentos a orientar qualquer reforma tributária no país, conforme explicado na subseção 3.4.7 e que não custa repetir.

Primeiramente, a garantia de proteção do mínimo existencial, de modo que contribuintes considerados como de baixa renda sejam menos onerados sobre o consumo de bens. A isenção ou diminuição da tributação sobre o consumo, talvez não se mostre eficiente, já que consumidores de alta renda poderão também se beneficiar de desonerações. Para assegurar maior pessoalidade na tributação sobre o consumo, deve-se implantar, com a devida urgência, um programa de restituição periódica dos tributos sobre o consumo aos consumidores de baixa renda. Para a eficácia do programa, tais consumidores deverão comprovar por meio de notas fiscais, identificadas pelo CPF, o consumo de mercadorias elegíveis como de tributação restituível. Caberá à lei definir o conceito de contribuinte de baixa renda e quais tributos estarão sujeitos à restituição. Esta medida já está prevista na reforma tributária aprovada pela EC nº 32, de 2023. Caberá a uma lei complementar regulamentar a norma constitucional.

Em segundo lugar, a elevação racional da carga tributária sobre o consumo de bens e serviços considerados supérfluos ou luxuosos e o aumento progressivo da tributação sobre renda e patrimônio, a fim de adequar a matriz tributária brasileira aos padrões internacionais. Para a eficiência da medida proposta será necessário alterar a faixa de isenção do IRPF para um patamar mais elevado, o que daria maior mobilidade financeira a determinadas classes econômicas. Assim, seria permitido aos mais pobres e à baixa classe média destinar a parcela de renda atualmente sujeita à tributação para auxiliar na aquisição de bens e serviços essenciais, tais como planos de saúde, previdência privada, educação particular e casa própria (financiada). Para compensar perdas de arrecadação com as citadas propostas, serão fundamentais medidas compensatórias de aumento do número e percentuais das alíquotas do IRPF, de modo a alcançar as rendas mais altas.

Em terceiro lugar, a previsão de regra constitucional que impeça o contingenciamento de recursos orçamentários à garantia dos direitos sociais, de efetivação da justiça social. Assim como o artigo 166, §3º, "b" e artigo 9º, §2º, da LC nº 101, de 2000 (Lei de Responsabilidade Fiscal), preveem a impossibilidade de contingenciamento orçamentário para o serviço da dívida (pagamento de juros da dívida pública), dispositivos de igual teor deverão garantir a alocação de recursos orçamentários aos objetivos fundamentais da República, de modo a impedir o contingenciamento orçamentário a investimentos nas áreas de saúde e educação de qualidade, segurança alimentar e moradia.

Para finalizar, este livro é somente uma contribuição à academia a respeito de um tema essencial para a vida em uma sociedade que se espera ser igualitária. O realinhamento conceitual de justiça e de equidade na tributação é uma demanda necessária para evitar a perda da força transformadora de tais expressões quando empregadas de uma forma em que seus significados fiquem tão amplos e abstratos que sirvam mais como retórica de um protesto do que como instrumento racional de mudanças. Todo esforço é neste sentido: dar força às palavras e aos seus significados com uma finalidade útil, aqui, vertida na efetividade dos objetivos da República. Corre-se, obviamente, o risco de haver divergências, mas só por esta possibilidade já terá valido a pena escrever este livro. Na primeira edição, lançada em 2019, finalizamos com a seguinte passagem: "Se a ampliação do debate sobre o tema [justiça e equidade tributária] ocorrer, a obra terá atingido seus objetivos".

Como se viu, alguns dos argumentos defendidos no livro foram incorporados na EC nº 132, da Reforma Tributária, por exemplo a inclusão do *princípio da justiça tributária* no art. 145, §3º, e a previsão da devolução dos tributos do consumo (IBS e CBS) aos mais pobres. Talvez o livro tenha contribuído para isso e alcançado parte do que queria.

REFERÊNCIAS

ALEXY, Robert. *Teoria dos direitos fundamentais*. Trad. Virgílio Afonso da Silva. São Paulo: Malheiros, 2008.

AMARO, Luciano. *Direito tributário brasileiro*. 15. ed. São Paulo: Saraiva, 2009.

AMED, Fernando José; NEGREIROS, Plínio José Labriola de Campos. *História dos tributos no Brasil*. São Paulo: Edições SINAFRESP, 2000.

ARISTÓTELES. Ética à Nicômaco. Trad. Leonel Vallandro e Gerd Bornheim. São Paulo: Nova Cultural, 1987.

_____. *A metafísica*. Trad. Marcelo Perine. São Paulo: Edições Loyola, 2002.

ASCENSÃO, José de Oliveira. *O direito*: introdução e teoria geral. 13. ed. Coimbra: Almedina, 2005.

ATALIBA, Geraldo. *Hipótese de incidência tributária*. 5. ed. São Paulo: Malheiros, 1996.

_____. Hermenêutica e sistema constitucional tributário. In: *Revista Jurídica Lemi* – Parte Especial, n. 156. São Paulo: Editora Lemi, nov., 1980.

ATALIBA, Geraldo. IPTU – Progressividade. In: *RDT* n, 56. São Paulo, abr./jun., 1991.

ÁVILA, Humberto. *Sistema constitucional tributário*. 3. ed. São Paulo: Saraiva, 2008.

_____. *Teoria dos princípios*: da definição à aplicação dos princípios jurídicos. 2. ed. São Paulo: Malheiros, 2003.

AZEVEDO, Plauto Faraco de. *Direito, justiça social e liberalismo*. São Paulo: RT, 1999.

BACH, Marcel Eduardo Cunico. A (in)constitucionalidade das restrições à dedutibilidade das despesas com educação à luz dos objetivos fundamentais da república federativa do Brasil. In: GRUPENMACHER, Betina Treiger (Coord.). *Tributação*: democracia e liberdade em homenagem à Ministra Denise Arruda Martins. São Paulo: Editora Noeses, 2014.

BALEEIRO, Aliomar. *Uma introdução à ciência das finanças*. 16. ed. Rio de Janeiro: Forense, 2006.

_____. *Direito tributário brasileiro*. 11. ed. Rio de Janeiro: Editora Forense, 2000.

_____. *Limitações constitucionais ao poder de tributar*. 8. ed. Rio de Janeiro: Forense, 2010.

BALTHAZAR, Ubaldo Cesar. *História do tributo no Brasil*. Florianópolis: Fundação Boiteux, 2005.

BARCELOS, Ana Paula de. A eficácia jurídica dos princípios constitucionais: o princípio da dignidade da pessoa humana. Rio de Janeiro: Renovar, 2002.

BARROSO, Luís Roberto. *Curso de direito constitucional contemporâneo*: os conceitos fundamentais e a construção do novo modelo. 2. ed. São Paulo: Saraiva, 2010.

BASTOS, José Umberto Bracciani. Tributação como instrumento de concretização do estado democrático de direito. In: GRUPENMACHER, Betina Treiger (Coord.). *Tributação*: democracia e liberdade em homenagem à Ministra Denise Arruda Martins. São Paulo: Editora Noeses, 2014.

BAUMAN, Zygmunt. *A riqueza de poucos beneficia todos nós?* Trad. Renato Aguiar. Rio de Janeiro: Zahar, 2015.

_____. *Capitalismo parasitário*. Trad. Eliana Aguiar. Rio de Janeiro: Zahar, 2010

BECKER, Alfredo Augusto. *Teoria geral do direito tributário*. 3. ed. São Paulo: Lejus, 1998.

BOBBIO, Norberto. *Teoria do ordenamento jurídico*. Trad. Maria Celeste Cordeiro Leite dos Santos. 10. ed. Brasília: editora Universidade de Brasília, 1999.

_____. *O positivismo jurídico*: lições de filosofia do direito. Trad. Márcio Pugliese, Edson Bini, Carlos E. Rodrigues. São Paulo: Ícone, 1995.

BOITEAUX, Elza Antonia Pereira Cunha. Variações sobre o conceito de equidade. In: ADEODATO, João Maurício; BITTAR, Eduardo C. B. (Org.). *Filosofia e teoria geral do direito*: estudos em homenagem a Tércio Sampaio Ferraz Junior por seu septuagésimo aniversário. São Paulo: Quartier Latin, 2011.

BONAVIDES, Paulo. *Curso de direito constitucional*. 9. ed. São Paulo: Malheiros, 2000.

BORDIN, Luís Carlos Vitali; LAGEMANN, Eugenio. *Formação tributária do Brasil*: a trajetória da política e da administração tributárias. Porto Alegre: Fundação de Economia e Estatística Siegfried Emanuel Hauser, 2006.

BORGES, José Souto Maior. *Teoria geral da isenção tributária*. 3. ed. São Paulo: Malheiros, 2001.

BOTALLO, Eduardo Domingos; MELO, José Eduardo Soares. *Comentários às súmulas tributárias do STF e do STJ*. São Paulo: Quartier Latin, 2007.

BOUCHER, Hercules. *Conceitos e categorias de direito tributário*: imposto de renda. 2. ed. Rio de Janeiro: Livraria Freitas Bastos S.A, 1955.

BRASIL. Presidência da República. Observatório da equidade. *Indicadores da equidade do sistema tributário nacional*. Brasília: Presidência da República. Observatório da equidade, 2009.

BRUM, Argemiro J. *Desenvolvimento econômico brasileiro*. 18. ed. Petrópolis: Vozes e Editora Unijuí, 1998.

BUCCI, Maria Paula Dallari. *Fundamentos para uma teoria jurídica das políticas públicas*. São Paulo: Saraiva, 2013.

BUFFON, Marciano. *O princípio da progressividade tributária na Constituição Federal de 1988*. São Paulo: Memória Jurídica Editora, 2003.

CAMPELO, Geórgia Teixeira Jezler. O tributo como meio de efetivação da justiça e do estado social. In: GRUPENMACHER, Betina Treiger (coord). *Tributação*: democracia e liberdade em homenagem à Ministra Denise Arruda Martins. São Paulo: Editora Noeses, 2014.

CAMPOS, Roberto. *A lanterna na popa*: memórias. 2. ed. São Paulo: Topbooks, 1994.

_____. As tentações de São João Batista. *O Estado de São Paulo*. São Paulo, p. 2, 4 de mar. 1990.

CANTO, Gilberto de Ulhôa. Repetição do indébito. In: MARTINS, Ives Gandra da Silva (Coord.). *Caderno de pesquisas tributárias* n. 8: repetição de indébito. São Paulo: Coedição do Centro de Estudos de Extensão Universitária e Editora Resenha tributária, 1983.

CARRAZZA, Roque Antonio. *Curso de direito constitucional tributário*. 28. ed. São Paulo: Malheiros, 2012.

CARVALHO, Paulo de Barros. *Curso de direito tributário*. 25. ed. São Paulo: Saraiva, 2013.

_____. *Teoria da norma tributária*. São Paulo: Edições Lael, 1974.

CASSONE, Vittorio. *Direito tributário*. 22. ed. São Paulo: Atlas, 2011.

CASTRO, Marcus Faro de. *Formas jurídicas e mudança social*: interações entre o direito, a filosofia, a política e a econômica. São Paulo: Saraiva, 2012.

CASTRO, Jorge Abrahão de; SANTOS, Cláudio Hamilton Matos dos; RIBEIRO, José Aparecido Carlos (Org.). *Tributação e equidade no Brasil*: um registro da reflexão do IPEA no biênio 2008-2009. Ipea, 2010.

COELHO, Sacha Calmon Navarro. *Curso de direito tributário brasileiro*. 11. ed. Rio de Janeiro: Forense, 2010.

COMPARATO, Fábio Konder. *Ética*: direito, moral, e religião no mundo moderno. São Paulo: Companhia das Letras, 2006.

CONTI, José Maurício. *Princípios tributários da capacidade contributiva e da progressividade*. São Paulo: Dialética, 1996.

CONTIPELLI, Ernani de Paula. *Solidariedade social tributária*. Coimbra: Almedina, 2010.

COSTA, Alcides Jorge. Capacidade contributiva. In: *RDT* n. 55. São Paulo, jan./mar., 1991.

COSTA, Regina Helena. *Curso de direito tributário*: Constituição e Código Tributário Nacional. 2. ed. São Paulo: Saraiva, 2012.

_____. *Princípio da capacidade contributiva*. 4. ed. São Paulo: Malheiros, 2012.

DAHL, Robert. *A democracia e seus críticos*. Trad. Patrícia de Freitas Ribeiro. São Paulo: Martins Fontes, 2012.

DALLARI, Dalmo de Abreu. *Elementos de teoria geral do estado*. 24. ed. São Paulo: Saraiva, 2003.

D'ARAÚJO, Pedro Júlio Sales; PAULINO, Sandra Regina da Fonseca; GASSEN, Valcir. Tributação sobre o consumo: o esforço em onerar mais quem ganha menos. In: *Equidade e eficiência da matriz tributária brasileira*: diálogos sobre Estado, Constituição e Direito Tributário. Brasília: Consulex, 2012.

DEODATO, Alberto. *Manual de ciência das finanças*. 12. ed. São Paulo: Saraiva, 1971.

DENARI, Zelmo. *Curso de direito tributário*. 8. ed. São Paulo: Atlas, 2002.

DUPAS, Gilberto. *Economia global e exclusão social*: pobreza, emprego, estado e futuro do capitalismo. São Paulo: Editora Paz e Terra, 1999.

DURKHEIM, Émile. *Da divisão do trabalho social*. Tradução de Eduardo Brandão. 2. ed. São Paulo: Martins Fontes, 2004.

DUTRA, Micaela Dominguez. *Capacidade contributiva*: análise dos direitos humanos e fundamentais. São Paulo: Saraiva, 2010.

DWORKIN, Ronald. *O direito da liberdade:* a leitura moral da Constituição norte-americana. Tradução de Marcelo Brandão Cipola. São Paulo: Martins Fontes, 2006.

_____. *Levando os direitos a sério.* Trad. Nelson Boeira. São Paulo: Martins Fontes, 2011.

ELSTER, Jon. *Ulisses liberto.* Trad. Cláudia Sant'Ana Martins. São Paulo: Unesp, 2009.

CHAGAS, Carlos et all. *Enciclopédia pratica de economia.* São Paulo: Editora Nova Cultural, 1988.

EZEQUIEL, Márcio. *Receita federal*: história da administração tributária no Brasil. Brasília: Receita Federal do Brasil, 2014.

FÁBIO, André Cabette. *Como o sistema tributário brasileiro colabora para a desigualdade.* Disponível em <www.nexojornal.com.br/expresso/2016/04/08/Como-o-sistema-tributário-brasileiro-colabora-para-a-desigualdade>. Acesso em: 13 jun. 2016.

FAORO, Raymundo. *Os donos do poder:* formação do patronato político brasileiro. 3. ed. São Paulo: Editora Globo, 2003.

FAUSTO, Boris. *História do Brasil.* 14. ed. São Paulo: Edusp, 2014.

FERRAZ, Tercio Sampaio. *Introdução ao estudo do direito*: técnica, decisão, dominação. 2. ed. São Paulo: Atlas, 1994.

_____. *Estudos de filosofia do direito*: reflexões sobre o poder, a liberdade, a justiça e o direito. 3. ed. São Paulo: Atlas, 2009.

FISCHER, Octávio Campos. Tributação, ações afirmativas e democracia". In: GRUPENMACHER, Betina Treiger (coord). *Tributação*: democracia e liberdade em homenagem à Ministra Denise Arruda Martins. São Paulo: Editora Noeses, 2014.

FLEISCHACKER, Samuel. *Uma breve história da justiça distributiva.* Trad. Álvaro de Vita. São Paulo: Martins Fontes, 2006.

FRANCO, Fernão Borba. *Processo administrativo.* São Paulo: Atlas, 2008.

FREITAS, Leonardo Buissa; BEVILACQUA, Lucas. Progressividade na tributação sobre a renda com vistas à justiça fiscal e social. In: *interesse público.* Belo Horizonte: Fórum, 2015.

FURTADO, Celso. *Formação econômica do Brasil.* 33. ed. São Paulo: Cia. Editora Nacional, 2003.

FURTADO, Milton Braga. *Síntese da economia brasileira.* 5. ed. São Paulo: Livros Técnicos e Científicos Editora, 1988.

GASSEN, Valcir. Matriz tributária brasileira: uma perspectiva para pensar o Estado, a Constituição e a tributação no Brasil. *Equidade e eficiência da matiz tributária brasileira:* diálogos sobre Estado, Constituição e Direito Tributário. Brasília: Consulex, 2012, p 27-50.

_____. PAULINO, Sandra Regina da Fonseca; D'ARAÚJO, Pedro Júlio Sales. Tributação sobre o consumo: o esforço em onerar mais quem ganha menos. In: *Equidade e eficiência da matriz tributária brasileira*: diálogos sobre Estado, Constituição e Direito Tributário. Brasília: Consulex, 2012.

_____. *Direito tributário*: pressupostos e classificações dos tributos. Brasília: Centro de Educação à Distância-AGU, [s.d.].

GARGARELA, Roberto. *As teorias da justiça depois de Rawls*: um breve manual de filosofia política. São Paulo: Martins Fontes, 2008.

GIARDINA, Emilio. *Le basi teoriche del principio della capacità contributiva*. Milano: Dott. A. Giuffrè editore, 1961.

GODOY, Arnaldo Sampaio de Moraes. *Direito tributário nos Estados Unidos*. São Paulo: Lex Editora S.A, 2004, p. 118.

_____. Tributação, democracia e liberdade: o tema do orçamento impositivo no ordenamento jurídico brasileiro. In: GRUPENMACHER, Betina Treiger (Coord.). *Tributação*: democracia e liberdade em homenagem à Ministra Denise Arruda Martins. São Paulo: Editora Noeses, 2014.

GODOI, Marciano Seabra de. Tributo e solidariedade social. In: *Solidariedade social e tributação*. GRECO, Marco Aurélio; _____. (Coord.). São Paulo: Dialética, 2005.

GOUVÊA, Marcus de Freitas. *A extrafiscalidade no direito tributário*. Belo Horizonte: Del Rey, 2006.

GRIZIOTTI, Benvenuto. *Princípios de ciencia de las finanzas*. Trad. Dino Jarach. 2. ed. Buenos Aires: Depalma, 1959.

GRAU, Eros Roberto. *A ordem econômica na constituição de 1988*. 12. ed. São Paulo: Malheiros, 2007.

_____. Constituição e serviço público. In: _____; GUERRA FILHO, Willis Santiago. *Direito constitucional*: estudos em homenagem a Pulo Bonavides. São Paulo: Malheiros, 2003.

GRECO, Marco Aurélio. *Contribuições*: uma figura *sui generis*. São Paulo: Dialética, 2000.

_____. Solidariedade social e tributação. In: *Solidariedade social e tributação*. _____.; GODOI, Marciano Seabra de. (Coord.). São Paulo: Dialética, 2005.

_____. *Planejamento tributário*. 2. ed. São Paulo: Dialética, 2008.

GRIZIOTTI, Benvenuto. *Princípios de ciencia de las finanzas*. Trad. Dino Jarach. 2. ed. Buenos Aires: Depalma, 1959.

GRUPENMACHER, Betina Treiger (Coord.). *Tributação*: democracia e liberdade em homenagem à Ministra Denise Arruda Martins. São Paulo: Editora Noeses, 2014.

GUTIERREZ, Miguel Delgado. *O imposto de renda e os princípios da generalidade, da universalidade e da progressividade*. Tese. (Doutorado em Direito), Faculdade de Direito da Universidade de São Paulo, 2009.

HABERMAS, Jürgen. *Direito e democracia*: entre facticidade e validade. Trad. Flávio Beno Siebeneichler. Rio de Janeiro: Tempo Brasileiro, 2003, v. II.

HESSE, Konrad. A força normativa da Constituição. Trad. Gilmar Ferreira Mendes. In: *Temas fundamentais de direito constitucional*. São Paulo: Saraiva, 2009.

HOBBES, Thomas. *Leviatã*: ou matéria, forma e poder de um Estado eclesiásticos e civil. Trad. Regina D'angina. 2. ed. São Paulo: Martin Claret, 2012.

HOLANDA, Sérgio Buarque de. *Raízes do Brasil*. 26. ed. São Paulo: Companhia da Letras, 1995.

IBGE. *Síntese de indicadores sociais*: uma análise das condições de vida da população brasileira 2012.

IBGE. *Estatísticas do século XX*. Rio de Janeiro, 2006. CD-ROM.

IHERING, Rudolf Von. *A luta pelo direito*. Trad. J. Cretella Jr. e Agnes Cretella. 2. ed. São Paulo: RT, 2001.

JACKSON, Tim. *Prosperidade sem crescimento*: vida boa em um planeta finito. Tradução de José Eduardo Mendonça. São Paulo: Planeta Sustentável; ed. Abril, 2013.

JARACH, Dino. *Finanzas públicas y derecho tributario*. Argentina: Editorial Cangallo, 1993.

JOBIM, Eduardo. *A justiça tributária na Constituição*. São Paulo: JusPodivm, 2023.

KANT, Immanuel. *Crítica da razão pura*. Trad. Lucimar A. Coghi Anselmi; Fúlvio Lubisco. São Paulo: Martin Claret, 2009.

_____. *Metafísica dos costumes*. Trad. Clélia Aparecida Martins. São Paulo: Editora Vozes, 2013.

_____. *Princípios metafísicos da doutrina do direito*. Trad. Joãosinho Bechenkamp. São Paulo: Martins Fontes, 2014.

KELSEN, Hans. *Teoria pura do direito*. Trad. João Batista Machado. São Paulo: Martins Fontes, 1987.

_____. *Teoria geral do direito e do estado*. São Paulo: Martins Fontes, 2000.

KINCHESCKI, Cristiano. A formação histórica da matriz-tributária brasileira. In: GASSEN, Valcir (Org.). *Equidade e eficiência da matriz tributária brasileira*: diálogos sobre estado, Constituição e direito tributário. Brasília: Editora Consulex, 2012, p. 113-145.

KRUGMAN, Paul. *Concentração de riqueza ameaça fazer com que a democracia nos EUA vire rótulo sem significado*. Trad. UOL. Disponível em <http://noticias.uol.com.br/blogs-e-colunas/coluna/paul-krugman/2011/11/05/concentracao-de-riqueza-ameaca-fazer-com-que-democracia-nos-eua-vire-rotulo sem-significado.htm> Acesso em: 4 jun. 2016.

LACOMBE, Américo Lourenço Masset. *Princípios constitucionais tributários*. 2. ed. São Paulo: Malheiros, 2000.

LAGEMANN, Eugenio; BORDIN, Luís Carlos Vitali. *Formação tributária do Brasil*: a trajetória da política e da administração tributárias. Porto Alegre: Fundação de Economia e Estatística Siegfried Emanuel Hauser, 2006.

_____. Tributação: seu universo, condicionantes, objetivos, funções e princípios. In: GASSEN, Valcir. *Equidade e eficiência da matriz tributária brasileira*: diálogos sobre Estado, constituição e direito tributário. Brasília: Consulex, 2012.

LAPATZA, José Juan Ferreiro. *Curso de derecho financeiro español*. 24. ed. Madrid: Marcial Pons, 2004.

_____. *Direito tributário*: teoria geral do tributo. Barueri: Manole; Marcial Pons, 2007.

LEAL, Augusto Cesar de Carvalho. (In)justiça social por meio dos tributos: a finalidade redistributiva da tributação e a regressividade da matriz tributária brasileira. In: GASSEN, Valcir. *Equidade e eficiência da matiz tributária brasileira*: diálogos sobre Estado, Constituição e Direito Tributário. Brasília: Consulex, 2012.

LEMKE, Gisele. *Imposto de renda*: os conceitos de renda e de disponibilidade econômica e jurídica. São Paulo: Dialética, 1998.

LEONETTI, Carlos Araújo. *O imposto sobre a renda como instrumento de justiça social no Brasil*. Barueri: Manole, 2003.

LEVINGSTON, Michael A. Progressividade e *solidarietà*: uma perspectiva norte-americana. Tradução de Marco Aurélio Greco. *Solidariedade social e tributação*. GRECO, Marco Aurélio; GODOI, Marciano Seabra de. (Coord.). São Paulo: Dialética, 2005.

LOCKE, John. *Segundo tratado sobre o governo*. Trad. Alex Marins. São Paulo: Martin Claret, 2011.

MACHADO, Hugo de Brito. *Curso de direito tributário*. 32. ed. São Paulo: Malheiros, 2011.

_____. *Comentários ao Código Tributário Nacional*: artigos 139 a 218. São Paulo: Atlas, 2007, v. I.

_____. Imposto indireto, repetição do indébito e imunidade subjetiva. *Revista dialética de direito tributário* n. 2. São Paulo: Dialética, nov., 1995.

_____. *Os princípios jurídicos da tributação na Constituição de 1988*. São Paulo: RT, 1989.

MAFFEZZONI, Frederico. *Il princípio di capacità contributiva nel diritto finanziario*. Torino: Editrice Torinese, 1970.

MAGALHÃES, Luís Carlos Garcia de. et al. *Tributação, distribuição de renda e pobreza*: uma análise dos impactos da carga tributária sobre alimentação nas grandes regiões urbanas brasileiras. Brasília: IPEA, 2001.

MANZONI, Ignazio. *Il principio della capacità contributiva nell'ordinamento costituzionale italiano*. Torino: G. Giappichelli Editore, 1965.

MEDAUAR, Odete. *A processualidade no direito administrativo*. 2. ed. São Paulo: RT, 2008.

MELO, José Eduardo Soares; BOTALLO, Eduardo Domingos. *Comentários às súmulas tributárias do STF e do STJ*. São Paulo: Quartier Latin, 2007.

MONTESQUIEU, Charles de Secondat. *O Espírito das Leis*. Trad. Cristina Murachco. 2. ed. São Paulo: Martins Fontes, 2000.

MORAES, Bernardo Ribeiro. *Compêndio de direito tributário*. 5. ed. Rio de Janeiro: Forense, 1996.

MORAES, Germana de Oliveira. A reforma tributária desejável. In: *Revista CEJ*. Brasília, n. 24, mar. 2004, p. 87-90.

MOREIRA, André Mendes. *A não cumulatividade dos tributos*. 2. ed. São Paulo: Noeses, 2012.

MOREIRA NETO, Diogo de Figueiredo. *Ordem econômica e desenvolvimento na Constituição de 1988*. São Paulo: Malheiros, 1997.

MORSHBACHER, José. *A restituição dos impostos indiretos*. Porto Alegre: Editora Síntese, 1977.

MOSCHETTI, Francesco. *Il principio della capacità contributiva*. Padova: CEDAM, 1973.

_____. La capacità contributiva. In: AMATUCCI, Andrea (diretto da). *Trattato di diritto tributario*., Il Diritto tributario e le sue fonti, tomo I, Padova: CEDAM, 1994, v. i.

MOTA, Sérgio Ricardo Ferreira. Tributação no Brasil: uma cesta de tributos emaranhados em um cipoal de normas tributárias. In: *Revista CEJ*. Brasília, n. 53, p. 100-107.

MURPHY, Liam; NAGEL, Thomas. *O mito da propriedade*. Trad. Marcelo Brandão Cipolla. São Paulo: Martins Fontes, 2005.

MUSGRAVE, Richard. *Teoria das finanças públicas*: um estudo da economia governamental. Trad. Auriphebo Berrance Simões. São Paulo: Atlas, 1976, v. I.

NABAIS, José Casalta. *O dever fundamental de pagar impostos*: contributo para a compreensão constitucional do estado fiscal contemporâneo. Coimbra: Almedina, 2012.

_____. Solidariedade social, cidadania e direito fiscal. In: GRECO, Marco Aurélio; GODOI, Marciano Seabra de. (Coord.). *Solidariedade social e tributação*. São Paulo: Dialética, 2005.

NEGREIROS, Plínio José Labriola de Campos; AMED, Fernando José. *História dos tributos no Brasil*. São Paulo: Edições SINAFRESP, 2000.

NEVES, Marcelo. *Constitucionalização simbólica*. São Paulo: Martins Fontes, 2007.

NEVIANI, Tarcísio. Repetição do indébito. In: MARTINS, Ives Gandra da Silva (Coord.). *Caderno de pesquisas tributárias n. 8*: repetição de indébito. São Paulo: Coedição do Centro de Estudos de Extensão Universitária e Editora Resenha tributária, 1983.

NOGUEIRA, Jozélia. Tributação, justiça fiscal e social. In: GRUPENMACHER, Betina Treiger (Coord.). *Tributação*: democracia e liberdade em homenagem à Ministra Denise Arruda Martins. São Paulo: Editora Noeses, 2014.

NOGUEIRA, Ruy Barbosa. *Curso de direito tributário*. 10. ed. São Paulo: Saraiva, 1990.

NOZICK, Robert. *Anarquia, Estado e utopia*. Trad. Fernando Santos. São Paulo: Martins Fontes, 2011.

OLIVERIA JUNIOR, Dario da Silva. *Análise jurídica dos princípios tributários da legalidade, anterioridade e capacidade contributiva*. Rio de Janeiro: Lúmen Juris, 2000.

OLIVEIRA, Fábio Corrêa Souza de. *Por uma teoria dos princípios*: o princípio constitucional da razoabilidade. Rio de Janeiro: Lumen Juris, 2003.

OLIVEIRA, Fabrício Augusto de. *A reforma tributária de 1966 e a acumulação de capital no Brasil*. 2. ed. Belo Horizonte: Oficina de Livros, 1991.

_____. A evolução da estrutura tributária e do fisco brasileiro: 1889-2009. CASTRO, Jorge Abraão de; SANTOS, Cláudio Hamilton Matos dos; RIBEIRO, José Aparecido Carlos (Org.). In: *Tributação e equidade no Brasil*: um registro da reflexão do Ipea no biênio 2008-2009. Brasília: IPEA, 2010.

OLIVEIRA, José Marcos Domingues. *Capacidade contributiva*: conteúdo e eficácia do princípio. Rio de Janeiro: Renovar, 1988.

ONU. *Brasil é paraíso tributário para super-ricos, diz estudo de centro da ONU*. Disponível em <https://nacoesunidas.org/brasil-e-paraiso-tributario-para-super-ricos-diz-estudo-de-centro-da-onu/>. Acesso em: 6 jun. 2016.

PAULINO, Sandra Regina da Fonseca; D'ARAÚJO, Pedro Júlio Sales; GASSEN, Valcir. Tributação sobre o consumo: o esforço em onerar mais quem ganha menos. In: *Equidade e eficiência da matriz tributária brasileira*: diálogos sobre Estado, Constituição e Direito Tributário. Brasília: Consulex, 2012.

PIKETTY, Thomas. *O capital no século XXI*. Rio de Janeiro: Intrínseca, 2014.

PINTOS-PAYERAS, José Adrian. *Orçamentos e Sistemas de Informação sobre a Administração Financeira Pública*. Tema III. Disponível em <http://www3.tesouro.fazenda.gov.br/Premio_TN/XIIIpremio/sistemas/2tosiXIIIPTN/Carater_Impositivo_Lei_Orcamentaria.pdf >. Acesso em: 6 jun. 2016.

MIRANDA, Pontes de. *Comentários à Constituição de 1946*. 2. ed. rev. aum. São Paulo: Max Limonad, 1953, v. V.

PRZEWORSKI, Adam. *Democracy and the Limits of Self-Government*. New York: Cambridge University Press, 2010.

QUEIROZ, Mary Elbe. *Imposto sobre a renda e proventos de qualquer natureza*. Barueri: Manole, 2004.

RÁO, Vicente. *O direito e a vida dos direitos*. 5. ed. São Paulo: RT, 1999.

RADBRUCH, Gustav. *Filosofia do direito*. Trad. Marlene Holzhausen. São Paulo: Martins Fontes, 2004.

RAWLS, John. *Uma teoria da justiça*. São Paulo: Martins Fontes. Trad. Jussara Simões e supervisão técnica da tradução de Álvaro de Vita, 2008.

REZENDE, Fernando. *Reforma fiscal e equidade social*. Rio de Janeiro: Editora FGV, 2012.

RIBEIRO, Márcio Bruno. Uma análise da carga tributária bruta e das transferências de assistência e previdência no Brasil no período 1995-2009: evolução, composição e suas relações com a regressividade e a distribuição de renda. In: CASTRO, Jorge Abrahão de; SANTOS, Cláudio Hamilton Matos dos; RIBEIRO, José Aparecido Carlos (Org.). *Tributação e equidade no Brasil*: um registro da reflexão do IPEA no biênio 2008-2009. IPEA, 2010.

RIBEIRO, Maria de Fátima. Tributação, políticas públicas e justiça social. In: GRUPENMACHER, Betina Treiger (Coord.). *Tributação*: democracia e liberdade em homenagem à Ministra Denise Arruda Martins. São Paulo: Editora Noeses, 2014.

RIBEIRO, Ricardo Lodi. O Princípio da Capacidade Contributiva nos Impostos, nas Taxas e nas Contribuições Parafiscais. In: *Revista da Faculdade de Direito da UERJ* n. 18. Rio de Janeiro: UERJ, dez 2010.

_____. A evolução do princípio da capacidade contributiva e sua configuração no panorama constitucional atual. In: QUARESMA, Regina; OLIVEIRA, Maria Lucia de Paula. *Direito constitucional brasileiro*: perspectivas e controvérsias contemporâneas. Rio de Janeiro: Forense, 2006.

RIBEIRO, José Aparecido Carlos; SANTOS, Cláudio Hamilton Matos dos; CASTRO, Jorge Abrahão de; (Org.). *Tributação e equidade no Brasil*: um registro da reflexão do IPEA no biênio 2008-2009. IPEA, 2010.

ROCHA, Sérgio André. A deslegalização no direito tributário brasileiro contemporâneo. In: GRUPENMACHER, Betina Treiger (Coord.). *Tributação*: democracia e liberdade em homenagem à Ministra Denise Arruda Martins. São Paulo: Editora Noeses, 2014.

ROCHA, Sérgio André. *Fundamentos do direito tributário brasileiro*. 2ª ed. Belo Horizonte: Casa do Direito, 2023.

ROHENKOHL, Marcelo Saldanha. *O princípio da capacidade contributiva no estado democrático de direito*: dignidade, igualdade e progressividade na tributação. São Paulo: Quartier Latin, 2007.

ROUSSEAU, J. J. *Do contrato social*. Trad. Marcio Pugliesi e Norberto de Paula Lima. São Paulo: Hemus, 1981.

SACCHETTO, Cláudio. O dever de solidariedade no direito tributário: o ordenamento italiano. In: GRECO, Marco Aurélio; GODOI, Marciano Seabra de. (Coord.). *Solidariedade social e tributação*. São Paulo: Dialética, 2005.

SANDEL, Michael. *Justiça*: o que é fazer a coisa certa. Tradução de Heloisa Matias e Maria Alice Máximo. 12. ed. Rio de Janeiro, 2013.

SANTOS, Milton. *Urbanização brasileira*. 3. ed. São Paulo: Editora Hucitec, 1996.

_____. *A urbanização desigual*: a especificidade do fenômeno urbano em países subdesenvolvidos. Petrópolis: Editora Vozes, 1980.

SANTOS, Cláudio Hamilton Matos dos; CASTRO, Jorge Abrahão de; RIBEIRO, José Aparecido Carlos (Org.). *Tributação e equidade no Brasil*: um registro da reflexão do IPEA no biênio 2008-2009. IPEA, 2010.

SARMAENTO, Daniel. *A ponderação de interesses na Constituição*. Rio de Janeiro: Lúmen Juris, 2000.

SAULE JÚNIOR, Nelson. *Direito à cidade*: trilhas legais para o direito às cidades sustentáveis. São Paulo, 1999.

SELIGMAN, Edwin R. A. *Progressive taxation in theory and practice*. 2. ed. American Economic Association, 1908.

SEN, Amartya. *A ideia de justiça*. Trad. Denise Bottmann e Ricardo Doninelli Mendes. São Paulo: Cia. das Letras, 2011.

_____. *Desigualdade reexaminada*. Trad. Ricardo Doninelli Mendes. São Paulo: Record, 2001.

_____. *Desenvolvimento como liberdade*. São Paulo: Companhia das Letras, 2000.

SEPULCRI, Nayara Tataren. O casamento entre os princípios da capacidade contributiva e da solidariedade no estado democrático e social de direito. In: GRUPENMACHER, Betina Treiger (coord). *Tributação*: democracia e liberdade em homenagem à Ministra Denise Arruda Martins. São Paulo: Editora Noeses, 2014.

SCHOUERI, Luís Eduardo. *Direito tributário*. 2. ed. São Paulo: Saraiva, 2012.

SILVA, José Afonso da. *Curso de direito constitucional positivo*. 25. ed. São Paulo: Malheiros, 2005.

_____. *Aplicabilidade das normas constitucionais*. 3. ed. São Paulo: Malheiros, 1999.

SILVEIRA, Fernando Gaiger. Tributação, previdência e assistência sociais: impactos distributivos. *Tributação e equidade no Brasil*: um registro da reflexão do Ipea no biênio 2008-2009. Brasília: IPEA, 2010.

SORMAN, Guy. *A solução liberal*. Trad. Célia Neves Dourado. 3. ed. Rio de Janeiro: Instituto Liberal, 1989.

STIGLITZ, Joseph E. *The price of inequality*: how today's divided society endangers our future. New York: W.W Norton & Company, 2013.

STRECK, Lênio. *Jurisdição constitucional e hermenêutica*: uma nova crítica do direito. 2. ed. Rio de Janeiro: Forense, 2004, p. 58.

SUSTEIN, Cass; HOLMES, Stephen. *The Cost of Rights:* Why Liberty Depends on Taxes: why liberty depends on taxes. W. W. Norton & Company, 2000.

SZKLAROWSKY, Leon Frejda. Repetição do indébito. In: MARTINS, Ives Gandra da Silva (Coord.). *Caderno de pesquisas tributárias* n. 8: repetição de indébito. São Paulo: Resenha tributária, 1983.

TABOADA, Carlos Palao. Isonomia e capacidade contributiva. In: *Revista de direito tributário* n. 4. São Paulo: RT.

TAMANAHA, Rodolfo Tsunetaka. Percepção de que os direitos têm custos e a jurisprudência do STF. In: GASSEN, Valcir (Org.). *Equidade e eficiência da matriz tributária brasileira*: diálogos sobre Estado, Constituição e Direito Tributário. Brasília: Consulex, 2012.

TAVARES, Maria da Conceição. *Da substituição de importações ao capitalismo financeiro*. 9. ed. Rio de Janeiro: Zahar Editores, 1981.

TAVOLARO, Agostinho Toffoli. Capacidade Contributiva. In: *Cadernos de Pesquisas Tributárias* n. 14. São Paulo: Editora Resenha Tributária: Coedição do Centro de Estudos de Extensão Universitária, 1989.

TIPKE. Klaus; YAMASHITA, Douglas. *Justiça fiscal e princípio da capacidade contributiva*. São Paulo: Malheiros, 2002.

_____. TIPKE, Klaus. *Moral tributária do estado e dos contribuintes*. Porto Alegre: Sérgio Antonio Fabris Editor, 2012.

TORRES, Ricardo Lobo. *Curso de direito financeiro e tributário*. 6.ª ed. Rio de Janeiro: Renovar, 1999.

_____. O mínimo existencial, os direitos sociais e os desafios de natureza orçamentária. In: SARLET, Ingo Wolfgang; TIMM, Luciano Benetti (Org.). *Direitos fundamentais*: orçamento e "reserva do possível". Porto Alegre: Livraria do Advogado Editora, 2008.

_____. *Tratado de direito constitucional, financeiro e tributário*. Rio de Janeiro: Renovar, 2005, v. II.

_____. Existe um princípio estrutural da solidariedade? In: GRECO, Marco Aurélio; GODOI, Marciano Seabra de. (Coord.). *Solidariedade social e tributação*. São Paulo: Dialética, 2005.

_____. Legalidade tributária e riscos sociais. In: *Revista dialética de direito tributário*, n. 59. São Paulo: Dialética, 2000.

_____. O mínimo existencial e os direitos fundamentais. *RDA*, v. 177, p. 29-36, jul./set. 1989.

_____. O mínimo existencial e os direitos fundamentais. *Revista de direito da procuradoria geral do Estado do Rio de Janeiro* n. 42. Rio de Janeiro: Publicação do Centro de Estudos Jurídicos, p. 69-78, 1990.

VIZCAÍNO, Catalina García. *Derecho tributario*: consideraciones económicas y jurídicas. Buenos Aires: Ediciones Depalma, t. I, parte general, 1996.

VITA, Álvaro de. *O liberalismo igualitário:* sociedade democrática e justiça internacional. São Paulo: Martins Fontes, 2008.

_____. *A justiça igualitária e seus críticos*. São Paulo: Martins Fontes, 2007.

VITA, Jonathan Barros. As novas funções dos tributos no sistema social: distributividade como forma de promoção da democracia e da liberdade. In: GRUPENMACHER, Betina Treiger (Coord.). *Tributação*: democracia e liberdade em homenagem à Ministra Denise Arruda Martins. São Paulo: Editora Noeses, 2014.

XAVIER, Alberto. *Os princípios da legalidade e da tipicidade da tributação*. São Paulo: RT, 1978.

WALDRON, Jeremy. *Participation*: the right of rights. In: Proceedings of the Aristotelian Society, New Series, v. 98, 1998.

WEBER, Max. *Economia e sociedade*. Trad. Regis Barbosa e Karen Elsabe Barbosa Brasília: Editora UnB, 2004.

YAMASHITA, Douglas; TIPKE. Klaus. *Justiça fiscal e princípio da capacidade contributiva*. São Paulo: Malheiros, 2002.

_____. Princípio da solidariedade em direito tributário. In: GRECO, Marco Aurélio; GODOI, Marciano Seabra de. *Solidariedade social e tributação*. São Paulo: Dialética, 2005.

ZILVETI, Fernando Aurélio. *Princípios de direito tributário e a capacidade contributiva*. São Paulo: Quartier Latin, 2004.

ZOCKUN, Maria Helena (Coord.). *Simplificando o Brasil*: propostas de reforma na relação econômica do governo com o setor privado. São Paulo: FIPE, 2007.

Esta obra foi composta em fonte Palatino Linotype, corpo 10,5
e impressa em papel Offset 75g (miolo) e Supremo 250g (capa)
pela Formato Artes Gráficas.